Belina / Michel (Hrsg.)
Raumproduktionen

D1664325

RAUMPRODUKTIONEN:
THEORIE UND GESELLSCHAFTLICHE PRAXIS

Herausgegeben von Bernd Belina, Boris Michel und Markus Wissen

Band 1

Die Buchreihe bildet ein Forum kritischer Raumforschung im Rahmen kritischer Gesellschaftstheorie. Ihr Ziel ist es, Debatten zugänglicher zu machen, zu bündeln, zu initiieren und zu kritisieren. Kritische Raumforschung untersucht die soziale Produktion von Raum und die je spezifischen gesellschaftlichen Verräumlichungen.

Kritische Raumforschung als Gesellschaftsforschung fragt nach den aktuellen räumlichen Transformationsprozessen, denen der physisch-materielle Raum inklusive seiner sozialen Bedeutungen unterworfen ist. Dazu gehören neue Formen der Inwertsetzung und Politisierung von Natur und gebauter Umwelt, die Umstrukturierung städtischer, staatlicher und globaler Räume, räumliche Strategien der Kontrolle oder die Militarisierung von Grenzregimes.

Kritische Raumforschung als Gesellschaftsforschung fragt zudem nach der Produktion und Veränderung räumlicher Maßstabsebenen. Sie untersucht etwa die *community*-Orientierung von Polizei- und Sozialarbeit oder Prozesse der Regionalisierung, Europäisierung und Globalisierung von Politik und Ökonomie.

Kritische Raumforschung rückt soziale Kämpfe um und mittels Raumproduktionen und damit gesellschaftliche Widersprüche in den Mittelpunkt. Kritische Raumforschung kritisiert gesellschaftswissenschaftliche Konzepte von Raum, die diesen losgelöst von jeglicher Materialität konstruieren; ebenso kritisiert sie Konzepte, die Gesellschaft an diese Materialität fesseln. Kritische Raumforschung sucht nicht nach einer „Raumtheorie", sondern nach gesellschaftlichen Raumverhältnissen.

In der Reihe erscheinen Monographien, Sammelbände und Reader.

Bisher erschienen:

Band 1: Bernd Belina & Boris Michel (Hrsg.): Raumproduktionen. Beiträge der *Radical Geography*. Eine Zwischenbilanz

Band 2: Uwe Kröcher: Die Renaissance des Regionalen. Zur Kritik der Regionalisierungseuphorie in Ökonomie und Gesellschaft

In Vorbereitung:

Band 3: Susanne Heeg, Bernd Röttger & Markus Wissen (Hrsg.): Politics of Scale. Räume der Globalisierung und Perspektiven emanzipatorischer Politik

Bernd Belina, geb. 1972, studierte Geographie und promovierte in Bremen; er arbeitet am Leibniz-Institut für Länderkunde in Leipzig; veröffentlichte zuletzt: *Raum, Überwachung, Kontrolle. Vom staatlichen Zugriff auf städtische Bevölkerung*, Münster 2006;

Boris Michel, geb. 1977, studierte Soziologie in Münster und arbeitet zurzeit an seiner Dissertation, veröffentlichte zuletzt *Stadt und Gouvernementalität*, Münster 2005.

Bernd Belina / Boris Michel (Hrsg.)

Raumproduktionen

Beiträge der *Radical Geography*
Eine Zwischenbilanz

WESTFÄLISCHES DAMPFBOOT

Bibliografische Information der Deutschen Bibliothek:
Die Deutsche Bibliothek verzeichnet diese Publikation in der Deutschen
Nationalbibliografie; detaillierte bibliografische Daten sind im Internet über
http://dnb.ddb.de abrufbar.

1. Auflage Münster 2007
© 2007 Verlag Westfälisches Dampfboot
Alle Rechte vorbehalten
Umschlag: Lütke Fahle Seifert AGD, Münster
Druck: Rosch-Buch Druckerei GmbH, Scheßlitz
Gedruckt auf säurefreiem, alterungsbeständigem Papier
ISBN 978-3-89691-659-4

Inhalt

Bernd Belina/Boris Michel
Raumproduktionen. Zu diesem Band   7

Raumtheorie: Konzeptionelle Überlegungen

David Harvey
Zwischen Raum und Zeit: Reflektionen zur Geographischen Imagination   36

Neil Smith
Die Produktion des Raums   61

Edward Soja
Verräumlichungen: Marxistische Geographie und kritische Gesellschaftstheorie   77

Doreen Massey
Politik und Raum/Zeit   111

Derek Gregory
Das Auge der Macht   133

Raumforschung: empirische Analysen

Cindi Katz
Hiding the Target: Soziale Reproduktion in der privatisierten Stadt   156

Andrew Herod
Von der Geographie der Arbeit zur Arbeitsgeographie:
Der spatial fix der Arbeit und die Geographie des Kapitalismus   173

Andy Merrifield
Canned Heat – Hitze in Dosen   205

Eugene J. McCann
Rasse, Protest und öffentlicher Raum
Lefebvre in der US-amerikanischen Stadt   235

Don Mitchell
Die Vernichtung des Raums per Gesetz:
Ursachen und Folgen der Anti-Obdachlosen-Gesetzgebung in den USA   256

Literatur   290

Die Autorinnen und Autoren   307

Drucknachweise   307

Bernd Belina / Boris Michel

Raumproduktionen. Zu diesem Band

1. *Spatial turn* ohne kritisch-materialistische Theorie?

Theoretische Auseinandersetzungen mit dem „Raum" haben in den deutschsprachigen Sozial-, Geistes- und Kulturwissenschaften seit einigen Jahren Hochkonjunktur (vgl. Ahrens 2001; Dünne/Günzel 2006; Krämer-Badoni/Kuhm 2003; Löw 2001; Schlögel 2003; Schroer 2005; Sturm 2000; Werlen 1995)[1]. An dieser Variante des *spatial turn* fällt im Vergleich zu den anglo- und frankophonen Diskussionen das weitgehende Fehlen der breiten Tradition kritisch-materialistischer Raumforschung auf. Dies ist umso bemerkenswerter, als die „Wiederentdeckung des Raums" im anglo- und frankophonen Bereich seit den 1970er Jahren durch Arbeiten aus eben dieser Tradition ausgelöst wurde. Zwar liegen auch im deutschsprachigen Kontext schon seit längerem Arbeiten vor, die sich implizit oder explizit auf diese Traditionen beziehen (z.b. Alnasseri et al. 2001; Altvater 1987; Altvater/Mahnkopf 2002; Beck 1973; Becker 2002; Belina 2000, 2006; Candeias 1999; Eisel 1980, 1982; Kneisle 1983; Kröcher 2007, Läpple 1991; Novy 2003; Odman 2006; Oßenbrügge 1983; Schmid 2003, 2005; StadtRat 1998; Weingarten 2005; Winter 2003; Wissen 2006). Doch muss konstatiert werden, dass der Status einer kritisch-materialistischen Raumforschung im Vergleich zur internationalen Debatte marginal (geblieben) ist. Dieser Umstand stellt unseres Erachtens eine beklagenswerte Leerstelle für die theoretische Debatte ebenso wie für die politische Praxis dar.

Diese Situation schlägt sich unter anderem in einem weitgehenden Fehlen von Übersetzungen vieler grundlegender englisch- und französischsprachiger Arbeiten nieder und wird durch diese reproduziert. Kaum bekannt sind hierzulande insbesondere die Diskussion innerhalb der kritisch-materialistischen anglophonen Geographie, der *Radical Geography*[2], sowie eine ihrer wichtigsten Bezugspunkte, die raumtheoretischen Arbeiten von Henri Lefebvre. Diesen Mangel können auch die wenigen löblichen Ausnahmen – vgl. die Übersetzungen aus *La Production de l'Espace* (Lefebvre 1974a) in AnArchitektur (2002) und Dünne/Günzel (2006) oder diejenigen einzelner Texte von David Harvey (z.B. 1987b, 1991, AnArchitektur 2006a) – kaum beheben. Und auch der vorliegende Reader schließt diese Lücke nur im Ansatz, da auch er lediglich eine kleine Auswahl aus der inzwischen fast 40-jährigen Geschichte raumtheoretischer Arbeiten der *Radical Geography* enthalten kann (zu deren Geschichte vgl. Harvey/ Smith 1984; Peet 1977; 1998; N. Smith 2001).

---

1 Ein ausführlicher Überblick über die Literatur findet sich bei Bürk (2006).

2 *Radical Geography* ließe sich am ehesten mit „linker Geographie" übersetzen. Zum Unterschied zwischen *Radical* und *Critical Geography* vgl. Castree (2000).

Die unbefriedigende Übersetzungssituation ist vor allem Symptom. Die Ursache des weitgehenden Fehlens einer Tradition kritisch-materialistischer Raumforschung in deutscher Sprache im Gegensatz zur franko- und anglophonen Diskussion ist damit noch nicht benannt. Wir wollen diese Einleitung nutzen, um hierzu einige Thesen zu formulieren. Dazu werden wir zunächst näher bestimmen, was wir unter kritischer Raumforschung bzw. -theorie verstehen und in welcher Hinsicht hier u.E. in der deutschsprachigen Debatte etwas fehlt (2.). Anschließend diskutieren wir mit Henri Lefebvre, Michel Foucault und David Harvey drei Autor/inn/en, deren raumtheoretische Beiträge Wege einer kritisch-materialistischen Raumtheorie aufzeigen (3.). Schließlich begründen wir unsere Auswahl der in diesen Reader aufgenommenen Texte (4.).

2. Kritische Raumforschung und -theorie und ihr Status in der BRD

Bei Marx und Engels findet sich keine theoretische Auseinandersetzung mit dem „Raum". Gleichwohl thematisieren beide „räumliche Phänomene" im Zusammenhang mit den sie je interessierenden sozialen Phänomenen. So beschäftigt sich Engels in *Die Lage der arbeitenden Klasse in England* u.a. mit der sozialräumlichen Segregation in der Stadt (MEW 2: 256ff.) und Marx befasst sich im *Achtzehnten Brumaire* mit dem Zentralismus in Frankreich (MEW 8: 196f.) oder im *Kapital* mit der Transportindustrie (MEW 24: 60f., 150-153). Das ist ein wichtiger Hinweis auf einen zentralen Aspekt einer kritisch-materialistischen Raumforschung: Nicht, „was Raum ist" oder sein „Wesen" sind von Interesse, sondern die spezifische Rolle, die Räumlichkeit in sozialen Prozessen gegebenenfalls spielt. Das Fehlen einer Raumtheorie bei Engels und Marx verweist also darauf, dass „Raum" für beide nicht „an sich", sondern nur in Bezug auf konkrete gesellschaftliche Praxen und Prozesse von Interesse ist (Belina 2006: 31f.). Im Anschluss hieran zeichnen sich u.E. relevante Versuche, „Raum" in marxistische bzw. kritisch-materialistische Theorie zu integrieren, dadurch aus, gerade keine *abstrakte* Theorie „des Raums" formulieren zu wollen. Stattdessen gilt: „Die Frage nach der 'richtigen' Raumkonzeption lässt sich nur in Bezug auf die Problemstellung und auf die zugrunde liegende Theorie beantworten." (Schmid 2003: 218)

Wenn im Folgenden von „kritisch-materialistischer Raumtheorie" die Rede ist, dann sind damit Arbeiten gemeint, in denen im Rahmen kritischer Theorie von den bei der Analyse *konkreter* gesellschaftlicher Praxen und Prozesse nachgewiesenen Raumrelevanzen auf allgemeingültigere Zusammenhänge abstrahiert wird. Diese „Raumtheorie" ist also nichts anderes als diejenige Unterabteilung kritisch-materialistischer Gesellschaftstheorie, die nach Regel- und Gesetzmäßigkeiten der gesellschaftlich relevanten Strukturen des sozial produzierten Raums sucht. Neben der Produktion und Aneignung materieller und symbolischer Räume beinhaltet dies die Analyse hegemonialer Begrifflichkeiten und Vorstellungen von Raum und seines Verhältnisses zur Gesellschaft, die als gängige Raumkonzepte ebenfalls aus praktischen Raumproduktionen hervorgehen. Dabei aufgefundene Gesetzmäßigkeiten gelten dann selbstverständlich nur im Bezug auf diejenigen sozialen Prozesse bzw. Gesellschaften, denen sie entstammen, und nur solange sie gesellschaftlich-praktisch reproduziert werden. Diese Reproduktion ist keine harmonische Angelegenheit. Vielmehr gehört zu den zentralen Einsichten jeder kritisch-materialistischen Gesellschaftstheorie, dass Gesellschaft grundlegend durch soziale Kämpfe strukturiert ist. Deshalb muss auch jede kritisch-materialistische *Raum*theorie auf einer Analyse ebendieser Kämpfe, der in ihnen aufeinander prallenden Interessen und der sozialen Praxen, die sie strukturieren und durch die sie strukturiert werden, basieren.

Auf der Suche nach Autor/inn/en aus dem Bereich der kritischen bzw. materialistischen Theorie, die Raum auf diese Weise theoretisch diskutieren – also basierend auf der Analyse konkreter sozialer Prozesse, in denen Raum in der einen oder anderen Hinsicht relevant ist –, landet man schnell bei einigen „großen Namen" (weißer Männer) aus verschiedenen wissenschaftlichen Disziplinen, deren Arbeiten aus den 1960er und 70er Jahren die internationale Diskussion bis heute beeinflussen: Pierre Bourdieu (1979 [1972]), Manuel Castells (1977 [1972], 1983), Guy Debord (1978 [1967]), Michel Foucault (vgl. 3.2), David Harvey (vgl. 3.3), Henri Lefebvre (vgl. 3.1), Alain Lipietz (1977), Nicos Poulantzas (2002 [1978]). Im Gegensatz dazu findet in der bundesdeutschen[3] linken Debatte kritisch-materialistische Raumtheorie im o.g. Sinn bis in die 1990er Jahre nur selten statt. Von den wenigen uns bekannten Ausnahmen abgesehen (Altvater 1987: 80-94; Beck 1973: 259-269; Eisel 1980, 1982; Kneisle 1983: 264-281; Oßenbrügge 1983: 149-161) taucht zur Hochzeit marxistischer und kritischer Theoriebildung an bundesdeutschen Hochschulen zwischen den 1960er und 80er Jahren „Raum" nur in Bezug auf konkretere Themen v.a. der politischen Ökonomie und Staatstheorie auf. So werden Bodenmarkt (Brede/Dietrich/Kohaupt 1976; Neef 1972), städtische Segregation (Frieling 1980), die Produktion räumlicher Unterschiede im Kapitalismus (Evers 1975; Hein 1978), räumliche Aspekte der Infrastrukturpolitik (Flatow/Huisken 1973: 142-145; Grymer 1974: 98-100; Läpple 1973: 58), die Raumordnungspolitik (Evers/Lehmann 1972, Väth 1975), die Funktion der kommunalen Ebene (Evers/Lehmann 1972; Grymer 1974; Offe 1975; Rodenstein 1975), das Verhältnis von Zentrum und Peripherie und die Länder der „Dritten Welt" (Evers/von Wogau 1973), maskulinistische räumliche Planung als „baulich-räumliche HERRschaft" (Terlinden 1980), die politische Dimension der städtischen Freiraumproblematik (Nohl 1980) oder die Probleme und Möglichkeiten linker Politik in der bundesdeutschen Provinz[4] (Bellmann et al. 1975) auf hohem theoretischen

---

3 Auf theoretische Entwicklungen in der DDR gehen wir hier nicht ein, da sie keinen Einfluss auf die heutigen Debatten haben.

4 „Provinz" wird von weiten Teilen der Linken lange Zeit auf *kulturelle* Rückständigkeit reduziert. So stellt etwa Adorno fest: „Die fortdauernde Divergenz von Stadt und Land, die

Niveau diskutiert. Dass aufbauend auf diesen Studien kaum kritisch-materialistische Raum*theorie* betrieben wird, dass also nicht nach Regelmäßigkeiten und Strukturen gesellschaftlich relevanter Raumproduktionen gesucht wird, hängt unseres Erachtens mit zwei Aspekten zusammen.

Erstens ist in der BRD nach 1945 jede auf „Raum" fokussierende Gesellschafts-theorie aus linker Perspektive diskreditiert. Die nationalsozialistische Raumrhetorik (und -praxis), die Rede von „'Raumnot', 'Volk ohne Raum', 'Ostraum', 'Raum-bewältigung', 'Grenzraum', 'Großraum', 'Siedlungsraum', 'Lebensraum'" (Rössler/ Schleiermacher 1993: 7) hatte das gesamte räumliche Vokabular „aufgesogen oder doch mindestens kontaminiert" (ebd.). Kritische Gesellschaftstheorie folgt weitge-hend Horkheimer und Adorno, die in der *Dialektik der Aufklärung* schreiben: „Der Raum ist die absolute Entfremdung." (1988: 189 [1944]) Indem sie dabei „Raum" mit „dem Unbewegten" (ebd.) und „bloßer Natur" (ebd.) gleichsetzen, verstellen sie von vornherein die Möglichkeit einer theoretischen Befassung mit der aktiven Pro-duktion des Raums, in der Henri Lefebvre ganz im Gegensatz dazu die Vorausset-zung zur Überwindung kapitalistischer Entfremdung sieht (vgl. 3.1). Weil Raum in bundesrepublikanischen Debatten sowohl im akademischen Mainstream als auch in der kritischen Wissenschaft weitgehend als der Gesellschaft äußerliches, physisches Phänomen begriffen wird, verwehren sich kritische Wissenschaftler/innen in „raum-affinen" Disziplinen aus guten Gründen gegen die Reduzierung sozialer Phänomene auf räumliche.

In der kritischen Stadtsoziologie richten sich Hartmut Häußermann und Walter Siebel in ihrem grundlegenden Aufsatz *Thesen zur Soziologie der Stadt* (1978) expli-zit gegen eine räumliche Definition der Stadt, wie sie sich beispielsweise in Louis Wirths (1974 [1938]) einflussreichem Konzept der *Urbanität als Lebensform* findet[5]. Sie unterscheiden strikt zwischen einer gesellschaftstheoretischen Soziologie der Stadt, der es um gesellschaftliche Prozesse geht, und einer Stadtplanungssoziologie als einer anwendungsorientierten *Raum*wissenschaft (Häußermann/Siebel 1978: 484f). Für erstere hat „Raum" als das Physisch-Materielle und A-Soziale kein Erklärungspotenzial und droht vielmehr gesellschaftliche Prozesse zu naturalisieren und zu verschleiern. Erst mit Dieter Läpples (1991) *Essay über den Raum* wird in der kritischen Stadt-soziologie gefordert, dass das „Raumproblem gleichermaßen ein konstitutives Mo-

---

kulturelle Ungeformtheit des Agrarischen, [...] ist eine der Gestalten, in denen die Barbarei sich perpetuiert" (1963: 46f.). Bellmann et al. (1975) führen die Abneigung der antiautoritä-ren Student/inn/enbewegung gegen alles Provinzielle – inklusive der theoretischen und politischen Befassung mit dieser – auf diese Psychologisierung des Stadt-Land-Unterschiedes im Rahmen der Kritischen Theorie zurück.

5   Louis Wirth definiert Stadt universell auf Grundlage von Größe, Dichte und Heterogenität und jenseits gesellschaftlicher und historischer Prozesse.

ment jeglicher Form menschlicher Vergesellschaftung und dementsprechend auch Bestandteil einer Gesellschaftstheorie" (ebd.: 162) sein müsse, wobei der gesellschaftliche Raum „aus dem gesellschaftlichen Herstellungs-, Verwendungs- und Aneignungszusammenhang seines materiellen Substrats zu erklären" sei (ebd.: 197). In der Geographie wird Ulrich Eisels (1980; 1982) gegen den raumwissenschaftlichen Ansatz (vgl. Bartels 1968) gerichtete Kritik, dass und warum Raum „an sich" für Sozialwissenschaftler/innen „kein mögliches Objekt" (Eisel 1982: 129) darstellt, häufig zitiert. Diese Kritik wird dabei aber ihrer marxistischen Herleitung entkleidet und als Beleg für den inzwischen dominanten idealistischen Standpunkt benutzt, der sich mit dem Raumdeterminismus gleich jeglicher Materialität entledigt (vgl. statt vieler Hard 1999). Eisels (1982) Vorschläge, regionalistische Kämpfe oder die konkret-räumlichen Auswirkungen kapitalistischer Industrialisierung als Gegenstände einer gesellschaftstheoretischen Geographie zu etablieren, verhallen dagegen weitgehend ungehört.

In kritischen Theoriedebatten in der BRD wird nach unserem Eindruck bis in die 1990er Jahre „Raum" weitgehend mit dem abstrakten physisch-materiellen Raum gleichgesetzt, der als außerhalb gesellschaftlicher Verhältnisses stehend verstanden wird, und dem damit für die Gesellschaftstheorie aus guten Gründen keine Bedeutung zugemessen wird.

Zweitens scheinen uns linke Theorie und Praxis in der BRD zu Zeiten des Fordismus weit weniger Anlass zur Befassung mit der räumlichen Dimension sozialer Kämpfe gehabt zu haben, als dies weiter unten für Frankreich und die USA beschrieben wird (3.). In Folge der bundesrepublikanischen Ausgleichspolitik der Nachkriegszeit werden räumliche Unterschiede als vergleichsweise periphere Themen wahrgenommen. Insbesondere für „große Entwürfe" kritischer Theorie ist der gesellschaftlich produzierte Raum, so vermuten wir, auch deshalb kein relevanter Aspekt.

Nach dem zweiten Weltkrieg gilt in der föderalistischen BRD der Grundsatz der „Herstellung gleichwertiger Lebensverhältnisse" (Art. 72 Abs. 2 GG) im nationalen Territorium, der als Abbau bestehender Unterschiede zwischen den Teilräumen verstanden wird. In der Praxis schlägt er sich ab den 1960er Jahren in zentralstaatlich initiierter, regionaler Strukturpolitik nieder und führt zum Ausbau des komplexen Systems finanzieller Ausgleichssysteme zwischen den räumlichen Entitäten auf Landes-, Kreis- und Gemeindeebene (vgl. Eltges 2006; Karl 2006). Auch wenn sie von den professionellen Vertreter/inne/n der sie begleitenden „Planungseuphorie" häufig so präsentiert wird, stellt diese Politik des räumlichen Ausgleichs zu keinem Zeitpunkt einen Selbstzweck dar. Vielmehr handelt es sich bei ihr vor allem um staatlich geförderte Bemühungen, die „intranational-räumlichen Expansionschancen des Kapitals" (Bellmann et al. 1975: 93) zu verbessern (vgl. Evers 1975; Väth 1975). Sie schafft die Voraussetzungen für die räumliche Dimension der „inneren Landnahme" (Lutz 1984), mit der im Fordismus die „Ausdehnung der inneren Märkte" (Hirsch/ Roth 1986: 50) betrieben wird, und hat den tatsächlichen Abbau räumlicher Reichtums-, Chancen- oder anderer Ungleichheiten weder zum Ziel noch als Resultat – was angesichts der dem Kapitalismus inhärenten Produktion räumlicher Unterschiede ebenso aussichtslos wie (aus der Sicht von Staat und Kapital) kontraproduktiv wäre (vgl. Harvey 1982; Hein 1978; Rauch 1985; Smith 1984). Gleichwohl verhindert die räumliche Ausgleichpolitik in den 1960er und 70er Jahren doch, dass räumliche Differenzen in der öffentlichen Wahrnehmung Ausmaße annehmen, die sie zu einem besonders wichtigen Thema werden lassen.

Erst als die Krise des Fordismus massive räumliche Restrukturierungen in Gang setzt und in den 1980er Jahren eine langsame Abkehr vom Gleichwertigkeitsziel einsetzt, der sich lange Zeit in politischen Debatten weit stärker niederschlägt als in realer Politik, werden räumliche Disparitäten in der Linken verstärkt „entdeckt" und thematisiert (Esser/Hirsch 1987: 42-56, Häußermann/Siebel 1987: 44-65). Heute schließlich sind räumliche Unterschiede innerhalb der BRD nicht mehr zu übersehend (vgl. Gatzweiler/ Milbert 2006; Fassmann/Klagge/Meusburger 2006) und ihr Abbau wird in der offiziellen Rhetorik immer weniger als Aufgabe und Ziel der Politik angesehen[6]. An die Stelle des Ausgleichsziels tritt der Wettbewerb der Teilräume, was für die polit-ökonomischen Realitäten in den Teilräumen zahlreiche Konsequenzen hat (vgl. Mayer 1990).

Als Bezugsrahmen der Konkurrenz fungiert der Weltmarkt (Narr/Schubert 1994), der unter dem Titel „Globalisierung" ab den 1990er Jahren Eingang in öffentliche Debatten findet. Teilweise in Reaktion auf diese Debatten, in denen „Globalisierung" üblicherweise als Weg zum Wohlstand, Sachzwang, Rückzug der Politik oder als eine Art Naturgewalt (bzw. als alles gleichzeitig) begriffen wird, diskutieren kritische Wissenschaftler/innen den polit-ökonomischen und ideologischen Kern dieses Diskurses und die daraus resultierenden räumlichen Ungleichheiten auf globaler Ebene (Altvater 1987, Altvater/Mahnkopf 2002 [1999], Hirsch 1990, 1998; Narr/Schubert 1994). Auf städtischer Ebene schließlich gewinnt seit rund 15 Jahren auch für deutschsprachige Wissenschaftler/innen die angloamerikanische Metapher von „Zitadelle vs. Ghetto" zur Beschreibung einer zunehmenden sozialräumlichen Polarisierung an Plausibilität (Hitz et al. 1995). Auf die spürbar zunehmenden sozialräumlichen Unterschiede in der Stadt reagiert der Staat teilweise mittels Raumproduktionen, nämlich mit der Sozialraumorientierung der Sozialen Arbeit (Reutlinger/Kessl/Maurer 2005) auf der einen und einer Verräumlichung der Kriminalpolitik (Belina 2000; 2006; Michel 2005) auf der anderen Seite.

Die historische und geographische Situation während der Hochphase der Politisierung bundesrepublikanischer Universitäten in den späten 1960er und den 1970er Jahren ist also – anders als in Frankreich oder den USA – durch eine keynesianische

---

6 Deutlich wurde dies etwa jüngst in der Debatte, die durch die Empfehlung des *Gesprächskreis Ost* ausgelöst wurde, in den neuen Bundesländern einen „Übergang von der Flächenförderung zur entschlosseneren Konzentration auf Wachstumskerne" (Dohnanyi/Most 2004: 3) zu vollziehen.

Politik des räumlichen Ausgleichs geprägt, die sich sowohl materiell als auch in der Problemwahrnehmung niederschlägt. So überrascht es nicht, dass die akademische Linke dieser Jahre sich anderen, weit stärker unter den Nägeln brennenden Themen zuwendet. Angesichts der aktuellen Zunahme der realen ebenso wie der diskutierten räumlichen Unterschiede scheint uns die verstärkte Zuwendung zu Raumforschung und -theorie auch in der akademischen Linken eine wenn nicht notwendige, so doch naheliegende Entwicklung.

Zu diesem Bedeutungsgewinn gesellschaftlicher Raumproduktionen mögen als Ursachen des derzeitigen *spatial turn* noch weitere, z.t. weit profanere Gründe hinzukommen. Zu nennen wäre etwa der Umstand, dass Akademiker/innen hierzulande wegen des neoliberalen Zwangs zum Anschluss an „internationale Exzellenz" scheinbar jede Mode bzw. jeden *turn* (*linguistic, iconic, cultural* oder eben *spatial*) der angloamerikanischen Debatten mit gewisser Zeitverzögerung nachvollziehen. Auch die Faszination enträumlichender Begrifflichkeiten wie Cyberspace und *spaces of flows* oder die neue Betonung von Region, Global City und *clash of cultures* mögen zur Wiederentdeckung des Raums in Öffentlichkeit und Wissenschaft beigetragen haben.

Wir vermuten also, dass es vor allem die beiden genannten Gründe waren - die weitgehende Gleichsetzung von „Raum" mit Natur sowie die reale und diskursive Marginalität räumlicher Disparitäten -, die dazu führten, dass Raumtheorie im o.g. Sinn in den Theoriedebatten der bundesrepublikanischen Linken lange Zeit keine Bedeutung hatte. Diesen Umstand halten wir an sich für nicht allzu problematisch. Bei den allermeisten Themen reicht es völlig aus, die Rolle des Raums bzw. räumlicher Praxen im Kontext kritischer Gesellschaftstheorie dann zu berücksichtigen, wenn sie zur Erklärung des jeweiligen Phänomens relevant werden (was weiter oben als Raum*forschung* bezeichnet wurde). Dass wir mit diesem Reader - vor allem im ersten Teil - Texte linker Theoretiker/innen in deutscher Übersetzung vorlegen, in denen darüber hinaus zu gehen versucht wird und kritisch-materialistische Raum*theorie* im oben bestimmten Sinn betrieben wird, so ist das zum einen dem aktuellen *spatial turn* hierzulande geschuldet. Mit ihm hält in den deutschsprachigen Sozial-, Geistes-, und Kulturwissenschaften eine weitgehend abstrakte Theoretisierung von „Raum" Einzug, die unseres Erachtens Gefahr läuft hinter die Kritik idealistischer und vulgärmaterialistischer Raumkonzepte zurückzufallen, wie sie auch und vor allem in der *Radical Geography* geleistet wurden (vgl. die Zusammenfassung bei Massey in diesem Band). Zum anderen halten wir die theoretische Beschäftigung mit Fragen des Raums im Rahmen kritisch-materialistischer Theorie für sinnvoll und notwendig, um die räumlichen Dimensionen kapitalistischer, patriarchaler und rassistischer Vergesellschaftung ebenso wie die Widerstandsmöglichkeiten gegen diese besser verstehen zu können. Dabei gilt es die je spezifischen Eigenschaften und die Relevanz dieser Dimensionen je konkret zu bestimmen.

3. Raumproduktionen bei Lefebvre, Foucault und Harvey

Im franko- und anglophonen Kontext stellt sich die Situation, wie bereits angedeutet, anders dar. Dort haben sich einige bedeutende linke Theoretiker/innen bereits in den 1960er und 70er Jahren mit Raumtheorie im o.g. Sinn beschäftigt. Dabei fällt u.E. auf, dass sie sich der Theoretisierung von „Raum" häufig erst in Folge konkreter Erfahrungen mit sozialen Kämpfen und Konflikten annahmen, in denen „Raum" ihres Erachtens eine wichtige Rolle zufiel[7]. Dies wäre die positive Wendung der zweiten o.g. These zum Fehlen einer kritisch-materialistischen Raumtheorie in der BRD: Im französischen und US-amerikanischen Kontext standen Konflikte um räumliche Unterschiede schon früher im Zentrum gesellschaftlichen Diskussionen und damit auch linker Theorie.

Um dies zu verdeutlichen, soll im Folgenden kurz auf die biographischen Momente der „Entdeckung" des Zusammenhangs zwischen Raumtheorie und linker Politik bei Henri Lefebvre (3.1), Michel Foucault (3.2) und David Harvey (3.3) eingegangen werden. In diesem Rahmen sollen zusätzlich einige grundlegende Argumente dieser drei Autoren diskutiert werden, die wir für die einflussreichsten Vertreter einer kritischen Beschäftigung mit Fragen der gesellschaftlichen Produktion des Raums halten. Ein Blick in die Texte dieses Bandes zeigt, dass sich in ihnen ausgiebig auf die Arbeiten dieser drei Theoretiker gestützt wird.

3.1 Henri Lefebvre – „Produktion des Raums" und „totaler Mensch"

Das vertiefte Interesse des französischen Marxisten und Philosophen Henri Lefebvre am „Raum" beginnt mit seinem Umzug von Strassburg nach Paris, wo er 1965 an der neu eröffneten Universität von Nanterre Professor für Soziologie wird (Shields 1999: 106). Von den Studierenden dieser „Rumpfuniversität" (Claassen/Peters 1968: 38) geht die studentische Revolte des Mai 1968 aus. Nanterre liegt in einem Arbeiter/innen/quartier am Rande von Paris „inmitten eines riesigen Baugeländes" (ebd.) ohne jegliche Infrastruktur: „Keine Cafés, kein Kino, kein Theater, nur Hörsäle und rundherum Baustellen" (ebd.).

Obschon Lefebvres humanistisch-marxistische Theorien zu diesem Zeitpunkt in studentischen Kreisen präsent sind und er selbst als Professor seit November 1967 aktiv an den Diskussionen teilnimmt (Hess 1988: 244f.), verliert er während der Mai-unruhen wegen seiner Kritik am Zeitpunkt des Aufstandes viel von seiner Beliebtheit unter linken Studierenden. Diese wenden sich in der Folge verstärkt anderen Theore-

---

7 Ein solch biographischer Entdeckungszusammenhang lässt sich auch bei jemandem finden, der kritisch-materialistischem Denken gänzlich unverdächtig ist: Niklas Luhmann hat bekanntlich das Phänomen der Exklusion angesichts brasilianischer Favelas entdeckt (Balke 2002: 28ff.).

tiker/inne/n zu, vor allem dem (Lefebvre verhassten) strukturalistischen Marxismus Louis Althussers (Soja in diesem Band: 82f.; Shields 1999: 106f.). Deshalb stellen die Maiunruhen eine Art „Nemesis der politischen Vorschläge Lefebvres" (ebd.: 106) dar.

In dieser Situation beeilte er sich, *seine* Analyse der Ereignisse vorzulegen: *L'irruption de Nanterre au sommet*, noch 1968 veröffentlicht und bereits im folgenden Jahr als *Aufstand in Frankreich* ins Deutsche übersetzt (Lefebvre 1969)[8]. Hier fällt sein Urteil über die Studentenbewegung und ihrer Spontaneität wesentlich positiver aus als noch im Mai 1968, weshalb Andy Merrifield (2002: 86) das Buch als Lefebvres „*mea culpa*" bezeichnet. In *L'irruption* sieht Lefebvre den Schlüssel zum Verständnis der Maiunruhen in einer Analyse ihrer Räumlichkeit. Über Nanterre heißt es darin:

> Die überholte, abwesende, zukünftige Stadt in der Ferne gewinnt für die Jungen und Mädchen, die in diesem Spannungen und faszinierende Bilder erzeugenden '*Ort*' untergebracht sind, einen *utopischen* Wert. In dem *hic et nunc* von Nanterre erleidet man eine doppelt auferlegte Absonderung: funktionell und sozial, industriell und urban. (Lefebvre 1969: 94)

Nanterre gilt Lefebvre deshalb „als negativ privilegierter Ort." (ebd.: 98), der „zum '*sozialen Kondensator*'" (ebd.) wird:

> Von der Analyse urbaner Phänomene her gesehen, entfaltet sich die Bewegung in unterschiedlichem Tempo, bewegt sich von einem sozialen Ort zu jenem fort. Sie geht von der Geisteswissenschaftlichen Fakultät in Nanterre aus, begibt sich nach Paris, dehnt sich auf Paris aus, dann auf die Provinz, nicht ohne im Quartier Latin, um die Sorbonne und in dieser 'sakralen' Stätte ein Zentrum zu finden. (ebd.: 93)

In dieser räumlichen Bewegung der Aneignung sieht Lefebvre Analogien zur Pariser Kommune von 1871 (ebd.: 106). In der „dialektische[n] Interaktion zwischen Marginalität und urbaner Zentralität" (ebd.) wittert er gar den Vorboten einer neuen Gesellschaft. Diese Gesellschaft ist für ihn – und hier unterscheidet sich seine Analyse von der, die man von einem Marxisten erwarten würde – nicht die Folge einer politischen Revolution, sondern die einer „urbanen Revolution" (vgl. Lefebvre 1972 [1970]): „Mit der Interaktion von Zentrum und Peripherie kündigt sich eine neue soziale, politische, kulturelle Ära an: *die urbane Gesellschaft* mit der ihr eigenen Problematik." (Lefebvre 1969: 111) Diese neue Gesellschaft zeichnet sich dadurch aus, „dass sich eine neue *Praxis* bildet: die urbane Praxis." (ebd.: 124) Diese löst demnach die industrielle Praxis ab. Bei ihrer Durchsetzung handelt es sich für Lefebvre um nichts weniger als um die Möglichkeit der „(jeweils abgeschlossenen, in Bezug auf die Entwicklung relativen, aber 'totalen' völligen, nicht-entfremdeten) Verwirklichung" (ebd.: 127) des Menschen: „Es versteht sich von selbst, dass die urbane Problematik unter geschichtlichen Bedingungen die allgemeinere Problematik des '*Men-*

---

8 Anders als Lefebvres Texte zum Raum wurden viele seiner früheren Arbeiten, insbesondere jene zum Alltagsleben, ins Deutsche übersetzt und hierzulande auch ausführlich diskutiert (vgl. Ronneberger 2002).

schen' oder *'menschlichen Wesens'* formuliert" (ebd.: 144). Damit schließt Lefebvre an seine früheren Arbeiten an, in denen die Kritik der Entfremdung und das Streben nach dem unentfremdeten, „totalen Menschen" zentral sind (Lefebvre 1967 [1939], 1974c [1958])[9]. Für Lefebvres Analyse der Mairevolte von 1968 wird der Raum (in der Form des Verhältnisses von Zentrum und Peripherie) als Ergebnis menschlicher Entfremdung im Kapitalismus und als Katalysator des Kampfes um ihre Überwindung relevant.

Das Verhältnis von Zentrum und Peripherie ist im zentralistischen Frankreich der 1960er und 70er Jahre auch auf nationaler Ebene ein politisches Thema. Nachdem es der Revolution von 1789 gelang, „alle lokalen, territorialen, städtischen und provinziellen Sondergewalten zu brechen" (MEW 8: 197), sind regionalistische Strömungen fortan ein Thema der Rechten, die damit implizit oder explizit an die vorrevolutionäre, feudale Raumstruktur anknüpfen. Erst seit den 1960ern wendet sich auch die Linke antizentralistischen Bewegungen zu (vgl. Rocard 1981: 131-134). Tagespolitisch fordert sie vor allem die Dezentralisierung und die Stärkung der nach dem 2. Weltkrieg neugeschaffenen *régions*. In der Linken wird das Verhältnis Zentrum – Peripherie zudem häufig in Zusammenhang mit dem ebenfalls seit den 1960er Jahren debattierten Konzept der *autogestion* diskutiert, der Arbeiter/innen/selbstverwaltung (vgl. Brenner 2001: 788-790). An diesen Debatten beteiligt sich auch Lefebvre und fasst die Selbstverwaltung dabei explizit als nicht nur vom Inhalt, sondern auch von der räumlichen Form her anti-etatistische Bewegung: „Der Staat, ob bourgeois oder nicht, stellt dem dezentralisierenden Prinzip der *autogestion*, das von der Basis aufwärts und vom Einzelelement zur Totalität agiert, qua seines Wesens ein Prinzip der Zentralisierung entgegen." (Lefebvre 1966: 67) In der *autogestion* sieht er „einen Weg und eine Praxis, die der Omnipotenz des Staates entgegengestellt werden kann" (Lefebvre 2001: 779 [1979]). Angesichts des Fehlens einer „systematischen und kompromisslosen Staatskritik" (Brenner 2001: 790; vgl. Lefebvre 2001: 779f.) in der *autogestion*-Diskussion fordert er dazu auf, über allzu staatstreue Verkürzungen – wie die parteisozialistische Forderung nach der Dezentralisierung des Staates – hinauszugehen. Auch hier gilt also, dass es Lefebvre nicht um Veränderungen der Raumstruktur an sich geht, sondern um Dezentralisation als Mittel der *autogestion* und damit der Bemühung „die Organisation des Alltags in die eigenen Hände zu nehmen, das eigene gesellschaftliche Leben *anzueignen*" (Lefebvre 1966: 66).

In *Die Zukunft des Kapitalismus* (1974b [1972]) betont Lefebvre eine weitere Art, in der „Raum" seines Erachtens eine wichtige Rolle in der Gesellschaft spielt:

Es stellt sich heraus, dass der Kapitalismus seine inneren Widersprüche während der letzten hundert Jahre wenn nicht lösen so doch abmildern konnte und ihm infolgedessen in

---

9 Zum emphatischen Entfremdungsbegriff beim jungen Marx, auf die sich Lefebvre vor allem stützt, vgl. die entsprechenden Passagen der *Pariser Manuskripte von 1844* (MEW EB 1: 510-522).

diesen hundert Jahren seit dem Erscheinen des *Kapital* ein 'Wachstum' möglich war. Um welchen Preis? Er lässt sich nicht beziffern. Mit welchen Mitteln? Wir wissen es: Indem er sich des Raums bemächtigte, indem er Raum produzierte. (Lefebvre 1974b: 24)

Der „Raum" wird hier relevant als produzierter Raum, der die Reproduktion der Produktionsverhältnisse garantiert, u.a. weil er einen „sekundären Kapitalkreislauf" ermöglicht (vgl. Lefebvre 1972: 169f.; 1974a: 386f.; zur Diskussion vgl. Belina 2007). Auch hier interessiert „Raum" weniger als solcher, sondern als Mittel und Gegenstand von Akkumulation und Reproduktion. Zum Verständnis dieser durch und durch konflikthaften und umkämpften Prozesse, so Lefebvre, ist eine Beschäftigung mit dem Raum notwendig.

An dieser Stelle, ebenso wie bereits im 1970 im Original erschienenen *Die Revolution der Städte* (1972), verwendet Lefebvre die Formulierung der „Produktion der Raums". Sie wird kurz darauf dem Buch den Titel geben, das als „Krönung seiner Forschung über Städte und Raumfragen" (Merrifield 2006: 99) gilt: *La Production de l'Espace* (1974a). Auch wenn zu diesem Zeitpunkt ein Buch über Raum, wie Andy Merrifield anmerkt, etwas zu sein schien, „dass Sozialisten so sehr brauchten wie ein Loch im Kopf" (2006: 101), sollte es - v.a. nach der Veröffentlichung der englischen Übersetzung 1991 - eine der Hauptquellen der kritisch-materialistischen Raumdebatte werden. In dem systematisch unsystematisch gehaltenen Buch, dessen Lektüre für die/den Leser/in neben brillanten Ideen auch viel Frustration ob der Unverständlichkeit mancher Assoziationen bereithält, geht Lefebvre über die Bestimmung der Relevanz des Raums in konkreten sozialen Konflikten hinaus und bemüht sich um „eine allgemeine Theorie zum Verhältnis von Raum und Gesellschaft" (Schmid 2005: 191). Wegen der unsystematischen Schreibweise und der durch diese begünstigte Vielzahl von Lesarten gehen die Interpretationen von *La Production de l'Espace* weit auseinander (vgl. Schmid 2005, Merrifield 2006, Shields 1999, Elden 2004). Wenn im Folgenden einige Kernaussagen Lefebvres (auf der Basis von Belina 2006: 26ff.) rekonstruiert werden, lässt es sich kaum vermeiden, diesen Interpretationen eine weitere hinzuzufügen. Allerdings schließt diese, so die Hoffnung, in weiten Teilen an einen gewissen Konsens der kritisch-materialistischen Interpretationen Lefebvres an.

Lefebvre versteht „Raum" in den Dimensionen von Materialität, Bedeutung und „gelebtem Raum" als Produkt sozialer Praxis. Raum gilt ihm also weder als „an sich" und außerhalb der Gesellschaft existente „Sache" noch als reine Idee ohne Verbindung zur Materialität der Welt. Damit schließt er an die erste Feuerbachthese an, in der Marx das Programm des historischen Materialismus skizziert:

Der Hauptmangel alles bisherigen Materialismus [...] ist, dass der Gegenstand, die Wirklichkeit, Sinnlichkeit, nur unter der Form des Objekts oder der Anschauung gefasst wird; nicht aber als *menschliche sinnliche Tätigkeit, Praxis;* nicht subjektiv. (MEW 3: 5)

Demnach ist auch Raum kein „da draußen" einfach vorliegendes Objekt (Materialismus), aber eben auch kein reines Gedankenkonstrukt (Idealismus), sondern das Produkt konkreter sozialer Praxen (historischer Materialismus). Zudem ist er für Lefebvre auch ein besonders wichtiges Produkt:

> Denn der (soziale) Raum ist nicht eine Sache unter anderen Sachen, irgendein Produkt unter den Produkten; er schließt die produzierten Dinge ein, er umfasst ihre Beziehungen in ihrer Koexistenz und in ihrer Simultanität: (relative) Ordnung und/oder (relative) Unordnung. Er resultiert aus der Abfolge einer Gesamtheit von Operationen, und kann nicht auf ein einfaches Objekt reduziert werden. Trotzdem hat er nichts von einer Fiktion, von einer Irrealität oder 'Idealität', vergleichbar mit der eines Zeichens, einer Repräsentation, einer Idee oder eines Traums. Als Ergebnis vorangegangener Aktivität erlaubt er Aktionen, schlägt sie vor oder verbietet sie. (Lefebvre 1974a: 88f.)

An keiner Stelle geht es Lefebvre also um „den Raum", dieser ist „nur Medium, Umgebung und Mittel, Werkzeug und Zwischenstufe. [...] Er existiert niemals 'an sich', sondern verweist auf ein Anderes" (Lefebvre 1972: 81). Von Interesse ist nicht der Raum 'an sich', sondern seine Rolle in sozialer Praxis. Diese Rolle kann für das Verständnis von Gesellschaft wichtig sein, weil sich im sozial produzierten Raum abstrakte soziale Prozesse und Gesetzmäßigkeiten ausdrücken, weil sie in ihm konkret und damit erst wirklich werden: „Die sozialen Beziehungen, konkrete Abstraktionen, haben keine echte Existenz außer im und durch den Raum. *Ihre Grundlage ist räumlich.*" (Lefebvre 1974a: 465) Die tatsächliche Rolle, die dem Raum dabei zukommt, hängt damit von den jeweiligen sozialen Prozessen ab, innerhalb derer er auf die eine oder andere Weise relevant wird. Dies gilt es dann jeweils *in concreto* zu untersuchen: „Die Verbindung 'Grundlage – Beziehung' bedarf in jedem Einzelfall der Analyse." (ebd.)

Wenn Raum gesellschaftlich produziert wird, dann ist damit auch gesagt, dass seine Produktion in der grundlegend von antagonistischen Widersprüchen und Konflikten bestimmten kapitalistischen Gesellschaft *umkämpft* ist; dass in ihr Interessen und Strategien aufeinander treffen und ihr Verlauf und Ergebnis von Machtverhältnissen bestimmt ist. Den entscheidenden Einfluss auf die Produktion des Raums sieht Lefebvre bei Kapital und Staat (was Herod in diesem Band kritisiert): „Die Produktivkräfte erlauben denen, die über sie verfügen, (...) die *Produktion des Raums*" (Lefebvre 1974b: 100). Die Praxen der diversen Fraktionen des Kapitals und der unterschiedlichen Staatsapparate bringen den abstrakten Raum hervor:

> Der Kapitalismus und der Neo-Kapitalismus haben den abstrakten Raum produziert, der auf globaler Ebene die 'Welt der Ware', ihre 'Logik' und ihre Strategien enthält und zugleich die Macht des Geldes und die des Staates." (Lefebvre 1974a: 65)

Dieser abstrakte Raum ist „Produkt der Gewalt und des Krieges, er ist politisch, durch den Staat gestiftet und institutionell" (ebd.: 328), er ist „geometrisch, visuell, phallisch" (ebd.: 434), er „negiert die Differenzen" (ebd.: 61) und „tendiert zur Homogenität" (ebd.: 64). Dabei beinhaltet er aber „spezifische Widersprüche" (ebd.: 64), vor allem den zwischen „Quantität und Qualität" (ebd.: 407), weshalb er in sich „plural *ist*" (ebd.: 330) und die Möglichkeit des „differenziellen Raums" in sich trägt (ebd.: 64). Das Streben nach Homogenität, so Lefebvre, kann sein Ziel nie vollständig erreichen, da es sich im Raum konkretisieren muss und dort auf die Widerständigkeit des Alltagslebens trifft. Gegen die Reduzierung auf die Quantität „opponieren Bedürfnisse und Verlangen" (ebd.: 408), gegen das kapitalistische Primat des Tausches setzt der gelebte Raum des konkreten Alltags das „Primat des Gebrauchs" (ebd.: 440). Wie die urbane Praxis (s.o.) steht der „differenzielle Raum" in *La Production de l'Espace* für die Überwindung der Entfremdung. Diese Überwindung lokalisiert Lefebvre im Raum, weil in diesem das Konkrete stattfindet, das sich der „Gewalt der Abstraktion" widersetzt.

Wie etwa Herod (in diesem Band) kritisiert, kann man Lefebvre hier so verstehen, dass sich die Kämpfe soweit verselbständigen, dass der „Niedergang des abstrakten Raums letztendlich auf seine eigenen Widersprüche zurückzuführen ist" (Herod in diesem Band: 183). Dieser Vorwurf einer tendenziellen Verdinglichung des Raums gründet sich auf zahlreiche Formulierungen bei Lefebvre, in denen es so klingt, als sei es „der Raum, der fortschreitet und sich entwickelt, [...] der Raum, der lebt" (Smith 1998: 59) – und eben nicht die Gesellschaft. Diesen Vorwurf gilt es für die Entwicklung einer kritisch-materialistischen Raumtheorie einerseits ernst zu nehmen. Andererseits liefert Lefebvre selbst die theoretischen Argumente gegen diese Fetischisierung des Raums, die sich praktisch nur in der Durchführung der Analyse der Rolle des Raums in konkreten sozialen Prozessen überwinden lässt (vgl. Belina 2006: 28f.).

Lefebvres Raumtheorie wurde hier etwas umfangreicher rekonstruiert, da gleich mehrere Texte dieses Bandes direkt an sie anschließen (Soja, Gregory, McCann, Herod) sowie fast alle anderen sich mehr oder weniger stark ebenfalls auf sie beziehen. Zentral scheinen uns drei Punkte. Erstens die Idee, Raum als soziales Produkt zu verstehen, in dem zweitens abstrakte soziale Prozesse und Strukturen konkret werden. Aus diesen beiden Punkten zusammengenommen folgt drittens, dass alle Raumproduktionen umkämpft sind.

3.2 Michel Foucault – Raum und Technologien der Macht

Anders als Lefebvre nimmt Michel Foucault im deutschsprachigen Raum gegenwärtig eine wichtige Position innerhalb kritischer Debatten ein. Sein Beitrag zu einem Verständnis von „Raum" ist allerdings nicht ganz so offensichtlich wie der von Lefebvre. Dennoch ziehen sich Fragen nach dem Raum und seiner Bedeutung für spezifische Diskurse und Machttechnologien durch sein gesamtes Werk: von der Entstehung des Asyls in *Wahnsinn und Gesellschaft* (Foucault 1969 [1961]) über das disziplinierende Gefängnis in *Überwachen und Strafen* (Foucault 1976 [1975]) bis zur biopolitischen Regierung der Bevölkerung, als dem auf den *Gattungskörper* gerichteten

Pol der Biomacht, die sich in erster Linie aus dem „Problem der Stadt" ergibt (Foucault 2005a: 328 [1982]). Dabei lassen sich allerdings zwei Arten des Interesses am „Raum" unterscheiden, ein expliziteres und ein eher implizites[10].

Die explizitesten Formulierungen zum „Raum" finden sich weniger in Foucaults wichtigsten Büchern, sondern in einer Reihe kleinerer Texte. Diese versprengten Aussagen, wie in *Von anderen Räumen* (2005c [1967]) und *Die Heterotopien* (2005b [1966]), wurden teilweise als eine „neue Methode der Raumanalyse" (Defert 1997: 274) gelesen oder ins Zentrum einer geographischen Lesart Foucaults gerückt. Dies veranlasst Edward Soja dazu von Foucault als dem ersten *postmodernen Geographen* zu sprechen (1989: 19). Mit Foucault, so auch Chris Philo, wurden die ersten Ansätze einer *„wirklich postmodernen Geographie"* geliefert (1992: 140). Allerdings finden sich diese Versuche, die sich am ehesten als grobe Skizze einer dezidierten *Raumtheorie* lesen lassen, eher am Rand von Foucaults Arbeiten und sind in seiner wohl strukturalistischsten Phase anzusiedeln. Sie lassen sich damit nicht ohne Schwierigkeiten mit späteren Arbeiten, wie *Überwachen und Strafen* oder den Vorlesungen zur *Geschichte der Gouvernementalität* (2004a; 2004b [1978/79]) verbinden. Für diese Einschätzung spricht auch, dass er die Veröffentlichung der beiden „Raum"-Texte erst kurz vor seinem Tod autorisierte, knapp zwanzig Jahre nach dem Vortrag, auf dem sie basierten; und dass er sich auf den Begriff der Heterotopie später nicht wieder bezog[11].

Unter Heterotopien versteht Foucault im Gegensatz zu realen Räumen und Utopien (wörtlich: nicht-Orten) *Gegenräume* und *Andere Räume*. „Diese mythischen oder realen Negationen des Raumes, in dem wir leben" (Foucault 2005b: 11 [1966]), sind Orte der Kontrolle und Disziplinierung des Anormalen, Orte der außerordentlichen Erfahrungen, der Illusion einer anderen Realität oder der Kompensation für die Realität. Heterotopien stehen in einem besonderen Verhältnis zur übrigen Gesellschaft und finden sich nach Foucault in wahrscheinlich allen Gesellschaften. Dabei handelt es sich um Orte der Übergangsriten ebenso wie um das Kloster, den Friedhof, die Kolonie oder das Gefängnis[12].

---

10 Als Drittes könnte der von unterschiedlichen Kritiker/inne/n gelegentlich angeführte, intensive Gebrauch vermeintlich räumlicher Metaphern genannt werden. Diese Kritik und Foucaults Entgegnung darauf (vgl. Foucault 2003a: 43ff).

11 Die umfangreichste Sammlung von Texten zur Diskussion um Heterotopien in der Geographie und die Rolle Foucaults für sie findet sich in dem von Stuart Elden herausgegebenen Band *Space, Knowlegde and Power. Foucault and Geography* (2007).

12 Der Begriff der Heterotopie wurde im deutschsprachigen Raum insbesondere in kulturwissenschaftlichen Arbeiten aufgenommen und im Rahmen postmoderner und postkolonialer Fragestellungen bezüglich sozialer und ästhetischer Zwischenräume, Differenzen und Verschiebungen verwand (Chlada 2005; Görling 1997). Mitchell (2001: 63f.) wirft den zahlreichen Bezugnahmen auf den Begriff in der anglophonen Geographie (u.a. bei Soja 1996) kulturalistische Entpolitisierungen vor. Vgl. auch Katz in diesem Band.

Bedeutsamer für die Untersuchung räumlicher Fragestellungen im Rahmen einer kritischen Theorie von Gesellschaft scheint allerdings Foucaults stärker implizite Beschäftigung mit dem Raum im Rahmen seiner ausführlicheren historischen Untersuchungen zu sein. Eine der bekanntesten soll hier beispielhaft hervorgehoben werden. In einem Interview von 1972, in dem sich die Erfahrungen aus den Kämpfen seit 1968 widerspiegeln, spricht er davon, dass die zunehmenden Repressionen und Verfolgungen in ihm „etwas angestoßen und eine Erinnerung wieder aufleben lassen" (Foucault 2002: 370 [1972]) hat, die ihn zur Untersuchung des Gefängnis brachte. „Denn es bestand der Eindruck, und dies im Übrigen schon vor dem Mai 68, dass man zu jener Art der ziemlich generellen Einsperrung zurückkehrte, die es bereits im 17. Jahrhundert gab." (ebd.) Einerseits folgte daraus das politische Engagement in der Anti-Gefängnisgruppe, der *Groupe d'Information sur les Prisons*, und andererseits mit dem Buch *Überwachen und Strafen. Die Geburt des Gefängnisses* (1976 [1975]) Foucaults wahrscheinlich einflussreichste Formulierung der Bedeutung von Raum und seines Raumverständnisses.

In *Überwachen und Strafen* geht es nicht allein um das Gelehrigmachen der Körper, die Disziplinierung der Subjekte und die Konstruktion der Seelen, sondern ebenso um die damit verbundene architektonische Form, in erster Linie das panoptische Gefängnis. Dessen Architektur erlaubt eine ständige Beobachtung der Gefangenen, ohne dass diese sehen können, ob sie gerade tatsächlich beobachtet werden. Im Panoptikum werden die Subjekte räumlich angeordnet und einer Kontrolle unterworfen, die sich in diese hineinverlagert. „Die Disziplin macht sich zunächst an die Verteilung der Individuen im Raum" (Foucault 1976: 181). Sie parzelliert den Raum, grenzt ihn von anderen Räumen und Orten ab und strukturiert ihn funktional. Diese Funktionsweise der Disziplin entfaltet sich nicht nur im Gefängnis, in der Kaserne oder in der Schule, sondern auch in der Fabrik mit ihrer Verwicklung von Repression und Produktion: „konzentrieren; im Raum verteilen; in der Zeit anordnen; im Zeit-Raum eine Produktivkraft zusammensetzen, deren Wirkung größer sein muss als die Summe der Einzelkräfte" (Deleuze 1993: 254).

Auch Foucault interessiert sich in seinen Untersuchungen weniger für „den Raum" oder eine allgemeine Raumtheorie, als vielmehr für räumliche Beziehungen, die Verteilung und Anordnung von Menschen und Dingen und die damit verbundenen, verwickelten Verhältnisse von Diskursen, Wissen und Macht (Philo 1992: 151). Er geht von Diskursen und gesellschaftlichen Praktiken aus und untersucht deren Raumproduktionen und räumliche Wirkungen. Nicht der „Raum" bildet den Ausgangspunkt, sondern bestimmte Räume werden untersucht, weil sich in ihnen „Kämpfe, Kraftlinien, Konfrontationspunkte und Spannungen" (Foucault 2003a: 38 [1976]) manifestieren und deshalb „Raum [...] bei jeglicher Machtausübung fundamentale Bedeutung" (Foucault 2005a: 337 [1982]) zukommt.

Dabei ist Foucaults Perspektive eine historische, die versucht die Geschichte der Räumlichkeit und Verräumlichung von Macht und der Machtausübung durch Räume zu schreiben. Derek Gregory spricht in diesem Zusammenhang von den „in viele von Michel Foucaults Geschichten der Gegenwart eingeschrieben Geographien" (1994: 4). Besonders deutlich wird dies in Foucaults *Geschichte der Gouvernementalität* (2004a; 2004b [1978/79]), dessen erster Band den Untertitel *Sicherheit, Territorium, Bevölkerung* trägt. Diese Geschichte der Gouvernementalität verknüpft aufs engste die neue Machttechnologie mit „Raumfragen" (Foucault 2004a: 27) und den spezifischen Problemen und Verhältnissen, die von der Stadt aufgeworfen werden (ebd.: 28-44). Ausgehend von den unterschiedlichen Weisen, in denen der Raum für Foucault mit der Macht zusammenhängt, formuliert er in einem Interview:

Man müsste eine ganze Geschichte der Räume schreiben – die zugleich eine Geschichte der Mächte wäre –, von den großen Strategien der Geopolitik bis zu kleinen Taktiken des Wohnens, der institutionellen Architektur, dem Klassenzimmer oder der Krankenhausorganisation und dazwischen den ökonomisch-politischen Einpflanzungen. Es überrascht, wenn man sieht, welch lange Zeit das Problem der Räume gebraucht hat, um als historisch-politisches Problem aufzutauchen: Entweder wurde der Raum in die Natur zurückgeschickt – ins Gegebene, in die ersten Bestimmungen, in die natürliche Geographie, das heißt eine Art prähistorischer Schicht –, oder er wurde als Wohn- oder Ausdehnungsort eines Volks, einer Kultur, einer Sprache oder eines Staates begriffen. Kurz gesagt, man analysierte ihn entweder als *Boden* oder als *Areal*; worauf es ankam, waren das *Substrat* oder die *Grenzen*. (Foucault 2003b: 253f. [1977])[13]

Foucault richtet sich, ebenso wie Lefebvre, gegen einen Raumfetischismus, der dem Raum „an sich" bestimmte Eigenschaften zuschreibt. Raum ist vielmehr nur als soziales Verhältnis und im Rahmen sozialer Praxis bedeutsam. Wenngleich das Panoptikum eine Institution zur Verhinderung von Freiheit ist, so ist es nicht seine architektonische Form, sondern die soziale Praxis, die es dazu macht. Als Beispiel dieser Ambivalenz nennt Foucault das von dem utopischen Sozialisten Godin errichtete Familistère, einen Wohnkomplex für Arbeiter/innen. Einerseits stellt dies eine auf Autonomie und Freiheit gerichtete Architektur dar. Andererseits lässt es sich als vortreffliches Mittel der Überwachung und Repression verwenden. Auf Paul Rabinows Frage, was er denn für ein erfolgreiches Beispiel für eine auf Freiheit gerichtete Architektur hielte (nachdem er sagte, dass Le Corbusier diese nicht geliefert habe), antwortet er, dass dies keine Frage der „Eigenschaften von Objekten" sei sondern eine der Praxis (Foucault 2005a: 330 [1982]).

Gleichwohl richtet sich Foucault, wie Lefebvre, gegen eine abstrakte Abwertung des Raums in der kritischen Gesellschaftstheorie. Im selben Gespräch mit Paul Rabinow erinnert er sich der Diskussionsrunde, die 1967 auf seinen Vortrag *Von anderen Räumen* folgte:

---

13 Foucault selbst kam nicht mehr dazu, sich dieses Themas anzunehmen. Als der Versuch, Teile einer solchen „Geschichte der Räume" in einer foucaultschen Perspektive zu schreiben, kann Richard Sennetts *Fleisch und Stein* angesehen werden (1995). Auf diesen Text

Es ging um 'Heterotopien', wie ich das damals genannt habe, [...] und gegen Ende ergriff einer von ihnen – ein Psychologe Sartre'scher Prägung – das Wort und bombardierte mich mit Äußerungen der Art, dass der Raum reaktionär und kapitalistisch, Geschichte und Werden dagegen revolutionär seien. Damals waren absurde Diskussionen dieser Art keine Seltenheit. Heute würde sich jeder vor Lachen biegen, wenn er so etwas hörte, aber damals nicht. (Foucault 2005a: 337f. [1982])

Dass dies möglicherweise noch immer nicht alle zum Lachen fänden, dass also die Frage, ob Geschichte/Zeit oder Geographie/Raum prioritär seien, nach wie vor gewälzt wird, zeigt und kritisiert Doreen Massey (in diesem Band). In diesem Sinne scheint es fragwürdig, der oft zitierten Formulierung Foucaults, nach der sich die Gegenwart als ein „Zeitalter des Raumes" (Foucault 2005c: 931 [1967]) und weniger als eines der Geschichte und als ein Netz statt einer Abfolge darstellt, eine zu Große Bedeutung beizumessen. Zudem steht diese oft parolenhaft verwendete Aussage noch stärker im Zeichen eines strukturalistischen Denkens, als dies später der Fall war. Wahrscheinlich reicht es aus, sie als eine Kritik daran zu verstehen, dass die gesellschaftliche Produktion von Raum für Foucault zu diesem Zeitpunkt und an diesem Ort in kritischer Gesellschaftstheorie nicht thematisierbar schien.

3.3 David Harvey – Räume des Kapitalismus

Beim Geographen David Harvey verlief das Aufeinandertreffen von kritisch-materialistischer Theorie und „Raum" in umgekehrter Reihenfolge. Wie er selbst formuliert, entstammt seine „Faszination mit der räumlichen Dimension meinem disziplinären Hintergrund" (Harvey 1989b: 5). Seine geographische Forschung ist in den 1960ern zunächst positivistisch-unpolitisch, seine politische Ausrichtung eher sozialdemokratisch. Nachdem er im Mai 1968 im beschaulichen Cambridge das Manuskript zu *Explanation in Geography* (1969) beendet hat – der fundamentalsten theoretischen Grundlegung der damaligen positivistischen Geographie –, stellte er nach eigenem Bekunden „peinlich berührt" (Harvey 2000a: 78) fest, dass er von den politischen Entwicklungen um sich herum kaum etwas mitbekommen hat. Dies ändert sich, als er im Folgejahr eine Stelle an der Johns Hopkins Universität in Baltimore antritt. In einem Interview erinnert er sich: „Ich war schockiert von den Zuständen, die ich hier vorfand." (Harvey 2004) Wie zahlreiche andere US-amerikanische Städte war auch die ökonomisch niedergehende Ostküstenmetropole (vgl. Merrifield in diesem Band: 208-10), deren Bevölkerung zu diesem Zeitpunkt zur Hälfte aus Afroamerikaner/ inne/n besteht, nach dem Attentat an Martin Luther King am 04.04.1968 Schauplatz von *riots*. Während dieser wurden weite Teile der Stadt verwüstet (vgl. Olson 1997: 362-384, insb. 383).

---

bezieht sich auch Don Mitchell in diesem Band (285-87), allerdings ohne dabei auf dessen Bezug auf Foucault einzugehen.

Zu den ersten Arbeiten Harveys in Baltimore gehören Studien zum kapitalistischen Bodenmarkt der Stadt (Harvey 1974). Die theoretischen Grundlagen dafür sucht er zunächst in einer linksliberalen Auslegung positivistischer Raumwirtschaftstheorie, schon bald jedoch im Marxismus. Das erste Ergebnis seiner theoretischen Neuorientierung ist das für die *Radical Geography* grundlegende Buch *Social Justice and the City* (1973), in dem er sich u.a. mit der Frage beschäftigt, wie „sozialer Raum" theoretisch zu fassen sei. Der Schluss, zu dem er unabhängig von Lefebvre kommt, weist im Prinzip in dieselbe Richtung:

Das Problem einer angemessenen Konzeptualisierung des Raums wird durch menschliche Praxis in Bezug auf ihn gelöst. Anders formuliert gibt es keine philosophischen Antworten auf philosophische Fragen, die das Wesen des Raums betreffen – die Antworten liegen in der menschlichen Praxis. Die Frage „Was ist Raum?" wird deshalb ersetzt durch die Frage „Wie kommt es, dass unterschiedliche Praxen unterschiedliche Raumkonzepte hervorbringen und nutzen?" (Harvey 1973: 13f.)

Mit Rückgriff auf die Raumdiskussion in der Physik identifiziert Harvey drei Varianten, in denen Raum in sozialer Praxis vorkommt: absoluter, relativer und relationaler Raum (ebd., vgl. Harvey 2006). In den knapp zehn Jahren nach dem ersten Vorschlag einer Systematisierung möglicher Raumbegriffe führt ihn seine Arbeit zunächst weg von der Raumtheorie und hin zur weit konkreteren Frage, in welcher Weise Raum in der politischen Ökonomie des Kapitalismus von Relevanz ist. Dieses Unterfangen mündet in *The Limits to Capital* (1982). In dessen abschließendem Teil befasst Harvey sich mit den Gesetzlichkeiten der Raumproduktion im Kapitalismus (ebd.: 373-445), die er als durch eine „Spannung zwischen Fixiertheit und Bewegung" (ebd.: 422) gekennzeichnet sieht. Auf diesen polit-ökonomischen Analysen aufbauend thematisiert er zudem Fragen von Ästhetik und Kultur (Harvey 1979, 1985) sowie schließlich der „Postmoderne" (Harvey 1987a, 1989a). In diesen Arbeiten spielt der „Raum" stets insofern eine Rolle, als Harvey sich zu zeigen bemüht, an welcher Stelle und in welcher Hinsicht seine soziale Produktion, Kontrolle oder Aneignung im jeweiligen Zusammenhang konkret von Relevanz sind (vgl. die Diskussion durch Gregory in diesem Band). Auf eine Vertiefung von Harveys Beiträgen zu einer kritisch-materialistischen Raumtheorie sei an dieser Stelle mit Verweis auf seinen Beitrag in diesem Band verzichtet.

Die Diskussion der jeweiligen Verbindung, die Lefebvre, Foucault und Harvey zwischen Gesellschaftstheorie und Fragen des Raums angesichts konkreter sozialer Kämpfe hergestellt haben, hat, wie angekündigt, zwei Zwecke verfolgt. Erstens sollten drei der wichtigsten Autoren für eine kritische Raumtheorie kurz vorgestellt werden. Zweitens sollte verdeutlicht werden, dass und wie die Verbindung von Gesellschaftstheorie und Fragen des Raums bei allen dreien gerade nicht in „scholastischer Sicht"[14] geschieht,

---

14 Pierre Bourdieu bezeichnet als „scholastische Sicht" eine, die sich „von der Welt und vom Handeln zurückzieht, um über die Welt und das Handeln nachzudenken" (1998: 206).

sondern durch die - durchaus unterschiedliche - Auseinandersetzung mit speziellen Themen in spezifischen geographischen und historischen Situationen erfolgt. Damit soll nicht bestritten werden, dass zwischen diesen Autoren enorme Differenzen bestehen. Insbesondere kritisiert Foucault immer wieder den zeitgenössischen Marxismus und wird daraufhin von Lefebvre (1974b: 93) für seine Historisierung und Banalisierung von Marx kritisiert. Auch wenn Harvey sich an vielen Stellen positiv auf postmoderne und poststrukturalistische Theorie bezieht (z.b. auf Foucault in Harvey 1996: 77-95), gilt er in der anglophonen Geographie zu Recht als einer ihrer energischsten Kritiker (vgl. Harvey 1987a, 1987b, 1989a, 1992), wofür er wiederum z.T. heftig kritisiert wird (z.b. von Gregory 1994/in diesem Band, Massey 1991, Morris 1992, M. Smith 2001: 23-47). Und auch das Verhältnis von Harvey zu Lefebvre ist kein ausschließlich harmonisches. So betont Harvey einerseits „Lefebvres Arbeit immer anregend und auch provozierend gefunden [zu haben] (AnArchitektur 2006b: 12), spart andererseits aber auch nicht an Kritik, etwa wenn er ihn als Verfechter eines „agonistischen Romantizismus ewig unerfüllter Sehnsucht und Begehren" (Harvey 2000b: 183) bezeichnet. Die Differenzen zwischen den drei diskutierten Theoretikern verstehen wir ebenso wie jene innerhalb der *Radical Geography* vor allem als produktive und damit als Herausforderung zur Weiterarbeit an einer kritisch-materialistischen Raumforschung bzw. -theorie, die u.E. auch hierzulande Not tut.

4. Die Beiträge der *Radical Geography*

Der gegenwärtige *spatial turn* der deutschsprachigen Sozial-, Geistes- und Kulturwissenschaften erscheint uns als unzureichend, um die umkämpfte gesellschaftliche Produktion von Raum zu verstehen. Was nun, wäre die Frage, können die hier vorgestellten Ansätze der *Radical Geography* demgegenüber leisten? Wir denken, dass in diesem heterogenen und spannungsreichen Feld kritischer Gesellschaftsforschung die Forderung nach einer Befragung der *gesellschaftlichen* Produktion des Raums und der *gesellschaftlichen* Raumverhältnissen eingelöst wird. Dabei ist *Radical Geography* kein homogener und in sich geschlossener Ansatz, sondern ein vielfältiger Diskussionszusammenhang, in dem heftige Debatten und Auseinandersetzungen stattfanden und -finden.

So können die in diesem Band versammelten Beiträge kaum eine unfassende Übersicht oder Geschichte der *Radical Geography* liefern und ebenso wenig Einblick in alle wichtigen Debatten liefern. Was die Auswahl der Texte angeht, wären zweifelsfrei auch andere Entscheidungen vorstellbar gewesen. Mit den Beiträgen in diesem Band soll zum einen versucht werden grundlegende Fragen und Themen der *Radical Geography* darzustellen und zum anderen konkrete gesellschaftliche Auseinandersetzungen unter dieser Perspektive zu betrachten. Der Band ist in zwei Teile gegliedert. Im ersten Teil sind stärker theoretische Beiträge versammelt, die hier unter

dem Begriff der Raumtheorie verhandelt werden. Im zweiten Teil stehen konkrete
Raumproduktionen und stärker empirische Untersuchungen im Mittelpunkt.

Den Einstieg bildet ein 1990 in der Zeitschrift *Annals of the Association of
American Geographers* erschienener Text von David Harvey, in dem der sozialen
Produziertheit von Raum – und Zeit – recht grundlegend nachgegangen wird. Ausgehend von der Marx'schen Analyse diskutiert Harvey anhand verschiedener Beispiele
die politische Bedeutung gesellschaftlicher Raumproduktionen und lotet die Position einer solchen Geographie im Verhältnis zu Gesellschafts- und ästhetischer Theorie aus. Der Text beruht auf einem Vortrag aus dem Jahr 1989 und kann als Zusammenfassung von Harveys raumtheoretischen Arbeiten bis zu diesem Zeitpunkt verstanden werden.

Neil Smiths Beitrag wurde seinem 1984 erschienenen Buch *Uneven Development*
entnommen. Darin untersucht er, eng an Marx argumentierend, die dem Kapitalismus inhärente Produktion räumlicher Ungleichheit. Der ausgewählte Ausschnitt
schließt an eine Diskussion der Produktion einer zweiten Natur im Kapitalismus an
und ordnet den geographischen Raum der Gebrauchswertseite der Warenform zu.

Auf diese beiden marxistischen Texte folgen drei Beiträge, in denen sich unterschiedliche Richtungen der Kritik an der stark am Marxismus orientierten frühen
Radical Geography widerspiegeln, insbesondere von Seiten postmoderner, postkolonialer und feministischer Theorie.

Edward Soja beleuchtet in seinem Text, der seinem Buch *Postmodern Geographies*
(1989) entnommen ist, die Geschichte der Thematisierung des „Raums" in der marxistischen Geographie und den kritischen Sozialwissenschaften. Dabei betont er die
Tradition kritischen Denkens über Raum in Frankreich und die Rolle Lefebvres für
die Entstehung einer linken Geographie im anglophonen Raum. Soja argumentiert
nicht nur für die Einführung von Marx in die Geographie, sondern ebenso für die
Einführung der Geographie in den Marxismus und die kritische Gesellschaftstheorie
allgemein, kurz: für eine Verräumlichung der Sozialwissenschaften. Dabei macht er
den Raum als Gegenstand der Theorie deutlich stärker als z.B. Harvey oder Smith
(oder auch wir in dieser Einleitung).

Doreen Massey, die nach marxistischen Arbeiten zur Wirtschaftsgeographie in den
1970er Jahren (vgl. Massey & Catalano 1978) inzwischen wohl als wichtigste feministische Geographin bezeichnet werden kann (insb.: Massey 1994), kritisiert in ihrem
1992 im *New Left Review* erschienenen Aufsatz eine abstrakte und entpolitisierende
Theoretisierung von „Raum" und „Zeit". Diese Kritik baut sie anhand der Auseinandersetzung mit insbesondere Ernesto Laclau und Fredric Jameson auf und setzt diesen, ausgehend von marxistischer Geographie, feministischer Kritik und moderner
Physik, ein relationales und interdependentes Verständnis von Raum/Zeit entgegen.

Derek Gregory diskutiert in seinem Beitrag aus dem letzten Kapitel seines Buchs
Geographical Imaginations (1994) die Raumtheorien von Harvey und Lefebvre. Aus

postkolonialer und -moderner Perspektive kritisiert er an Harvey eine Tendenz zu einem marxistischen Reduktionismus, dem er Lefebvres stärkere Offenheit entgegenstellt. Der Text steht zusammen mit denen von Soja und Massey für die Debatten der 1990er Jahre, in denen der gesellschaftstheoretische Bezug der *Radical Geography* über den Marxismus hinaus ausgeweitet wird, diesen aber - zumindest in den hier ausgewählten Beiträgen - nicht verwirft.

Auf die stärker raumtheoretischen Beiträge im ersten Teil des Readers folgen in zweiten Teil Einzelanalysen, in denen die gesellschaftliche Produktion des Raums bezüglich konkreter Fragestellungen und im Kontext kritisch-materialistischer Theorie untersucht wird.

Ausgehend von einer Kritik an Foucaults „Heterotopien" zeigt Cindi Katz in ihrem dem Sammelband *Postmodern Geography* entnommenen Beitrag am Beispiel des *Grand Central Terminals* in New York, wie die Konsequenzen kapitalistischer Restrukturierungen mittels Raumproduktionen unsichtbar gemacht werden, welche Schleier und Blicke dieser neoliberale Umbau städtischer Räume produziert und welche Menschen und Räume dem Blick entzogen werden. Dabei rückt sie die Sphäre der sozialen Reproduktion in den Mittelpunkt.

Andrew Herod richtet sich in seinem Aufsatz aus der Zeitschrift *Antipode* gegen eine Wirtschaftsgeographie, die nur Strukturen bzw. „das Kapital" als Akteur kennt und der aktiven Rolle von Arbeiter/inne/n bei der Produktion von Raum keine Aufmerksamkeit schenkt oder diese als eine nachgelagerte Frage behandelt. Diese Tendenz macht er in unterschiedlicher Weise bei nicht-marxistischen ebenso wie bei marxistischen Beiträgen aus. Vergleichbar mit operaistischen Ansätzen rückt er stattdessen anhand verschiedener Beispiele die - widersprüchliche aber aktive - Rolle von Arbeiter/inne/n bei der Produktion der Räume des Kapitalismus in den Mittelpunkt.

Andy Merrifield stellt die Geschichte eines konkreten Ortes vor, die eines ehemaligen Fabrikgebäudes in einem ehemaligen Industrie- und Arbeiter/innen/stadtteil in Baltimore. Er untersucht Prozesse und Auseinandersetzungen um dessen *Gentrifizierung*, zeichnet die Verbindung des Raumproduktion an diesem konkreten Ort zur Welt der Finanzkapitals nach und zeigt die Konflikte zwischen alten Bewohner/inne/n, Investor/inn/en und neu zugezogenen Mittelschichten um die Veränderungen des Raums auf. Dabei macht er deutlich, dass der Erfolg solcher Aufwertungsprojekte im Sinne des Kapitals keineswegs sicher ist, und dass gleichzeitig der Widerstand dagegen sowohl progressive als auch regressive Züge annehmen kann.

Eugene McCann untersucht in seinem der Zeitschrift *Antipode* entnommenen Beitrag den rassistischen und ausschließenden Charakter städtischer Räume und weist dabei darauf hin, dass Lefebvres Triade von gedachtem, erfahrenem und gelebtem Raum, den dieser in einer konkreten historischen und gesellschaftlichen Situation entwarf, in anderen Kontexten einer Anpassung bedarf.

Don Mitchells Beitrag schließlich untersucht in seinem ebenfalls *Antipode* entnommenen Beitrag die räumliche Dimension der Anti-Obdachlosengesetzgebung in den USA. Deren „Vernichtung des Raums" für Obdachlose, die diesen die Lebensgrundlage bestreitet, diskutiert er im Kontext von Globalisierung(-sideologie), Kämpfen um Zugang zu Öffentlichkeit und öffentlichem Raum und Kontroversen um den rechtlichen und moralischen Status von Obdachlosen [*citizenship*].

Zwar decken diese Beiträge ein recht breites Feld theoretischer und empirischer Fragestellungen ab, dennoch sind wir uns im Klaren darüber, dass damit eine große Zahl blinder Flecken bestehen bleibt. Etwas anderes ist angesichts einer fast vierzigjährigen Geschichte – die Zeitschrift *Antipode* erscheint seit 1969 – auch kaum vorstellbar. So fehlen u.a. die Themen räumliche Maßstabsebenen [*scale*][15], Geopolitik und neuer Imperialismus, Migration, Grenzen und transnationale Räume; politische Ökologie und Produktion der Natur; und Fragen von Körper, Sexualität und *Queerness*.

Auch beanspruchen wir nicht, dass alle wichtigen theoretischen Debatten der *Radical Geography* hier mit Beträgen vertreten wären. Obgleich mit Doreen Massey und Cindy Katz zwei der einflussreichsten feministischen Autorinnen in diesem Band – der ein starkes Übergewicht weißer männlicher Autoren aufweißt – vertreten sind, scheinen explizit feministische Fragestellungen nur am Rande auf. Ähnliches gilt für postkoloniale Kritik, zu der unter anderem Derek Gregory mehrere Beiträge geliefert hat. Ganz fehlen Debatten, die aufbauend auf postkolonialer Kritik entstanden, wie die Frage von *Whiteness* und hegemonialen Sprecher/innen/positionen, der Dekolonialisierung der Geographie und Perspektiven und Stimmen aus dem Süden. An älteren Diskussionen fehlt der Anarchismus vollständig und die Kontroversen um den Kritischen Realismus werden bei Soja nur gestreift.

Trotz dieser Einschränkungen hoffen wir mit der hier vorgelegten Auswahl einen Anfang gemacht zu haben, um die Leerstelle, die im aktuellen *spatial turn* durch die eingangs beklagte, weitgehende Unbekanntheit der Beiträge der *Radical Geography* zu verzeichnen ist, zu schließen. Schließlich hoffen wir, dass die Debatten um die Relevanz von Raum und Räumlichkeit im Rahmen kritisch-materialistischer Raumtheorie und -forschung produktiv weitergeführt werden. Wissend um die hier nur angerissenen Fallstricke auch eines kritisch-materialistischen *spatial turns* denken wir gleichwohl, dass es reichlich Themen bzw. Kämpfe gibt, bei denen eine solche Debatte für linke Positionen in Theorie und Praxis wichtig ist.

Für Anregungen und Kritik zu dieser Einleitung bedanken wir uns bei unserem Berliner Lesekreis mit Uli Best, Thomas Bürk, Dirk Gebhardt, Henning Füller, Jenny Künkel, Matthias Naumann, Marit Rosol und Markus Wissen sowie bei Jörg Becker, Hans-Dieter von Frieling und Margit Mayer. Dass das Resultat allein wir zu verantworten

---

15 Vgl Heeg/Röttger/Wissen (i.E.)

haben, versteht sich von selbst. Für die Überlassung von Rechten danken wir *Monthly Review Press* für den Text von Andy Merrifield, *Verso* für das Kapitel von Edward Soja, Noel Castree als Herausgeber von *Antipode* für die Artikel von Andrew Herod, Eugene McCann und Don Mitchell sowie der *New Left Review* für den Beitrag von Doreen Massey. Besonderer Dank gilt den Übersetzer/inne/n: Ingo Bader, Thomas Bürk, Carsten Gräbel, Michael Keizers, Jenny Künkel, Hannah Neu und Sebastian Schipper.

Literatur

Adorno, Theodor W. (1963): Philosophie und Lehrer. In: *Eingriffe*. Frankfurt a.M.: 29-53.

Ahrens, Daniela (2001): *Grenzen der Enträumlichung*. Opladen

Alnasseri, Sabah/Ulrich Brand/Thomas Sablowski/Jens Winter (2001): Raum, Regulation und Periodisierung des Kapitalismus. *Das Argument* 43(1): 23-42.

Altvater, Elmar (1987): *Sachzwang Weltmarkt*. Hamburg.

-/Mahnkopf, Birgit (2002): *Grenzen der Globalisierung. Ökonomie, Ökologie und Politik in der Weltgesellschaft*. Münster [1999].

AnArchitektur (2002): Material zu Henri Lefebvre, Die Produktion des Raums. *AnArchitektur* 1.

- (2006a): Material zu David Harvey: Flexible Akkumulation durch Urbanisierung. *AnArchitektur* 16.

- (2006b): Steinbrüche der Theoriebildung. Manuel Castells, David Harvey und die Widerstände in der kapitalistischen Stadt. Ein E-Mail-Gespräch. *Beilage zu AnArchitektur* 16-17.

Balke, Friedrich (2002): Triste Tropiques. Systems Theory and the Literary Scene. *Soziale Systeme* 8(1): 27-37.

Bartels, Dietrich (1968) *Zur wissenschaftstheoretischen Grundlegung einer Geographie des Menschen*. Wiesbaden.

Beck, Günther (1973): *Zur Kritik der bürgerlichen Industriegeographie*. Göttingen.

Becker, Joachim (2002): *Akkumulation, Regulation, Territorium*. Marburg.

Belina, Bernd (2000): *Kriminelle Räume*. Kassel.

- (2006): *Raum, Überwachung, Kontrolle*. Münster.

- (2007): *Zum Begriff des „sekundären Kreislaufs" bei Lefebvre, Soja und Harvey* (unveröffentlichtes Manuskript).

Bellmann, Dieter/Wolfgang Hein/Werner Trapp/Gert Zang (1975): „Provinz" als politisches Problem. *Kursbuch* 39: 81-127.

Bourdieu, Pierre (1979): *Entwurf einer Theorie der Praxis*. Frankfurt [1972]

- (1998): *Praktische Vernunft*. Frankfurt a.M.

Brede, Helmut/Barbara Dietrich/Bernhard Kohaupt (1976): *Politische Ökonomie des Bodens und Wohnungsfrage*. Frankfurt a.M.

Brenner, Neil (2001): State Theory in the Political Conjuncture: Henri Lefebvre's „Comments on a New State Form". *Antipode* 33: 783-808.

Bürk, Thomas (2006): *Raumtheoretische Positionen in angloamerikanischen und deutschsprachigen sozial- und kulturwissenschaftlichen Publikationen seit 1997. Ein Literaturbericht*.

http://raumsoz.ifs.tu-darmstadt.de/forschung/fo05-literatur/lit-raumtheorie.pdf (Zugriff 12.02.07).

Candeias, Mario (1999): Raum und Zeit in der Gesellschaft. *Z - Zeitschrift marxistische Erneuerung* 10(2): 174-190.

Castells, Manuel (1977): *Die kapitalistische Stadt*. Hamburg [1972].

- (1983): *The City and the Grassroots*. London.

Castree, Noel (2000): Professionalism, activism, and the university: whither 'critical geography'? *Environment and Planning A* 32: 955-970.

Chlada, Marvin (2005): *Heterotopie und Erfahrung. Abriss der Heterotopologie nach Michel Foucault*. Aschaffenburg.

Claassen, Emil-Maria/Louis-Ferdinand Peters (1968): *Rebellion in Frankreich*. München.

Debord, Guy (1978): *Die Gesellschaft des Spektakels*. Hamburg [1967].

Defert, Daniel (1997): Foucault, der Raum und die Architekten. In: documenta (Hg.): *Politics - Poetics*. Ostfildern: 274-283.

Deleuze, Gilles (1993): Postskriptum zu den Kontrollgesellschaften. In: *Unterhandlungen. 1972-1990*. Frankfurt: 254-262.

Dohnanyi, Klaus v./Edgar Most (2004): *Kurskorrektur des Aufbau Ost. Bericht des Gesprächskreises Ost der Bundesregierung*. http://www.bpb.de/files/YPE3LF.pdf (Zugriff am 16.12.06)

Dünne, Jörg/Stephan Günzel (2006): *Raumtheorie*. Frankfurt a.M.

Eisel, Ulrich (1980): *Die Entwicklung der Anthropogeographie von einer „Raumwissenschaft" zur Gesellschaftswissenschaft*. Kassel.

- (1982): Regionalismus und Industrie. Über die Unmöglichkeit einer Gesellschaftswissenschaft als Raumwissenschaft und die Perspektive einer Raumwissenschaft als Gesellschaftswissenschaft. In: Sedlacek, Peter (Hg.): *Kultur-/Sozialgeographie*. Paderborn et al.: 125-150.

Elden, Stuart (2004): *Understanding Henri Lefebvre: Theory and the Possible*. London.

- (Hg.) (2007): *Space, Knowlegde and Power: Foucault and Geography*. Aldershot.

Eltges, Markus (2006): Fiskalische Ausgleichssysteme und gleichwertige Lebensverhältnisse. *Informationen zur Raumentwicklung* H. 6/7: 363-370.

Esser, Josef/Joachim Hirsch (1987): Stadtsoziologie und Gesellschaftstheorie. In: Prigge, Walter (Hg.): *Die Materialität des Städtischen*. Basel & Boston: 31-56.

Evers, Adalbert (1975): Die Agglomeration als lokale Bezugseinheit der Politikforschung. In: Grauhan, Rolf-Richard (Hg.): *Lokale Politikforschung. Bd. 1*. Frankfurt a.M. & New York: 41-100.

Evers, Adalbert (1975): Die Agglomeration als lokale Bezugseinheit der Politikforschung. In: Grauhan, Rolf-Richard (Hg.): *Lokale Politikforschung. Bd. 1*. Frankfurt a.M. & New York: 41-100.

-/Michael Lehmann (1972): *Politisch-ökonomische Determinanten für Planung und Politik in den Kommunen der Bundesrepublik*. Offenbach.

Evers, Tilman/Peter von Wogau (1973): „dependencia": lateinamerikanische Beiträge zur Theorie der Unterentwicklung. *Das Argument* 79: 404-452.

Fassmann, Heinz/Britta Klagge/Peter Meusburger (Hg.)(2006): *Nationalatlas Deutschland. Bd. 7: Arbeit und Lebensstandard*. München.

Flatow, Sybille von/Freerk Huisken (1973): Zum Problem der Ableitung des bürgerlichen Staates. *Probleme des Klassenkampfs* 3: 83-153.

Foucault, Michel (1969): *Wahnsinn und Gesellschaft*. Frankfurt a.M. [1961].

- (1976): *Überwachen und Strafen. Die Geburt des Gefängnisses*. Frankfurt a.M. [1975].

- (2002): Die große Einsperrung. In: *Schriften in vier Bänden. Dits et Ecrits II*. Frankfurt a.M.: 367-381 [1972].

- (2003a): Fragen an Michel Foucault zur Geographie. In: *Schriften in vier Bänden. Dits et Ecrits. Bd. III*. Frankfurt a.M.: 38-54 [1976].

- (2003b): Das Auge der Macht. In: *Schriften in vier Bänden. Dits et Ecrits III*. Frankfurt a.M.: 250-271 [1977].

- (2004a): *Geschichte der Gouvernementalität I. Sicherheit, Territorium, Bevölkerung*, Frankfurt a.M.

- (2004b): *Geschichte der Gouvernementalität II. Die Geburt der Biopolitik*. Frankfurt a.M.

- (2005a): Raum, Wissen und Macht. In: *Schriften in vier Bänden. Dits et Ecrits IV*. Frankfurt a.M.: 324-341 [1982].

- (2005b): *Die Heterotopien. Der utopische Körper. Zwei Radiovorträge*. Frankfurt a.M. [1966].

- (2005c): Von anderen Räumen. In: *Schriften in vier Bänden. Dits et Ecrits IV*. Frankfurt a.M.: 931-941 [1967].

Frieling, Hans-Dieter von (1980): *Räumliche soziale Segregation in Göttingen – Zur Kritik der Sozialökologie*. Kassel.

Gatzweiler, Hans-Peter/Antonia Milbert (2006) Regionale Disparitäten in den Erwerbsmöglichkeiten. *Informationen zur Raumentwicklung* H. 6/7: 317-324.

Görling, Reinhold (1997): *Heterotopie. Lektüren einer interkulturellen Literaturwissenschaft*. München.

Gregory, Derek (1994): *Geographical Imaginations*. Oxford.

Grymer, Herbert (1974): Zum Verhältnis von Zentralstaat und Kommunen. In: Emelauer, Rainer; Herbert Grymer/Thomas Krämer-Badoni/Marianne Rodenstein: *Die Kommune in der Staatsorganisation*. Frankfurt a.M.: 72-114.

Hard, Gerhard (1999): Raumfragen. In: Meusburger, Peter (Hg.): *Handlungszentrierte Sozialgeographie*. Stuttgart: 133-162.

Harvey, David (1969): *Explanation in Geography*. Oxford.

- (1973): *Social Justice and the City*. Oxford.

- (1974): Class-Monopoly Rent, Finance Capital and the Urban Revolution. *Regional Studies* 8: 239-255.

- (1979): Monument and Myth. *Annals of the Association of American Geographers* 69(3): 362-381.

- (1982): *The Limits to Capital*. Oxford.

- (1985): *Consciousness and the Urban Experience*. Oxford.

- (1987a): Flexible Accumulation Through Urbanization. Reflections on 'Postmodernism' in the American City. *Antipode* 18: 260-286.

- (1987b): Flexible Akkumulation durch Urbanisierung: Reflexionen über „Postmodernismus" in amerikanischen Städten. *Prokla* 17: 109-131.

- (1989a): *The Condition of Postmodernity*. Oxford.

- (1989b): *The Urban Experience*. Oxford.

- (1991): Geld, Zeit, Raum und die Stadt. In: Wentz, Martin (Hg.): *Stadt-Räume*. Frankfurt a.M. & New York: 149-168 [1985].

- (1992): Postmodern Morality Plays. *Antipode* 24: 300-326.
- (1996): *Justice, Nature and the Geography of Difference.* Oxford.
- (2000a): Reinventing Geography. *New Left Review 2nd series* 1(4): 75-97.
- (2000b): *Spaces of Hope.* Berkeley.
- (2004): A Geographer's Perspective on the New American Imperialism. Conversation with David Harvey (http://globetrotter.berkeley.edu/people4/Harvey/harvey-con2.html; 11.02.2007).
- (2006): Space as a key word. In: *Spaces of Global Capitalism.* London & New York: 117-148.
-/Neil Smith (1984): Geography: From Capitals to Capital. In: Ollman, Bertell/Edward Vernoff (Hg.): *The Left Academy. Marxist Scholarship On American Campuses. 2. Bd.* New York u.a.: 99-121.

Häußermann, Hartmut/Walter Siebel (1978): Thesen zur Soziologie der Stadt. *Leviathan* 6(4): 484-500.

-/- (1987): *Neue Urbanität.* Frankfurt a.M.

Heeg, Susanne/Röttger, Bernd/Wissen, Markus (Hg.) (i.E.): *Politics of Scale. Räume der Globalisierung und Perspektiven emanzipatorischer Politik,* Münster.

Hein, Wolfgang (1978): Zur Theorie der regionalen Differenzierung kapitalistischer Gesellschaften in der industriellen Revolution. In: Zang, Gert (Hg.): *Provinzialisierung einer Region.* Frankfurt a.M.: 33-121.

Hess, Rémi (1988): *Henri Lefebvre et l'aventure du siècle.* Paris.

Hirsch, Joachim (1998): *Vom Sicherheitsstaat zum nationalen Wettbewerbsstaat.* Berlin.

- (1990): *Kapitalismus ohne Alternative?* Hamburg.

-/Roland Roth (1986): *Das neue Gesicht des Kapitalismus.* Hamburg.

Hitz, Hansruedi/Roger Keil/Ute Lehrer/Klaus Ronneberger/Christian Schmid/Richard Wolff (Hg.)(1995): *Capitales Fatales.* Zürich.

Horkheimer, Max/Theodor W. Adorno (1988): *Dialektik der Aufklärung.* Frankfurt a.M. [1944].

Karl, Helmut (2006): Der Beitrag der nationalen und europäischen Strukturpolitik zum Abbau regionaler Disparitäten. *Informationen zur Raumentwicklung* H. 9: 485-493.

Kneisle, Alois (1983): *Es muß nicht immer Wissenschaft sein... Methodologische Versuche zur Theoretischen und Sozialgeographie in wissenschaftsanalytischer Sicht.* Kassel.

Krämer-Badoni, Thomas/Klaus Kuhm (2003): *Die Gesellschaft und ihr Raum.* Opladen.

Kröcher, Uwe (2007): *Die Renaissance des Regionalen. Zur Kritik der Regionalisierungseuphorie in Ökonomie und Gesellschaft.* Münster.

Läpple, Dieter (1991): Essay über den Raum. In: Häußermann, Hartmut u.a. (Hg.): *Stadt und Raum.* Pfaffenweiler: 157-207.

- (1973): *Staat und allgemeine Produktionsbedingungen.* Berlin.

Lefebvre, Henri (1966): Henri Lefebvre ouvre le débat sur la théorie de l'autogestion. *Autogestion* 1(1): 59-70.

- (1967): *Der dialektische Materialismus.* Frankfurt a.M. [1939].

- (1969): *Aufstand in Frankreich.* Berlin [1968].

- (1972): *Die Revolution der Städte.* München [1970].

- (1974a): *La Production de l'Espace.* Paris.

- (1974b): *Die Zukunft des Kapitalismus.* München [1973]

- (1974c): *Kritik des Alltagslebens. Bd. 1*. München [1958].

- (2001): Comments on a New State Form. *Antipode* 33: 769-782 [1979].

Lipietz, Alain (1977): *Le Capital et son espace*. Paris.

Löw, Martina (2001): *Raumsoziologie*. Frankfurt a.M.

Lutz, Burkart (1984): *Der kurze Traum immerwährender Prosperität*. Frankfurt a.M. & New York.

Marx, Karl/Friedrich Engels (1969ff.): *Werke*. Berlin, zit. als MEW.

Massey, Doreen (1991): Flexible sexism. *Environment and Planning D: Society and Space* 9(1) 31-57.

- (1994): *Space, Place and Gender*. Cambridge.

-/Alejandrina Catalano (1978): *Capital and Land*. London.

Mayer, Margit (1990): Lokale Politik in der unternehmerischen Stadt. In: Borst, Renate u.a. (Hg.): *Das neue Gesicht der Städte*. Basel, Boston & Berlin: 190-208.

Merrifield, Andy (2002): *Metromarxism*. London & New York.

- (2006): *Henri Lefebvre*. New York.

Michel, Boris (2005): *Gouvernementalität und Stadt*. Münster.

Mitchell, Don (2001): Postmodern Geographical Praxis? In: Minca, Claudio (Hg.): *Postmodern Geography*. Oxford: 57-92.

Morris, Meghan (1992): The Man in the Mirror. David Harvey's Condition of Postmodernity. *Theory, Culture and Society* 9(1): 253-79.

Narr, Wolf-Dieter/Alexander Schubert (1994): *Weltökonomie*. Frankfurt a.M.

Neef, Rainer (1972): Die Bedeutung des Grundbesitzes in den Städten. *Kursbuch* 27: 32-66.

Nohl, Werner (1980): *Freiraumarchitektur und Emanzipation*. Frankfurt a.M. & Bern.

Novy, Andreas (2003): Politik, Raum, Wissen. Zentrale Kategorien eines erneuerten radikalen Reformismus am Beispiel Brasiliens. In: Brand, Ulrich/Werner Raza (Hg.): *Fit für den Postfordismus?* Münster: 282-303.

Odman, Aslı (2006): Österreichische Varianten der Regulationstheorie. *Kurswechsel* H.4: 79-90.

Offe, Claus (1975): Zur Frage der „Identität der kommunalen Ebene". In: Grauhan, Rolf-Richard (Hg.): *Lokale Politikforschung. Bd. 2*. Frankfurt a.M. & New York: 303-309.

Olson, Sherry H. (1997): *Baltimore*. Baltimore.

Oßenbrügge, Jürgen (1983): *Politische Geographie als räumliche Konfliktforschung*. Hamburg.

Peet, Richard (Hg.)(1977): *Radical Geography*. Chicago.

- (1998): *Modern Geographical Thought*. Oxford.

Philo, Chris (1992): Foucault's Geography: *Environment and Planning D: Society and Space*: 10: 137-161.

Poulantzas, Nicos (2002): *Staatstheorie*. Hamburg [1978].

Rauch, Theo (1985): Peripher-kapitalistisches Wachstumsmuster und regionale Entwicklung. In: Scholz, Fred (Hg.): *Entwicklungsländer. Beiträge zur Geographie der Entwicklungs-Forschung*. Darmstadt: 163-191

Reutlinger, Christian/Fabian Kessl/Susanne Maurer (2005): Die Rede vom Sozialraum. In: Kessl, Fabian/Christian Reutlinger/Susanne Maurer/Oliver Frey (Hg.): *Handbuch Sozialraum*. Wiebaden: 13-17.

Rocard, Michel (1981): La région, une idée neuve pour la gauche. *Pouvoirs* 19: 131-138.

Rodenstein, Marianne (1975): Konflikte zwischen Bund und Kommunen. In: Grauhan, Rolf-Richard (Hg.): *Lokale Politikforschung. Bd. 2.* Frankfurt a.M. & New York: 310-325.

Ronneberger, Klaus (2002): Contours and Convolutions of Everydayness: On the Reception of Henri Lefebvre in the Federal Republic of Germany. *Capitalism, Nature, Socialism* 13: 42-57.

Rössler, Mechthild/Sabine Schleiermacher (1993): Der 'Generalplan Ost' und die 'Modernität' der Großraumordnung. In: Rössler, Mechthild/Sabine Schleiermacher (Hg.): *Der 'Generalplan Ost'.* Berlin: 7-11.

Schlögel, Karl (2003): *Im Raume lesen wie die Zeit.* München.

Schmid, Christian (2003): Raum und Regulation. Henri Lefebvre und der Regulationsansatz. In: Brand, Ulrich/Werner Raza (Hg.): *Fit für den Postfordismus?* Münster: 215-242.

– (2005): *Stadt, Raum und Gesellschaft. Henri Lefebvre und die Theorie der Produktion des Raums.* Stuttgart.

Schroer, Markus (2005): *Räume, Orte, Grenzen.* Frankfurt a.M.

Sennett, Richard (1995): *Fleisch und Stein.* Berlin.

Shields, Rob (1999): *Lefebvre, Love & Struggle.* London & New York.

Smith, Michael Peter (2001): *Transnational Urbanism. Locating Globalization.* Oxford.

Smith, Neil (1984): *Uneven Development.* Oxford.

– (1998): Antinomies of Space and Nature in Henri Lefebvre's The Production of Space. In: Light, Andrew/Jonathan M. Smith (Hg.): *The Production of Public Space.* Lanham u.a.: 49-69.

– (2001): Marxism and Geography in the Anglophone World. *Geographische Revue* 3(2): 5-21.

Soja, Edward (1989): *Postmodern Geographies. The Reassertion of Space in Critical Social Theory.* London.

StadtRat (Hg.)(1998): *Umkämpfte Räume.* Hamburg, Berlin, Göttingen.

Sturm, Gabriele (2000): *Wege zum Raum.* Opladen.

Terlinden, Ulla (1980): Baulich-räumliche HERRschaft. *beiträge zur feministischen theorie und praxis* 4: 48-62.

Väth, Werner (1975): Zu einer Strukturanalyse staatlicher Tätigkeitsbereiche am Beispiel der Bundesraumordnung. In: Grauhan, Rolf-Richard (Hg.): *Lokale Politikforschung. Bd. 1.* Frankfurt a.M. & New York: 101-128.

Weingarten, Michael (2005): Strukturierung von Raum und Landschaft. In: Weingarten, Michael (Hg.): *Strukturierung von Raum und Landschaft.* Münster: 7-26.

Werlen, Benno (1995): *Sozialgeographie alltäglicher Regionalisierungen. Bd. 1* Stuttgart.

Winter, Jens (2003): Regulation und Hegemonie in nach-fordistischen Zeiten. Notiten zur raum-theoretischen Herausforderung. In: Brand, Ulrich/Werner Raza (Hg.): *Fit für den Postfordismus?* Münster: 196-216.

Wirth, Louis (1974): Urbanität als Lebensform. In: Herlyn, Ulfert (Hg.): *Stadt- und Sozialstruktur: Arbeiten zur sozialen Segregation, Ghettobildung und Stadtplanung.* München: 42-66 [1938].

Wissen, Markus (2006): Territorium und Historizität. Raum und Zeit in der Staatstheorie von Poulantzas. In: Bretthauer, Lars et al. (Hg.): *Poulantzas lesen.* Hamburg: 206-222.

Raumtheorie:
Konzeptionelle Überlegungen

David Harvey

Zwischen Raum und Zeit: Reflektionen zur Geographischen Imagination[1]

Das Thema, mit dem ich mich auseinandersetzen will, ist die Konstruktion einer historischen Geographie von Raum und Zeit. Da dies nach einem doppelten Spiel mit den Konzepten „Raum" und „Zeit" klingt und tatsächlich auch ein solches ist, sind einige einleitende Bestimmungen dieser Idee vonnöten. Danach will ich die Implikationen dieser Idee bezogen auf die historische Geographie des alltäglichen Lebens und die sozialen Praxen derer, die sich Geograph/inn/en nennen, untersuchen.

Die Räume und Zeiten des sozialen Lebens

Durkheim hat in *Die elementaren Formen des religiösen Lebens* (1981 [1915]) darauf hingewiesen, dass Raum und Zeit soziale Konstrukte sind. Die Arbeiten von Anthropologen wie Hallowell (1955), Lévi-Strauss (1967), Hall (1966), und in jüngerer Zeit Bourdieu (1977) und Moore (1986) bestätigen diese Ansicht: unterschiedliche Gesellschaften produzieren qualitativ verschiedene Raum- und Zeitkonzepte (vgl. Tuan 1977). Ich will bei der Interpretation dieser anthropologischen Ergebnisse zwei Besonderheiten hervorheben.

Erstens wirken die sozialen Definitionen von Raum und Zeit mit der ganzen Macht objektiver Fakten. Alle Individuen und Institutionen müssen sich zu ihnen verhalten. So akzeptieren wir z.B. in modernen Gesellschaften die Zeit der Uhr, obschon eine soziale Konstruktion, als objektive Tatsache des täglichen Lebens; sie hält einen geteilten Standard bereit, der außerhalb des Einflusses Einzelner steht und dessen wir uns immer wieder bedienen, um unsere Leben zu organisieren und nach dem wir alle möglichen sozialen Verhaltensweisen und subjektiven Gefühle einschätzen und bewerten. Selbst wenn wir uns ihr nicht anpassen, wissen wir genau, woran wir uns nicht anpassen.

Zweitens sind Bestimmungen von Raum und Zeit tief in Prozesse gesellschaftlicher Reproduktion verankert. Bourdieu (1977) etwa zeigt, wie im Fall der nordafrikanischen Kabylen die räumliche und zeitliche Organisation (Kalender, Einteilung des Hauses etc.) dazu dient, die gesellschaftliche Ordnung mittels Zuordnung von Menschen und Aktivitäten zu bestimmten Orten und Zeiten zu festigen. Die

---

1 Anm. d. Hrsg.: Dieser Beitrag erschien 1990 unter den Titel *Between Space an Time: Reflections on the Geographical Imagination* in der Zeitschrift *Annals of the Association of American Geographers* 80(3). Er basiert auf einem Vortrag, der am 21.03.1989 bei der – im Text mehrfach erwähnten – Jahreskonferenz der *Association of American Geographers* in Baltimore gehalten wurde. Kürzere Passagen, die sich speziell mit zu diesem Zeitpunkt aktuellen Streitfragen innerhalb der US-amerikanischen Geographie befassen, wurden weggelassen.

Gruppe ordnet ihre Hierarchien, ihre Geschlechterrollen und ihre Arbeitsteilungen in Übereinstimmung mit einem spezifischen Modus räumlicher und zeitlicher Organisation. Die Rolle der Frau in der kabylischen Gesellschaft etwa ist vermittels der Räume definiert, die sie zu bestimmten Zeiten besetzt. Eine bestimmte Art Raum und Zeit zu repräsentieren leitet also räumliche und zeitliche Praktiken an, die wiederum die soziale Ordnung absichern.

Derartige Praktiken sind auch dem fortgeschrittenen Kapitalismus nicht fremd. Zunächst einmal sind Raum und Zeit stets ein elementares Mittel von Individuation und sozialer Differenzierung. Die Definition räumlicher Einheiten als Verwaltungs-, Rechts- und Bilanzierungsentitäten legt Felder sozialen Handelns fest, die weit reichenden Einfluss auf die Organisation des sozialen Lebens nehmen. Der bloße Akt, geographischen Entitäten Namen zu geben, schließt eine Macht über sie ein, insbesondere über die Art und Weise, in der Orte, ihre Bewohner/innen und ihre sozialen Funktionen repräsentiert werden. Wie Edward Said (1981) in seiner Studie zum *Orientalismus* so brillant demonstriert hat, kann die Identität heterogener Völker durch Verbindungen und Assoziationen, die mittels eines Namens von außen auferlegt werden, verborgen, geformt und manipuliert werden. Ideologische Kämpfe über Bedeutung und Art solcher Orts- und Identitätsrepräsentationen liegen im Überfluss vor. Doch über den bloßen Akt des Identifizierens hinaus verweist die Zuweisung eines Ortes innerhalb einer sozialräumlichen Struktur auf bestimmte Rollen, Handlungsmöglichkeiten und Zugänge zu Macht in der gesellschaftlichen Ordnung. Das wann und wo gesellschaftlicher Aktivitäten beinhaltet klare gesellschaftliche Aussagen. Wir erklären zum Beispiel Kindern, dass „alles zu seiner Zeit" geschehen soll und jeder weiß, was es bedeutet zu wissen „wo unser Platz [*place*] ist" (ob wir damit zufrieden sind, ist eine ganz andere Frage). Auch wissen wir alle, was es bedeutet, „einen Platz zugewiesen zu bekommen" [*to be „put in one's place"*], und dass diesen, sei er physisch oder sozial, in Frage zu stellen die soziale Ordnung fundamental in Frage zu stellen bedeuten kann. Sit-ins, Demonstrationen, der Sturm auf die Bastille oder der US-Botschaft in Teheran[2], der Fall der Berliner Mauer oder die Besetzung einer Fabrik oder einer Universitätsverwaltung sind Zeichen des Angriffs auf eine eingerichtete Ordnung.

Angesichts der zahlreichen vorliegenden Aufarbeitungen derartiger Phänomene ist es an dieser Stelle nicht notwendig zu belegen, dass sie verallgemeinerbar sind. Allerdings ist die genaue Art und Weise, in der Raum- und Zeitkonzepte bei der Reproduktion der Gesellschaft funktionieren, so subtil und nuanciert, dass wir, um sie richtig zu verstehen, ein äußerst anspruchsvolles Untersuchungsdesign benöti-

---

2 Anm. d. Übers.: Am 04.11.1979 stürmten ca. 400 Student/inn/en die US-Botschaft in Teheran, nahmen 66 Geiseln und verlangten die Auslieferung des gestürzten und in die USA geflüchteten Ex-Schahs Mohammed Resa Pahlawi.

gen. Die Belege sind solide genug, um folgenden Vorschlag zu formulieren: *Jede gesellschaftliche Formation konstruiert objektive Konzeptionen von Raum und Zeit entsprechend ihrer jeweiligen Bedürfnisse und Zwecke in Bezug auf ihre materielle und soziale Reproduktion und organisiert ihre materiellen Praktiken in Übereinstimmung mit diesen Konzepten.*

Doch Gesellschaften verändern sich und wachsen, sie werden von innen transformiert und müssen sich an Einflüsse und Druck von außen anpassen. Objektive Raum- und Zeitkonzeptionen müssen sich verändern, um sich neuen materiellen Praktiken sozialer Reproduktion anzupassen. Wie werden solche Veränderungen allgemeingültiger und objektiver Raum- und Zeitkonzeptionen bewerkstelligt? In manchen Fällen ist die Antwort einfach, nämlich wenn neue Raum- und Zeitkonzeptionen durch Eroberung, imperiale Expansion und neokoloniale Herrschaft machtvoll übergestülpt wurden. Indem etwa die europäische Besiedlung Nordamerikas den Ureinwohner/innen fremdartige Raum- und Zeitkonzeptionen aufzwang, veränderte sie für immer den sozialen Rahmen, innerhalb dessen die soziale Reproduktion dieser Völker, wenn überhaupt, stattfinden konnte. Wie Mitchell (1988) zeigt, waren die machtvolle Implementierung einer mathematisch rationalen räumlichen Ordnung von Haus, Klassenzimmer, Dorf, Kasernen und selbst der gesamten Stadt Kairo im späten 19. Jahrhundert zentrale Bestandteile der Anpassung Ägyptens an die disziplinären Rahmenbedingungen des europäischen Kapitalismus. Derartige Auferlegungen müssen nicht unbedingt willkommen sein. Die Verbreitung kapitalistischer Gesellschaftsverhältnisse hat oft zu harten Kämpfen geführt wenn Völker, in das allgemeingültige Netz der Zeitdisziplin hineinsozialisiert werden sollten, das der industriellen Organisation der Produktion implizit ist, oder wenn sie die in exakten mathematischen Begrifflichkeiten festgelegte Aufteilung territorialer und Landrechte anerkennen sollten (vgl. Sack 1986). Doch auch wenn sich allerorten Widerstand dagegen rührte – weiten Teilen der heutigen Welt wurden im Zuge der kapitalistischen Entwicklung erfolgreich allgemeingültige Definitionen von Raum und Zeit übergestülpt.

Noch interessantere Probleme treten auf, wenn das allgemeingültige Verständnis von Zeit und Raum von innerhalb der betroffenen Gesellschaft in Frage gestellt wird. Solche Anfechtungen entstehen in gegenwärtigen Gesellschaften zum Teil aus dem individuellen und subjektiven Widerstand gegen die Autorität der Uhr und die Tyrannei der Katasterkarte. Moderne und postmoderne Literatur und Malerei sind voller Anzeichen einer Revolte gegen einfache mathematische und materielle Messungen von Raum und Zeit und Psycholog/inn/en und Soziolog/inn/en haben hochkomplizierte und oft verwirrende Welten der persönlichen und sozialen Repräsentationen von Raum und Zeit erforscht, die sich oft deutlich von den herrschenden Praktiken abheben. Persönliche Räume und Zeiten stimmen nicht automatisch mit den vorherrschenden Vorstellungen überein. Wie Tamara Harevey (1982) zeigt, gibt es komplexe Methoden mittels derer die „Zeit der Familie" in die „Zeit der Industrie" – die Zeit des

De- und Re-Qualifizierens der arbeitenden Bevölkerung und der zyklischen Muster der Beschäftigung - integriert werden kann, und in der sie deren drückende Macht zugleich außer Kraft setzen kann. Wichtiger noch: Die Differenzierungen von Raum- und Zeitkonzeptionen nach Klasse, Geschlecht, kultureller, religiöser und politischer Orientierung werden selbst zu Arenen sozialer Konflikte. Aus solchen Kämpfen können neue Definitionen sowohl der richtigen Orte und Zeiten für alles als auch der tatsächlichen objektiven Qualitäten von Raum und Zeit hervorgehen.

Einige Beispiele solcher Konflikte mögen hilfreich sein. Das erste ist dem Kapitel *Der Arbeitstag* in Band 1 von *Das Kapital* (MEW 23: 245-320) entnommen, in dem Marx einen Kapitalisten und einen Arbeiter eine fiktive Unterhaltung führen lässt. Ersterer besteht darauf, dass ein gerechter Arbeitstag sich nach der Zeit bemisst, die ein Arbeiter benötigt, um sich von den Anstrengungen des Tages ausreichend zu erholen, so dass er sie am nächsten Tag erneut auf sich nehmen kann, und dass sich die gerechte Entlohnung für die Arbeit eines Tages aus den individuellen Reproduktionskosten ergibt. Der Arbeiter antwortet, dass diese Berechnung ignoriert, dass seine Lebenszeit durch die unaufhörlichen Mühen verkürzt wird, und dass die Maßstäbe gerechter Arbeitsdauer und Entlohnung vollkommen anders aussehen, wenn man ein ganzes Arbeiterleben zugrundelegt. Marx argumentiert, dass beide vom Standpunkt der Tauschgesetze Recht haben, doch dass unterschiedliche Klassenlagen unterschiedliche Zeithorizonte der Kalkulation nahe legen. Zwischen solchen gleichen Rechten, so Marx, entscheidet die Gewalt (MEW 23: 248).

Das *gendering* der Zeit der „Vaterschaft" [*father time*] liefert ein zweites Beispiel. Nicht nur wird Zeit wegen der seltsamen Angewohnheit, als Arbeitszeit nur diejenige gelten zu lassen, die mit dem Verkauf der Arbeitskraft an andere einhergeht, je nach Geschlechterrolle unterschiedlich interpretiert. Darüber hinaus hat, wie Forman (1989) zeigt, die Reduzierung der Welt von Frauen auf die zyklische Zeit der Natur zur Folge, dass sie aus der linearen Zeit der patriarchalen Geschichtsschreibung ausgeschlossen sind, was sie zu „Fremden in der Welt der männlich definierten Zeit" macht. Der Kampf besteht in diesem Fall darin, die Welt aus Mythos, Ikonographie und Ritual in Frage zu stellen, in der die männliche Herrschaft über die Zeit mit der Herrschaft über Natur und Frauen als „natürlichen Wesen" einhergeht. Wenn Blake[3] etwa ausführt: „Zeit und Raum sind reale Wesen. Die Zeit ist ein Mann, der Raum eine Frau und ihr maskuliner Anteil ist der Tod", dann spricht er weit verbreitete allegorische Annahmen aus, deren Auswirkungen zum Teil noch heute zu spüren sind. Die Unfähigkeit, die Zeit des Gebärens (und von allem, was damit einher geht) in Beziehung zur maskulinen Beschäftigung mit Geschichte und Tod zu setzen, ist für Forman eines der fundamentaleren psychologischen Schlachtfelder zwischen Frauen und Männern.

---

3 Anm. d. Übers.: Englischer Dichter und Maler (1757-1827)

Das dritte Beispiel bezieht sich auf eine fiktive Konversation zwischen einer Geologin und einem Ökonomen über den Zeithorizont für den optimalen Abbau einer mineralischen Ressource. Während die eine den Zeithorizont durch Zinssatz und Marktpreis bestimmt sieht, argumentiert die andere auf der Basis einer vollkommen anderen Zeitkonzeption, dass es die Verpflichtung jeder Generation sei, einen aliquoten Teil jeder Ressource der folgenden zu überlassen. Allein mit logischen Argumenten lässt sich dieser Streit nicht beilegen. Auch er wird in der Wirklichkeit durch Machtmittel entschieden. Die herrschenden Marktinstitutionen legen im Kapitalismus durch den Zinssatz den Zeithorizont fest, und in nahezu allen Bereichen ökonomischer Kalkulation (inklusive etwa des Hauskaufs auf Kredit) ist die Frage damit endgültig beantwortet.

Dieses Beispiel demonstriert das Konfliktpotential, das allein der Zeithorizont beinhaltet, über den sich eine Entscheidung auswirken soll. Die meisten Ökonomen teilen die keynesianische Maxime, nach der wir „langfristig alle tot sind", und argumentieren deswegen, dass alle ökonomischen und politischen Entscheidungen sinnvoll nur bezogen auf einen kurzfristigen Zeithorizont getroffen werden können. Umweltschützer/innen dagegen bestehen darauf, dass Verantwortung sich auf einen unendlichen Zeithorizont bezieht, und dass in diesem alle Lebensformen (einschließlich der menschlichen) zu erhalten sind. Die gegensätzlichen Verständnisse von Zeit sind offensichtlich. Auch wenn, wie in der Theorie von Pigou, lange Zeithorizonte in die Kalkulation eingeführt werden, so geschieht dies immer mittels einer Diskontrate, die notwendig auf einer ökonomischen Kalkulation basiert und nicht auf einer ökologischen, religiösen oder sozialen (vgl. etwa Pearce/Markandya/Barbier 1989, für die in *Blueprint for a Green Economy* alle Umweltauswirkungen monetarisierbar sind und eine Diskontrate ein perfektes Instrument ist, um langfristige Umweltauswirkungen zu berücksichtigen). Der gesamte polit-ökonomische Verlauf von Entwicklung und Veränderung hängt davon ab, welche objektive Definition wir in die soziale Praxis übernehmen. Wenn die Praktiken kapitalistische sind, können die Zeithorizonte nicht diejenigen sein, an denen Umweltschützer/innen festhalten.

Auch räumliche Nutzungen und Definitionen sind in praktischer und konzeptueller Hinsicht umkämpftes Terrain. Auch hier neigen Umweltschützer/innen zu einer wesentlich weiteren Konzeption der räumlichen Sphäre sozialen Handelns, wenn sie auf die ortsübergreifenden Effekte lokaler Aktivitäten hinweisen, die als Klimaveränderung, saurer Regen und weltweite Plünderung natürlicher Ressourcen globale Auswirkungen zeitigen. Diese räumliche Konzeption gerät mit Entscheidungen in Konflikt, die für ein bestimmtes Grundstück eine Maximierung der Grundrente anstreben, die auf einen bestimmten Zeithorizont kalkuliert und durch Bodenpreis und Zinsrate bestimmt ist. Was die Umweltbewegung von anderen Gruppen unterscheidet (und sie in vielerlei Hinsicht so besonders und interessant macht) ist die Anwendung eigener Raum- und Zeitkonzeption auf Fragen sozialer Reproduktion und Organisation.

Auf solch tiefgreifende Fragen zur Bedeutung und sozialen Definition von Raum und Zeit stößt man selten unmittelbar. Sie ergeben sich üblicherweise aus viel simpleren Konflikten über die Aneignung von und die Kontrolle über bestimmte Räume und Zeiten. Ich habe z.b. viele Jahre gebraucht, um zu verstehen, warum die Kommunard/inn/en in Paris 1871, anstatt die Verteidigung der Stadt zu organisieren, die Vendôme-Säule niederrissen. Die Säule war das verhasste Symbol einer fremden Macht, die lange über sie geherrscht hatte; sie war ein Symbol der räumlichen Organisation der Stadt, die so vielen Teilen der Bevölkerung durch den Bau der Haussmann'schen Boulevards und die Entfernung der Arbeiterklasse aus der Innenstadt „ihren Platz zugewiesen" hat. Haussmann hatte eine vollkommen neue Konzeption des Raums in die physische Form der Stadt eingeführt, eine Konzeption, die zu einer neuen, auf (vor allem finanz-)kapitalistischen Werten basierenden sozialen Ordnung passte. Die Vorstellungen der Revolution von 1871 von der Transformierung der sozialen Verhältnisse und des alltäglichen Lebens, so empfanden es die Kommunard/inn/en, beinhaltete die räumliche Rekonstruktion von Paris in nicht-hierarchischer Weise. Dieser Drang war so machtvoll, dass das öffentliche Spektakel des Niederreißens der Vendôme-Säule zu einem katalytischen Moment wurde, in dem sich die Macht der Kommunard/inn/en über die Stadt geltend machte (Ross 1988). Sie wollten eine alternative soziale Ordnung aufbauen, indem sie die Räume, aus denen sie zuvor so ungezwungen vertrieben wurden, nicht nur wiederbesetzten, sondern indem sie die objektiven Eigenschaften des städtischen Raums selbst auf nicht-hierarchische und kommunitäre Weise neu zu gestalten versuchten. Der spätere Wiederaufbau der Säule war wie der Bau der Basilika von Sacré Coeur auf dem Montmartre als Buße der vermeintlichen Sünden der Kommune ein deutliches Zeichen der Reaktion (vgl. Harvey 1985a).

Die Konferenz der *Association of American Geographers* fand 1989 in Baltimore in einem Territorium statt, das mir völlig unbekannt war, und das, obwohl ich zu diesem Zeitpunkt schon seit über 18 Jahren in dieser Stadt gelebt hatte. Die derzeitige karnevaleske Maske der Stadterneuerung um den *Inner Harbor* herum verbirgt eine lange Geschichte des Kampfes um diesen Raum. Der Prozess der Stadterneuerung begann in den 1960ern unter der Führung von kommerziellen Entwickler/inne/n und Finanzinstitutionen, die sich anschickten den, wie sie empfanden, strategisch wichtigen aber heruntergekommenen Stadtkern zu rekolonialisieren. Die Anstrengungen wurden durch die Unruhen der 1960er Jahre behindert, während derer Downtown von Anti-Kriegs Demonstrationen, gegenkulturellen Veranstaltungen und, am schlimmsten für mögliche Investor/inn/en, Straßenaufständen v.a. seitens der verarmten afroamerikanischen Bevölkerung heimgesucht wurde. Das Stadtzentrum war ein Raum sozialer Spaltung und bar jeder Solidarität. Doch in der Folge des Ausbruchs der Gewalt nach dem Martin Luther King-Attentat 1968 entstand eine Koalition, die sich darum bemühte ein Gefühl von Zusammengehörigkeit und Zugehörigkeit zur Stadt wiederherzustellen. Die Koalition hatte eine breite Basis; zu ihr gehörten die Kirchen (v.a. die *Black Ministerial Alliance*), lokale Persönlichkeiten, Universitätsmitarbeiter/innen, Anwälte aus der Innenstadt, Politiker/innen, Gewerkschaftler/innen, die Verwaltung und – ausgerechnet – Geschäftsleute, die nicht so recht zu wissen schienen, was zu tun sei und wie es weitergehen könnte. So begann der Kampf um den Versuch die Stadt als geschlossene soziale Einheit wieder zusammenzusetzen, als Arbeits- und Lebensgemeinschaft, die wachsam gegen rassistische und soziale Ungerechtigkeiten ist.

Eine der Ideen, die aufkam, war die eines Stadtfestes im Zentrum. Auf der Basis der spezifischen religiösen, ethnischen und rassischen[4] Zusammensetzung der Stadt sollten dort „Andersartigkeit" und Unterschiedlichkeit und zugleich die bürgerschaftliche Gemeinsamkeiten jenseits der Diversität gefeiert werden. Das erste Fest fand 1970 statt. An diesem Wochenende kam eine Viertelmillion Menschen aus allen Teilen der Stadt in den entfremdeten Raum der Innenstadt. 1973 waren es bereits zwei Millionen, und der *Inner Harbor* war in einer Art und Weise von der normalen Stadtbevölkerung wiederentdeckt worden, wie es noch in der 1960er Jahren nicht für möglich gehalten worden wäre. Er wurde zu einem Ort lokaler Zusammengehörigkeit und Gemeinsamkeit in der Differenz.

Während der 1970er Jahre eroberten sich allerdings die Kräfte von Kommerz und Eigentumsentwickler/inne/n den Raum zurück, trotz beträchtlichen Widerstands seitens der Bevölkerung. Er wurde zum Ort einer *public private partnership*, in der immense Summen öffentlichen Geldes eingesetzt wurden, die privaten – und nicht bürgerschaftlichen – Interessen zugute kamen. Das Hyatt-Regency Hotel, in dem der Kongress der *Association of American Geographers* stattfand, wurde mit $5 Mio. privaten Geldes und $10 Mio. aus einem *Urban Development Action Grant* gebaut. Außerdem flossen dank eines komplizierten Deals $20 Mio. aus städtischen Anleihen in Infrastruktur und Rohbau. Der innerstädtische Raum wurde zu einem Raum demonstrativen Konsums, in dem nunmehr Waren und nicht mehr bürgerschaftliche Werte gefeiert wurden. Er wurde zum Ort des „Spektakels", in dem Leute von aktiven Teilnehmer/inne/n der Raumaneignung zu passiven Zuschauer/inne/n reduziert werden (Debord 1978). Dieses Spektakel lenkt den Blick weg von der entsetzlichen Armut im Rest der Stadt und erzeugt das Bild einer erfolgreichen Dynamik, obschon die Realität aus Verarmung und Machtlosigkeit besteht (Levine 1987). Während all das erwähnte Geld in die Entwicklung der Innenstadt floss, gewann der Rest der Stadt nur wenig bzw. verlor in einigen Fällen viel. Es entstand eine Insel des Reichtums in einem Meer des Niedergangs (Szanton 1986). Der Glanz des *Inner Harbor* lenkt den Blick weg von der Tragödie jenes anderen Baltimore, das nunmehr (scheinbar) sicher in den unsichtbaren Elendsquartieren verstaut ist.

---

4 Anm. d. Über.: Im Englischen ist Rasse („race") nicht eine biologische, sondern eine soziale Kategorie.

Mit diesen Beispielen sollte gezeigt werden, dass sozialer Raum neue Bedeutungen annahmen kann, wenn er im Rahmen einer gesellschaftlichen Formation umkämpft ist. In beiden Fällen, in Paris und in Baltimore, ist der Kampf um innerstädtischen Raum im Kontext eines größeren Kampfes zu betrachten, in dem Hierarchien und ihre Manifestationen und die nackte Macht des Geldes durch einen sozialen Raum der Gleichheit und Gerechtigkeit ersetzt werden sollen. Auch wenn beiden Kämpfen kein Erfolg beschieden war so illustrieren sie doch, dass herrschende und hegemoniale Definitionen sozialen Raums (und sozialer Zeit) stets in Frage gestellt werden und veränderbar sind.

Materialistische Perspektiven der historischen Geographie von Raum und Zeit

Wenn Raum und Zeit gleichermaßen gesellschaftlich wie objektiv sind, dann spielen soziale Prozesse (einschließlich sozialer Konflikte wie die eben skizzierten) eine Rolle bei ihrer Verobjektivierung. Wie können wir die Art und Weise untersuchen, in der sozialer Raum und soziale Zeit unter verschiedenen historischen und geographischen Umständen geformt worden? Auf diese Frage kann es keine Antwort unabhängig von unserem ontologischen und epistemologischen Standpunkt geben. Der meine ist bekanntlich ein explizit marxistischer, was ein Vorgehen nach den Prinzipien des historischen Materialismus mit sich bringt. Die objektiven Bestimmungen sind demnach nicht mit Rückgriff auf die Welt des Denkens und der Ideen zu verstehen, sondern aus der Untersuchung der materiellen Prozesse gesellschaftlicher Reproduktion. Wie Smith (in diesem Band: 62) formuliert, wird „die Relativität des Raums nicht zu einem rein philosophischen Betrachtungsgegenstand, sondern zu einem Produkt sozialer und historischer Praxis".

Ich will dieses Prinzip in der Praxis illustrieren. Ich fordere Erstsemester zum Einstieg oft auf, sich zu überlegen, woher ihre letzte Mahlzeit kam. Wenn man alle Bestandteile zurückverfolgt, die in die Herstellung dieser Mahlzeit eingegangen sind, zeigt sich, dass sie von einer Vielzahl gesellschaftlicher Arbeiten abhängen, die an den unterschiedlichsten Orten und unter verschiedensten gesellschaftlichen Verhältnissen und Produktionsbedingungen erbracht wurde. Gleichwohl können wir die Mahlzeit in der Praxis verzehren, ohne irgendetwas über die komplexe Geographie der Produktion und die Vielzahl gesellschaftlicher Beziehungen zu wissen, die in dem System enthalten sind, durch das hindurch sie auf unseren Tisch gekommen ist.

Um derartige Phänomene ging es Marx im Kapital (MEW 23), als er einen seiner aufschlussreichsten Begriffe entwickelte – den des *Warenfetischs*. Mit ihm wollte er erfassen, wie durch den Markt soziale (und geographische) Informationen und Verhältnisse verborgen werden. Der Ware sieht man nicht an, ob sie von glücklichen Arbeiter/inne/n einer italienischen Kooperative, von aufs Schlimmste ausgebeuteten

Arbeiter/inne/n unter Apartheidsbedingungen in Südafrika oder von durch angemessene Arbeitsrechte und Lohnübereinkünfte geschützte Lohnarbeiter/inne/n in
Schweden hergestellt wurde. Die Trauben im Supermarktregal sind stumm; wir können keine Spuren der Ausbeutung an ihnen erkennen, und auch ihre geographische
Herkunft verraten sie uns nicht unmittelbar. Natürlich können wir den Schleier der
sozialen und geographischen Unwissenheit lüften und etwas über die Bedingungen
herausfinden, unter denen sie produziert wurden (und uns dann z.b. einem Boykott
von Trauben aus Südafrika anschließen). Doch wenn wir das tun, merken wir, dass
wir hinter das blicken müssen, was der Markt preisgibt, und verstehen müssen, wie
die Gesellschaft funktioniert. Genau dies war Marx' Ansatz. Wir müssen hinter den
Schleier und hinter den Fetischismus des Marktes blicken, um alles über die gesellschaftliche Reproduktion zu erfahren.

Die geographische Ignoranz, die sich aus dem Warenfetischismus ergibt, ist für
sich genommen ein Grund zur Sorge. Die räumliche Reichweite unserer individuellen
Erfahrung beim Einkauf steht in keinem Zusammenhang mit derjenigen, in der die
Herstellung der Ware stattfand. Die beiden Raumhorizonte sind deutlich verschieden.
Entscheidungen, die vom ersten Standpunkt aus vernünftig erscheinen, mögen vom
zweiten aus unangemessen sein. Auf welches Set an Erfahrungen sollen wir uns beziehen, wenn wir die historische Geographie von Raum und Zeit untersuchen wollen?
Meine Antwort darauf ist: auf beide, denn beide sind gleichermaßen materiell. Doch
bestehe ich an dieser Stelle darauf, Marx' Analyse des Warenfetischs ernst zu nehmen.
Wenn wir uns lediglich mit der Sphäre individueller Erfahrung beschäftigen (also mit
dem Einkaufen, dem Weg zur Arbeit, dem Geldabheben etc.), verbleiben wir bei einer
fetischisierten Interpretation der Welt (einschließlich der objektiven sozialen Definitionen von Raum und Zeit). Die genannten Aktivitäten sind real und materiell, aber
sie verbergen jene anderen Definitionen von Raum und Zeit, die in Übereinstimmung
mit den Erfordernissen von Warenproduktion und Kapitalzirkulation und mit Märkten, auf denen Preise festgesetzt werden, festgelegt werden.

Ein Interesse für die materielle Basis unserer täglichen Reproduktion sollte uns
ausreichende Kenntnisse über die Geographien der Warenproduktion und die Definitionen von Raum und Zeit, die in den Praktiken von Warenproduktion und -zirkulation
verankert sind, an die Hand geben. Doch in der Praxis kommen die meisten Leute
auch ohne diese aus. Damit sind auch wichtige normative Fragen verbunden. Wenn
wir es zum Beispiel für richtig und angemessen halten, ein moralisches Interesse an
denjenigen zu zeigen, die uns das Abendessen servieren, dann impliziert das die Ausweitung der moralischen Verantwortung auf die gesamte komplexe Geographie und
Gesellschaftlichkeit sich überschneidender Märkte. Es ist dann nicht konsequent,
sonntags in die Kirche zu gehen, Geld für die Armen der Gemeinde zu spenden und
am nächsten Tag im Supermarkt Weintrauben zu kaufen, die unter Apartheidsbedingungen produziert wurden. Und es ist nicht konsequent, für höhere Umwelt-

standards in der eigenen Nachbarschaft einzutreten und gleichzeitig auf einen Lebensstandard zu bestehen, der notwendig zur Luftverschmutzung anderswo führt (was ja
das zentrale Argument der Umweltschützer/innen ist). Auf eben solche Probleme wollte
Marx uns hinweisen. Um sie zu erkennen, müssen wir den Schleier des Fetischismus
durchdringen, der uns auf Grund der Warenproduktion notwendig umgibt, und entdecken, was dahinter liegt. Insbesondere müssen wir wissen, wie Raum und Zeit durch
die materiellen Praktiken, die uns unser täglich Brot liefern, definiert werden.

Die historische Geographie von Raum und Zeit in der kapitalistischen Epoche

Untersuchungen zur historischen Geographie von Raum und Zeit in der Ära des
westlichen Kapitalismus illustrieren, wie Konzeptionen und Praktiken in Bezug auf
beide sich in Übereinstimmung mit polit-ökonomischen Praktiken verändert haben.
Der Übergang von Feudalismus zu Kapitalismus, so Le Goff (1970, 1980), ging mit
einer grundsätzlichen Neudefinition von Raum- und Zeitkonzepten einher, die dazu
dienten, die Welt nach ganz neuen gesellschaftlichen Prinzipien zu ordnen. Die Stunde
war eine Erfindung des 13. Jahrhunderts, die Minute und die Sekunde wurden erst
im 17. Jahrhundert zu allgemein verbreiteten Maßeinheiten. Während die erstgenannte
religiösen Ursprungs war (und die Kontinuität zwischen dem jüdisch-christlichen
Weltbild und dem Aufkommen des Kapitalismus illustriert), hat die Verbreitung mit
für die Zeitmessung adäquaten Maßeinheiten viel mehr mit der wachsenden Sorge
um Produktion, Tausch, Handel und Verwaltung zu tun. Es war eine von den Städten ausgehende Revolution „der Denkstrukturen und ihres materiellen Ausdrucks"
und sie war nach Le Goff (1970, 1980) „in den Mechanismen des Klassenkampfes
angelegt" (1980: 36). „Die Einführung der gleichlangen Stunde", so Landes (1983:
78), „verkündete den Siegeszug einer neuen Kultur und einer neuen Wirtschaftsord-
nung". Aber dieser Sieg war partiell und lückenhaft, denn ein großer Teil der westlichen Welt wurde bis ins 19. Jahrhundert hinein nicht von ihm erfasst.

Die Geschichte der Kartographie im Übergang von Feudalismus zu Kapitalismus
hatte, ähnlich der Geschichte der Zeitmessung, viel mit der Verbesserung der Raum-
vermessung und seiner Repräsentation nach mathematischen Prinzipien zu tun. Auch
hier waren die Interessen von Gewerbe und Handel, von Eigentum und Landrechten
(in Formen, die der feudalen Welt unbekannt waren) für die Veränderung mentaler
Strukturen und materieller Praktiken von überragender Bedeutung. Als deutlich wurde,
dass geographisches Wissen eine entscheidende Quelle militärischer und ökonomischer Macht war, gewann die Verbindung von Karte und Geld an Bedeutung (Landes
1983: 110). Die Einführung der Ptolemäischen Karte in Florenz im Jahr 1400 und
ihre Benutzung zur Raumbeschreibung und zur Verwahrung von Lageinformationen
war wohl der Durchbruch für die Konstruktion geographischen Wissens wie wir es

heute kennen. In der Folge wurde es grundsätzlich möglich, die Welt als globale Einheit zu betrachten.

Die politische Bedeutung dieser kartographischen Revolution verdient es näher betrachtet zu werden. Rationale mathematische Konzeptionen von Raum und Zeit waren beispielsweise notwendige Voraussetzungen für die Doktrine von Gleichheit und gesellschaftlichem Fortschritt der Aufklärung. Eine der ersten Amtshandlungen der revolutionären Nationalversammlung Frankreichs war die systematische Kartierung des Landes, um Gleichheit und politische Repräsentation zu gewährleisten. Dieses verfassungsrechtliche Thema ist in heutigen Demokratien so gängig (man denke nur an die Geschichte des Zuschnitts von Wahlkreisen nach parteipolitischem Kalkül), dass das innige Verhältnis von Demokratie und rationaler Kartographie als selbstverständlich erscheint. Aber stellen wir uns vor, ein egalitäres System politischer Repräsentation auf der Basis der Mappa Mundi zu erstellen! Auch das unter Jefferson ersonnene Netz der Demarkierungen mit dem noch heute dominierenden Muster der quadratischen Landparzellierung in den USA strebte eine rationale Aufteilung des Raums an, um eine agrarische Demokratie zu fördern. In der Praxis erwies sich dieses System als bewundernswert geeignet für die kapitalistische Raumaneignung und -spekulation, was zwar Jeffersons Ziele unterlief, aber demonstriert, wie eine bestimmte Definition des gesellschaftlichen Raums (in diesem Fall in strikt rationalistisch-aufklärerischer Hinsicht) die Etablierung einer neuen gesellschaftlichen Ordnung erleichtert.

Untersuchungen wie die von Le Goff und Landes zeigen, dass Konzepte von Raum und Zeit und die mit ihnen verbundenen Praktiken gesellschaftlich keineswegs neutral für das Zusammenleben sind. Aus eben diesem Grund bleibt das Verständnis von Raum und Zeit umkämpft und weit problematischer als wir zuzugeben gewohnt sind. Helgerson (1986) etwa verweist auf die enge Verbindung von Renaissancekarten Englands (wie jenen von Speed, Nordon, Caxton und anderen), dem Kampf gegen dynastische Privilegien und der Verdrängung dieser durch eine Politik, in der das Verhältnis von Individuum und Nation hegemonial wurde. Er argumentiert, dass die neuen Mittel kartographischer Repräsentation es den Individuen erlaubten, sich auf eine Art zu sehen, die besser zu diesen neuen politischen und gesellschaftlichen Verhältnissen passte. Und auch in der Kolonialzeit, um ein späteres Beispiel heranzuziehen, spiegelten die Karten der Kolonialverwaltung ihre spezifischen gesellschaftlichen Zwecke wider (Stone 1988).

Da ich mich diesen Fragen an anderer Stelle ausführlicher gewidmet habe (Harvey 1985a, 1989a), soll hier der Hinweis genügen, dass die Konstruktion neuer mentaler Konzeptionen und materieller Praktiken im Bezug auf Raum und Zeit von entscheidender Bedeutung für den Aufstieg des Kapitalismus als System sozioökonomischer Beziehungen war. Diese Konzeptionen und Praktiken waren stets partiell (auch wenn sie mit der Entwicklung des Kapitalismus hegemonialer wurden) und in je spezifischen geographischen und historischen Zusammenhängen immer umkämpft. Gleichwohl war ihre tiefgreifende Implementierung in der Welt der Ideen für die gesellschaftliche Reproduktion im Kapitalismus notwendig.

Doch der Kapitalismus ist eine revolutionäre Produktionsweise, stets auf der Suche nach neuen Organisationsweisen, Technologien, Lebensstilen und Modalitäten von Produktion und Ausbeutung. Und der Kapitalismus war stets auch revolutionär, was seine objektiven Bestimmungen von Raum und Zeit angeht. Verglichen mit fast allen anderen Bereichen der Innovation ist die radikale Reorganisation der räumlichen Verhältnisse und Raumrepräsentationen tatsächlich außerordentlich machtvoll gewesen. Autobahnen und Kanäle, Züge, Dampfschiffe und Telegraphen, Radios und Automobile, Containerisierung, Luftfrachttransport, Fernsehen und Telekommunikation haben die räumlichen und zeitlichen Verhältnisse verändert und uns neue materielle Praktiken und Raumrepräsentationen aufgezwungen. Die Fähigkeit die Zeit zu messen und aufzuteilen wurde ebenfalls revolutioniert, zunächst durch die Erfindung immer kleinerer Zeiteinheiten und in der Folge, weil der Geschwindigkeit und der zeitlichen Koordination der Produktion sowie der Geschwindigkeit der Zirkulation von Gütern, Menschen, Informationen und Nachrichten etc. eine immer höhere Bedeutung zukam. Die materielle Basis objektiven Raums und objektiver Zeit wird von Menschen gemacht, sie ist in steter Bewegung und keine fixe Gegebenheit.

Woher diese Bewegung? Da ich die Wurzeln dieser Frage an anderer Stelle ausführlicher untersucht habe (Harvey 1982, 1989a) fasse ich hier nur das grundlegende Argument zusammen. Zeit ist im Kapitalismus eine entscheidende Größe, weil gesellschaftliche Arbeit die Wertgröße bestimmt und gesellschaftliche Mehrarbeit der Quell des Profits ist. Außerdem ist die Umschlagszeit des Kapitals von großer Bedeutung, weil ihre Beschleunigung (in Produktion oder Marketing) ein machtvolles Konkurrenzmittel individueller Kapitalist/inn/en darstellt, um den Profit zu erhöhen. In Zeiten ökonomischer Krise und besonders starken Wettbewerbs überleben Kapitalist/inn/en mit einer höheren Umschlagfrequenz besser als ihre Rival/inn/en, was dazu führt, dass sich die gesellschaftlichen Zeithorizonte typischerweise verkürzen, die Arbeit und das Leben intensiver werden und die Geschwindigkeit der Wandels sich erhöht. Diese Aussage trifft übertragen auch auf den Raum zu. Die Eliminierung aller räumlichen Barrieren und die Bemühungen um „die Vernichtung des Raums durch die Zeit" (MEW 42: 430) sind für die gesamte Akkumulationsdynamik essentiell und werden insbesondere in Zeiten der Überakkumulation akut. Die Absorption überschüssigen Kapitals (und mitunter auch überschüssiger Arbeitskraft) mittels geographischer Expansion und der Konstruktion völlig neuer Sets räumlicher Beziehungen in der Vergangenheit ist bemerkenswert. Die Konstruktion und Rekonstruktion räumlicher Beziehungen und der globalen Raumökonomie war, wie Henri Lefebvre (1974a) zu Recht feststellt, eines der wichtigsten Mittel, die das Überleben des Kapitalismus bis ins 20. Jahrhundert ermöglich hat.

Die allgemeinen Charakteristika (im Gegensatz zum detailliertem wo, wann und wie) der historischen Geographie von Raum und Zeit, die daraus resultieren, sind nicht willkürlich oder zufällig, sondern in den Bewegungsgesetzes des Kapitals enthalten. Der generelle Trend geht in Richtung einer Beschleunigung der Umschlagzeit (die Sphären von Produktion, Tausch und Konsum tendieren allesamt zur Erhöhung der Geschwindigkeit) und des Schrumpfens von Raumhorizonten. Populär ausgedrückt könnte man sagen, dass Tofflers (1970) Welt des „Zukunftsschock" quasi McLuhans (1968) „globales Dorf" trifft. Die periodischen Revolutionen der objektiven Qualitäten von Raum und Zeit entbehren nicht der Widersprüchlichkeiten. So sind z.b. häufig langfristige und kostenintensive Investitionen in fixes Kapital notwendig, die nur langsam umschlagen (z.b. Computerhardware), um die Umschlagszeit des übrigen Kapitals zu beschleunigen. Und die Produktion eines spezifischen Sets räumlicher Beziehungen (z.B. eines Schienennetzes) kann notwendig sein, um Raum durch Zeit zu vernichten. Deshalb beinhaltet das Revolutionieren von Raum- und Zeitbeziehungen nicht nur die Zerstörung von Lebensweisen und sozialen Praktiken, die um ein vorangegangenes Raum-Zeit-System herum entstanden sind, sondern geht auch mit einer „schöpferischen Zerstörung"[5] einer großen Anzahl physischer Vermögenswerte einher, die in Grund und Boden verankert sind. Die jüngere Geschichte der Deindustrialisierung illustriert dies nachdrücklich.

Die marxistische Theorie der Kapitalakkumulation ermöglicht theoretische Einblicke in die widersprüchlichen Veränderungen, die in der Dimensionalität von Raum und Zeit im westlichen Kapitalismus aufgetreten sind. Wenn also die raum-zeitliche Welt der Wall Street verschieden ist von derjenigen einer Börse des 19. Jahrhunderts, und wenn beide sich von derjenigen des ländlichen Frankreichs (damals wie heute) oder von schottischen Kleinpächter/inne/n (damals wie heute) unterscheiden, dann müssen diese alle jeweils als spezifisches Set von Reaktionen auf einen um sich greifenden Gesamtzustand begriffen werden, der von den Regeln von Warenproduktion und Kapitalakkumulation geformt wird. Die darin enthaltenen Widersprüche und Spannungen will ich im Folgenden näher untersuchen.

Kulturelle und politische Antworten auf die sich verändernde Dimensionalität von Raum und Zeit

Schnelle Veränderungen der objektiven Qualitäten von Raum und Zeit sind sowohl verwirrend als auch verstörend, eben weil ihre revolutionären Implikationen für die Gesellschaftsordnung so schwer vorauszusehen sind. Die nervöse Verwunderung darüber ist in der *Quarterly Review* von 1839 wunderbar getroffen:

---

5 Anm. d. Übers.: Harvey bezieht sich hier auf die Formulierung „creative destruction", die Joseph Alois Schumpeter in *Capitalism, Socialism and Democracy* (New York 1942) geprägt hat.

Nehmen wir beispielsweise an, dass plötzlich in ganz England Eisenbahnen angelegt werden; dies würde selbst bei der gegenwärtig noch bescheidenen Geschwindigkeit bedeuten, dass sich die gesamte Bevölkerung in Bewegung setzt und, metaphorisch gesprochen, ihre Plätze um zwei Drittel der Zeit näher an den Kamin der Hauptstadt rückt [...] Verkürzt man die Entfernungen auf diese Weise weiter, so würde die Fläche unseres Landes zur Größe einer einzigen Metropole zusammenschrumpfen. (zit. nach Schivelbusch 2000: 36)

Auch Heinrich Heine notierte das „unheimliche Grauen", das ihn anlässlich der Eröffnung der Bahnstrecke Paris – Rouen ergriff:

Welche Veränderungen müssen jetzt eintreten in unserer Anschauungsweise und in unseren Vorstellungen! Sogar die Elementarbegriffe von Zeit und Raum sind schwankend geworden. Durch die Eisenbahnen wird der Raum getötet, und es bleibt uns nur noch die Zeit übrig [...] Mir ist als kämen die Berge und Wälder aller deutschen Länder auf Paris angerückt. Ich rieche schon den Duft der deutschen Linden; vor meiner Tür brandet die Nordsee. (zit. nach Schivelbusch 2000: 38f.)

Von einem ähnlichen Schockgefühl in einem zeitgenössischen Kontext berichtet der deutsche Theaterdirektor Johannes Birringer (1989). Bei der Ankunft in Dallas und Houston empfand er ein „ungeahntes Kollabieren des Raums" in dem „die Zerstreuung und die Auflösung des Stadtkörpers (der physischen und kulturellen Repräsentation von Gemeinschaft) die Stufe der Halluzination erreichte". Weiterhin erwähnt er:

die unvermeidbare Verschmelzung und Verwirrung geographischer Realitäten, oder die Austauschbarkeit aller Orte, oder das Verschwinden sichtbarer (statischer) Referenzpunkte zu einer steten Kommutation oberflächlicher Bilder.

Um etwas von Heines Eindruck des „Grauens" und von Birringers Gefühl des „Kollabierens" zu erfassen, will ich diesen Eindruck einer überwältigenden Veränderung der Raum-Zeit-Dimensionalität als „Raum-Zeit-Verdichtung" bezeichnen. Sie zu erfahren zwingt uns alle unsere Begriffe von Raum und Zeit anzupassen und die Aussichten auf soziales Handeln zu überdenken. Dieses Überdenken ist, wie bereits ausgeführt, stets verankert in polit-ökonomischen Kämpfen. Aber es steht zugleich im Fokus intensiver kultureller, ästhetischer und politischer Debatten. Dieser Gedanke kann uns dabei helfen, das Durcheinander im Bereich kultureller und politischer Produktion in der kapitalistischen Ära zu verstehen.

Der aktuelle Komplex von Bewegungen etwa, der unter dem Label „Postmodernismus" firmiert, wird in Arbeiten von so unterschiedlichen Autor/inn/en wie Jameson (1984), Berman (1982) und Daniel Bell (1979) mit einer neuen Erfahrung von Raum und Zeit in Verbindung gebracht. Interessanterweise verrät uns aber keiner von ihnen, was genau sie darunter verstehen. Die materielle Basis, auf der diese neue Erfahrung von Raum und Zeit aufbaut, und ihr Verhältnis zur politischen Ökonomie des Kapitalismus bleiben nebulös. Was mich dabei besonders interessiert, ist die Frage, inwieweit wir den Postmodernismus in Bezug auf die neuen Erfahrung von Raum und Zeit verstehen können, die durch die polit-ökonomische Krise von 1973 hervorgebracht wurde (Harvey 1989a).

Ein großer Teil der entwickelten kapitalistischen Welt war zu dieser Zeit zu einer größeren Revolutionierung von Produktionstechniken, Konsumgewohnheiten und polit-ökonomischen Praxen gezwungen. Starke Innovationstendenzen waren zu verzeichnen, die sich auf eine Beschleunigung der Umschlagszeiten konzentriert haben. Die Zeithorizonte von Entscheidungen (im Bereich der internationalen Finanzmärkte heute nur noch wenige Minuten) wurden verkürzt, und Moden haben sich rasant verändert. All dies war gepaart mit einer radikalen Reorganisation der räumlichen Verhältnisse, dem weiteren Abbau räumlicher Barrieren und dem Entstehen einer neuen Geographie kapitalistischer Entwicklung. Diese Ereignisse haben ein machtvolles Gefühl von Raum-Zeit-Verdichtung hervorgerufen, das alle Bereiche des kulturellen und politischen Lebens erfasst hat. Ganze Landschaften mussten zerstört werden, um für die Kreation neuer Platz zu machen. Phänomene der schöpferischen Zerstörung, der zunehmenden Fragmentierung und der Flüchtigkeit (im Gemeinschaftsleben, von Qualifikationen, von Lebensstilen) machen sich in literarischen und philosophischen Debatten bemerkbar zu einer Zeit, in der die Restrukturierung von allem Möglichen (von der Industrienproduktion bis zu den Innenstädten) ein wichtiges Thema geworden sind. Wenn man dies alles zusammennimmt, scheint die Transformation der „Gefühlsstruktur", die der Trend zum Postmodernismus anzeigt, sehr viel mit den Veränderungen der polit-ökonomischen Praktiken in den letzten beiden Dekaden zu tun zu haben.

Betrachten wir nun weiter die komplexe kulturelle Bewegung, die als Modernismus firmiert (und auf die der Postmodernismus vermeintlich reagiert). Nach 1848 ist in Paris in der Tat etwas Besonderes geschehen, und es lohnt sich, dies vor dem Hintergrund der dortigen polit-ökonomischen Entwicklung jener Zeit zu betrachten. Heines vages Grauen wurde 1848 zu einer ebenso dramatischen wie traumatischen Erfahrung. Erstmals in der kapitalistischen Welt sah sich die politische Ökonomie einer unerwünschten Gleichzeitigkeit ausgesetzt. Der ökonomische Zusammenbruch und die Revolutionen, die die europäischen Hauptstädte in jenem Jahr überzogen, verwiesen darauf, dass die kapitalistische Welt in einer Weise vernetzt war, die bis dahin unvorstellbar erschien. Geschwindigkeit und Gleichzeitigkeit der Ereignisse verunsicherten zutiefst und erforderten neue Arten der Repräsentation, mittels derer diese vernetzte Welt besser zu verstehen wäre. Realistische Repräsentationsarten anhand einfacher Erzählstrukturen waren dafür ungeeignet (auch wenn Dickens Raum und Zeit in einem Roman wie *Bleak House* noch so brillant überblickt).

Baudelaire (1981) stellte sich der Herausforderung, indem er die Problematik der Moderne als die Suche nach ewiger Wahrheit inmitten von (räumlicher) Fragmentierung, (temporaler) Flüchtigkeit und schöpferischer Zerstörung bestimmte. Die komplexe Satzstruktur seiner Romane und die Pinselstriche Manets definieren völlig neue Arten Raum und Zeit zu repräsentieren, die neue Wege des Nachdenkens über gesellschaftliches und politisches Handeln eröffnen. Kerns Untersuchung der Revolution der Raum- und Zeitrepräsentationen, die unmittelbar vor 1914 stattfand (eine Zeit außergewöhnlichen Experimentierens in so unterschiedlichen Bereichen wie Physik, Literatur, Malerei und Philosophie) ist bisher eine der eindeutigsten Studien, die zeigen, wie Raum-Zeit-Verdichtung Erfahrungen hervorbringt, aus denen wiederum neue Konzepte hervorgehen. Die kulturelle Avantgarde reflektierte Definitionen von Raum und Zeit und strebte zugleich danach eben diese in den Strudel gewaltiger Veränderungen des westlichen Kapitalismus einzuführen.

Ein genauerer Blick auf die Widersprüche innerhalb dieser kulturellen und politischen Bewegungen verdeutlicht, wie diese die grundsätzlichen Widersprüche der politischen Ökonomie des Kapitalismus widerspiegeln. Dies zeigt sich an den Reaktionen auf die derzeitige Beschleunigung der Kapitalumschlagszeit. Diese geht mit einer Beschleunigung von Konsumgewohnheiten und Lebensstilen einher, die damit in den Mittelpunkt kapitalistischer Produktions- und Konsumptionsverhältnisse geraten. Die kapitalistische Durchdringung der Sphäre kultureller Produktion wird besonders attraktiv, weil der Konsum von Bildern – im Gegensatz zu handfesteren Gegenständen wie Autos oder Kühlschränken – praktisch unmittelbar geschieht. In letzter Zeit wurde eben darauf eine Menge Kapital und Arbeit verwendet. Dies wurde von einem Wiederaufleben des kontrollierten Spektakels begleitet (wofür die Olympiade in Los Angeles ein Paradebeispiel ist), das praktischerweise zugleich ein Mittel von Kapitalakkumulation und sozialer Kontrolle ist (was auf das politische Interesse am römischen „Brot und Spiele" zu Zeiten verstärkter Unsicherheit verweist).

Die Reaktionen auf den Kollaps räumlicher Barrieren sind nicht weniger widersprüchlich. Je globaler die Vernetzung, je internationaler die Bestandteile unseres Abendessens und die Geldzirkulation und je mehr die räumlichen Barrieren bröckeln, desto größer ist der Anteil der Weltbevölkerung, der an konkretem Ort und Nachbarschaft, an Nation, ethnischer Gruppe oder Religion festhält. Diese Suche nach sichtbaren und handfesten Kennzeichen der Identität ist angesichts der Raum-Zeit-Verdichtung völlig verständlich. Auch wenn der Kapitalismus die Erfindung von Tradition (die Wiederentdeckung alter Gebräuche und Feste und die Exzesse des „kulturellen Erbes") als neues Geschäftsfeld entdeckt hat, gibt es noch immer ein Bedürfnis nach Verwurzelung in einer Welt der sich bescheunigenden Images, die immer ortloser wird (außer man betrachtet den Fernsehbildschirm als Ort). Das Grauen, das vom Eindruck der Implosion des sozialen Raums um uns herum hervorgebracht wird (und die gekennzeichnet ist von den täglichen Nachrichten, unvorhersehbaren Akten internationalen Terrorismus' oder globaler Umweltzerstörung), wird zur Identitätskrise. Wer sind wir und wohin gehören wir? Bin ich Welt-, Staats- oder Stadtbürger? Wenn wir Kerns (1983) Analyse der Zeit vor dem Ersten Weltkrieg glauben schenken, ist es nicht das erstemal, dass der Abbau räumlicher Barrieren Nationalismus, extremen Lokalpatriotismus sowie exzessive geopolitische Rivalitäten und Spannungen hervorbringt, eben weil die Kraft räumlicher Barrieren abnimmt, uns von

dem Anderen abzutrennen und uns vor ihm zu schützen. In der offensichtlichen
Spannung zwischen *Raum* und *Ort* spiegelt sich jener grundsätzliche Widerspruch
der kapitalistischen Produktionsweise wider, den ich bereits angedeutet habe, dass es
nämlich für den Versuch, Raum durch Zeit zu vernichten, einer spezifischen Organisation des Raums bedarf, und dass langfristige Investitionen nötig sind, um dem restlichen Kapital einen kurzfristigeren Umschlag zu ermöglichen. Diese Spannung kann
auch von einem anderen Standpunkt aus untersucht werden. Das multinationale
Kapital sollte heute eigentlich keinen großen Respekt vor der Geographie haben,
öffnet der Abbau räumlicher Schranken ihm doch die ganze Welt wie eine Profit
versprechende Auster. Doch hat dieser Abbau auch den entgegengesetzten Effekt:
kleinräumige und minimale Unterschiede zwischen den Qualitäten einzelner Orte
(was Arbeitskräfte, Infrastruktur, politisch Empfänglichkeit, Ressourcenmix, Markt-
nischen etc. angeht) werden noch wichtiger, weil das internationale Kapital sie nunmehr
besser ausnutzen kann. Aus eben diesem Grund kümmern sich Orte auf einmal um
ein „gutes Geschäftsklima" und der Wettbewerb zwischen Orten gewinnt weiter an
Bedeutung. So wird die lokale Imageproduktion (wie bei Baltimores *Inner Harbor*)
zu einem festen Bestandteil der interurbanen Konkurrenz (Harvey 1989b). Die Sorge
um die realen und fiktiven Qualitäten des Ortes nehmen in einer Phase der kapitalistischen Entwicklung zu, in der die Macht über den Raum zu verfügen – insbesondere
was Kapital- und Geldströme angeht – wichtiger wurde denn je zuvor. Die Bedeutung
einer Geopolitik des Ortes nimmt deshalb tendenziell nicht ab sondern vielmehr zu.
Auf diese Weise bringt die vermeintlich egalisierende Globalisierung ihr genaues
Gegenteil hervor, nämlich geopolitische Konkurrenz in einer feindseligen Welt. Die
Bedrohung durch geopolitische Fragmentierungen in einer globalisierten Welt –
zwischen geopolitischen Machtblöcken wie der europäischen und der nordamerika-
nischen Freihandelszone und dem japanischen Handelsimperium – sind alles andere
als harmlos.

Aus diesem Grund ist es auch so wichtig sich mit der historischen Geographie
von Raum und Zeit im Kapitalismus zu befassen. Die dialektische Opposition von
Ort und Raum und zwischen kurzen und langen Zeithorizonten sind Teil tiefer lie-
gender Veränderungen der Raum-Zeit-Dimensionalität, die wiederum aus den grundlegenden Anforderungen des Kapitalismus nach der Beschleunigung der Umschlagzeit und der Vernichtung der Raums durch die Zeit resultieren. Wenn wir den Um-
gang mit dieser Raum-Zeit-Verdichtung untersuchen, können wir feststellen, wie Veränderungen von Raum- und Zeiterfahrungen zu neuen Auseinandersetzungen in Bereichen wie Ästhetik und kultureller Repräsentation führen und wie sehr der grundlegende Prozess der gesellschaftlichen Reproduktion, ebenso wie jener der Produktion, in den Veränderungen von Raum- und Zeithorizonten enthalten sind. [...]

Geographie und ihr Verhältnis zu Gesellschafts- und ästhetischer Theorie

Von der epistemologischen und ontologischen Basis eines historisch-geographischen Materialismus aus können wir uns anschicken die theoretischen und philosophischen Raum- und Zeitkonzepte zu enträtseln, die bestimmte gesellschaftliche Entwürfe und Interpretationen der Welt stützen. Dabei ist es sinnvoll, mit einem entscheidenden Unterschied im westlichen Denken zwischen Gesellschafts- und ästhetischer Theorie zu beginnen.

Die Gesellschaftstheorie in den Traditionen von Adam Smith, Marx oder Weber privilegiert tendenziell die Zeit gegenüber dem Raum und reflektiert und legitimiert Formulierungen, in denen die Welt durch die Brille raumloser Doktrinen von Fortschritt und Revolution gesehen wird. In den vergangenen Jahren haben sich zahlreiche Geograph/inn/en darum bemüht diese defizitäre Sicht zu korrigieren und das Konzept des Raums zum Verständnis gesellschaftlicher Prozesse als nicht nur wichtig sondern als entscheidend wiedereinzuführen (Gregory & Urry 1985, Soja 1989). Diese Bemühungen fielen bei einigen Gesellschaftstheoretiker/inne/n insofern auf fruchtbaren Boden, als auch sie davon ausgehen, dass der Raum tatsächlich wichtig ist (vgl. etwa Giddens 1988). Aber damit ist die Aufgabe nur zum Teil erledigt. Um hinter den Warenfetischismus zu gelangen, müssen wir die historische Geographie von Raum und Zeit vollständig in unser Verständnis von Konstruktion und Wandel von Gesellschaften integrieren. Um das zu leisten, müssen wir uns noch intensiver mit Gesellschaftstheorie auseinandersetzen. Das setzt allerdings voraus, dass Geograph/inn/en auch tatsächlich dazu ausgebildet werden, sich mit Gesellschaftstheorie zu befassen und sie es anpacken das schwierige Terrain entlang der Berührung von Gesellschaft und der gesellschaftlichen Produktion von Raum und Zeit zu bearbeiten.

Zugleich gibt es einen weiteren Bereich der Theoriebildung, der – abgesehen von partiellen und unbefriedigenden Versuchen – weitgehend unbearbeitet ist: Die Berührungspunkte von Geographie und ästhetischer Theorie. Letztere ist – ganz im Gegensatz zur Gesellschaftstheorie – sehr an der „Verräumlichung der Zeit" interessiert, allerdings vor allem im Hinblick darauf, wie diese Erfahrung mit denkenden und fühlenden Individuen kommuniziert und von diesen verarbeitet wird. Architekt/inn/en etwa, um das offensichtlichste Beispiel heranzuziehen, versuchen mittels der Konstruktion räumlicher Formen bestimmte Werte zu kommunizieren. Der Architektur geht es nicht nur, wie Karsten Harries (1982) schreibt, um die Domestizierung des Raums und darum ihm Orte abzuringen und zu formen, in denen man leben kann. Sie sei auch eine Verteidigung gegen den „Terror der Zeit". Die „Sprache der Schönheit" sei „die Sprache einer zeitlosen Realität". Etwas Schönes zu erschaffen bedeute „Zeit und Ewigkeit miteinender zu verbinden", um uns von der Tyrannei der Zeit zu erlösen. Das Ziel der Raumkonstruktion sei es nicht „die temporale Wirklichkeit so aufzuhellen, dass wir uns zu Hause fühlen, sondern [...] die Zeit in der Zeit abzuschaffen, wenn auch nur für eine gewisse Zeit". Das gilt, so Bourdieu (1977: 315), auch für die Schrift, „die die Praxis und die Rede der Dauer (durée) entreißt".

Natürlich liegen von ästhetischer Theorie mindestens ebenso viele Varianten vor wie von der Gesellschaftstheorie (vgl. den brillanten Überblick bei Eagleton 1994). Ich habe die Ausführungen von Harries zitiert, um anhand ihrer eines der Hauptthemen zu verdeutlichen, mit der sich die ästhetische Theorie herumschlägt: Wie räumliche Konstrukte als fixierte Markierungen in einer Welt schneller Veränderungen erschaffen und genutzt werden. Aus der ästhetischen Theorie gibt es viel darüber zu lernen, wie verschiedenen Formen des produzierten Raums die Möglichkeit sozialen Wandels innewohnt. Interessanterweise stoßen Geograph/inn/en bei ihrer Arbeit heute auf mehr Unterstützung seitens einiger Literaturtheoretiker/innen (Jameson 1984, Ross 1988) als durch Sozialtheoretiker/innen. Gleichwohl ist von der Sozialtheorie viel über die gesellschaftlichen Veränderungen zu lernen, mit der die ästhetische Theorie zurechtzukommen versucht. Indem die historische Geographie am Schnittpunkt beider Dimensionen angesiedelt ist, beinhaltet sie ein immenses Potential, um zum Verständnis beider beizutragen. Wenn wir uns mit beiden Bereichen auseinandersetzen, können wir hoffen einen allgemeingültigeren theoretischen Rahmen zur Interpretation der historischen Geographie von Raum und Zeit zu entwerfen und gleichzeitig herauszufinden, wie kulturelle und ästhetische Praktiken – Verräumlichungen – in die politökonomische Dynamik gesellschaftlichen und politischen Wandels eingreifen.

Ich will die politische Bedeutung eines solchen Ansatzes demonstrieren. Ästhetische Urteile (ebenso wie die „erlösenden" künstlerischen Praktiken, die mit ihnen zusammenhängen) werden häufig als machtvolle Kriterien politischen und gesellschaftlichen Handelns in Anschlag gebracht. Kant hat argumentiert, dass unabhängiges ästhetisches Urteilen als Vermittlung zwischen objektiv-wissenschaftlichen und subjektiv-moralischen Urteilen fungieren kann. Wenn in solchen ästhetischen Urteilen der Raum gegenüber der Zeit Priorität genießt, dann folgt daraus, dass räumliche Praxen und Konzepte unter bestimmten Umständen wichtig für soziales Handeln werden können.

In dieser Hinsicht stellt der Philosoph Heidegger eine interessante Figur dar. Weil er die Kant'sche Unterscheidung von Subjekt und Objekt ablehnte und das Nietzsche'sche Abgleiten in den Nihilismus fürchtete, stellte er die Permanenz des *Seins* über die Vergänglichkeit der *Werdens* und schloss sich der traditionalistischen Vision des wahrhaft ästhetischen Staates an (Chytry 1989). Seine Überlegungen führten ihn weg von den Universalien der Moderne und des jüdisch-christlichen Weltbildes und hin zum intensiven und kreativen Nationalismus des vorsokratischen Denkens. Alle Metaphysik und Philosophie erhält demnach ihren Sinn nur im Zusammenhang mit dem Schicksal eines Volkes (Heidegger 1953). Die geopolitische Lage Deutschlands in der Zwischenkriegszeit in der „großen Zange" (ebd.: 28) zwischen Russland und Amerika bedrohe die Suche nach diesem Sinn. „Gerade wenn die große Entscheidung über Europa nicht auf dem Wege der Vernichtung fallen soll", schreibt Heidegger, „dann kann sie nur fallen durch die Entfaltung neuer geschichtlich *geistiger* Kräfte aus der Mitte" (ebd.: 29). Dazu sei es nötig, dass die deutsche Nation „sich selbst und damit die Geschichte des Abendlandes aus der Mitte ihres künftigen Geschehens hinausstellt in den ursprünglichen Bereich der Mächte des Seins" (ebd.). Hierin lag für Heidegger die „innere Wahrheit und Großartigkeit der nationalsozialistischen Bewegung" (Blitz 1981: 217).

Dass ein großer Philosoph des 20. Jahrhunderts, der übrigens das Denken des zitierten Harries ebenso beeinflusst hat wie einen großen Teil der geographischen Arbeiten über die Bedeutung des konkreten Ortes (Relph 1976, Seamon & Mugerauer 1989), sich politisch so kompromittiert und den Nazis anschließt, ist zutiefst beunruhigend. Gleichwohl will ich anhand seines Denkens eine Reihe nützlicher Argumente entwickeln. Heideggers Arbeiten sind zutiefst durchtränkt von einem ästhetischen Gefühl, das das *Sein* und die spezifischen Qualitäten des Ortes gegenüber dem *Werden* und den universellen Absichten des Fortschritts der Moderne im universellen Raum vorzieht. Er lehnte jüdisch-christliche Werte, den Mythos der Maschinenrationalität und jeden Internationalismus vollständig ab. Die Position, der er sich anschloss, war aktiv und revolutionär eben weil er im erlösenden Handeln eine Notwendigkeit sah, die auf der Wiederherstellung der Kraft des Mythischen beruhte (von Blut und Boden, Rasse und Vaterland, Schicksal und Ort) und gleichzeitig die ganze Symbolik gesellschaftlichen Fortschritts auf das Projekt erhabener nationaler Vollendung hin mobilisierte. Die Anwendung dieses speziellen ästhetischen Gefühls auf die Politik trug dazu bei die historische Geographie des Kapitalismus nachhaltig zu beeinflussen.

An die qualvolle Geschichte geopolitischen Denkens und Handelns im 20. Jahrhundert muss ich Geograph/inn/en wohl ebenso wenig erinnern wie an die Schwierigkeiten innerhalb des Faches, die damit verbundenen Fragen anzugehen. Ich will lediglich erwähnen, dass Hartshornes (1939) *The Nature of Geography*, das er unmittelbar nach dem „Anschluss" in Wien schrieb, für die Geographie jegliche Bedeutung der Ästhetik vollständig zurückwies und für sie und die Mythologien der Landschaftsgeographie nur beißende Kritik bereithielt. Hartshorne, darin Hettner folgend, scheint jegliche Öffnung in Richtung einer Politisierung der wissenschaftlichen Geographie verhindern zu wollen – und das zu einem Zeitpunkt, zu dem jede Geographie mit Politik überzogen war und zu dem Empfindungen im Bezug auf Orte und Ästhetik von den Nazis aktiv mobilisiert wurden. Das Problem an diesem Vorgehen war natürlich, dass das Vermeiden des Problems dieses gerade nicht aus der Welt schafft, noch nicht einmal in der wissenschaftlichen Geographie.

Damit will ich nicht behaupten, dass jeder, der sich seit Hartshorne um die Wiedereinführung einer ästhetischen Dimension in die Geographie bemüht hat, ein

Krypto-Faschist ist. Denn, wie Eagleton (1994: 30) erläutert, war das Ästhetische schon immer „ein widersprüchliches, zweischneidiges Konzept". Einerseits „erweist es sich als eine genuin emanzipatorische Kraft – als ein Gemeinschaftsgefühl von Subjekten, die durch ihren sinnlichen Antrieb und durch ein Zusammengehörigkeitsgefühl [...] verbunden sind". Andererseits kann es dazu benutzt werden Repression zu verinnerlichen indem es „gesellschaftliche Macht tiefer in die Körper derjenigen hinab[senkt], die diese Macht sich unterwirft. Es kann daher als eine überaus effektive Art der politischen Hegemonie fungieren." Aus eben diesem Grund hat die Ästhetisierung der Politik eine lange Geschichte, die in Bezug auf gesellschaftlichen Fortschritt gleichermaßen Probleme und Potentiale beinhaltet. Es gibt sie in rechten ebenso wie in linken Versionen (immerhin haben die Sandinisten Politik um die Figur Sandinos herum ästhetisiert und die Schriften von Marx sind voller Bezüge auf ein grundlegendes Projekt der Befreiung der kreativen Sinne). Am deutlichsten wird das problematische Potential, wenn mittels Ästhetik die Schwerpunkte der Politik vom historischen Fortschritt und seinen Ideologien weg und hin auf Praktiken verlagert wird, die im Dienste nationaler (oder sogar lokaler) Schicksale und Kulturen stehen sollen, was häufig geopolitische Konflikte auslöst. Die Berufung auf Mythen des Ortes, der Person oder der Tradition, also auf die Ästhetik, haben in der geopolitischen Geschichte eine entscheidende Rolle gespielt.

Hier, so glaube ich, liegt die Bedeutung der Verbindung von Perspektiven von ästhetischer und Gesellschaftstheorie, von Ansätzen, die dem Raum den Vorrang vor der Zeit einräumen, und solchen, die ihn bei der Zeit sehen. Die historische Geographie insgesamt und insbesondere die historische Geographie von Raum und Zeit liegen an genau diesem Berührungspunkt. Deshalb kann sie eine wichtige intellektuelle, theoretische, politische und praktische Rolle für das Verständnis der Gesellschaft spielen. Indem wir die Untersuchung der Geographie zwischen Raum und Zeit ansiedeln haben wir also ebenso viel zu lernen wie beizutragen.

Die Geographische Imagination

Ich will mit einem kurzen Kommentar schließen, was dies für die Geographie und für die recht übersichtliche Gruppe von Akademiker/inne/n bedeutet, die sich in der wissenschaftlichen Arbeitsteilung in der Nische namens „Geographen" tummelt.

Diese Arbeitsteilung ist das Ergebnis von Bedingungen und Interessen des 19. Jahrhunderts. Es gibt keinen Grund für die Annahme, dass die damals gezogenen Disziplingrenzen (die in der Folge durch Professionalisierung und Institutionalisierung versteinert sind) mit heutigen Bedingungen und Bedürfnissen korrespondieren. Teilweise als Reaktion auf diese Problemlage ist die Wissenschaft durch eine zunehmende Fragmentierung, die Entstehung neuer Disziplinen zwischen den alten und vermehrte themenbezogene Zusammenarbeit über Fächergrenzen hinweg gekennzeichnet. Diese

Entwicklung erinnert stark an die gesellschaftliche Arbeitsteilung insgesamt. Zunehmende funktionale Spezialisierung, Produktdifferenzierung, Vernetzung der Produktion und Suche nach horizontalen Verbindungen zeichnen multinationale Konzerne ebenso aus wie große Universitäten. Innerhalb der Geographie hat sich dieser Prozess seit Mitte der 1960er Jahre beschleunigt. Die Folge dessen war, dass es zunehmend schwieriger wurde, die verbindende Logik zu identifizieren, die mit dem Wort „Disziplin" verbunden wird.

Auch hat sich die Umschlagzeit in den Wissenschaften beschleunigt. Vor nicht allzu langer Zeit galt die Publikation von mehr als zwei Büchern im Leben als überambitioniert. Heute scheint es so, als müssten Wissenschaftler/innen alle zwei Jahre ein Buch auf den Markt bringen, um zu beweisen, dass sie noch am Leben sind. Maßzahlen der Produktivität und des Ausstoßes werden in den Wissenschaften immer strikter angewandt und Karrieren werden immer mehr auf diese Weise gemessen. Natürlich überschneiden sich hier Forschung und Erfordernisse von Konzernen und Staat, Wissenschaft und Verlagswesen sowie das Aufkommen von Bildung als einem der Wachstumssektoren fortgeschrittener kapitalistischer Gesellschaften in gewisser Weise. Das erhöhte Tempo der Ideenproduktion spiegelt den allgemeinen Trend zur Beschleunigung des Umschlags im Kapitalismus wider. Doch muss der zunehmende Ausstoß an Büchern und Fachzeitschriften auf der Produktion neuen Wissens aufbauen, weshalb es zu einer verstärkten Konkurrenz bei der Suche nach neuen Ideen und einem größeren Interesse an „Eigentum" an ihnen kommt. Solch fieberhafte Aktivitäten können nur dann hoffen, auf so etwas wie „Wahrheit" zu stoßen, wenn Adam Smiths „unsichtbare Hand" in der Wissenschaft tatsächlich das leisten sollte, was sie in anderen Märkten offenbar nicht zustand bekommt. In der Praxis führt das aggressive Anpreisen von Ideen, Theorien, Modellen und Themen zu „Farbe-des-Monats"-Moden, die schnellen Umschlag, Beschleunigung und Flüchtigkeit erschweren anstatt sie zu verbessern. Letztes Jahr Positivismus und Marxismus, dieses Jahr Strukturationismus, nächstes Jahr Realismus, im Jahr darauf dann Konstruktivismus, Postmodernismus oder was auch immer – es ist leichter mit den Farbwechseln bei Benetton mitzuhalten als mit der Rotation flüchtiger Ideen, die heute in der Welt der Wissenschaft umgeschlagen werden. Es ist schwer zu sagen, was wir gegen derartige Trends tun können, selbst wenn wir sie bedauern. In Stellenausschreibungen wird selten ein „intellektueller Geograph" gesucht; vielmehr werden sehr enge Qualifikationen gewünscht, seien es rein technische Fertigkeiten (wie Fernerkundung und GIS) oder Expert/inn/en für Transportsystemmodellierung, industrielle Standortwahl, Grundwassermodellierung, die Geographie der Sowjetunion, oder aktuelle Modeerscheinungen (Nachhaltigkeit, Chaostheorie, Fraktalgeometrie oder sonst etwas). Das Beste worauf wir hoffen können sind Spezialist/inn/en, die sich auch für die Disziplin als Ganze interessieren. Die scheinbare Unfähigkeit oder der scheinbare Unwille dieser Fragmentierung und Verflüchtigung zu widerstehen verweist auf Bedingungen, die uns etwas aufzwingen, was außerhalb unserer Kontrolle liegt. In diesem Zusammenhang würde ich mir wünschen, dass diejenigen, die die Macht des individuellen Handelns ausrufen, zeigten, wie ihr individuelles oder unser gemeinsames spezifisches Handeln diese Makroverschiebung unserer Leben- und Arbeitsbedingungen ausgelöst haben. Sind wir lediglich Opfer gesellschaftlicher Prozesse oder deren tatsächliche Urheber? Wenn ich auch hier die Marx'sche Konzeption von Individuen bevorzuge, die sich bemühen ihre Geschichte selbst zu machen, aber eben nicht unter selbst gewählten Umständen, dann weil wir alle genau diese Situation aus unserem bisherigen Leben so gut kennen.

Dieselbe Frage stellt sich angesichts des wieder aufkommenden Interesses an Ästhetik, Landschaftsgeographie und konkreten Orten als zentralen Themen der Geographie. Die Forderung, den Platz der Geographie in den Wissenschaften durch ein Festhalten am Kernkonzept des konkreten Ortes (der sogar noch als einmalige Konfiguration von Elementen verstanden wird) zu sichern, ist in eben der Phase kapitalistischer Entwicklung lauter geworden, in der sich auch das internationale Kapital verstärkt für die spezifischen Qualitäten einzelner Orte interessiert, und in der ein erneutes Interesse an lokalen Politiken und Images als scheinbaren (und tatsächlich fiktionalen) Konstanten inmitten machtvoller Raum-Zeit-Verdichtung zu verzeichnen ist. Die gesellschaftliche Suche nach Identität und den eigenen Wurzeln an konkreten Orten ist in die Geographie erneut als Leitmotiv eingedrungen und wird zugleich benutzt, um innerhalb der Disziplin eine tragfähige (aber ebenso fiktive) Identität in einer sich schnell verändernden Welt zu garantieren.

Ein genauerer Blick auf die historische Geographie von Raum und Zeit mag dazu beitragen etwas mehr darüber zu erfahren, warum die Disziplin sich hier und jetzt derartigen Forschungsfragen zuwendet. Diese historische Geographie hält eine kritische Perspektive bereit, um unsere Reaktionen auf den gesellschaftlichen Druck zu beurteilen, der uns umgibt und der unser aller Leben überzieht. Wenn wir unreflektiert akzeptieren, dass der konkrete Ort zentral für unsere Disziplin ist, laufen wir dann Gefahr unbewusst die Wiederkehr einer ästhetisierten Geopolitik zu unterstützen? Mit dieser Frage will ich nicht andeuten, dass wir dem Thema der Ästhetik ausweichen sollten, sondern dass wir uns ihm auf der Basis eine Konzeptualisierung der Geographie am Schnittpunkt von Gesellschafts- und ästhetischer Theorie stellen sollten.

Die historische Geographie von Raum und Zeit erleichtert uns die Reflektion dessen, wer wir sind und wofür wir möglicherweise kämpfen. Welche Raum- und Zeitkonzepte versuchen wir durchzusetzen? Wie verhalten diese sich zur sich verändernden historischen Geographie von Raum und Zeit im Kapitalismus? Wie würden Raum und Zeit in einer sozialistischen oder in einer ökologisch verantwortungsvollen Gesellschaft aussehen? Immerhin tragen Geograph/inn/en (mitunter machtvoll und an wichtiger Stelle) zu Fragen der Räumlichkeit und ihrer Bedeutung bei. Historische

Geograph/inn/en mit ihrem potentiellen Interesse an Raum und Zeit haben unend-
liches Potential, um nicht nur die Geschichte dieses oder jenes Ortes zu untersuchen, sondern das ganze Rätsel der sich verändernden Erfahrungen von Raum und
Zeit im gesellschaftlichen Leben und in der sozialen Reproduktion zu erforschen.
Die kritische Reflektion der historischen Geographie von Raum und Zeit stellt die
Geschichte von Raum und Zeit in ihren materiellen, gesellschaftlichen und politischen Kontext. Hartshorne hat *The Nature of Geography* eben nicht im politischen
Vakuum verfasst, sondern im Wien nach dem „Anschluss", und dies hat (obschon
das im Zusammenhang mit diesem Buch nie erwähnt wird) mit Sicherheit seinen
Inhalt und seine Wirkung beeinflusst. Dieser Text hier ist selbst vor dem Hintergrund einer bestimmten Erfahrung von Raum-Zeit-Verdichtung und sich verändernder politischer und gesellschaftlicher Umgangsformen entstanden. Selbst der große
Kant hat seine Ideen von Raum und Zeit und seine Unterscheidung von ästheti-
schem, moralischem und wissenschaftlichem Urteil nicht in einem politischen Vakuum entwickelt. Vielmehr versuchte er die offensichtlichen Widersprüche der bürgerlichen Logik der Aufklärung, wie sie sich um ihn herum inmitten revolutionärer
Regungen in ganz Europa entfalteten, festzuschreiben und zu synthetisieren. Dabei
zeigt sich unmittelbar das spezifische und ganz praktische Interesse der damaligen
Gesellschaft, Raum und Zeit rational und mit mathematischer Präzision zu beherrschen, während gleichzeitig dieselbe Gesellschaft so viele frustrierende und widersprüchliche Erfahrungen mit dem Versuch der Verwirklichung einer solchen rationalen Ordnung angesichts der aufkommenden kapitalistischen Gesellschaftsverhältnisse
erfuhr. Wenn Hegel Kant kritisiert (und zwar in jeder Hinsicht, von der Ästhetik bis
zur Theorie der Geschichte), und wenn Marx sowohl Hegel als auch Kant kritisiert
(und zwar erneut in jeder Hinsicht, von der Ästhetik bis zur Theorie der Geschichte),
dann hatten diese Debatten sehr viel damit zu tun, Möglichkeiten für gesellschaftliche Veränderungen zu eröffnen. Und wenn ich als Marxist noch immer am Streben
nach einer gesellschaftlichen Revolution festhalte, die die Widersprüche, manifesten
Ungerechtigkeiten und die sinnlose Logik von „Akkumulation um der Akkumulation willen" im Kapitalismus überwindet, dann lege ich mich damit auch auf einen
Kampf um die Neubestimmung der Bedeutung von Raum und Zeit fest. Und wenn
ich mich damit innerhalb der Wissenschaft, die vom Neukantianismus beherrscht
wird (ohne, so muss man hinzufügen, dass den meisten Wissenschaftler/inne/n das
bewusst wäre), noch immer in einer ziemlichen Minderheitenposition befinde, dann
zeugt das von der Dominanz kapitalistischer gesellschaftlicher Verhältnisse und der
davon abgeleiteten bourgeoisen Ideen (einschließlich derer, die Raum und Zeit definieren und verobjektivieren).

Einer bestimmten Definition von Raum und Zeit anzuhängen ist eine politische
Entscheidung und die historische Geographie von Raum und Zeit zeigt eben dies.
Welche Art von Raum und Zeit vertreten wir als Geograph/inn/en? Auf welche Pro-

zesse gesellschaftlicher Reproduktion beziehen sich diese Konzepte unausgesprochen aber hartnäckig? Wie unterrichten wir Geographie? Wollen wir lediglich, dass unsere Student/inn/en wissen, an wie viele Staaten der Tschad grenzt? Lehren wir das statische ptolemäische Denken und behaupten damit, Geographie sei nichts als GIS, was die aktuelle Version der alten Hartshorn'sche Regel darstellt nach der alles, was kartierbar ist, auch Geographie ist? Oder unterrichten wir die mannigfaltige Sprache der Ware mit all der ihr innewohnenden Geschichte sozialer und räumliche Bezüge, die von unserem Abendessen bis zurück in beinahe jede Ecke des Lebens in der modernen Welt reicht? Und gehen wir von da aus weiter und unterrichten wir die reiche und komplexe Sprache ungleicher geographischer Entwicklung und ökologischer Transformation (Abholzung der Wälder, Bodendegradation, hydrologische Veränderungen, Klimawandel), deren historische Geographie noch am Anfang steht? Können wir noch einen Schritt weiter gehen und die Aufmerksamkeit darauf richten, wie soziale Prozesse in politischen Debatten in ästhetischer Form präsentiert werden können und welche Gefahren das beinhaltet? Kann es uns gelingen eine Sprache – ja eine ganze Disziplin – um die ökologische, die räumliche und die soziale Bedeutung der historischen Geographie von Raum und Zeit herum zu erschaffen?

All diese Möglichkeiten gilt es zu erforschen. Doch in welche Richtung wir uns auch entwickeln wollen, dies erfordert politische Entscheidungen für bestimmte Raum- und Zeitkonzepte. Wir handeln stets auch politisch und müssen uns dessen bewusst sein. Diese politische Dimension begegnet uns jeden Tag. [...]

Auch als Geograph/inn/en können wir uns dem Terror dieser Zeiten nicht entziehen. Und wir können nicht verhindern, im weitesten Sinn zu den Opfern und nicht zu den Sieger/inne/n der Geschichte zu gehören. Doch wir können mit Sicherheit für andere gesellschaftliche Visionen und für eine andere Zukunft kämpfen, wenn auch niemals unter selbst gewählten Umständen. Indem wir die Geographie zwischen Raum und Zeit ansiedeln, und indem wir uns selbst als aktive Teilnehmer/innen an der historischen Geographie von Raum und Zeit begreifen, können wir, so glaube ich, einen klareren Sinn unseres Tuns entdecken, ein Gebiet ernstzunehmender wissenschaftlicher Debatte und Untersuchung begründen und dabei wichtige intellektuelle und politische Beiträge in einer zutiefst problembelasteten Welt leisten.

Übersetzung: Bernd Belina

Neil Smith

Die Produktion des Raums[1]

Unsere Aufmerksamkeit soll im Folgenden dem geographischen Raum gelten, den wir in seiner allgemeinsten Form als den Raum menschlicher Aktivitäten annehmen können - vom Raum der Architektur auf einer unteren Maßstabsebene bis hin zur gesamten Erdoberfläche. Eine andere, spezifischere Bedeutung von geographischem Raum wird sich aus der folgenden Analyse erst noch ergeben. Hier kommt es zunächst darauf an geographischen Raum von den vielen anderen Bedeutungen von „Raum" zu unterscheiden, die an dieser Stelle nicht in Betracht gezogen werden können[2]. Seit den frühen 1960er Jahren ist die Konzeptualisierung des geographischen Raums zum Gegenstand umfangreicher Debatten geworden. Dabei wurden besonders zwei Raumkonzeptionen hervorgehoben: der absolute Raum und der relative Raum. Diese Diskussionen entstanden als eine Reaktion auf die so genannte quantitative Revolution in der Geographie, wie sie sich in den frühen 1960er Jahren herauskristallisierte. Zuvor hatten Geograph/inn/en dazu geneigt, sich fast ausschließlich auf die Konzeption des absoluten Raums zu beziehen. Doch im Rahmen der eher technischen Neuerungen der „quantitativen Revolution" wurde mit einer breiter angelegten Betrachtung des Gegenstandes begonnen (Schaefer 1953, Bunge 1966, Haggett 1965, Burton 1963)[3]. Diese verschiedenen Raumkonzeptionen gehen mit sehr unterschiedliche Beziehungen zur Natur und zu materiellen Ereignissen einher. Indem wir nun von der „Produktion des Raums" sprechen, versuchen wir die Diskussion einen Schritt weiter zu bringen. Um dies zu tun, ist es aber unerlässlich sich der Ursprünge und Bedeutungen der Unterscheidung zwischen absolutem und relativem Raum bewusst zu sein. Tatsächlich stammen diese Konzeptionen aus den Bereichen der Physik und der Wissenschaftstheorie. Somit müssen wir uns zunächst auf die naturwissenschaftliche

---

1 Anm. d. Hrsg.: Dieser Beitrag erschien 1984 als Teil von Kapitel 3 von Smiths Buch *Uneven Development. Nature, Capital and the Production of Space* (Oxford). Diesem geht eine Auseinandersetzung mit Ideologie und Produktion der Natur voraus, in der idealistische Naturvorstellungen kritisiert wird und die kapitalistische Umwandlung der Natur in eine „zweite Natur" im Mittelpunkt stehen.

2 Ganz besonders sollten wir uns davor hüten, die Behandlung des Raums in der psychologischen und anthropologischen Literatur (vgl. Hall 1966, Lévi-Strauss 1967, Piaget 1973, Jung 1964) diskutieren zu wollen, auch wenn sich diese teilweise mit (konzeptionellen) Ansätzen einer Behandlung des geographischen Raums überschneiden.

3 David Harvey war in *Explanation in Geography* (1969) der erste, der im geographischen Kontext explizit die Konzeptionen von relativem und absoluten Raum diskutierte. In *Social Justice and the City* (1973) fügt er mit dem relationalen Raum noch ein drittes Raumkonzept hinzu. Jedoch ist die Unterscheidung zwischen relativem und relationalem Raum nicht genügend geklärt.

Betrachtung von Raum konzentrieren, um die breiteren historischen und erkenntnistheoretischen Ursprünge der Konzeptionen zu verstehen, die uns dabei helfen zu
einem Verständnis der Geographie des Kapitalismus zu gelangen. [...][4]

„Alle Mysterien, welche die Theorie zum Mystizism veranlassen", so Marx in den
Thesen über Feuerbach (MEW 3: 7), „finden ihre rationelle Lösung in der menschlichen Praxis und in dem Begreifen dieser Praxis". Mit der „Produktion des Raums"
werden die menschliche Praxis und der Raum auf den Ebenen des Raumkonzeptes
„selbst" miteinander verbunden. Geographischer Raum wird als gesellschaftliches Produkt angesehen; demnach wäre ein geographischer Raum, der von den gesellschaftlichen Verhältnissen abstrahiert wird, eine philosophische Amputation. Außerdem wird
im Konzept der „Produktion des Raums" die Relativität des Raums nicht zu einem
rein philosophischen Betrachtungsgegenstand, sondern zu einem Produkt sozialer und
historischer Praxis. Ebenso ist die Einheit des geographischen Raums ein soziales, und
kein philosophisches Resultat[5]. Während hier die Betonung auf der direkten Produktion des physischen Raums liegt, beinhaltet die Produktion des Raums ebenso auch
diejenige von Bedeutung, Konzepten und Bewusstsein vom Raum, die wiederum untrennbar mit dessen physischer Produktion verbunden sind. [...]

Raum und Geschichte

Wir haben bereits gesehen, dass frühere menschliche Gesellschaften keinen Unterschied zwischen Ort und Gesellschaft vorgenommen haben. In ihren unmittelbaren
Erfahrungen waren alle Orte mit gesellschaftlicher Bedeutung durchzogen. Es gibt

---

4   Anm. d. Hrsg.: Weggelassen wurde hier fast das komplette Unterkapitel *Space and Nature*
    (Smith 1984: 67-78). Darin diskutiert Smith naturwissenschaftliche Raumkonzepte und zeigt
    deren historisch zunehmende Abstraktion von konkreter Materialität auf. Schließlich be-
    stimmt er geographischen Raum als sozial und physisch zugleich und setzt sich das Ziel mit
    der „Produktion des Raums" die Einheit von Raum und Gesellschaft nicht nur zu behaup-
    ten, sondern theoretisch herzuleiten.

5   Marx bestand auf dieser Einheit der Wissenschaften: „Wir kennen nur eine einzige Wissen-
    schaft, die Wissenschaft der Geschichte. Die Geschichte kann von zwei Seiten aus betrach-
    tet, in die Geschichte der Natur und die Geschichte der Menschen aufgeteilt werden. Beide
    Seiten sind indes nicht zu trennen; solange Menschen existieren, bedingen sich Geschichte
    der Natur und Geschichte der Menschen gegenseitig." (MEW 3: 18) Beziehen wir diese
    Formulierung auf die Relativität des geographischen Raums, so stimmt diese mit der physi-
    kalischen Relativität des Raums überein. Der Unterschied, den gesellschaftlichen Charakter
    des geographischen Raums einmal beiseite gelassen, ist einfach einer des Maßstabs. Dies
    lässt die Möglichkeit einer vereinten Wissenschaft offen, die sich sicherlich auf Raum auf-
    baut, doch grundsätzlicher auf *die Natur*. Doch dies soll hier nicht weiterverfolgt werden.
    Für eine Abhandlung zu diesem Thema in Bezug auf Louis Althussers Philosophie siehe
    auch meinen Beitrag *Symptomatic Silence* in Althusser (Smith 1980).

keinen abstrakten Raum jenseits eines Ortes und keinen Ort jenseits der Gesellschaft. Robert Sack (1980: 170) nannte dies die „primitive Konzeption des Raums"[6]. Solche Gesellschaften bewohnten natürlichen Raum, was ziemlich wörtlich genommen den Raum meint, wie er aus natürlichen Prozessen und aus mehr oder weniger gesellschaftlichen Tätigkeiten und Formen entstanden ist. Der konkrete Ort wurde im Rahmen gesellschaftlicher Beziehungen behandelt, die sich nicht über einen natürlichen Zustand hinaus entwickelt haben.

Mit der Entwicklung von auf Warenaustausch aufbauenden gesellschaftlichen Wirtschaftsweisen erscheint eine zweite Natur und mit ihr ein Riss in der Einheit zwischen Ort und Natur. Das kennzeichnet – wie wir bereits weiter oben gesehen haben (Smith 1984: 45-47, 71) – den Ursprung einer zunehmend abstrakten Vorstellung von Raum wie sie sich in den (Natur-) Wissenschaften herausgebildet hat. Abstraktion ist das zentrale Kennzeichen in Sacks „zivilisierter" Konzeption des Raums. Dieses Raumkonzept ist nicht mehr an einen unmittelbaren Ort gebunden, sondern beinhaltet die Möglichkeit von einem unmittelbaren Ort zu abstrahieren und von der Denkbarkeit räumlicher Ausdehnung jenseits direkter Erfahrung. Damit wird die konzeptionelle Verbindung zwischen Raum und Gesellschaft zerbrochen, und Raum beginnt nun eine unabhängige konzeptionelle Existenz zu entwickeln. Allerdings führt die Entwicklung einer zweiten Natur nicht nur zu einer konzeptionellen Entwicklung, sondern auch zur Entwicklung eines gesellschaftlich produzierten Raums aus dem natürlichen Raum heraus, der genauso real ist wie jener. Dies kann auf unterschiedliche Weisen illustriert werden. Die mittelalterlichen Städte liefern ein offensichtliches Beispiel. In euklidischen Maßstäben mag der Abstand zwischen einer Wohnung im Erdgeschoss und einer im vierten Stock genauso groß gewesen sein wie ein Baum, wie er in einem der unberührten Wälder außerhalb der Stadtmauern wuchs. Doch die gleiche Distanz zwischen den Stockwerken des Wohnhauses kann auch als Ausdruck der sozialen Stellung und der Klassenlage gemessen werden, was mit der Höhe eines Baumes nicht möglich ist. Eine noch weiter zurückliegende Illustration wird durch die erste Trennung in öffentlichen und privaten Raum gegeben. Diese Trennung kann durch bestimmte Orte beschrieben werden – Orte, an denen gejagt und Kriege geführt wurden, gegenüber Orten, an denen gesät und geerntet wurde und Kinder aufgezogen wurden. Aber sie kann genauso gut in Begriffen der geschlechtlichen Arbeitsteilung beschrieben werden, wo Männer allgemein den ersten Raum kontrollieren und Frauen schwerpunktmäßig im zweiten tätig sind[7].

---

6 Allerdings ist Sack vorsichtig genug zu betonen, dass „primitiv" hier nicht in seinem unglücklich pejorativen Sinn verwendet wird, sondern um einen historisch früheren Zustand zu betonen.

7 Friedrich Engels: *Der Ursprung der Familie, des Privateigentums und des Staates* (MEW 21: 25-173), vgl. auch Leacock (1972). Zu den Grenzen dieser Verallgemeinerung vgl. Tanner (1981).

Mit der Entstehung einer zweiten Natur erscheint auch die konzeptionelle Trennung von Gesellschaft und Raum. Zum ersten Mal können nun die Regeln der Gesellschaft als raumlos verstanden werden, als abstrahiert von räumlichen Betrachtungen. Solange die produktive menschliche Tätigkeit noch an das Land der landwirtschaftlichen Produktionsform gebunden war, erschien die gesellschaftliche Produktion von Raum als vom natürlichen Raum in ihrer Ausdehnung begrenzt. Doch die Arbeitsteilung zwischen industrieller und landwirtschaftlicher Tätigkeit befreit Teile der produktiven Arbeit von unmittelbar räumlichen Zwängen. Diese gesellschaftliche Trennung wird am deutlichsten in der räumlichen Spaltung zwischen Stadt und Land. Selbst wenn Städte als räumlich verankert erscheinen, so sind doch die in ihnen stattfindenden Tätigkeiten und die Gesetze und Normen, die diese gesellschaftlichen Aktivitäten regeln, überhaupt nicht mehr räumlich gebunden. Diese können von Stadt zu Stadt verallgemeinert werden. Auch kann in der gleichen Stadt in unterschiedlichen geschichtlichen Epochen völlig unterschiedlichen Tätigkeiten nachgegangen werden, und sie kann unter völlig anderen gesellschaftlichen Regeln funktionieren. Doch hier gibt es einen wachsenden Widerspruch: Um dauerhafte räumliche Grundlagen zu schaffen, um also eine räumlich fixierte Definition zu erlangen, müssen frühe Gesellschaften sich bis zu dem Punkt entwickeln, an dem sie sich vom Raum emanzipieren können.

Dieser Widerspruch wird deutlicher, wenn der Staat auf der historischen Bildfläche erscheint. Nach Engels Darstellung in *Der Ursprung der Familie, des Privateigentums und des Staates* [1884] werden diese frühesten Staatswesen von zwei Charakteristika gekennzeichnet. Einerseits durch die „Einrichtung einer *öffentlichen Gewalt*, welche nicht mehr unmittelbar zusammenfällt mit der sich selbst als bewaffnete Macht organisierenden Bevölkerung (MEW 21: 165). Somit geht die Begründung des Staates direkt auf Klassenunterschiede und Sklaverei, Privateigentum und die Unterdrückung von Frauen zurück. Seine Funktion besteht darin, unvermeidliche Konflikte im Sinne der herrschenden Klasse zu schlichten und dabei doch als 'über der Gesellschaft' stehend zu wirken. Das zweite Charakteristikum der frühen Staatswesen besteht darin, dass der Staat „zum erstenmal das Volk zu öffentlichen Zwecken einteilte, nicht nach Verwandtschaftsgruppen, sondern nach *örtlichem* Zusammenwohnen" (ebd.: 112). „Gegenüber der alten Gentilorganisation kennzeichnet sich der Staat erstens durch die Einteilung der Staatsangehörigen *nach dem Gebiet.*" (ebd.: 165) Die alten Gentilgenossenschaften, die durch Blutsbande zusammengehalten worden waren, bewohnten nicht mehr ein bestimmtes Gebiet. „Das Gebiet war geblieben, aber die Menschen waren mobil geworden." (ebd.) Dies machte eine neue Einteilung der Gesellschaft auf Grundlage der Kontrolle des Territoriums notwendig. „Diese Organisation der Staatsangehörigkeit nach der Ortsangehörigkeit ist allen Staaten gemeinsam." (ebd.) „Nicht mehr die Zugehörigkeit zu den Geschlechtsverbänden, sondern nur der Wohnsitz entschied; nicht das Volk, sondern das Gebiet wurde eingeteilt, die Bewohner wurden politisch bloßes Zubehör des Gebiets." (ebd.: 114) Somit sind die historischen Wurzeln des Nationalismus und aller anderer Formen des Zugehörigkeitsgefühls zu einem Raumausschnitt in der Aufspaltung der Gesellschaft in Klassen und nach Geschlecht zu suchen sowie in der Errichtung des Staates, durch den die herrschende Klasse herrschen kann.

Der Staat verkörpert an dieser Stelle den Höhepunkt gesellschaftlicher Realabstraktion von der Natur, den aktuellsten gesellschaftlichen Teil der zweiten Natur, und doch ist er wegen des Rechtssystems territorial. Auf den ersten Blick mag diese notwendigerweise territoriale Bestimmung des Staates die Verfestigung der Verbindung zwischen geographischem Raum und Gesellschaft darstellen. Doch tatsächlich ist das Gegenteil der Fall. Sicherlich sind bestimmte Gesellschaften durch die hinderlichen staatlichen Institutionen, die sie genährt und geschaffen haben, mehr denn ja an einen bestimmten Raum gebunden. Doch nur durch solch abstrakte Prinzipien wie Demokratie, Freiheit, moralisches Recht, etc. kann der Staat seine Autorität über die Gesellschaft rechtfertigen und bestimmen. Diese Prinzipien sind selbst Produkte bestimmter Klassengesellschaften. Selbst wenn besonders Staaten eine bestimmte und begrenzte territoriale Basis haben mögen, die gesellschaftlichen Prinzipien, denen solche Staaten unterliegen, sind völlig mobil.

Aus diesen Gründen sind jeder Staat und die dazugehörige Gesellschaft zugleich räumlich gebundener und mobiler denn je zuvor. Ausgestattet mit seinen politischen und wirtschaftlichen Prinzipien, allesamt Produkte philosophischer Abstraktion, kann sich der Staat auf neues Gebiet hin ausbreiten oder sich zusammenziehen. Er kann sich sogar völlig verlagern. Natürlich muss der ambitionierte Staat mit konkreteren Dingen ausgestattet sein, mit Waffen, Nahrung und Transportmitteln etwa, die noch heute vom Stand der ökonomischen Entwicklung abhängen. Doch eines ist klar: Die ersten Andeutungen einer raumlosen Konzeption der Gesellschaft, eine abstrakte, raumlose zweite Natur (sozialer Raum) wird erst möglich mit der ausdrücklich räumlichen Definition des Staates.

Einerseits wird Raum auf diese Weise zu einem zunehmend starken Unterbau gesellschaftlicher Entwicklung. Mit der Ausdehnung der zweiten Natur und der Entwicklung ökonomischer, sozialer und technologischer Mittel der Expansion werden kleine Stadtstaaten und größere Gebiete ihren Gesetzmäßigkeit subsumiert. Doch gibt es nichts Absolutes über diesen Prozess zu sagen. Er ist vor allem ein Ergebnis innerer Entwicklung und äußerer Konkurrenz (ökonomisch und militärisch). Schließlich wird der Stadtstaat vom Territorialstaat verdrängt – der Grafschaft, dem Herzogtum oder dem Königreich – und in jüngster Zeit vom Nationalstaat. Wie Sack (1980: 184) es formuliert: „die Koordinierung wirtschaftlicher Funktionen wurde durch die Verlagerung der grundsätzlichen Verbindung von Gesellschaft und Ort auf die größere geographische Maßstabsebene des absolutistischen Staates und dann zum modernen Nationalstaat hin verschoben". Von den kleinen Anfängen bis heute wurde der gesamte geographische Raum des Globus im Zuge des Prozesses der gesellschaftlichen Ausdehnung aufgeteilt. Territoriale Unterscheidungen und die Vereinheitlichung des Weltmarktes gehen als einheitlicher Prozess vonstatten. Geographische Ausdehnung wird gleichbedeutend mit gesellschaftlicher Expansion und Entwicklung. Letzteres findet in diesem Stadium nur dann statt, wenn die geographische Arena sozialer Raumproduktion ebenfalls ausgedehnt wird. Geographie bildet die Speerspitze menschlichen Fortschritts.

Andererseits wird Raum gleichzeitig als zunehmend unbedeutend für gesellschaftlichen Austausch angesehen. In dem Maße, in dem sich die wirtschaftlichen, technologischen, politischen und kulturellen Beziehungen entwickeln und ausdehnen, werden auch die institutionellen Rahmungen für die Bearbeitung dieser Beziehungen immer komplexer. Und sie verlieren zunehmend jegliche räumlich bezogene Definition. Gleichzeitig kann der Raum, je mehr sich Gesellschaften selbst vom Raum emanzipieren, in eine Ware im eigentlichen Sinne umgewandelt werden. Und auch wenn die Entstehung des Weltmarktes diesem gesellschaftlichen Projekt Grenzen setzt, versucht der Kapitalismus die Lücken aufzufüllen. Bevor dieses Thema aber direkter diskutiert wird, ist es notwendig einige Beobachtungen den Raum als Ware betreffend zu machen.

Raum und Kapital

Raum als Ware

Es ist ein weit verbreitetes Missverständnis, die Marxsche Kapitalismusanalyse als raumlos zu betrachten. Das ist nicht ganz richtig. Zutreffender wäre wohl, dass die gelebten räumlichen Zusammenhänge der Marxschen Analysen wenig entwickelt sind. Es stimmt, dass weder Marx – noch nachfolgende marxistische Theoretiker/innen – eine brauchbare konzeptionelle Grundlage zur Behandlung des geographischen Raums vorgelegt haben. Aber wenn wir Marx selbst betrachten, entsteht ein vielschichtigeres Bild. Im *Kapital* hat sich Marx hauptsächlich mit dem Wert beschäftigt: Seine Messung durch Arbeitszeit, die Entstehung des Mehrwerts, die Akkumulation von Wert in Form von Kapital. Es wird allgemein angenommen, dass Marx bei dieser Argumentation vom Gebrauchswert der Güter abstrahierte, und dass nur deren Wert und Tauchwert für ihn interessant waren. Aber auch dabei handelt es sich um ein Missverständnis. Marx kehrt nämlich regelmäßig zum Bereich des Gebrauchwertes zurück, um die dialektische Analyse des Kapitals zu entwickeln. Und wie bestimmte Marx nun den Gebrauchswert? „[G]eometrische, physikalische, chemische [und] sonstige natürliche Eigenschaft" (MEW 23: 51) einer Ware machen diese zum Gebrauchswert. Ausgehend von der vorhergegangenen Diskussion um wissenschaftliche Raumkonzeptionen und das Verhältnis zwischen Raum und Materie erscheint es sinnvoll, die räumlichen Eigenschaften einer Ware als Teil ihrer natürlichen Eigenschaften und diese darum als Teil des Gebrauchswertes einer Waren anzusehen. Und tatsächlich bezieht sich Marx stets genau dann auf den Raum, wenn er den Gebrauchswert in die Analyse einbezieht (zum Raum als Ware vgl. Harvey 1982: 337-339, 375-380). Zumindest an einer Stelle betrachtet Marx ausdrücklich räumliche Eigenschaften als Bestandteil des Gebrauchswertes. Beim Transport von Menschen oder Waren, so schreibt er in *Theorien zum Mehrwert*, wird „eine materielle Veränderung hervorgebracht – eine *räumliche*, Ortsveränderung" (MEW 26.1: 387). Beim Transport des Arbeitsprodukts (also der Ware) wird sein „örtliches Dasein [...] verändert, und damit geht eine Änderung in seinem Gebrauchswert vor, indem das örtliche Dasein dieses Gebrauchswerts verändert wird. Sein Tauschwert wächst in dem Maß, wie diese Veränderung seines Gebrauchswerts Arbeit erheischt" (ebd.).

Wenn wir nun auf diese Weise räumliche Beziehungen als einen Bestandteil des Gebrauchswertes betrachten, dann werden – neben dem offensichtlichen Schritt von der Produktion der Natur zur Produktion des Raums – mehrere Schlüsselerkenntnisse zugänglich. Zuallererst, wie Harvey gezeigt hat, liefert es uns eine stabile theoretische Grundlage für den manchmal schwammigen Begriff der „räumlichen Integration". Um Wert zur universellen Form abstrakter Arbeit machen zu können – wie das in der kapitalistischen Produktionsweise angestrebt wird – müssen unterschiedliche konkrete Arbeiten, die an unterschiedlichen Orten erbracht werden, an einem Markt zusammengeführt werden. Die gesellschaftliche Isolierung bestimmter Arbeitsprozesse, die der Universalisierung des Werts entgegensteht, kann nicht überwunden werden, ohne zunächst die räumliche Isolierung verschiedener Prozesse zu überwinden. „Räumliche Integration, die Verbindung der Warenproduktion an unterschiedlichen Orten durch Tausch" (Harvey 1982: 375f.), wird zu einer strengen Notwendigkeit für das Kapital. Wie Harvey schreibt, dachte Marx in folgender Aussage an eben dies:

Der abstrakte Reichtum, Wert, Geld – hence die *abstrakte Arbeit* entwickelt sich in dem Maße, worin die konkrete Arbeit zu einer den Weltmarkt umfassenden Totalität verschiedner Arbeitsweisen entwickelt. Die kapitalistische Produktion beruht auf dem *Wert* oder der Entwicklung der im Produkt enthaltnen Arbeit als gesellschaftlicher. Dies aber nur auf Basis des Foreign trade und des Weltmarkts. Dies also sowohl Voraussetzung als Resultat der kapitalistischen Produktion. (MEW 26.3: 250)

Somit ist es also kein Zufall, dass Marx' deutlichster Bezug zum Raum im Zusammenhang mit den Gebrauchswerten in der Diskussion des Warentransports zu finden ist.

Wenn wir zu den Konzepten des absoluten und relativen Raums zurückkehren und sie im Kontext dieser Argumentation beleuchten, dann kommt noch etwas anderes zum Vorschein, das für uns wichtig ist. Wenn wir uns mit dem Prozess der konkreten Arbeit beschäftigen, ist unsere Vorstellung von Raum im Wesentlichen absolut. Die

Besonderheit von Arbeit beinhaltet die Besonderheit ihrer räumlichen Eigenschaften. Bei abstrakter Arbeit sieht das jedoch anders aus. Die Realisierung abstrakter Arbeit als Wert beinhaltet ein räumlich integriertes System des Warenaustausches, der Geldbeziehungen, der Kreditmöglichkeiten und auch der Mobilität von Arbeitskräften. Dies bedarf der Schaffung spezifischer Transport- und Kommunikationsverbindungen zwischen den einzelnen Orten der konkreten Produktion. Es erfordert aber auch, dass wir in der Lage sind, uns Raum sowohl in Form von relativem als auch von absolutem vorzustellen. Die Integration eines einstmals isolierten Produktionsortes in eine nationale oder internationale Ökonomie ändert zum Beispiel nicht dessen absolute Verortung. Aber durch die Veränderung seiner relativen Verortung verbessert die Tatsache seiner räumlichen Integration auch die Realisierungsmöglichkeit abstrakter Arbeit als Wert.

Nun ist das eine historische und keine rein konzeptionelle Unterscheidung. Und hier erfahren wir die Bestätigung für eine Schlussfolgerung, wie sie weiter oben bereits ziemlich abstrakt festgestellt wurde. Von Marx wissen wir bereits, dass die historische Entwicklung des Kapitalismus durch die fortschreitende Universalisierung des Wertes in Form abstrakter Arbeit gekennzeichnet ist. Dies beinhaltet nicht allein die Herstellung geographischen Raums durch die Entwicklung eines Transportnetzes, sondern auch die fortschreitende Integration und Transformation von absolutem Raum in relativen Raum. Absolute Räume sind das Rohmaterial für die Produktion von relativem Raum. Wenn wir diese Art der historischen Betrachtung anlegen, werden außerdem die gesellschaftlichen Determinanten der Relativität des geographischen Raums sichtbar. Es sind also weder Einstein noch Physik oder Philosophie, die am Ende die Relativität des geographischen Raums bestimmen, sondern der reale Prozess der Kapitalakkumulation.

Bevor wir uns nun einer genaueren Untersuchung von Raum und Kapital widmen, bleibt noch zu klären, was mit räumlichen Eigenschaften, räumlichen Beziehungen und geographischem Raum als Ganzem gemeint ist. Die Form, in der der Gebrauchswert erscheint, seine räumliche Ausdehnung in einer, zwei oder drei Dimensionen, und seine daraus resultierende Gestalt, bilden seine *räumlichen Eigenschaften*. Aber es ist nicht nur die eingeschriebene Substanz einer Ware, die ihren Gebrauchswert bestimmt. Vielmehr ist es die Zweckmäßigkeit des Objektes im Verhältnis zu anderen Objekten, Ereignissen und Handlungen. Der Gebrauchswert ist in erster Linie ein Verhältnis, und ein Teil des Gesamtzusammenhangs von Verhältnissen, die einen konkreten Gebrauchswert bestimmen, ist ein Set *räumlicher Beziehungen*.

Das gilt nicht nur auf der Ebene einzelner Waren. Hier wird beispielsweise der Gebrauchswert eines Hauses nicht nur von dessen Ausmaßen in Metern und Zentimetern bestimmt, sondern auch durch dessen Inneneinrichtung, die Nähe zu Verkehrswegen, zur Abwasserentsorgung, zum Arbeitsplatz, zu Dienstleistungen und so weiter.

Wir können ebenso von besonderen räumlichen Beziehungen sprechen, welche die Form zusammengesetzter Waren wie der Stadt oder der Region zu bestimmen helfen. Es sind die räumlichen Beziehungen, die entweder in Begriffen des absoluten oder relativen Raums verstanden werden können, die die Grundlage jeder Standortanalyse liefern. Absolute Lage ist einfach nur ein besonderer Fall von relativer Lage, und zwar einer, in dem wir von den gesellschaftlichen Bestimmungsgrößen der Distanz abstrahieren. *Geographischer Raum* als Ganzer ist noch einmal etwas anderes. Er stellt die Gesamtheit räumlicher Beziehungen dar, die mehr oder weniger stark in identifizierbaren Mustern organisiert sind, die wiederum ihrerseits der Ausdruck der Strukturen und Entwicklungen der Produktionsweise sind. Als solcher ist der geographische Raum mehr als einfach nur die Summe getrennter Verhältnisse, die all seine Teile umfasst. Somit kann die Aufteilung der Welt in unterentwickelte und entwickelte Teile, wie ungenau diese auch immer sein mag, nur in den Begriffen des geographischen Raums als Ganzem verstanden werden. Das beinhaltet die Strukturierung des geographischen Raums als einen Ausdruck des Verhältnisses zwischen Kapital und Arbeit. Ebenso kann räumliche Integration als ein Ausdruck der Universalität des Werts verstanden werden, wenn wir nämlich nicht bestimmte räumliche Beziehungen betrachten, sondern den geographischen Raum als Gesamtheit.

Gegenwartsgeschichte des Raums

Kapitalismus beinhaltet als eine Bedingung seiner erfolgreichen Entwicklung einen Markt für seine Güter, der im Weltmaßstab organisiert ist. Wenn er aber eine Zirkulationsweise hervorbringt, die im Weltmaßstab funktioniert, muss der Kapitalismus danach streben die Produktionsweise weltweit anzugleichen. Akkumulation um der Akkumulation willen und die ihr innewohnende Notwendigkeit der wirtschaftlichen Expansion führen zu der sowohl räumlichen als auch gesellschaftlichen Ausdehnung des Lohnarbeitssektors. Der Prozess der Entdeckungsreisen, der dazu beitrug, den Weltmarkt zusammenzufügen, wird historisch zunehmend vom Prozess des Kolonialismus überschattet. Dieser gliedert nicht nur vorkapitalistische Gesellschaften in den Weltmarkt ein, sondern führt schließlich auch die spezifisch kapitalistischen Lohnarbeitsverhältnisse in diese Gesellschaften ein. Auch wenn es wichtige Ausnahmen gibt - inklusive der Sklavenhalterei und der Versteinerung vorkapitalistischer Produktionsverhältnisse im Dienste des Weltmarktes -, wird die Lohnarbeit zunehmend weltweit durchgesetzt. Die Universalität der Lohnarbeitsverhältnisse im Kapitalismus befreit nicht nur die Arbeiter/innen/klasse sondern auch das Kapital von jeglicher innerer Verbindung zum absoluten Raum. In den früheren feudalen Gesellschaften waren Leibeigene an den Boden des Grundbesitzers gekettet. Somit beinhaltete die Bestimmung der Klassenbeziehungen auch die Definition des absoluten Raums der Arbeit des Leibeigenen. Die Befreiung von der Leibeigenschaft konnte nur durch Flucht vom Land des Grundherren stattfinden, und indem für ein Jahr und einen Tag innerhalb von Stadtmauern gelebt wurde. Anders der/die Lohnarbeiter/in, der/die durch die doppelte Freiheit seine/ihre Arbeitskraft frei als Ware zu verkaufen bestimmt wird, und der/die ebenso befreit ist vom Besitz an allen Produktions- oder Subsistenzmitteln, die für das Überleben notwendig sind. Er/sie ist damit auch frei sich zu bewegen, beziehungsweise ist in den meisten Fällen gezwungen, dies in Form der Migration in die Stadt zu tun, da er/sie der Produktionsmittel auf dem Lande beraubt wurde.

Wir sind nun in der Lage den weiter oben angesprochenen Widerspruch zu vertiefen und herauszuarbeiten, dass einerseits gesellschaftliche Entwicklung zu einer zunehmenden Emanzipierung vom Raum führt und andererseits räumliche Fixierung zu einer zunehmend treibenden Kraft der sozialen Entwicklung wird. Die Universalisierung der Lohnarbeit und damit des Werts führt – als eine dem Kapital innewohnende Tendenz – unaufhaltsam zur Emanzipierung sozialer Beziehungen und Institutionen vom überlieferten absoluten Raum, also von dem, was wir weiter oben natürlichen Raum genannt haben. Die Mobilität des Kapitals und zu einem geringeren Maße auch die der Arbeit ist die deutlichste Bestätigung dieser Notwendigkeit. Mit nur einem Knopfdruck können heutzutage $500 Mio. von Singapur über London auf die Bahamas transferiert werden, gerade so als ob es dazwischen keine physische Distanz gäbe[8]. Doch verstärkt die Emanzipierung vom natürlichen Raum nur die Notwendigkeit der Produktion des sozialen Raums. Als eine Bedingung der Universalisierung des Werts müssen die Transportkosten und die für Transporte notwendige Zeit auf ein Minimum reduziert werden. Die Bedeutung der relativen Distanz zwischen Produktions- und Konsumptionsorten und die der Mittel zu ihrer Überwindung – oder kurz: ihre relative Lage – wächst proportional zur Akkumulation des Kapitals und zur Vervielfältigung der Waren, Kommunikationen und Kredite, die dafür bewegt werden müssen. Außerdem wird es in dem Maße, in dem sich die Stufenleiter des Produktionsprozesses mit der Entwicklung der Produktivkräfte steigert, zunehmend zwingend, dass eine immer größere Anzahl an Arbeiter/inne/n in räumlicher Nähe zum Arbeitsplatz konzentriert ist. Zusammen mit den offensichtlichen politischen Vorzügen, die das Kapital durch solch eine Anordnung hat, verkürzt dies auch den Arbeitsweg auf ein Minimum und macht es dadurch möglich die Löhne niedrig zu halten. Das Kapital kann die Befreiung vom natürlichen Raum nur in dem Maße beeinflussen, in dem es ihm gelingt sich an der gleichzeitigen Produktion von relativem Raum zu beteiligen.

Ausgedrückt als Territorium wird geographischer Raum zum Anhängsel gesellschaftlicher Entwicklung. Die Ausdrucksweise, dass Dinge „im Raum" passieren, ist nicht nur eine Denkgewohnheit, sondern ebenso eine der Sprache. Doch in ihrer

---

8   Für eine anregende Diskussion der unterschiedlichen Mobilitäten des Kapitals in seinen
    verschiedenen Ausprägungen vgl. Harvey 1982: 376-395.

Bezugnahme auf absoluten, natürlichen Raum wird sie anachronistisch, sogar nostalgisch, und zur Blockade eines kritischen Verständnisses des Raums. Diese Gesellschaft akzeptiert durch ihre Handlungen Raum nicht länger als Behälterraum sondern stellt ihn her. Wir arbeiten, leben und handeln nicht so sehr „im" Raum, sondern wir produzieren Raum durch unser aktives Handeln, Arbeiten und Leben.

Doch gelingt es dem Kapital nicht, den absoluten Raum völlig aufzulösen – in Wahrheit versucht es das auch gar nicht. Es ist zwar bestrebt, sich vom absoluten Raum zu befreien, tut dies aber, indem es bestimmte eigene absolute Räume produziert, die Teil der umfangreicheren Produktion des relativen Raums sind. Es ist ein bisschen wie mit dem Newtonschem Raum nach Einstein: die Prioritäten werden umgekehrt. Der absolute Raum wird zu einem Sonderfall in einem zunehmend relativen Universum. Entscheidend ist, dass absoluter Raum im geographischen Sinn heute das Produkt menschlicher Tätigkeit ist. Die Absolutheit solcher Räume ist ein gesellschaftliches Produkt, kein Merkmal des natürlichen Raums. Im Übergang zum Kapitalismus stellen die Einhegungen [*enclosures*] eine bemerkenswerte historische Schöpfung solch absoluten Raums dar. In dem Maße, in dem das Kapital seinen Einfluss ausdehnt, wird der gesamte Globus in rechtlich geschiedene Parzellen aufgeteilt, die durch echte oder imaginäre große weiße Zäune getrennt sind. Auf einer anderen Maßstabsebene ist die heutige Welt in 160 mehr oder weniger beständige Nationalstaaten aufgeteilt. Und dies ist mindestens ebenso sehr eine Notwendigkeit für das Kapital, wie es die geographische Aufteilung des Privateigentums ist. Geograph/inn/ en waren dank ihrer traditionellen Beschäftigung mit Grenzen und ihren kartographischen Fähigkeiten ganz vorne mit dabei, als es darum ging, die Welt in absolute Räume einzuteilen. Besonders die britische Schule der Geographie verdankt ihre Existenz dieser Art von Tätigkeit.

Wenn auch oft unausgesprochen, steckt hinter dem aktuellen Versuch einiger Marxist/inn/en, Raum als Produktionsmittel zu begreifen, zweifellos die implizite Erkenntnis, dass der Kapitalismus spezifische absolute Räume produziert. Dieser Bestimmung kommt zudem das Verdienst zu, zu versuchen, Raum in die marxistische Theorie zu integrieren. Der offensichtlichste Fall, in dem geographischer Raum als Produktionsmittel fungiert, ist jener der Transportindustrie. Hier ist die Distanz zwischen Ursprungs- und Zielort ein Produktionsmittel. Um Marx' Bemerkung über die Natur als universelles Produktionsmittel zu paraphrasieren: Bisher hat noch niemand die Kunst entdeckt, wie Waren und Objekte von einem Ort zum anderen transportiert werden können, ohne dabei ihren Standort zu verändern. Die räumliche Distanz vom Ursprungs- zum Bestimmungsort ist, unabhängig davon ob sie in absoluten oder relativen Begriffen gemessen wird, eines der Produktionsmittel des Transportgewerbes. Um genauer zu sein, ist sie ein Rohstoff. Je höher die Entwicklung der Transport- und Kommunikationsmittel ist, umso mehr wird geographischer Raum auf diese Weise als Produktionsmittel in die Wirtschaft einbezogen.

Doch Raum funktioniert auch in einem umfassenderen Sinne in der gesamten industriellen Produktion als Produktionsmittel. Genau genommen ist der Boden nur in der Landwirtschaft ein Produktionsmittel (und zwar nur in dem Umfang, in dem er durch landwirtschaftliche Arbeit kultiviert wird), sowie bei manchen extraktiven Industrien. Dagegen ist er in allen anderen Wirtschaftsbereichen lediglich eine Bedingung des Produktionsprozesses. Doch im Allgemeinen können räumliche Ausdehnung und selbst die qualitative Form, in der Land in die direkte Produktion eingeht, als integraler Bestandteil der Produktionsmittel angesehen werden. Auf Manches davon wird in der folgenden Passage aus dem *Kapital* hingewiesen:

Im weiteren Sinn zählt der Arbeitsprozess unter seine Mittel außer den Dingen, welche die Wirkung der Arbeit auf ihren Gegenstand vermitteln und daher in einer oder der andren Weise als Leiter der Tätigkeit dienen, alle gegenständlichen Bedingungen, die überhaupt erheischt sind, damit der Prozess stattfinde. Sie gehn nicht direkt in ihn ein, aber er kann ohne sie gar nicht oder nur unvollkommen vorgehn. Das allgemeine Arbeitsmittel dieser Art ist wieder die Erde selbst, denn sie gibt dem Arbeiter den locus standi [Standort] und seinem Prozess den Wirkungsraum. (MEW 23: 195)

Nun beinhaltet dieses räumliche Betätigungsfeld nicht nur den unmittelbar durch die Subjekte, Objekte und Arbeitsgeräte eingenommenen Raum, sondern auch materielle Erfordernisse wie Lagerraum. Die Bedeutung von geographischem Raum als Produktionsmittel kann konkreter illustriert werden, wenn man den in einem Stahlwerk oder einer Automobilfabrik beanspruchten Raum mit demjenigen in einer Bäckerei oder einem Kraftwerk vergleicht. Es ist nicht nur so, dass verschiedene Produktionsprozesse unterschiedliche „Raumbedürfnisse" haben. Vielmehr wird in dem Maße, in dem die Produktivkräfte Teil der Umwelt werden, Raum gemäß den räumlichen Eigenschaften dieses Sets an Produktivkräften produziert.

Doch sollte uns die Tatsache, dass Raum als Produktionsmittel wirken kann, nicht zu einer starren Betrachtung des Raums ausschließlich als Produktionsmittel verleiten, wie dies so oft geschehen ist[9]. Es ist eine Sache zu verstehen, dass im globalen Maßstab Raum als Produktionsmittel in den Dienst des Kapitals gepresst werden kann, eine andere aber ist es, sämtliche anderen Funktionen des Raums zu leugnen. Was in diesem Definitionsreduktionismus verschwindet, ist die Relativität geographischen Raums und die Beziehung zwischen relativem und absolutem Raum, wie sie unter kapitalistischen Bedingungen hergestellt werden. So mag Raum zwar als Produktions-

---

9 Eine gute Veranschaulichung für die Fallstricke, die diese starre Gleichsetzung des Raums mit Produktionsmitteln – vor allem in der Reifizierung von „Räumen" und Raum als unabhängige/s Objekt/e – liefert Cohen 1978: 50-55. Dabei liegt hier das Problem tiefer und verweist auf die Probleme eines philosophischen Zuganges zu Marx im Allgemeinen. Denn Cohens Studie stellt im Wesentlichen eine Übung in analytischer Philosophie dar, für die Marx' Geschichtstheorie fast zufällig ist. Sie wird zu einem gut ausgestatteten Fitnessstudio, in der die analytische Philosophie auf Herz und Nieren geprüft wird.

mittel wirken, doch wirkt er darüber hinaus auch noch als weit mehr. Was sich hinter dieser Frage verbirgt, ist die Ebene der räumlichen Maßstäblichkeit. Diese wird darum im fünften Kapitel genauer behandelt werden (Smith 1984: 131-154). Im Augenblick mag es genügen zu betonen, dass die Identifizierung unterschiedlicher räumlicher Maßstabsebenen auf die These hinausläuft, dass mancher vorgefundene Raum oder manche Typen von Raum als absoluter Raum behandelt werden können. Wir betrachten diese Räume als festgelegt, beispielsweise als „städtischen Raum" oder als „Produktionsraum", um das Verhältnis unterschiedlicher konkreter Räume auf der jeweiligen räumlichen Maßstabsebene oder die internen Prozesse und Aktivitätsmuster auf dieser räumlichen Maßstabsebene zu untersuchen. Kurz, das Erkennen räumlicher Maßstabsebenen beinhaltet eine implizite Annahme über das Verhältnis zwischen relativem und absolutem Raum. Im fünften Kapitel werden wir zeigen, dass es sich dabei nicht um eine beliebige theoretische Festlegung handelt, sondern dass der Raumproduktion des Kapitals bestimmte spezifische räumliche Maßstabsebenen der gesellschaftlichen Organisation innewohnen. Diese können als Inseln des absoluten Raums im Meer des relativen Raums angesehen werden. Es wird also notwendig sein, die räumlichen Maßstabsebenen aus der Analyse kapitalistischer Strukturierung und Entwicklung abzuleiten, anstatt einfach bestimmte, gewohnte Maßstabsebenen als gegeben zu betrachten (diese Notwendigkeit betont auch Taylor 1982).

Weiter oben wurde behauptet, dass kapitalistische Entwicklung die kontinuierliche Transformation natürlichen Raums – des überlieferten absoluten Raums – in produzierten relativen Raum bedeutet. Wir sind nun in der Lage diese Thematik zu vertiefen, um dabei genauer auszuführen, wie geographischer Raum zu einem zunehmend zentralen Thema für das Überleben des Kapitalismus wurde. In der frühkapitalistischen Phase war gesellschaftliche Ausdehnung und Entwicklung zugleich immer auch geographische. Die gesellschaftliche Ausdehnung wurde durch geographische Ausdehnung erreicht. Städte erweiterten sich zu urbanen Zentren, vorkapitalistische Staaten wurden zu Nationalstaaten und die Nationalstaaten expandierten, wo sie konnten, um zu Imperien zu werden. Wenn sich also die Geographie des Kapitalismus durch die Produktion relativen Raums entwickelte, so wurde dies zu Beginn noch durch die Expansion im absoluten Raum ermöglicht. Mit der Ausdehnung des Lohnarbeitsverhältnisses bis in die letzten Ecken des Globus hinein wurde der vom Kapital geschaffene Weltmarkt zum spezifisch kapitalistischen Weltmarkt umgewandelt. Dieser wurde zunehmend durch die Universalität des Werts als der Form abstrakter Arbeit hergestellt. So lange diese absolute Expansion des Kapitals der Ausdruck für kapitalistischen Fortschritt war, war dieses Konzept des absoluten Raums nicht nur nützlich sondern sogar unerlässlich, um die Produktion des Raums zu verstehen. Doch seit dem späten 19. Jahrhundert trifft es nicht mehr zu, dass gesellschaftliche und wirtschaftliche Expansion in erster Linie durch geographische Expansion erreicht werden konnten. So wurde dies auch in den etablierten geographischen Schulen nach dem Ersten Weltkrieg diskutiert. Geographie bildete in diesem Sinne nun nicht mehr die Speerspitze der kapitalistischen Entwicklung. Die absolute Expansion von Nationalstaaten und ihren Kolonien endete mit der endgültigen Aufteilung Afrikas in den 1880er Jahren (vgl. Keltie 1893, Crowe 1942).

Sicherlich blieben einige Inseln der Nicht-Entwicklung erhalten, und auch auf der städtischen Ebene war dieser Prozess noch nicht vollständig abgeschlossen. Aber das zu beheben würde nicht ausreichen, um die notwendige kapitalistische Expansion am Laufen zu halten. Geographischer Absolutismus und ökonomische Notwendigkeiten gingen von nun an getrennte Wege. In der folgenden Passage fasst Lenin im Jahr 1916 die Schlussfolgerungen des zeitgenössischen deutschen Geographen Alexander Supan zusammen und verstärkt sie im Lichte der Erfahrungen des Ersten Weltkrieges. Er schreibt, dass

das Charakteristische dieser Periode die endgültige Aufteilung der Erde ist, endgültig nicht in dem Sinne, dass eine *Neuaufteilung* unmöglich wäre – im Gegenteil, Neuaufteilungen sind möglich und unvermeidlich –, sondern in dem Sinne, dass die Kolonialpolitik der kapitalistischen Länder die Besitzergreifung unbesetzter Länder auf unserem Planeten *beendet* hat. Die Welt hat sich zum erstenmal als bereits aufgeteilt erwiesen, so dass in der Folge nur noch Neuaufteilungen in Frage kommen, d.h. der Übergang von einem „Besitzer" auf den anderen, nicht aber die Besitzergreifung herrenlosen Landes. (Lenin 1965: 826)

Die letzten einhundert Jahre kapitalistischer Entwicklung haben die Produktion von Raum in einem noch nie da gewesenen Maßstab nach sich gezogen. Doch wurde diese nicht durch die absolute Expansion in den gegebenen Raum erreicht, sondern durch eine innere Differenzierung des globalen Raums. Das heißt sie wurde erreicht durch die Herstellung von differenziertem absolutem Raum im größeren Zusammenhang des relativen Raums.

Diese Differenzierung geographischen Raums im – grob gesagt – letzten Jahrhundert ist ein unmittelbares Ergebnis des dem Kapital innewohnenden Bedürfnisses, Kapital in Grund und Boden fest anzulegen. Es ist schön und gut, dass $500 Mio. mit einem Knopfdruck um die Welt geschickt werden können, aber dieses Geld muss von irgendwoher kommen und auf dem Weg nach irgendwohin sein. Dieses irgendwo ist der Produktionsprozess, wo es um Mehrwert zu erzielen notwendig ist, dass riesige Summen produktiven Kapitals für lange Zeitabschnitte räumlich fixiert werden. Dies geschieht in Form von Fabriken, Maschinen, Transportwegen, Lagerhäusern und einer Menge anderer Einrichtungen[10]. Die räumliche Fixierung von Kapital in dieser Art und Weise bedeutet ebenso wie die Festlegung des nationalen Kapitals durch die Grenzen des Nationalstaates zugleich die Produktion eines differenzierten geographischen Raums. Insofern dieser Prozess der Fixierung mit der Mobilität des Kapitals einhergeht, ergeben diese entgegengesetzten Tendenzen keine zufällige, sondern eine gegliederte innere Differen-

---

10 Die Bedeutung der räumlichen Verankerung von Kapital wurde von Harvey seit *Social Justice and the City* (1973) immer wieder betont.

zierung des globalen Raums. Mit dem Fortschreiten der Raumproduktion in der kapitalistischen Entwicklung wird der scheinbar abstrakte Widerspruch zwischen absolutem und relativem Raum integraler Bestandteil der „Raumwirtschaft des Kapitalismus" selbst. So lange die absolute geographische Expansion des Kapitals weiterging, konnten die Widersprüche, die das soziale Gefüge des Kapitals erschütterten, in nicht-räumlichen Begriffen gefasst werden. Raum konnte als etwas Äußerliches betrachtet werden. Sobald aber die wirtschaftliche Entwicklung nach innen gewandt wird und zu einer Binnendifferenzierung des geographischen Raums führt, wird die räumliche Dimension des Widerspruchs nicht nur sichtbarer; sie wird auch realer, indem Raum zunehmend zu einem zentralen Anliegen des Kapitals wird. Wenn also dementsprechend Krisen im allgemeinen System der kapitalistischen Produktion auftreten, so drücken sich diese zunehmend direkt (und sichtbar) in der Geographie des Kapitalismus aus.

Das ist auch gemeint, wenn gesagt wird, dass der Raum wie nie zuvor auf der Tagesordnung steht. Tatsächlich hätten wir dies, wenn auch etwas abstrakter, bereits aus dem Begriff des relativen Mehrwerts bei Marx vorhersagen können. Denn je weiter sich der Kapitalismus entwickelt, desto mehr ist er auf die Realisierung von relativem Mehrwert angewiesen. Tatsächlich war für Marx dieses Streben nach relativem Mehrwert das Kennzeichen des Industriekapitalismus und konstituiert den „unterscheidend historische[n] Charakter der auf das Kapital gegründeten Produktionsweise" (MEW 42: 661). Historisch „tritt im Verlauf der Akkumulation jedesmal ein Punkt ein, wo die Entwicklung der Produktivität der gesellschaftlichen Arbeit der mächtigste Hebel der Akkumulation wird" (MEW 23: 650). Daraus folgen eine Fülle an Dingen, von denen Marx einige untersuchte. In einem berühmten Abschnitt der *Grundrisse* wendet er seine Aufmerksamkeit dem Drang des Kapitals zu, das Wachstum der Wissenschaften nicht nur zu ermutigen, sondern sogar zu steuern, um damit die ständige Umwälzung des fixen Kapitals zu befördern. Im *Kapital* verweist er auf das Wachstum der Produktivkräfte und die Konzentration und Zentralisierung von Kapital, das diesen Prozess begleitet. Die letztere hat eindeutig räumliche Implikationen, die Marx allerdings nur streift. Doch gilt es hier ein noch grundsätzlicheres räumliches Argument anzubringen. Um Marx' Metapher auszuweiten: Wenn der relative Mehrwert zum mächtigsten Hebel der Akkumulation wird, dann ist das fixe Kapital der Dreh- und Angelpunkt, durch den dieser Hebel seine Kraft gewinnt. Auch wenn fixes Kapital, ebenso wie jeder Wert, lediglich die in den Arbeitserzeugnissen enthaltene abstrakte Arbeit erhält, dann ermöglicht fixes Kapital als Gebrauchswert zudem die Verwandlung von konkreter Arbeitskraft in die Form der neuen Ware, die den relativen Mehrwert verkörpert. Darum ist hier der Gebrauchswert des fixen Kapitals entscheidend. In dem Maße, in dem fixes Kapital für die Produktion von relativem Mehrwert zentral wird, gilt dies ebenso für seine räumlichen Eigenschaften. Wenngleich fixes Kapital nicht notwendigerweise auch räumlich fixiert sein muss, so stellt es doch praktisch das am meisten räumlich fixierte Element des produktiven Kapitals dar, da es im Produktionsprozess über eine Produktionsperiode hinaus besteht. Indem das fixe Kapital zunehmend als Katalysator der Produktion von relativem Mehrwert zentral wird, zieht es im Schlepptau auch den geographischen Raum in eine zentrale Position. Dieser wird so zunehmend in den Kampf der Kapitalist/inn/enklasse eingebunden, in dem diese das Überleben des Kapitalismus zu sichern sucht.

Die neue Bedeutung des geographischen Raums spiegelt sich auch in einer verstärkten Aufmerksamkeit gegenüber Themen wie der Zentralisierung und Dezentralisierung von Industrien, der selektiven Industrialisierung der Dritten Welt, der Industrieverlagerung in gewerkschaftsfreie Gegenden, regionalen Niedergang, Deindustrialisierung, Nationalismus, Stadtentwicklung und Gentrifizierung, sowie dem allgemeineren Thema der räumlichen Umstrukturierung in Krisenzeiten. Aber selbst wenn bezüglich der Wichtigkeit dieser Themen Übereinstimmung besteht, so gibt es doch kaum Konsens darüber, was sie zu bedeuten haben. Zu jedem Autor, der die Einebnung räumlicher Unterschiede betont, gibt es einen anderen, der auf Grundlage anderer Daten ihre Vertiefung unterstreicht[11]. Der entscheidende Punkt dabei ist, dass es sich bei diesen geographischen Mustern um das Ergebnis widersprüchlicher Entwicklungstendenzen handelt. Erstens: Je weiter sich der Raum in Folge der gesellschaftlichen Entwicklung von der Gesellschaft emanzipiert, desto wichtiger wird räumliche Fixierung. Zweitens (und vor allem): Die Tendenzen in Richtung Differenzierung und Universalisierung (bzw. Angleichung) entstammen beide gleichermaßen dem Innersten des Kapitalismus. Indem diese widersprüchliche Dynamik sich in der Wirklichkeit niederschlägt, bringt sie eine Produktion des Raums gemäß eines ganz bestimmten Musters hervor. Räumliche Unterschiede werden weder durch Angleichung aus der Welt geschafft noch unendlich verschärft. Vielmehr ist das Muster, das hier entsteht, das der *ungleichen Entwicklung*, und zwar nicht in einem allgemeinen Sinn, sondern als Ergebnis der widersprüchlichen Dynamik, die die Produktion des Raums bestimmt. Ungleiche Entwicklung ist der konkrete Ausdruck der Produktion des Raums im Kapitalismus[12].

Übersetzung: Thomas Bürk

---

11 In Bezug auf städtischen Raum hat Webber (1964) von einem Angleichungsprozess gesprochen – dem setzt Harvey (1975) die Differenzierungen des städtischen Raums entgegen. In Bezug auf regionale Entwicklung hat Fox (1978) sich für die Konvergenz-These stark gemacht – Holland (1976) vertritt die Divergenz-These. Auf der internationalen Ebene sieht Warren (1980) Konvergenz – während Amin (1976) wiederum von einer Verschärfung der Unterschiede ausgeht. Dies sind nur einige Beispiele. Zu jeder einzelnen Position wären weit mehr Literaturangaben möglich.

12 Anm. d. Hrsg.: In den beiden abschließenden Kapiteln wird die Theorie ungleicher Entwicklung als Dialektik von Differenzierung und Ausgleich weiter ausgearbeitet, die Diskussion der Produktion räumlicher Maßstabsebenen vertieft und schließlich eine „Wippen"-Theorie [*see-saw theory*] des Kapitalflusses durch die kapitalistisch produzierte, ungleiche Landschaft skizziert.

Edward Soja

Verräumlichungen: Marxistische Geographie und kritische Gesellschaftstheorie[1]

> Die Dialektik kommt wieder auf die Tagesordnung;
> aber es handelt sich nicht mehr um die Dialektik von
> Marx, die schon nicht mehr die Dialektik Hegels war.
> [...] Heute ist die Dialektik nicht mehr an die
> Geschichtlichkeit geknüpft, die geschichtliche Zeit,
> einen zeitlichen Mechanismus oder eine zeitliche
> Dynamik („These-Antithese-Synthese" oder „Affirma-
> tion-Negation-Negation der Negation"). [...] Die Er-
> kenntnis des Raumes – dessen, was dort geschieht,
> getan wird und sich seiner bedient – bringt die Dia-
> lektik wieder zu Ehren, denn *die Analyse enthüllt und
> offenbart die Widersprüche des Raumes.*
> (Lefebvre 1974b: 15ff)

Die Diskurse der Modernen Geographie und des Westlichen Marxismus haben nach ihrer Gründungsphase, rund um das *fin de siècle*, ihre Wege nur selten gekreuzt. Die Geographie isolierte sich selbst auf einer kleinen eigenen Insel und schuf Lagerhäu-ser voller Faktenwissen, das nur selten in die Öffentlichkeit drang. Der Marxismus schloss zur gleichen Zeit die geographische Imagination in den Höhen des Überbaus ein, um sich dem Sammeln der Überreste einiger ausrangierter und etwas verbliche-ner Erinnerungen zu widmen. Nur in Frankreich überstand ein lebhafter räumlicher Diskurs die Enträumlichungen der Jahrhundertmitte und hielt dort eine Debatte am Leben, von der es schien, als sei sie in anderen Marxismen vollständig verschwunden.

Doch in den frühen 1970er Jahren begann aus dem überraschenden Eindringen der Theorie und Methode des Westlichen Marxismus in das in sich gekehrte Ghetto der modernen anglophonen Geographie eine neue marxistische Geographie Form anzunehmen. Diese bildete einen lebhaften Teil einer im Entstehen befindlichen kritischen Humangeographie, die als Antwort auf den zunehmend präsumptiven und theoretisch verkürzten Positivismus der Analysen des geographischen Mainstreams entstand (Gregory 1978). Auch wenn diese neugeborene marxistische Geographie dazu tendierte nach innen gerichtet, wechselhaft in ihrer kritischen Haltung und wahrscheinlich aus diesem Grund außerhalb des Disziplindiskurses unbeachtet zu bleiben, erschütterte sie die Fundamente der Modernen Geographie und leitete eine Debatte ein, die letztlich weit über den Kokon der Disziplin hinaus ausstrahlte.

---

1 Anm. d. Hrsg.: Dieser Beitrag erschien 1989 als Kapitel 2 von Sojas Buch *Postmodern Geographies* (London) unter dem Titel *Spatializations: Marxist Geography and Critical Social Theory.*

Durch die 1970er Jahre hindurch blieb die Bedeutung marxistischer Geographie für den Westlichen Marxismus peripher, basierte die Beziehung doch fast ausschließlich auf einem einseitigen Fluss von Ideen, einer zunehmenden Marxifizierung geographischer Analyse und Erklärung. Nach 1980, als die Einflüsse und Ideen langsam in beide Richtungen zu fließen begannen, änderte sich die Reichweite der Begegnungen zwischen Moderner Geographie und Westlichem Marxismus. Nun, da wir uns dem nächsten *fin de siècle* nähern, beginnt eine breitere und intensivere Debatte über die angemessene Theoretisierung der Räumlichkeit des sozialen Lebens in die seit langem bestehenden Traditionen des Westlichen Marxismus einzudringen und diesen herauszufordern, während gleichzeitig in großem Maßstab ein Überdenken der konzeptionellen und institutionellen Rahmen der Modernen Geographie notwendig wird.

Einer der explizitesten und klarsten Ausdrücke dieser wachsenden kritischen Debatte war die Formulierung eines zutiefst verräumlichten Historischen Materialismus. David Harvey, seit Beginn an eine der herausragenden Figuren bei der Entstehung einer marxistischen Geographie, vertrat den Standpunkt: „Die historische Geographie des Kapitalismus muss dass Objekt unserer Überlegungen sein, ein historisch-geographischer Materialismus die Methode der Untersuchung" (Harvey 1985c: 144). Dieser historisch-geographische Materialismus beinhaltet weit mehr als das Aufspüren empirischer Fakten im Raum oder die Beschreibung räumlicher Beschränkungen und Begrenzungen sozialen Handels in der Zeit. Es ist ein eindringlicher Ruf nach einer radikalen Reformulierung kritischer Theorie als Ganzem, insbesondere des Westlichen Marxismus, und der vielen verschiedenen Arten, mit denen wir nicht nur auf Raum blicken, ihn konzeptionalisieren und interpretieren, sondern des ganzen Bereichs der fundamentalen Beziehungen zwischen Raum, Zeit und gesellschaftlichem Sein auf allen Abstraktionsebenen. Wie Lefebrvre im Eingangszitat dieses Aufsatzes vorschlägt, ist dies die Einladung die Dialektik auf einem anderen interpretativen Terrain wieder aufzunehmen.

Aber seit 1980 ist neben dem anfänglichen Rufen nach einem historischen und geographischen Materialismus noch etwas anderes aus dem Inneren der marxistischer Geographie heraus geschehen. Da wäre zunächst eine beispiellose Ausweitung der Debatte über die Theoretisierung von Raum und Zeit, Geographie und Geschichte, nicht nur in die Gesellschaftstheorie, sondern in ein weites Feld kritischer Diskurse in Kunst, Architektur, Literatur, Film, Populärkultur und aktueller Politik. Heute hat sich die Debatte weit über die Grenzen marxistischer Geographie ausgedehnt und eine Reihe kritischer Teilnehmer/innen in die Diskussion gezogen, die nicht länger in die konventionellen Schubladen, entweder „Geograph" oder „Marxist" zu sein, passen.

Zur gleichen Zeit wurde immer deutlicher, dass die Einflechtung von Raum in den historischen Materialismus und in die weiteren Rahmen kritischer Theorie nicht nur eine Frage der schrittweisen Adaption, der Einbettung einer neuen Variable oder eines neuen Modells in eine alte und unhinterfragte Großtheorie ist. Kritische Theorie und Westlicher Marxismus haben gegenüber der Räumlichkeit so lange geschwiegen, dass der Einbau einer theoretisch bedeutsamen räumlichen Dimension nicht möglich sein kann, ohne zahlreiche gut etablierte Annahmen und Ansätze zu zerstören; insbesondere solche, die tief im Primat der historischen gegenüber den geographischen Erklärungsmustern und Kritiken verwurzelt sind. In einer ähnlichen Weise ist die Moderne Geographie hinsichtlich der Konstruktion einer kritischen Gesellschaftstheorie so sehr nach innen gerichtet und abgekapselt gewesen, und so beschränkt in ihrer Definition von Historischer Geographie, dass diese ebenfalls unfähig war, sich der aktuellen Betonung von Raum ohne eine radikale Dekonstruktion und Rekonstitution anzupassen.

Im Ergebnis droht das verspätete Zusammentreffen zwischen Moderner Geographie und Westlichem Marxismus nun beide zu verändern. Es wird deswegen besonders wichtig, die Ursprünge und Entwicklungen Marxistischer Geographie nachzuzeichnen und sich entlang der wieder gefundenen Bahnen zu bewegen, die zu dem Ruf nach einem historeo-geographischen Materialismus und der postmodernen Explosion der kritischen Debatte über die Theoretisierung von Raum führten.

Wurzeln freilegen: Räumlichkeit in der Tradition des französischen Marxismus

Marxistische Geographie entstand in erster Linie in den anglophonen Ländern und aus den Turbulenzen der 1960er Jahre heraus, als nahezu jede sozialwissenschaftliche Disziplin neue linke Randzonen hervorzubringen schien. Die prägenden theoretischen Ansätze einer marxistischen Geographie jedoch waren überwiegend frankophon und reflektierten die besondere Zentralität, die Raum in der französischen intellektuellen Tradition des 20. Jahrhunderts wiedergewonnen hatte[2]. Teilweise kann diese be-

---

2 Ich spreche von wiedergewonnen, um das einzuschließen, was einige Beobachter/innen als ein „Austrocknen" einer Betonung des Räumlichen in Franreich im 19. Jahrhundert beschreiben. Gregory (1978: 38) schreibt: „In Frankreich spielte eine räumliche Dimension in Arbeiten zur politischen Ökonomie seit dem Ende des siebzehnten bis ins achtzehnte Jahrhundert eine beharrliche Rolle. Seit dem frühren achtzehnten Jahrhundert begann dies jedoch auseinanderzufallen." Dies, so Gregory, liege zumindest teilweise am Aufstieg einer an Ricardo orientierten politischen Ökonomie, und später des Positivismus vom Comte. Dies schuf eine „Lücke" zwischen einer frühen räumlichen politischen Ökonomie und der im zwanzigsten Jahrhundert daran anschließenden Erkenntnistheorie. Lücke oder nicht, entscheidend ist diese außergewöhnlich tiefe und kontinuierliche räumliche Tradition in Frankreich, insbesondere wenn man sie mit der Philosophie des deutschen Idealismus oder der britischen politischen Ökonomie vergleicht.

sondere Zentralität, insbesondere bei der Linken, mit der Geschichte des französischen Marxismus erklärt werden.

Marxismus entwickelte sich in Frankreich, verglichen mit Großbritannien, Deutschland oder den USA, relativ spät. Dies ist weitgehend dem mächtigen Erbe frühsozialistischen Denkens in Frankreich zugeschrieben worden, welches für die Linke bis weit ins 20. Jahrhundert weiterhin attraktive und indigene politische Alternativen bot (Kelly 1982; Post 1975). Als der französische Marxismus unter den verelendenden Bedingungen der Weltwirtschaftskrise der 1920er und 1930er Jahre anwuchs, wurde er von einer Reihe besonderer lokaler Umstände geformt. Zum Beispiel baute er auf einem Erbe von politischer Theorie und Gesellschaftstheorie auf, das von Saint Simon, Fourier und Proudhon bis zu den anarchistischen Geographen Kropotkin und Reclus eine sensible und beständige Betonung von Räumlichkeit und räumlich gebundenem Kommunalismus enthielt (Weaver 1984). Wenn auch nicht sehr explizit formuliert, kreisten die politischen Strategien der utopischen und idealistischen Sozialisten um die Notwendigkeit der sozialen Kontrolle über die Produktion von Raum, die es von einem sich ausdehnenden Kapitalismus und einem sich gleichermaßen ausdehnenden und instrumentalistischen kapitalistischen Staat zurück zu gewinnen gälte.

Der französische Marxismus wuchs weniger mit jener anti-räumlichen Befangenheit auf, die sich tief in die „fortgeschritteneren" nationalen Marxismen anderer westlicher Industrienationen eingeschrieben hatte. Viel von diesem anträumlichen Denken entstammt Marx' „doppelter Umkehrung" von Hegel, einer kritischen Wende zu der ich später in diesem Kapitel kommen werde. Mit der Erdung der Hegelschen Dialektik im materiellen Leben antwortet Marx nicht allein auf den Hegelschen Idealismus, er weist die vergeistigte Bewegung und Bestimmung der Geschichte und ebenso seine beschränkte räumliche Form, den territorial definierten Staat als den Antrieb der Geschichte zurück.

Die Hegelsche Dialektik „auf die Füße" zu stellen, war somit zweierlei: eine Absage an den Idealismus und eine Zurückweisung von territorialem oder räumlichem Fetischismus, einer Hermeneutik, in welcher Geschichte determiniert wurde durch ein angeborenes räumliches Bewusstsein – egal ob durch den Staat, kulturellen Nationalismus, Regionalismus oder lokalen Kommunalismus bestimmt. In der Marxschen Dialektik wurde die revolutionäre Zeit wiederhergestellt, deren treibende Kraft im Klassenbewusstsein und im Klassenkampf verwurzelt und von jeglichen räumlichen Mystifikationen befreit war. Die Marxschen Umkehrungen wurden um die Jahrhundertwende benutzt, um, selbst in Deutschland, hegelianische Einflüsse zurückzudrängen und ein theoretisch und politisch stark anträumliches Denken zu implantieren. Das frühe Anwachsen des Marxismus in Frankreich fiel mit einer großen Wiederentdeckung Hegels zusammen, einer Wiedereinsetzung, die eine weniger starke Zurückhaltung gegenüber der Räumlichkeit des sozialen Lebens mit sich brachte.

Es scheint eine überzeugende Grundlage für die Annahme zu geben, dass der französische Marxismus von Anfang an eher zu einer explizit räumlichen Perspektive und Theoretisierung geneigt gewesen ist, als dies Marxismen anderswo waren[3]. Während des gesamten 20. Jahrhunderts erhielt sich das kritische französische Denken, was auch immer die primäre Ursache gewesen sein mag, einen anhaltenden räumlichen Diskurs – vom Kubismus und den Surrealist/inn/en, über die gegabelten Strömungen von Althussers Strukturalismus und Sartres Existenzialismus zu den aktuellen poststrukturalistischen und postmodernen Debatten. Aber diese lebhafte geographische Imagination überschritt nur selten die Sprachbarrieren, selbst unter jenen, die sich am stärksten auf die kritische Tradition in Frankreich bezogen.

Es ist so keine Überraschung, dass die besonderen französischen Debatten über die Theoretisierung von Raum selten in die historizistischeren Panzerungen anderer, nicht-romanischer Marxismen eindrangen, und sie werden in angloamerikanischen Arbeiten über die Geschichte des französischen Marxismus häufig völlig weggelassen. Diese verborgene Geschichte der Verräumlichung wird am klarsten illustriert und zurück in den Blick gebracht, wenn man sich die Karriere von Henri Lefebvre vergegenwärtigt, dessen Leben von einem *fin des siècle* (sein Geburtsdatum wird meist mit 1901 angegeben) fast bis zum nächsten reicht. Lefebvre war vielleicht die einflussreichste Figur, die den Weg und den Charakter französischer marxistischer Theorie und Philosophie von den frühen 1930er bis mindestens den späten 1950er Jahren geprägt hat. Er wurde, nach den 1950er Jahren, der führende Raumtheoretiker im Westlichen Marxismus und der energischste Verfechter einer Wiederbeachtung von Raum in der kritischen Gesellschaftstheorie. Erst in den achtziger Jahren begannen seine bemerkenswerten Leistungen in der geschichtszentrierten marxistischen Kultur der anglophonen Welt voll erkannt und gewürdigt zu werden

Hegelianische Einflüsse spielen eine zentrale Rolle in Lefebvres frühem Marxismus. Mit seinem Kollegen Norbert Guterman veröffentlichte Lefebvre die erste französische Übersetzung von Schlüsselstellen von Marx' *Ökonomisch-Philosophischen Manuskripten von 1844* und brachte in einer Reihe von Anthologien mit ausführlichen Anmerkungen und Kommentaren zahlreiche weitere Werke von Marx und Engels, wie auch Lenins *Philosophische Notizbücher* dem französischen Publikum

---

3 Mit Ausnahme vielleicht des Italienischen Marxismus. Es mag einen gewissen Grund zur Behauptung einer breiteren romanischen Tradition von Räumlichkeit geben, aber ich bin nicht darauf vorbereitet diese Behauptung hier anders auszuführen, als auf die wichtige Rolle hinzuweisen, die Antonio Gramsci für die Entwicklung eines historisch-geographischen Materialismus spielte. Bei Gramsci spielt Raum eine größere Rolle als bei anderen Gründungsvätern des Westlichen Marxismus wie Karl Korsch, Ernst Bloch und Georg Lukacs. Ausführlicher gehe ich auch Gramscis Geographie in dem Aufsatz *The Socio-spatial Dialectic* (Soja 1989, Kap. 3) ein.

näher. Letzteres war Lenins kritische Würdigung von Hegel, und Lefebvres Übersetzung trug sichtbar zum Hegel-Revival bei[4].

In seinen eigenen Arbeiten zum Verhältnis Hegel-Marx suchte Lefebvre danach
am Strang eines „objektiven Idealismus" innerhalb der materialistischen Dialektik
festzuhalten, und dazu zu ermuntern, Widersprüchen im Denken und Bewusstsein
ebensolche Aufmerksamkeit zu schenken wie der materiellen Basis von Widersprüchen in der konkreten Realität und Geschichte. *La Conscience mystifieé*, der Titel
einer seiner frühesten Arbeiten, begründet eines der hartnäckigsten Themen für
Lefebvre und viele andere französische Marxisten[5]. Lefebvre nimmt Marx' These von
dem Primat des materiellen Lebens für die Produktion von bewusstem Denken und
Handeln, dass also das soziale Sein das Bewusstsein schafft und nicht andersrum,
explizit an, aber er weigert sich Denken und Bewusstsein auf eine determinierte Randnotiz oder mechanische Ideation zu reduzieren. Diese Ideen entstanden aus Lefebvres
Anlehnung an die französischen Surrealist/inn/en und seinem frühen Existenzialismus. So kamen sie einem französischen Gegenstück zur Frankfurter Schule näher als
irgendwelche anderen in der Zwischenkriegszeit.

In einer Weise, die seine Arbeit für mehr als fünfzig Jahre charakterisieren wird,
nahm Lefebvre einen Standpunkt gegen einen dogmatischen Reduktionismus in der
Interpretation von Marx an. Stattdessen sprach er sich für einen beweglichen, offenen und behutsam eklektizistischen Marxismus aus, der in der Lage sei, sich ohne
vorgefasste Verkürzungen zu entwickeln. Sein Anti-Reduktionismus macht ihn durch
seinen weit verbreiteten und übersetzten Text *Le Matérialisme dialectique* (Lefebvre
1967), erstmals 1939 veröffentlicht und eine der meistgelesenen Einführungen in den
Marxismus überhaupt, zu einem der einflussreichsten frühen Kritiker des stalinisti-
schen Ökonomismus. Später werden sowohl der Existenzialismus als auch der Strukturalismus (Lefebvre 1971a) Ziel von Lefebvres beißender Kritik an den Gefahren
reduzierender „Totalisierungen" beim frühen Sartre und aufstrebenden Althusser.

---

4 Wie Jay (1984: 293) bemerkt, stammt Lefebvres erster Kontakt mit Hegel von seiner frühen
   Beteiligung bei den Surrealist/inn/en und dem Kontakt mit einer ihrer zentralen Figuren,
   André Breton. In seinem autobiographischen Buch *Le Temps des méprises* (1975: 49) be-
   schreibt Lefebvre eine Begegnung mit Breton 1924: „Er zeigte mir ein Buch auf seinem
   Tisch, Veras Übersetzung von Hegels *Logik*, eine sehr schlechte Übersetzung, und sagte
   etwas Verächtliches wie: 'Das hast du noch nicht gelesen?' Ein paar Tage später begann ich
   Hegel zu lesen, der mich zu Marx führte."

5 Lefebvre/Guterman (1936). Das Hauptargument dieser Arbeit war dass alle Formen von Bewusstsein, individuellem und kollektivem, unter dem Kapitalismus manipuliert werden, um die
   fundamentalen Mechanismen der Mehrwerterzielung und -akkumulation zu verschleiern. Das
   bedeutete, dass die Arbeiterklasse selbst sich wahrscheinlich ihrer eigenen Ausbeutung unbewusst war und sie zumindest solange, bis sie entdeckt, wie der Schleier dieser instrumentellen
   Mystifikation gelüftet werden kann, in einem ähnlich mystifizierten Bewusstsein gefangen bleibt.

In seinem Bemühen die relationalen Widersprüche von Denken und Sein, Bewusstsein und materiellem Leben, Basis und Überbau dialektisch zu kombinieren, stand Lefebvre nicht allein da. Aber er war der erste, der diese reformulierte Dialektik anwandte, um die Stärken existentieller Phänomenologie und althusserianischem Strukturalismus, in denen er kreative Möglichkeiten sah den Marxismus weiterzuentwickeln (gleichzeitig aber auch ihre restriktive theoretische Rigidität zurückwies), zu kombinieren und deren Schwächen zu überwinden. In den letzten dreißig Jahren hat Lefebvre bei seinem beharrlichen Versuch, die marxistische Theorie und Praxis neu zu kontextualisieren, diese Bewegungen selektiv angezapft. In dieser Neukontextualisierung lassen sich viele der unmittelbaren Quellen einer materialistischen Interpretation von Räumlichkeit und damit der Entwicklung einer marxistischen Geographie und eines historisch-geographischen Materialismus entdecken.

Lefebvres Theoretisierung von Raum, die sich in unzähligen veröffentlichten Arbeiten findet, welche sich mit fast allen Aspekten von Gesellschaftstheorie und Philosophie befassen, ist nicht leicht zusammenzufassen. Sucht man nach den Wurzeln von Lefebvres Interesse an Räumlichkeit, so weist dieser auf den Einfluss seines okzitanischen Geburtsorts und seine häufige Rückkehr nach Hause hin, wo er die massiven Veränderungen untersuchte, die auf dem Land und im ländlichen Leben unter den Bedingungen einer staatlichen Raumplanung stattfinden[6]. Seine expliziteren Arbeiten jedoch entwickeln sich durch eine Reihe von, wie er sagt, „Annäherungen" an eine zentrale These. Dieser eher unsichere und rutschige Weg scheint viele seiner Anhänger/innen und Kritiker/innen in gleichem Maße verwirrt zu haben.

Die erste Annäherung nahm die Form einer *Critique de la vie quotidienne*, einer Kritik des Alltagslebens in der modernen Welt an (Lefebvre 1946, 1961, 1968a), einer Erweiterung seines Arguments in *La Conscience mystifiée* (und ein Vorbild für Braudels

---

6 Eine Antwort auf die Frage, wie er sein Interesse für Raum entwickelte, findet sich in *Les Temps de mépris* (1975). Besonders einflussreich war der Bau der neuen Stadt Lacq-Mourenx und das, was er „die Entstehung einer neuen sozialen und politischen Praxis" nannte, die in Zusammenhang mit der Schaffung des DATAR (Délégation à l'Aménagement du Territoire et à l'Action Régionale) stand. Ein kürzlich übersetztes Interview mit Lefebvre (Burgel u.a. 1987) macht dies noch einmal deutlich: „Der Ausgangspunkt für mich war die Arbeit von DATAR. [...] Etwas neues geschah dort, eine neue Idee von Raumplanung und Praxis war entstanden. [...] Immerhin stellte der Bau neuer Städte und die Sanierung bestehender einen neuen Ansatz dar, verglichen mit klassischen Beschreibungen urbaner Phänomene. Der Anstoß kam also weder von der Philosophie noch der Soziologie, auch wenn diese implizit da waren, und war auch nicht geschichtlich oder geographisch. Vielmehr war es die Entstehung neuer sozialer und politischer Praktiken. DATAR zielte darauf, Frankreich von einer fragwürdigen, manchmal katastrophalen, Perspektive her zu reorganisieren. [...] Es war sicherlich ein ursprünglich französisches Phänomen. Ich weiß von nicht vielen Ländern, die über das Stadium der finanziellen Planung hinaus tatsächlich ihren Raum geplant haben." (ebd.: 28)

Arbeiten zu den Strukturen des Alltagslebens und der *mentalité*). Lefebvre richtet sein Interesse auf die zentralen Eigenschaften des modernisierten Kapitalismus, der sich um die Jahrhundertwende in dem herausbildet, was er „bürokratische Gesellschaft des kontrollierten Konsums" nennt, die durch die Choreographie des kapitalistischen Staates – letztlich ein instrumentalisiertes „räumliches Planen", dass zunehmend in die wiederkehrenden Praktiken des Alltagslebens eindringt – inszeniert wird. Wenn Lefebvre heute überhaupt von Westlichen Marxist/inn/en wahrgenommen wird, dann wegen dieser ersten Annäherung.

Zu der Zeit, als seine Trilogie des Alltagslebens abgeschlossen wurde, hatte Lefebvre bereits begonnen seine Arbeit um Themen wie den Kampf um das *Recht auf die Stadt (Le Droit à la ville*, 1968b), die Urbanisierung des Bewusstsein und das Maß, in dem die Transformation des Kapitalismus eine dazugehörige „urbane Revolution" erfordert, herum umzuordnen. Verflochten mit diesen urbanen Annäherungen war eine Erforschung des „Repetitiven gegenüber dem Differenten", eine Erforschung der homogenisierenden Effekte des Kapitalismus, seine Fähigkeit zur Auslöschung von Differenzen, oder wie zeitgenössische Autoren es nennen würden, zu *différance* (Lefebvre 1970).

Wie Lefebvre kontinuierlich deutlich zu machen versuchte, erstrecken sich seine Begriffe von „urban" und „urbanem Leben" weit über die direkten Grenzen der Städte hinaus. Urbanisierung war eine zusammenfassende Metapher für die *Verräumlichungen* der Moderne und der strategischen „Planung" des Alltagslebens, die es dem Kapitalismus erlaubt haben zu überleben und seine grundlegenden Produktionsverhältnisse erfolgreich zu reproduzieren. Nach dem Rückblick auf Marx' Schriften zur Stadt (Lefebvre 1972b) begann Lefebvre seine zentralen These über Räumlichkeit und die soziale Reproduktion in *La Survie du capitalism* (Lefebvre 1973; dt. 1974b) und seinem Meisterwerk *La Production de l'espace* (Lefebvre 1974a) deutlicher zu akzentuieren. Das Überleben des Kapitalismus, so Lefebvre, basiert auf der Schaffung einer zunehmend umfassenden, instrumentellen und sozial mystifizierten Räumlichkeit, die dem kritischen Blick durch einen dichten Schleier von Illusion und Ideologie verborgen bleibt. Was den räumlichen Schleier des Kapitalismus von den räumlichen Charakteren anderer Produktionsweisen unterschied, war seine besondere Produktion und Reproduktion von geographisch ungleicher Entwicklung mittels der gleichzeitigen Tendenzen zunehmender Homogenisierung, Fragmentierung und Hierarchisierung – ein Argument, das in vielerlei Hinsicht Foucaults Diskurs über Heterotopien und der instrumentellen Verknüpfung von Raum, Wissen und Macht ähnelt. „In diesem dialektisch gewordenen (konfliktträchtigen) Raum vollzieht sich die Reproduktion der Produktionsverhältnisse. Und dieser Raum ist es, der die Reproduktion produziert, indem er vielfache Widersprüche in sie einbringt" (Lefebvre 1974b: 21f) – Widersprüche, die analytisch und dialektisch enthüllt werden müssen, damit es uns möglich ist zu sehen, was hinter diesem räumlichen Schleier verborgen ist.

Dies war die eindringlichste theoretische und politische Behauptung der Relevanz von Räumlichkeit und dem Bestehen einer intrinsisch räumlichen Problematik in der Geschichte des Kapitalismus, die je im Westlichen Marxismus gemacht wurde. Und sie war dazu verdammt von den meisten Marxist/inn/en entweder ignoriert oder missverstanden zu werden, da sie eine niederschmetternde Kritik der Orthodoxien marxistischen Denkens und allem voran seinem hegemonialen Historizismus darstellte. Kelly (1982) und Hirsch (1981) erwähnen die Schriften Lefebvres über das städtische Leben und seinen *spatial turn* in ihren Arbeiten zur Geschichte des französischen Marxismus gar nicht. Poster (1975) bezieht sich nur kurz, einigermaßen verwirrt und im Zusammenhang mit den Ereignissen vom Mai 1968 – die in Nanterre begannen, wo Lefebvre lehrte – auf Lefebvres „neue Praxis" des städtischen Lebens[7]. Selbst heute listet die ausführlichste Aufarbeitung von Lefebvres Arbeiten, die sich in englischer Sprache findet (Saunders 1986), die zentrale Arbeit *La Production de l'espace* und seine jüngeren Arbeiten über den Staat und die Weltwirtschaft in der Bibliographie nicht auf (Lefebvre 1976-78, 1980). Schlimmer noch, Saunders Missverstehen von Lefebvres „ungezwungenem" und „spekulativen" Stil bringt ihn dazu, sich für einen Verzicht auf einen räumlichen Akzent in der anglophonen Stadtsoziologie auszusprechen.

Nichtsdestotrotz entwickelten sich ab den frühen 1970er Jahren die Begegnungen zwischen Moderner Geographie und Westlichem Marxismus, wie auch die Formierung und Reformierung einer marxistischen Geographie in Richtung der rekonfigurierten Dialektik, die Lefebvre im Eingangszitat dieses Aufsatzes beschreibt. Es ist eine zunehmend verräumlichte Dialektik, eine beharrliche Forderung nach einem fundamentalen Wandel der Art und Weise, wie wir über Raum, Zeit und Sein nachdenken; über Geographie, Geschichte und Gesellschaft; über die Produktion von Raum, das Machen von Geschichte und die Konstitution sozialer Beziehungen und praktischen Bewusstseins. Lefebvres „Behauptung" ist der Schlüsselmoment in der Entwicklung eines historisch-geographischen Materialismus, und wir werden im Weiteren immer wieder darauf zurückkommen.

Die Erste Kritik: Marx der Modernen Geographie beifügen

Der anglophone Beitrag zu einer marxistischen Geographie hängt in erster Linie mit der Wiederverbindung von räumlicher Form und sozialem Prozess zusammen. Dies stellt einen Versuch dar, die empirischen Auswirkungen geographisch ungleicher Ent-

---

7 Nach dem Ende der Aufstände in Paris 1968, die viele als einen politischen Test von Lefebvres Ideen angesehen hatten, begannen sogar einige seiner engsten Anhänger/innen ihn zu verlassen, um auf einen der beiden großen Züge des französischen Marxismus aufzuspringen, Altussers Strukturalismus und Sartres Existenzialismus. Bemerkenswerterweise war es diese Lefebvre-du-hast-uns-hängen-lassen Stimmung nach 1968, die Lefebvres Übersetzung in die Texte anglophoner Marxist/inn/en bestimmte (z.B. Castells 1977).

wicklung (was Geograph/inn/en unschuldig *areal differentiation* nannten) durch die sie hervorbringenden Ursachen in den Grundstrukturen, Praktiken und Verhältnissen zu erklären, die das gesellschaftliche Leben konstituieren. Diese Wiederverbindung wurde im Prinzip in den späten 1950er Jahren begonnen, als die sogenannte „quantitativ-theoretische Revolution" aus dem introvertierten und praktisch a-theoretischen Kokon der Modernen Geographie heraus entsprang. Diese zunehmend technische und mathematisierte Version geographischer Beschreibung unterschied sich nur oberflächlich von der neokantianischen Tradition, die dabei geholfen hatte, die Abschottung der Geographie von der Geschichte, den Sozialwissenschaften und dem Westlichen Marxismus zu rechtfertigen. Erklärungen begründeten sich primär in Sozialphysik, statistischer Ökologie und beschränkten Berufungen auf die allgegenwärtige „Reibung der Distanz"[8]. Aber nachdem alles gesagt und getan war, wurden Ergebnisse weiterhin in einer unendlichen Regression von Geographien über Geographien durch andere Ergebnisse erklärt und wurde eine Reihe abbildbarer Variablen durch eine andere mit Verweis auf die statistische Anpassungsgüte „erklärt". Diese positivistische Haltung, auch wenn sie ansatzweise durch „verhaltenstheoretische" Ansätze und phänomenologische Feinjustierungen humanisiert wurde, legitimierte lediglich die Fixierung der Modernen Geographie auf empirische Erscheinungen und verwickelte Beschreibungen.

Aber ein Bruch tat sich auf, als sich anglophone Geograph/inn/en gemeinsam ihrer Isolation bewusst wurden und nach neuen Verbindungen außerhalb ihres alten Kokons zu suchen begannen. In den 1960er Jahren fanden sich überall, insbesondere in den USA, *space invaders*, theoretisch orientierte Geograph/inn/en, die in alle Disziplinen wanderten, die sie finden konnten, von mathematischer Topologie und analytischer Philosophie, zu neoklassischer Ökonomie und kognitiver Psychologie. Die Welt außerhalb veränderte sich jedoch schnell. Städte, Regionen und Staaten wurden von Konflikten, Krisen und den Anfängen einer umfassenden Restrukturierung zunehmend durchlöchert. Die universitäre Umgebung wurde stärker politisiert – und progressiver – als sie in Nordamerika und Großbritannien für lange Zeit gewesen war. Der theoretische Diskurs hatte angefangen sich sichtbar gegen Positivismus und in Richtung kritischer Diskurse zu wenden, die aus den stattlichen Gebäuden der kontinentaleuropäischen Sozialtheorie übernommen wurden.

In diesem Kontext des Wandels begannen Teile der Modernen Geographie ebenfalls sich zu radikalisieren, angeführt von den Autor/inn/en der neuen Zeitschrift *Antipode* und inspiriert von einer Reihe von Linksschwenks einiger der prominentesten angloamerikanischen Geograph/inn/en der Zeit. David Harveys dramatischer Wechsel

---

8 Anm. d. Ü.: *friction of distance*, in allgemeinster Form: „Die Reibungs- oder Hemmwirkung der Distanz auf alle Formen menschlicher Interaktion (inklusive Migration, Tourist/inn/enströme, Güterbewegungen und Informationsweitergabe)"; Johnston, R.J.; Derek Gregory & David M. Smith (1994): *Dictionary of Human Geography*. Oxford: 207.

von einem positivistischen Ökumenizismus in *Explanation in Geography* (Harvey 1969) zu dem explizit marxistischen *Social Justice and the City* (Harvey 1973) war besonders wegweisend und einflussreich, insbesondere für die Generation junger Geograph/inn/en, denen kurz vorher von ihren Professor/inn/en beigebracht wurde, Harveys Arbeiten genaue Beachtung zu schenken. Die Moderne Geographie sollte nach Harveys provokativer Neuausrichtung nie wieder die alte sein.

Wenn auch zunächst heterogen, bewegte sich die linke Geographie recht schnell in Richtung einer dezidierten Marxifizierung geographischer Analysen, wieder angeführt von David Harvey. Historischer Materialismus wurde zum bevorzugten Weg räumliche Form mit sozialen Prozessen zu verbinden und dadurch Humangeographie mit Klassenanalyse und die Beschreibung geographischer Erscheinungen mit den von Marx' Politischer Ökonomie bereitgestellten Erklärungen. Schrittweise wurden die bekannten Themenfelder der Modernen Geographie einer marxistischen Analyse und Interpretation unterworfen: die Muster der Bodenrente und Landnutzung, die vielfältigen Formen gebauter Umwelt, die Standorte von Industrie und Transportwegen, die Entwicklung der städtischen Form und die Ökologie der Urbanisierung, die funktionale Hierarchie von Siedlungen, das Mosaik ungleicher regionaler Entwicklung, die Ausbreitung von Innovationen, die Beschwörung kognitiver oder „mentaler" Karten, die Ungleichheiten des Reichtums der Nationen, die Formation und Transformation der geographischen Landschaften vom Lokalen zum Globalen.

Dieser neue Ansatz geographischer Erklärung hatte mehrere wichtige Eigenschaften und Merkmale. Im Kern stand eine Kritik der politischen Ökonomie, die in erster Linie auf Marx' *Kapital* und gelegentlichen Bezügen auf die *Grundrisse* und spätere Imperialismustheorien basierte. Aber neben diesen Quellen bestanden drei zeitgenössische Variationen, die oftmals unübersichtlich vermischt wurden: 1) Eine hauptsächlich im britischen Marxismus bestehende Tradition, die wahrscheinlich historizistischer als andere war und spekulativem Theoretisieren abgeneigt gegenüberstand. Sie war eng mit pragmatischer und empirischer Analyse verbunden. 2) Ein waghalsiger, wahrscheinlich in erster Linie in der Neuen Welt lokalisierter „Neo-Marxismus", der dem Glauben entsprang, es sei nötig Marxsche Grundsätze zu aktualisieren, und der sich auf eine Reihe unkonventioneller Erkenntnisquellen bezog. 3) Eine abebbende aber immer noch einflussreiche Tradition des französischen Marxismus, der in eine Reihe von Strömungen (Strukturalist/inn/en, Existentialist/inn/en und verschiedene Variationen dieser) zerfiel, die mit den historizistischen Ansätzen nahezu unvereinbar schienen, aber für den Neo-Marxismus in verführerischer Weise inspirierend waren.

Die strukturalistische „Lesart" war für die marxistische Geographie besonders attraktiv, da sie scheinbar eine konsequente Begründung dafür lieferte, unter der oberflächlichen Erscheinung der Phänomene (räumliche Ergebnisse) in den strukturierten und strukturierenden sozialen Produktionsverhältnissen nach den zugrunde liegenden Wurzeln zu suchen. Dies passte perfekt zu dem sich herausbildenden Projekt und der Logik die geographische Analyse zu marxifizieren. Strukturalismus, insbesondere in der alterhusserianischen Variante, war massiv anti-positivistisch; er bot eine probate Folie gegen den theoretischen Humanismus, auf dem andere verhaltenstheoretische und phänomenologische Kritiken der positivistischen Geographie basierten, und die oft eine dezidiert anti-marxistische Position einnahmen; und er öffnete das Feld des Überbaus, das vieles von dem zu enthalten schien, wonach Geograph/inn/en suchten. Fügt man zu diesem noch die Angriffe des Strukturalismus gegen den Historizismus und die strukturalistische Begeisterung für räumliche Metaphern bei, dann wird es leichter dessen große Anziehungskraft auf marxistische Geograph/inn/en zu verstehen. Der Geographie wurde ein verlockender Pfad geboten, den Mainstream kritischer Debatten des Westlichen Marxismus zu betreten, statt auf ewig im umliegenden Gestrüpp zu verharren. Die anderen möglichen Wege – existentialistische Phänomenologie oder die Kritische Theorie der Frankfurter Schule – waren nicht annähernd so attraktiv, und konventionellere Ansätze hatten Geograph/inn/en den Zutritt schon vor langer Zeit verwert. Auch wenn es selten explizit gemacht wird, so zog sich eine strukturalistische Epistemologie der einen oder anderen Sorte (Harvey zum Beispiel folgt in *Social Justice and the City* eher Piaget als Althusser) fast unterbewusst durch die frühe Entwicklungsphase einer marxistischen Geographie[9].

Zwei Analysemaßstäbe und Erklärungsebenen dominierten die erste Verbindung marxistischer politischer Ökonomie mit einer kritischen Humangeographie: die spezifisch städtische und die expansive internationale. Die Geographien der Stadt und der internationalen Entwicklung wurden als strukturelle Ergebnisse gegenläufiger Strategien kapitalistischer Akkumulation und Klassenkämpfe betrachtet, als Resultat grundlegender und konflikthafter sozialer Prozesse, welche die Produktion von Raum auf jeder geographischen Maßstabsebene formen.

Marxistische Geograph/inn/en trugen sichtbar und maßgeblich zur Formierung einer explizit städtischen politischen Ökonomie bei. Diese basierte in erster Linie auf 1) David Harveys zunehmend formalisierter Marxifizierung der „städtischen Prozesse im Kapitalismus"; 2) Manuel Castells' monumentaler Adaptierung von Althusser, Lefebvre, Alain Touraine (der französische Soziologe und Theoretiker der „Sozialen Bewegungen") und der neuen Schule einer marxistischen Stadtforschung in Frankreich; und 3) die konstruktiven Reaktionen auf Harvey und Castells, die von linken

---

9 Ich behaupte nicht, dass die frühe marxistische Geographie ausschließlich strukturalistisch gewesen sei, oder dass es kein Wissen um die mit der rigiden Anwendung der althusserianischen Doktrin verbundenen interpretativen und politischen Probleme gab. Unglücklicherweise sahen die neuen „humanistischen" Geograph/inn/en, wenn diese auf die marxistische Geographie schauten, nur strukturalistische Marxisten und warfen diesen zufrieden ihre angeblich unbewusste Ausschaltung des bewussten menschlichen Akteurs vor, ohne zu sehen, dass viele marxistische Geograph/inn/en diese Probleme längst erkannt hatten (vgl. Duncan/Ley 1982)

Politökonom/inn/en, Geograph/inn/en und Stadtsoziolog/inn/en in Großbritannien und Nordamerika ausgingen[10]. Die Räumlichkeit des Urbanen, die Interaktion zwischen sozialen Prozessen und räumlicher Form und die Möglichkeit der Bildung einer sozial-räumlichen Dialektik waren von Anfang an Schlüsselthemen der Debatte, und sie bleiben für die aktuelle marxistische Stadtforschung wichtig.

In einem zunächst fast vollständig davon getrennten Umfeld brachte die Analyse von globaleren Mustern geographisch ungleicher Entwicklung, besonders in Bezug auf die Unterentwicklung und Abhängigkeit der Dritten Welt, eine weitere, zunehmend räumlich argumentierende politische Ökonomie der internationalen Arbeitsteilung und des kapitalistischen „Weltsystems" von Zentrum und Peripherie hervor. Unter den einflussreichsten Vertreter/inne/n dieser neo-marxistischen politischen Ökonomie (zum Beispiel André Gunder Frank, Immanuel Wallerstein, Samir Amin, Arghiri Emmanuel und die innovative Gruppe lateinamerikanischer „Strukturalist/inn/en", wie sie genannt wurden) befanden sich nur sehr wenige marxistische Geograph/inn/en. Auch wenn die kritischen Debatten sich um die räumlichen Strukturen der internationalen Arbeitsteilung drehten, um das also, was ein offensichtlich weltweiter Prozess geographisch ungleicher Entwicklung im Kapitalismus war, so wurde die Notwendigkeit, die fundamentale Räumlichkeit kapitalistischer Entwicklung auf einer globalen Maßstabsebene neu zu denken, kaum erkannt. Wenn diese Notwendigkeit angesprochen wurde, so hatte dies nur geringe Auswirkungen. Die grundlegende und direkte Räumlichkeit von städtischem Leben war kaum zu ignorieren (wenn auch nicht immer leicht zu akzeptieren und zu verstehen), aber die Idee, dass die kapitalistische Weltwirtschaft ebenso grundlegend räumlich, also das Produkt eines ähnlichen Verräumlichungsprozesses auf einer anderen, weniger direkten Ebene war, schien in den 1960er und 1970er Jahren wenig überzeugend[11].

---

10 *Antipode* war die wichtigste Zeitschrift kritischer geographischer Forschungen bezüglich der neuen städtischen politischen Ökonomie und verfügte in den 1970er Jahren über die höchsten Auflagen aller neuen linken Zeitschriften in den Sozialwissenschaften. Ebenso wichtig für marxistische Stadtforschung, mit einer stärker soziologischen Ausrichtung, war das 1977 in Großbritannien gegründete *International Journal of Urban and Regional Research*. Nachdem *Antipode* einige Jahre an der *Graduate School of Geography* an der *Clark University* angesiedelt war (die erste Ausgabe erschien 1969), wird die Zeitschrift nun in Oxford von Blackwell herausgegeben. Als einen guten Überblick über „The Best of Antipode 1969-85" sei auf die Doppelausgabe 2/3 von 1985 hingewiesen, die letze, die unter der Redaktion von Richard Peet in den USA herausgegeben wurde (siehe auch Peet 1977).

11 Meine eigene Verbindung mit marxistischer Geographie entstand aus dem Versuch auf die Kritik an meiner frühen Arbeit über die „Geographie der Modernisierung" in Afrika (Soja 1968; 1979; Soja/Tobin 1974; Soja/Weaver 1976) zu antworten. Nachdem ich die Quelle der Kritik ausgemacht hatte, glaubte ich eine radikale Reformulierung dessen, was später „Entwicklungsgeographie" genannt werden sollte, zu vollziehen. Eine Übersicht dieser ersten Ansätze finden sich in Soja 1989, Kap. 4.

Die neue politische Ökonomie der Urbanisierung und der internationalen Entwicklung zog viele Anhänger/innen aus der Geographie und den benachbarten Feldern von Stadt- und Raumplanung an[12]. Aber es dauerte nicht lange bis die brisante Mischung von Perspektiven, die diese politischen Ökonomien geformt hatte, ernste epistemologische Probleme aufwarf, insbesondere in Bezug auf die Theorie von Raum und Räumlichkeit. Die marxistische Geographie schaukelte unsicher zwischen den Extremen eines pragmatischen und anti-spekulativen Historizismus (der explizit „geographische" Erklärungen von Geschichte und dessen zurückwies, was vielen als eine unannehmbare Betonung von Konsumption und Tauschverhältnissen statt Produktionsverhältnissen sahen) und einem neo-marxistischen Strukturalismus (der, wie es scheint, allzu leicht Determinismen hervorbringt, politisch bewusste Subjekte auslöscht und den theoretische Vorrang geschichtlicher Erklärung abweist) hin und her.

Marx der Modernen Geographie beizufügen schien ein wichtiges und ehrenwertes Projekt zu sein, man könnte sogar die größeren epistemologischen Konflikte beiseite lassen. Aber einige Geograph/inn/en begannen in andere Richtungen zu blicken, bemüht, den historischen Materialismus zu „verräumlichen" und, wenn auch vorläufig, eine kritische Humangeographie in das interpretative Zentrum des Westlichen Marxismus zu stellen. Dies war ein gänzlich anderes Unterfangen. Inmitten großer Verwirrungen begann sich eine zweite Phase marxistischer Geographie zu entwickeln – und sie ist immer noch dabei sich zu sortieren.

Die Provokative Umkehrung:
Dem Westlichen Marxismus eine Geographie beifügen

Zum Ende der 1970er Jahre hatte sich eine lebhafte Debatte innerhalb der marxistischen Geographie über den Unterschied, den Raum für die materialistische Interpretation von Geschichte, die Kritik kapitalistischer Entwicklung und sozialistische

---

12 Es ist zunehmend schwierig zwischen einer kritischen Planungstheorie und den Diskussionen um die Praktiken von Regional- und Stadtplanung, die dem Zusammentreffen von Moderner Geographie und Westlichem Marxismus über das Verständnis von Raum entstammen, zu unterscheiden. Die anglophone Tradition der Planung blieb durch das ganze Jahrhundert hindurch einer der wichtigsten Orte für den Erhalt praktischer geographischer Analysen, kritischer Raumtheorie und geographischer Imagination. Ohne ihre eigene disziplinäre Nische in der modernen akademischen Arbeitsteilung verband die Stadt- und Regionalplanung flexibel die verschiedenen Traditionen und Ansätze. Damit bot sie, wenn dies nicht durch die eigenen inneren Orthodoxien eingeschränkt wurde, eine attraktive Umgebung für diejenigen, die sich um interdisziplinäre Ansätze bemühten. Seit den 1960er Jahren wurde eine wachsende Zahl marxistischer Geograph/inn/en und Raumtheoretiker/innen direkt in die Stadt- und Raumplanung eingezogen und untersuchte so die staatlich geförderte Produktion von Raum aus dem akademischen Bauch der Bestie heraus.

Politik macht, entwickelt. Die Diskussion sprang hin und her zwischen jenen, die eine flexiblere und dynamischere Beziehung zwischen Raum und Gesellschaft annahmen (Soja/Hadjimichalis 1979; Soja 1980; Peet 1981) und denen, die in diesem Unternehmen eine theoretische „Degeneration", einen unruhigen „radikalen Eklektizismus", einen politisch gefährlichen und spaltenden räumlichen „Separatismus" oder „Fetischismus" sahen, der mit der Klassenanalyse und dem historischen Materialismus unvereinbar war (J. Anderson 1980; Eliot Hurst 1980; Smith 1979; 1980; 1981). Für manch sympathisierende/n Beobachter/in zerstörte sich die marxistische Geographie von innen heraus selbst, was einen fragen ließ „warum Geograph/inn/en keine Marxist/inn/en sein können" (Eyles 1981), und einen anderen zu einer Klage darüber brachte, was er als die irrationale Aufgabe räumlicher Erklärung bei geographischen Analysen ansah (Gregory 1981).

Eine wachsende Bewegung innerhalb der marxistischen Geographie und der Stadt- und Regionalforschung schien davon auszugehen, dass Raum und Räumlichkeit nur als ein reflexiver Ausdruck, ein Produkt der grundlegenderen sozialen Produktionsverhältnisse und der a-räumlichen (aber nichtsdestotrotz historischen) „Bewegungsgesetze" des Kapitals, zu verstehen waren (Walker 1978; Massay 1978; Markusen 1978). Die Geographie des Kapitalismus schien ein würdiges Thema und die Geographie ungleicher Entwicklung ein interessantes Ergebnis der Geschichte des Kapitalismus zu sein, aber weder ein *notwendiges* Element der marxistischen Theorie noch eine Voraussetzung für historisch-materialistische Analysen. Der Marxismus schien keinen *spatial fix* zu brauchen, da er sosehr gar nicht angeknackst war.

Dieses Wiederaufkeimen marxistischer Orthodoxie wurde durch eine breite „Kritik der Kritik" verstärkt, die sich im Westlichen Marxismus etwa zur gleichen Zeit verbreitete und die theoretischen Mängel, Überinterpretationen und Entpolitisierungen von Althussers Strukturalismus und seinen neo-marxistischen und „Dritt-Welt" Anhänger/inne/n anprangerte. In seinem langen Essay *The Poverty of Theory* (1978), einer passioniert anti-strukturalistischen Wiederbetonung des Primats der Geschichte und des Historizismus des britischen Marxismus, des Diachronen gegenüber dem Synchronen und der anglophonen Konkretheit gegenüber der frankophonen Abstraktheit, liefert E.P Thompson das symbolische Schlagwort für diesen Angriff. Robert Brenner (1977), ein amerikanischer marxistischer Historiker, präsentierte eine ähnliche, wenn auch weniger passionierte Kritik der neo-marxistischen Entwicklungstheorie von Wallerstein, Frank und anderen. Deren Fehler seien eher bürgerliche als stalinistische (wie Thompson Althusser bezeichnete), eine Wiederbelebung der wert-losen Wahrheiten von Adam Smith. Diese Wahrheitshüter des Westlichen Marxismus nahmen marxistische Geographen noch immer kaum wahr, aber die Auswirkungen ihrer Kritiken wurden dennoch sowohl in der städtischen als auch der internationalen politischen Ökonomie spürbar; in ersterer durch eine wachsende Aversion gegenüber Castells urbanem Strukturalismus und in letzterer durch einen starken Widerstand dagegen, der geographisch ungleichen Entwicklung eine zentralere Rolle in der Geschichte des Kapitalismus einzuräumen.

Trotz der Macht dieses Wiedererstarkens der historischen Orthodoxie blieb das Projekt der Verräumlichung marxistische Theorie am Leben. Der Hauptgrund dafür war das zunehmend überzeugend vorgebrachte Argument, dass die Organisation von Raum nicht nur ein soziales Produkt ist, sondern gleichzeitig auf die Formierung sozialer Verhältnisse zurückwirkt. In der Hoffnung die wachsende Orthodoxie von innen heraus abzuwehren (zum Teil durch Bezug auf Lefebvre), versuchte ich diese Wechselwirkung durch die Annahme einer „sozialräumlichen Dialektik" und der Notwendigkeit einer kritischen „räumlichen Praxis" in dem, was ich einen neuen „topischen" Marxismus (Soja 1989, Kap. 3) nannte, einzufangen. In einer breiteren Perspektive formuliert Derek Gregory in *Ideology, Science and Human Geography* (1978), wahrscheinlich die aufschlussreichste und reichhaltigste Neuinterpretation geographischer Erklärung:

Die Analyse räumlicher Strukturen ist nicht abgeleitet und sekundär gegenüber der Analyse sozialer Strukturen, wie der Strukturalismus nahe legen würde: stattdessen ist das Eine auf das Andere angewiesen. Die räumliche Struktur ist deshalb nicht nur die Arena, in der Klassenkonflikte sich austragen (Scott 1976: 104), sondern ebenso der Bereich, in dem – und teilweise durch den – Klassenverhältnisse konstituiert werden. Deren Konzepte müssen einen Ort in der Konstruktion der Konzepte der Grundlagen sozialer Formationen haben [...] räumliche Strukturen können nicht *theoretisiert* werden ohne soziale Strukturen *und umgekehrt* [...] und soziale Strukturen können nicht *praktiziert* werden ohne räumliche Strukturen *und umgekehrt*. (Gregory 1978: 120f)

Um der Geographie einen „Ort" in den kritischen Sozialwissenschaften zu geben, sprach sich Gregory für eine engagierte und emanzipatorische Form der geographischen Erklärung aus, die sich sowohl auf strukturale wie auch auf 'reflexive' (phänomenologische, hermeneutische) Epistemologien bezieht.

Die Herausforderung war klar. Es gab eine komplexe und problembeladene Beziehung zwischen der Produktion menschlicher Geographien und der Konstitution sozialer Verhältnisse und Praktiken, die erkannt und für die theoretische und politische Interpretation eröffnet werden musste. Dies kann nicht gelingen, wenn Humangeographie weiterhin nur als eine Reflektion sozialer Prozesse begriffen wird. Die hervorgebrachte Räumlichkeit des sozialen Lebens muss gleichzeitig als kontingent und konditionierend begriffen werden, als Ergebnis von Geschichte und als Mittel diese zu machen – in anderen Worten als Teil eines historischen und geographischen Materialismus statt nur eines historischen Materialismus, der auf geographische Fragen angewandt wird.

Selbst David Harvey hat mitten in einem Jahrzehnt dezidierter Marxifizierung des Geographie gelegentlich auch die andere Richtung eingeschlagen, die der Verräumlichung des Marxismus. So in seinen frühen Formulierungen zur Suche des Kapitals nach einem *spatial fix* (wobei er bis zu den älteren Verräumlichungen bei Hegel und von Thünen zurückgeht) und insbesondere in seinen Beschreibungen des engen Zusammenspiels zwischen Erhaltung und Zerstörung des gebauten Umwelt (was er später „rastlose Formierung und Reformierung geographischer Landschaften" nennt). Harvey blieb dabei ambivalent. Er ging einige zögerliche und phantasievolle Schritte in Richtung einer sozial-räumlichen Dialektik (Harvey 1977; 1978), aber es schien, als würde er immer zum Formalismus eines rigorosen Marxismus zurückkommen, selbst als die Grenzen dieser Formalisierungen immer deutlicher wurden. Einige von Harveys besten Studenten (z.B. Richard Walker und Neil Smith) wählten eine härtere Linie als Harvey und führten die Anklage gegen die „provokative Umkehrung" an, die ein kontingentes wechselseitiges Verhältnis von Raum und Klasse, Räumlichkeit und Gesellschaft behauptete.

Dieser Widerstand war in der Modernen Geographie und im Westlichen Marxismus noch wesentlich weiter verbreitet. Erstere vermied es gewöhnlich, die räumliche Kontingenz von Gesellschaft und Verhalten allzu deutlich zu machen und wenn, dann höchstens mittels 'neutraler' physikalischer Kräfte der „Reibung der Distanz", diesem entpolitisierenden Schleier der Modernen Geographie. Stattdessen wurde die Möglichkeit räumlicher Kontingenz von Seiten raumwissenschaftlicher Geograph/inn/en beinahe wie ein hauseigenes Geheimnis behandelt, das nur Anhänger/inne/n preisgegeben wurde, nie aber öffentlich. Räumliche Kontingenz schmeckte zu sehr nach der verirrten Ökologie einer peinlichen Vergangenheit und passte nicht zu jener der Geographie in der akademischen Arbeitsteilung der modernen Wissenschaften zugeschriebenen Position. Dieser war die unschuldige Beschreibung räumlicher Unterschiede vorbehalten, und sie hatte sich geschworen, nie wieder irgendeine geographische Determinierung des Sozialen zu behaupten. Zumindest nicht in Hörweite der ernsthaften Sozialwissenschaft.

Die meisten Marxist/inn/en, besonders in einer Zeit wachsender Orthodoxie, konnten in einer Perspektive, die eine räumliche Kontingenz von Klasse behauptete, nur einen weiteren Versuch sehen, der Freiheit des Klassenbewusstseins und des gesellschaftlichen Willens zur Gestaltung von Geschichte 'externe' Bedingungen aufzuerlegen. Außerdem schien die theoretische Grundannahme hinter dieser räumlichen Kontingenz sich allzu willkürlich aus dem eklektizistischen Strukturalismus und der Überbestimmtheit neo-marxistischer politischer Ökonomie von Städten und der internationalen Entwicklung zu speisen. Ebenso wichtig war, dass diese provokative Umkehrung bisher weder durch eine solide theoretischen und epistemologische Basis unterstützt wurde, noch eine ausreichende Zahl empirischer Analysen die notwendige politische Verbindung hergestellt hatte. Für den Mainstream marxistischer Geographie war diese neue Dialektik zwar verführerisch, hatte ihren Gebrauchswert aber noch nicht ausreichend unter Beweis gestellt.

So ist es nicht verwunderlich, dass es bis weit in die 1980er Jahre so schien, als würde die marxistische Geographie eine langweilige Gavotte um die materialistische

Interpretation von Räumlichkeit herum tanzen und sich nur nach vorne zu bewegen, um anschließend wieder nach hinten zu rutschen. Zwischen Harveys *Social Justice and the City* (1973) und *The Limits to Capital* (1982) entstanden nur sehr wenige originelle und weiterführende Bücher von marxistischen Geograph/inn/en, und fast nichts wurde auf englisch geschrieben, das systematisch und explizit den Ruf nach einem historeo-geographischen Materialismus weiterbrachte. Es gab einige wichtige Sammelbände, die eine radikale räumliche Perspektive aufzeigten (Peet 1977; Dear/Scott 1981; Carney/Hudson/Lewis 1980), aber aus der Sicht dessen, was kommen sollte, wurden die einflussreichsten Texte einer kritischen Humangeographie in dieser Zeit von Geograph/inn/en außerhalb des marxistischen Mainstreams (aber mit Einblick in diesen) geschrieben (Olson 1980; Scott 1980; Brookfield 1975 und insbesondere Gregory 1978).

Mit wenigen Ausnahmen schien marxistische Geographie sich in den 1980er Jahren zu drehen und zu winden, um das zu vermeiden, was daraufhin zunehmend klar wurde: Der Marxismus selbst musste kritisch reorganisiert werden, um eine deutliche und zentrale räumliche Dimension zu inkorporieren. Die ererbte Orthodoxie des historischen Materialismus ließ für Raum fast ebenso wenig Platz wie der Kokon der bürgerlichen Sozialwissenschaften. Die Geographie marxistisch zu machen, war nicht genug. Eine weit beunruhigendere Runde kritischen Denkens war nötig, um den Marxismus zu verräumlichen, um das Machen von Geschichte mit dem Machen von Geographie zu verbinden. Die provokative Umkehrung musste in eine dritte Kritik münden, eine Kritik jener Kritik der Kritik, welche die Entwicklung der marxistischen Geographie eingeleitet hatte.

Der Anstoß dieser dekonstruktiven und rekonstruktiven dritten Kritik kam weitgehend von außerhalb der marxistischen Geographie und wurde von kritischen Forscher/inne/n getragen, die sich dem Bestehen und der Leistungen marxistischer Geographen oft kaum bewusst waren. Dies war Teil einer größeren Debatte, die in erster Linie eine Antwort auf die wahrgenommenen Besonderheiten des „Spätkapitalismus" war, insbesondere die verwirrenden sozialen Veränderungen, die, wie es schien, alte politische, ökonomische, kulturelle, ideologische und intellektuelle Muster zerrütteten. Neue Verbindungen schienen zu entstehen, die bisherige Interpretationen und politische Praktiken von Links, Rechts und Mitte herausforderten. Die Suche nach einer angemessenen theoretischen und politischen Antwort auf die Restrukturierungen des Kapitalismus brachte eine kleine und sehr heterogene Gruppe linker Forscher/innen zu einem bemerkenswert ähnlichen Ergebnis: Die prägende Räumlichkeit des sozialen Lebens war zu einer besonders wichtigen und aufschlussreichen Perspektive auf die aktuellen Verhältnisse geworden. Aber dieser räumliche Blickwinkel wurde von einem Erbe von Missachtung und Mystifikation verdeckt. Mit dieser Entdeckung, die von einem/einer Forscher/in nach dem/der anderen in vielen verschiedenen Feldern wiederholt wurde, wurde die Debatte über eine politische Theorie von Raum allgemeiner als sie es bisher gewesen war. Sie führte in eine andere, weniger begrenzte Phase der Begegnung zwischen Moderner Geographie und Westlichem Marxismus.

Übergänge zur Postmoderne:
Die Rekonstuktion einer Kritischen Humangeographie

Marxistische Geographie und die damit verbundene Neuthematisierung der historischen Geographie des Kapitalismus auf den neuesten Stand zu bringen, ist notwendigerweise ein eklektizistisches Unternehmen. Es lässt sich zwar feststellen, dass geographische Analyseformen stärker mit aktuellen politischen und theoretischen Debatten verbunden sind als zu jeder anderen Zeit im 20. Jahrhundert. Aber diese Verbindung entstammt verschiedenen Quellen, nimmt verschiedenen Formen an und widersetzt sich einer einfachen Synthese. Zudem ist sie noch recht provisorisch und in ihrem Einfluss begrenzt, da die Verräumlichung kritischer Theorie und die Konstruktion eines neuen historisch-geographischen Materialismus gerade erst begonnen hat, und weil ihr erster Einfluss insbesondere in den zwei modernistischen Traditionen, welche die Entwicklung Marxistischer Geographie in den letzten zwanzig Jahren geprägt haben, viel Unruhe stiftete.

Ebenso wie der gegenwärtige Westliche Marxismus scheinbar in eine heterogene Mischung aus oft gegenläufigen Perspektiven zerfallen ist, begann die Moderne Geographie an den Rändern auseinander zu fallen und sich von den alten Bindungen zu anderen Disziplinen des 19. Jahrhunderts zu trennen, welche die moderne akademische Arbeitsteilung bestimmt hatten. Der Griff der älteren Kategorien, Grenzen und Trennungen wird schwächer. Was zentral war, wurde nun an die Ränder gedrängt, während die einst ausgefransten Ränder in den Mittelpunkt gerieten. Das bewegende, fast kaleidoskopische intellektuelle Feld wurde immer schwieriger zu beschreiben, da es nicht mehr in den bekannten und abgenutzten Konturen erschien.

Diese unruhige und beunruhigende Geographie, behaupte ich, ist Teil des postmodernen Zustands, einer aktuellen Krise, die, wie das chinesische Zeichen für Krise und Bermans luftige Beschreibung der Moderne im Übergang, gefüllt ist mit Risiken und Möglichkeiten; gefüllt mit dem simultanen Schock des Alten und des Neuen. Eine andere Kultur der Zeit und des Raums scheint, um ein früheres Argument zu bemühen, sich im gegenwärtigen Kontext herauszubilden und die Natur und Erfahrung das Alltagslebens in der Modernen Welt – und mit dieser die ganze Form der Gesellschaftstheorie – zu verändern. Ich würde den Anfang dieses Übergangs in die Postmoderne in den späten 1960er Jahren und einer Reihe explosiver Ereignissen verorten, die gemeinsam das Ende des langen Nachkriegsbooms der kapitalistischen Weltwirtschaft markieren. Um die aufschlussreichsten frühen Kartographen dieses bedeutungsschweren Übergangs zu benennen, werde ich mich wieder den vieles vorwegnehmenden Schriften von Lefebvre, Foucault, Berger und Mandel zuwenden, da dort die Geographie der Postmodernisierung am deutlichsten wahrgenommen wurde. Auch wenn die Verbindung zwischen diesen nicht immer direkt und intentional ist, durchkreuzen sich die intellektuellen Wege ihner vier grundlegenden postmodernen Geographen bei der aktuellen Dekonstruktion und Rekonstruktion der Moderne. Ich werde sie einmal mehr dazu benutzen, die vielfältigen postmodernen Landschaften der kritischen Humangeographie zu erkunden.

Die Konvergenz dreier Verräumlichungen

Lefebvre, Foucault, Berger und Mandel arbeiteten ihre Thesen zur Bedeutung der Räumlichkeit zu einem bedeutsamen historischen Moment heraus, als die schwerwiegendste Wirtschaftskrise seit der Weltwirtschafskrise der 1930er Jahre der Welt das Ende des Nachkriegsbooms und den Anfang einer umfangreichen Restrukturierung anzeigte, die in alle Sphären des sozialen Lebens hineinreichen und die Gewissheiten, die auf vereinfachten Annahmen der unmittelbaren Vergangenheit aufbauten, zerrütten würde. Wenn auch Mandel nicht ganz so explizit ist, drehten sich die Argumente der drei anderen eindeutig um die Feststellung, dass es nun der Raum und weniger die Zeit ist, der die Dinge vor uns verbirgt, dass die Entmystifizierung von Räumlichkeit und seiner verschleierten Instrumentalität der Macht ein Schlüssel sind, um die Gegenwart praktisch, politisch und theoretisch zu verstehen.

Setzt man diese Argumente nebeneinander, gerät eine kreative Annäherung zwischen drei verschiedenen Wegen der Verräumlichung in Bewegung, die ich „posthistorisch", „postfordistisch" und „postmodern" nenne. Die erste dieser Verräumlichungen wurzelt in einer fundamentalen Neuformulierung von Wesen und Konzepten des sozialen Seins, ein in erster Linie ontologischer Streit darum, das Wechselspiel zwischen Geschichte, Geographie und Gesellschaft neu auszubalancieren. Hier richtet sich die Wiederbehauptung von Raum gegen den Kern eines ontologischen Historizismus, der im letzten Jahrhundert die getrennte Konstitution von Sein in der Zeit privilegiert hat.

Die zweite Verräumlichung ist direkt mit der politischen Ökonomie der materiellen Welt verbunden und genauer mit der „vierten Modernisierung" des Kapitalismus, jener jüngsten Phase der weitreichenden sozialräumlichen Restrukturierung, die dem Ende des langen Nachkriegsbooms folgte. Der Begriff „Postfordismus" wird vorläufig gewählt, um den Übergang von einem Akkumulationsregime und einer Regulationsweise zu charakterisieren, die sich nach der Weltwirtschaftskrise der 1930er Jahre um großtechnische, vertikal-integrierte Produktionssysteme, Massenkonsum und suburbane Zersiedlung, zentralisierte keynesianische Planung des Wohlfahrtsstaats und ein zunehmendes Konzern-Oligopol konsolidierte[13]. Auch hier kann gesagt

---

13 Der gebräuchlichste Begriff um die jüngsten Rekonfigurationen des Kapitalismus zu beschreiben ist „post-industriell". Der Begriff hat seinen Reiz, aber er lenkt unseren Blick davon weg,

werden, dass Raum einen bedeutsamen Unterschied macht, dass nämlich das Aufdecken der Art und Weise, wie räumliche Restrukturierung Konsequenzen vor uns verbirgt, der Schlüssel ist, um die sich verändernde politische Ökonomie der gegenwärtigen Welt politisch und theoretisch zu verstehen.

Die dritte Verräumlichung drückt sich in einer kulturellen und ideologischen Rekonfiguration, einer sich ändernden Definition der Bedeutung von Moderne, und im Aufkommen einer neuen, postmodernen Kultur von Raum und Zeit aus. Sie steht in Verbindung mit Veränderungen der Art und Weise, in der wir über die Besonderheiten – der Risiken und Möglichkeiten – der Gegenwart mittels Wissenschaft, Kunst, Philosophie und Programmen des politischen Handelns nachdenken und antworten. Postmoderne überlappt sich mit Posthistorizismus und Postfordismus als einem theoretischen Diskurs und einem Konzept der Periodisierung, in denen Geographie zunehmend eine Rolle als Ausgangspunkt für kritische Erkenntnisse spielt.

Der Zusammenfluss dieser drei Verräumlichungen wird in den aktuellen Arbeiten von Fredric Jameson, dem vielleicht überragendsten marxistischen Literaturkritiker, besonders deutlich vorgeführt. In einem Essay mit dem Titel *Postmoderne, oder die kulturelle Logik des Spätkapitalismus* fängt Jameson die räumliche Besonderheit des gegenwärtigen *Zeitgeists*[14] ein.

Die Frage nach der Authentizität der hiermit gemeinten, an sich handfesten ideologischen Produktion hängt von der Voraussetzung ab, daß dieses Phänomen, das wir den postmodernen (oder multinationalen) Raum nennen, nicht nur eine kulturelle Ideologie oder Phantasie ist, sondern daß es sich um unsere unvermeidliche historische (und sozioökonomische) Realität handelt: die dritte große neuartige und weltweite Expansion des Kapitalismus (nach den früheren Expansionen der nationalen Märkte und des Imperialismus, die beide ihre eigenen kulturellen Besonderheiten aufweisen und neue Raumerfahrungen entsprechend ihrer Eigendynamik hervorbrachten) [...] Eins steht fest, wir können nicht zu einer ästhetischen Praxis zurückkehren, die auf historischen Verhältnissen und Problemstellungen basiert, die nicht mehr die unsrigen sind. Ein unserer Situation angemessenes Modell der politischen Kultur muß nach dem Konzept, das ich hier zu entwickeln versuche, die *Frage des Raums* zur wichtigsten Problemstellung machen." (Jameson 1986: 96ff)

Jameson entlehnt große Teile seiner Raumkonzeption Lefebvres *Raumgeist*[15], dem er in den frühen 1980er Jahren dabei half ein größeres amerikanisches Publikum zu finden. Aber es lassen sich auch andere Echos vernehmen. Jameson definiert zunächst das für die gegenwärtige (postmoderne) Situation geeignete räumliche Model einer radikalen politischen Kultur als eine „Ästhetik kognitiven Kartierens", eine Fähigkeit

---

dass industrielle Produktion und Arbeit weiterhin zentral für die aktuellen Restrukturierung kapitalistischer Gesellschaften sind. Deswegen ist er zu Beschreibung der Gegenwart ebenso absurd wie die Begriff „post-kapitalistisch" oder „Ende der Ideologie".

14 Anm. d. Übers.: Deutsch im Original.

15 Anm. d. Übers.: Deutsch im Original.

in der kulturellen Logik und Form der Postmoderne eine instrumentelle Kartographie der Macht und sozialen Kontrolle zu erkennen; in anderen Worten, genauer zu sehen wie Raum die Konsequenzen vor uns verbirgt. Er bezieht sich dabei insbesondere auf die Arbeit von Kevin Lynch (1960) über *Das Bild der Stadt*, aber die angedeuteten Verbindungen weisen nicht nur zurück zu Lefebvre und Berger, sondern auch zu Foucault. Foucaults „Kerkerstadt" der Zellen, Anordnungen und Einschlüsse wird von Jameson in die Landschaften des wahrscheinlich vollkommensten postmodernen Ortes versetzt, nach Los Angeles, jener Produktionsstätte der durchdringendsten und überzeugendsten kognitiven Imaginationen der heutigen Welt[16].

Jameson entschlüsselt am Beispiel von Los Angeles und anderen postmodernen (materiellen und literarischen) Landschaften eine verborgene und hinterlistige Humangeographie, auf die eine kritische und postmoderne Politik des Widerstands zielen muss. Sie bietet ein Mittel an, die unnötigen Schleier herunterzureißen, die über die Instrumentalität des gegenwärtigen Restrukturierungsprozesses gelegt wurden.

Foucaults eigene, deutliche aber verborgene Betonung von Räumlichkeit wurde schon diskutiert (Soja 1989, Kap 1, dt. Soja 1991). Seine Archäologie und Genealogie des Wissen bietet eine wichtige Durchgangsstation zu einer postmodernen Kulturkritik von Räumlichkeit und zu einer Kartographie der Macht. Anstelle radikale Politik aufzugeben, wie Anderson und andere behauptet haben, tritt Foucault Lefebvre an die Seite mit der Forderung das politische Projekt der Linken zu verräumlichen. „Es scheint, dass in einer Gesellschaft wie der unseren die wahre politische Aufgabe darin besteht" schreibt Foucault „das Spiel der scheinbar neutralen und unabhängigen Institutionen zu kritisieren; sie zu kritisieren und in einer solchen Weise anzugreifen, dass die politische Gewalt, die in ihnen im Verborgenen ausgeübt wird, aufgedeckt wird, so dass man gegen sie kämpfen kann" (Foucault 2002 [1974]: 617)[17]. Der „Kampf" erstreckt sich über die ausbeuterischen Institutionen des Kapitalismus hinaus auf alle „Disziplinartechniken", wo immer sie zu finden sind. Auch im Reich des real existierenden Sozialismus. Diese Skizze räumlicher Kämpfe ist nur einen Schritt von Jamesons postmodernem Widerstand entfernt. Es handelt sich dabei um eine ausdrücklich geopolitische Strategie, in der räumliche Fragen ein zentrales Feld ausmachen, da Disziplinarmacht sich in erster Linie durch die Organisation, Einschließung und Kontrolle von Individuen im Raum ausdrückt[18].

---

16 1984 unternahmen Jameson, Lefebvre und ich eine schwindelerregende Wanderung durch das Zentrum von Los Angeles. An anderer Stelle habe ich die Reise wieder einzufangen versucht (Soja 1989, Kap. 9).

17 Trotz seiner großen Sympathie für Foucaults Verräumlichungen beschreibt Rabinow Foucaults Arbeiten weiterhin (und wie ich finde fälschlich) als „eine Form von kritischem Historizismus".

18 Die Raumanalytik Foucaults wird mit besonderem *élan* von Gregory (1994) eingefangen.

Jamesons Gebrauch von Postmoderne als einem Konzept der Periodisierung bringt uns zur Verbindung mit Mandel. Jameson bezieht sich direkt auf Mandels Begriff des *Spätkapitalismus* (Mandel 1972) und die sich verändernde Rolle geographisch ungleicher Entwicklung, in der Mandel die Verknüpfung zwischen der Periodisierung und Verräumlichung der makropolitischen Ökonomie des Kapitalismus ausmacht. Die „Langen Wellen" der Zyklen von Krise und Restrukturierung benennen nicht nur aufeinanderfolgende historische Phasen, sondern gleichzeitig eine Reihe von Räumlichkeiten, eine sich ändernde regionale Konfiguration von „ungleicher und verbundener" kapitalistischer Entwicklung, die sich auf die verschiedenen Phasen der Moderne (Soja 1989, Kap.1, dt. Soja 1991) übertragen lassen. Diese räumlich-zeitlichen Muster spielen eine wichtige Rolle bei Jamesons Kritik an einer reaktionären Postmoderne und einer Reihe aktueller Arbeiten zur postfordistischen Restrukturierung. Sie bieten außerdem einen nützlichen Rahmen, durch den sich die verändernde städtische, regionale und internationale Geographie des Kapitalismus untersuchen lässt. Neuere Arbeiten haben begonnen dies als die vielschichtige räumliche Arbeitsteilung des Kapitalismus zu beschreiben (Massey 1984).

Es gibt noch einen weiteren zu untersuchenden Weg zur Postmoderne, ein weiteres Feld, auf dem die drei Verräumlichungen begonnen haben zu konvergieren. Dies ist die postmoderne Dekonstruktion und Rekonstruktion marxistischer Geographie selbst. Ich will hier nur einige wenige der wichtigsten Debatten und Entwicklungen skizzieren.

Die Postmodernisierung der marxistischen Geographie

Die marxistische Geographie hat sich in den 1980er Jahren sichtbar gewandelt. Ihre Grenzen haben sich erweitert und wurden flexibler bestimmt, so dass ihr Einfluss tiefer in die Gebiete kritischer Gesellschaftstheorie hineindringen konnte als jemals zuvor. Gleichzeitig wurde ihr Gravitationszentrum schwieriger zu bestimmen, außer als einem Teil eines umfassenderen Projekts, in dem traditionelle marxistische Kategorien und Begriffe der Geographie auseinander genommen und neu zusammengesetzt werden. Zu dieser Unklarheit kam eine neue Lust am Empirischen und hat damit viele marxistische Geograph/inn/en in einem Moment, in dem die Debatte ein breiteres – und kritischeres – Publikum erreichten, von einer offenen theoretischen Diskussion abgebracht. Der Übergang zur Postmoderne hat, so scheint es, einen offensichtlich zersplitternden Effekt.

Diese Zersplitterung sollte keine Überraschung sein, insbesondere nicht für diejenigen, die auf die einflussreichen Schriften von David Harvey eingestellt waren, der mehr als jeder andere Geograph den Weg der marxistischen Geographie formte und weiterhin formt. Wie Harvey immer und immer wieder betont:

Das Einfügen von Konzepten von Raum und Raumbeziehungen, von Ort, Lokalität und Milieu in irgendeine der angeblich mächtigen aber raumlosen gesellschaftstheoretischen

Äußerungen hat die missliche Angewohnheit, die zentralen Annahmen jener Theorie zu lähmen. [...] Wann immer Sozialwissenschaftler/innen die Bedeutung geographischer und räumlicher Kategorien aktiv befragen, sind sie entweder zu so vielen Stehgreifbestimmungen gezwungen, dass ihre Theorie in Inkohärenz zerfällt, oder sie sind gezwungen erneut die grundlegendsten Grundannahmen zu reformulieren (Harvey 1985b: xiii)

Harvey verbindet, zumindest in seinen aktuelleren Arbeiten, die auflösenden Effekte der Verräumlichung mit der Starrheit des Historizismus im Westlichen Marxismus und in den liberalen Sozialwissenschaften.

Marx, Marshall, Weber und Durkheim haben alle eines gemeinsam: Sie geben der Zeit und der Geschichte den Vorrang vor dem Raum und der Geographie und tendierten, wenn sie letztere überhaupt behandelten, dazu diese als unproblematischen und stabilen Kontext oder Feld historischen Handelns zu betrachten. [...] Wie räumliche Beziehungen und geographische Zusammensetzungen aber überhaupt produziert werden, wird meist nicht beachtet und ignoriert. [...] Marx räumt die Bedeutung von Raum und Ort in seinen Texten häufig ein, [...] geographische Unterschiede werden [aber] als „unnötige Komplikation" ausgeschlossen. Seine politische Vision und seine Theorie werden, so schließe ich, geschwächt von seinem Scheitern eine systematische und deutlich geographische und räumliche Dimension in sein Denken einzubauen. (Harvey 1985c: 141-143)

Dieser Ausschnitt markiert eine wichtige Bedeutungsverschiebung in Harveys Arbeiten und hebt viele jener Dilemmata hervor, vor denen marxistische Geographie und Geograph/inn/en heute stehen.

In *The Limits to Capital* (1982) präsentiert Harvey ausgehend vom Zentrum der marxistischen Geographie und bis zum weiten Feld des Westlichen Marxismus und moderner kritischer Gesellschaftstheorie ein überzeugendes Argument für einen verräumlichten Marxismus und eine verräumlichte Kritik der kapitalistischen Entwicklung. Dem *Kapital* und dem Kapitalismus eine feste Geographie zu geben war jedoch sowohl ein Kraftakt als auch eine Einladung zur theoretischen Lähmung. *Limits* verband zwei unvereinbare Dinge: die wachsenden Leistungen formalistischer marxistischer Geographie und die öffnenden Salven der notwendigen Dekonstruktion und Rekonstruktion genau dieser Leistungen. Diese aufreibende Ambivalenz und die Gefahr, sich den Teppich unter den Füßen wegzuziehen, ließen Harvey dieses Projekt weitgehend aufgeben. Von ehemaligen Student/inn/en und anderen Unterstützer/inne/n brachte er diese meisterliche Verbindung anscheinend in der Hoffnung zu einem Abschluss, dass der auflösende Einfluss dieses „Einfügens" von Raum die Fähigkeiten seines historischen und geographischen Materialismus nicht mindern würde.

Im Rückblick auf die kritische Resonanz auf *Limits to Capital* brachte Harvey seine Bedenken zum Ausdruck, dass die meisten Leser/innen von der Botschaft des ihnen Dargebotenen etwas verwirrt zu sein schienen. Im Vorwort zu *Consciousness and the Urban Experience* schreibt er:

Merkwürdigerweise übergingen die meisten Kritiker/innen (in erster Linie wegen disziplinärer Vorurteile, wie ich glaube), was ich für den besonderen Beitrag dieser Arbeit halte

- die Einbindung der Produktion von Raum und räumlicher Konfigurationen als einem aktiven Moment in das Zentrum marxistischer Theorie. Das war die primäre theoretische Absicht, die es mir ermöglichte vom Denken über Geschichte zu einem über historische Geographie zu gelangen und so den Weg für eine Theoretisierung des Städtischen zu öffnen, als einem aktiven Moment in der historischen Geographie von Klassenkämpfen und Kapitalakkumulation. (Harvey 1985b: xii)

Die meisten marxistischen Geograph/inn/en verstanden die Botschaft, aber diese waren bereits überzeugt, und viele von ihnen hatten ihre eigenen Wendungen von früheren Positionen begonnen, die den Verräumlichungen des Westlichen Marxismus widerstreitend gegenüberstanden. In ihrem Vorwort zur *Spatial Division of Labour: Social Structures and the Geography of Production* (1984: x) schreibt Doreen Massey:

Mein zentrales Anliegen war es die Geographie der Industrie und Beschäftigung mit den breiteren und zugrunde liegenden Strukturen der Gesellschaft zu verbinden. [...] Mit anderen Worten war es anfänglich meine Absicht von der Charakteristik der Ökonomie und Gesellschaft aus- und weiterzugehen, um deren Geographie zu beschreiben. Aber je stärker ich in das Feld hineingezogen wurde, desto mehr schien es, dass der Prozess nicht nur in eine Richtung ging. Es ist, würde ich sagen, ebenso der Fall, dass ein Verständnis der geographischen Organisation grundlegend ist, um Ökonomie und Gesellschaft zu verstehen. Die Geographie der Gesellschaft macht einen Unterschied für deren Funktionieren.
Wenn dies analytisch wahr ist, dann ist es auch politisch wahr. Wenn irgendeine Hoffnung auf eine fundamentale Veränderung der ungleichen Geographie der britischen Ökonomie und Gesellschaft (und der aller anderer kapitalistischer Länder auch) besteht, dann ist eine Politik nötig, welche die Fragen geographischer Verteilung mit denen sozialer und ökonomischer Organisation verbindet.

Massey betritt einen neuen Weg in der Analyse örtlicher Besonderheiten der „räumlichen Strukturen der Produktion" und versucht einen Mittelweg einer regionalen politischen Ökonomie zu finden, der sowohl von dem eisernen Determinismus der Bewegungsgesetze des Kapitalismus, als auch der leeren Unbestimmtheit eines geographischen Empirismus befreit ist[19].

Auch Neil Smith streut vorsichtig jenseits des Pfades marxistischer Orthodoxie herum, um im Vorwort seines *Uneven Development: Nature, Capital and the Production of Space* (1984: xi) etwas ähnliches anzusprechen:

Eine Theorie ungleicher Entwicklung, die auf den Gemeinsamkeiten der geographischen und politischen Traditionen aufbaut, bietet einen wichtigen Schlüssel zur Bestimmung der spezifischen Geographie der Kapitalismus. Aber man kann die Logik ungleicher

---

19 Masseys Arbeiten haben ein neues Interesse an „Lokalitäten" in der britischen Geographie befördert. Dabei handelt es sich um eine Bevorzugung der Besonderheiten von Orten, die sehr fruchtbar zu sein scheint. Die Hervorhebung von Lokalitäten hat gleichzeitig zu einer wachsenden Debatte über die theoretischen Implikationen des *empirical turn* der *Radical Geography* geführt (insbesondere in einer Reihe von Artikeln in *Antipode*: Cooke 1987; Smith 1987; Cochrane 1987; Gregson 1987).

Entwicklung nicht sehr genau untersuchen ohne zu erkennen, dass etwas Grundlegenderes auf dem Spiel steht. Es ist nicht nur eine Frage danach, was Kapitalismus mit der Geographie macht, sondern vielmehr was die Geographie für den Kapitalismus tut. [...] Von einem marxistischen Standpunkt aus ist es deswegen nicht nur eine Frage danach, die Tiefe und den Einflussbereich marxistischer Theorie zu erweitern, sondern der Erklärung des Überlebens der Kapitalismus im 20. Jahrhundert einen neuen Aspekt beizufügen. Geographischer Raum steht wie nie zuvor auf der ökonomischen und politischen Agenda. Die Idee vom „geographischen Dreh- und Angelpunkt der Geschichte" bekommt damit eine moderne und grundsätzlichere Bedeutung als Mackinder sich dies hat vorstellen können. (Smith 1984: xi)

Diesen einleitenden Zugeständnissen von Harvey, Massey und Smith wird dann nicht immer in einer ausreichenden Genauigkeit gefolgt. Sie alle sind zu zögerlich darin, die notwendigerweise transformierende und tief greifende Dekonstruktion des historischen Materialismus und seiner enträumlichten großen Erzählungen zu unternehmen. Doch auch wenn der Historizismus vor einer strengen und systematischen Kritik abgeschirmt wird, findet sich doch ein neues Bewusstsein bezüglich der theoretischen und politischen Bedeutung von Raum. Der Druck, die theoretischen Annahmen eines historischen und geographischen Materialismus zu rechtfertigen, ist wesentlich geringer geworden. Stattdessen ist es an der Zeit dessen politische und empirische Kraft anhand der Analyse der „spezifischen Geographie des Kapitalismus" zu demonstrieren:

Geographischer Raum ist immer der Bereich des „Konkreten und des Besonderen". Ist es möglich eine Theorie des Konkreten und des Besonderen im Kontext der universellen und abstrakten Bestimmungen von Marx' Theorie der Kapitalakkumulation zu bilden? Dies ist die fundamentale Frage, die es zu lösen gilt. (Harvey 1985c: 144)

Aber wie Mills bemerkte, glaubt jeder Schuster, Leder sei das einzige Ding auf Erden. Die Reichweite dieser theoretisch fundierten marxistischen Geographie ist für die moderne akademische Arbeitsteilung mit ihren vergegenständlichten disziplinären Abteilungen und intellektuellen Territorien noch immer sowohl unzureichend greifbar, als auch unangenehm bedrohlich. Außerdem erfolgt der Angriff von einem Ort aus, den viele noch immer als ein unbedeutendes Feld gegenüber den noch immer geheiligten Hallen der historischen Imagination wahrnehmen. Die *Imprimatur* des Marxismus beizubehalten, ist genug, um die heutigen FRUMPSs ([*formerly radical upwardly mobile professionals*], ein Begriff, den Harvey in einer polemischen Verteidigung seiner Positionen verwendet; vgl. Harvey u.a. 1987) zu verängstigen. Aber zu sehen, wie ausgerechnet von Geograph/inn/en neue theoretische und empirische Wege eingeschlagen werden, war mehr als das etablierten akademische Feld ertragen konnte. In den 1980er Jahren haben selbst die am stärksten sympathisierenden und offensten Sozialwissenschaftler/innen begonnen sich gegen diese entschlossenen *space invader* abzusetzen und ihre disziplinären Flanken gegen die zerstörerischen Effekte „postmoderner" Verräumlichungen kritischer Gesellschaftstheorie und -analyse abzusichern.

Die schnellste und direkteste Antwort auf das Eindringen marxistischer Geograph/ inn/en kam von Soziolog/inn/en, die weiterhin davon ausgingen, dass sie die Kontrolle über den Raum in der Gesellschaftstheorie besitzen, wie das von Anbeginn, also seit dem späten 19. Jahrhundert, weitgehend der Fall war. Linke Politökonom/ inn/en haben Harvey und der neuen marxistischen Geographie aufmerksam zugehört, tendierten aber dazu ihre Distanz zu wahren und nur einige vereinzelte Grundannahmen eines verräumlichten Marxismus zu übernehmen. Marxistische Historiker/innen, wenn sie überhaupt zur Kenntnis nahmen, was geschah, antworteten meist mit besten Grüßen und Wünschen (wahrend sie taktisch darauf hinwiesen, dass linke Geschichtswissenschaft bereits vor Jahren alles getan habe, was in Bezug auf die Geographie von Nöten sei). Marxistische und linksweberianische Soziolog/inn/en waren jedoch von Anfang an stärker in das Projekt der Verräumlichung involviert und konnten, als es begann einen lähmenden Effekt auf ihre wichtigsten soziologischen Grundannahmen und Prinzipien zu zeigen, dieses nicht einfach beiseite schieben. Viele empfanden, dass die Verräumlichung der Gesellschaftstheorie zu weit ging und entsprechend gezügelt werden musste.

Die prominenteste Figur, die diese soziologische Gegenbewegung anführte, war Peter Saunders, dessen Arbeit *Social Theory and the Urban Question* (1981, zweite Auflage 1986) einen exzellenten und umfassenden Überblick über die geschichtliche Entwicklung von Stadt- und Raumtheorie bietet. David Harvey hat seine Position, als er die disintegrativen Einflüsse der Verräumlichung auf bestehende theoretische Annahmen der Gesellschaftswissenschaften (siehe oben) bemerkte, anhand von Saunders erster Auflage von *Social Theory and the Urban Question* deutlich gemacht:

Es wundert deshalb wenig, dass Saunders (1981: 278) in einem jüngeren Versuch die Stadtsoziologie vor solch einem hässlichen Schicksal zu bewahren, einen außergewöhnlichen Vorschlag anbietet, für den keinerlei Rechtfertigung zu finden ist, weder in seinem Buch noch überhaupt, dass nämlich „die Probleme des Raums [...] von Anliegen betreffs sozialer Prozesse abgetrennt werden müssen".

In der zweiten Auflage wird Saunders nach einem detaillierten Überblick über die aktuellen Arbeiten marxistischer Geograph/inn/en noch deutlicher. In der Zusammenfassung eines Kapitels, in dem es explizit darum geht eine „nicht-räumliche Stadtsoziologie" zu entwerfen, schreibt Saunders:

Seit den Arbeiten von Robert Park zu Beginn dieses Jahrhunderts haben Stadtsoziolog/ inn/en theoretische Ansätze entwickelt, die durch das Beharren darauf, diese mit der Frage von Raum zu verbinden, untergraben wurden. Es ist an der Zeit, diese theoretische Zwangsjacke loszuwerden. Es ist an der Zeit, Raum an seinen Platz zu setzen und als einen kontingenten Faktor zu verstehen, auf den man sich bei empirischen Untersuchen bezieht, statt als einen essentiellen Faktor zu verstehen, den es in allgemeinen Begriffen zu theoretisieren gilt. Es ist an der Zeit für eine stadtsoziologische Theorie einen anderen Fokus auf einzelne Aspekte der sozialen Organisation von Raum zu entwickeln, statt zu versuchen eine sinnlose Betonung der räumlichen Organisation von Gesellschaft aufrechtzuerhalten.

Es ist also an der Zeit eine nichträumliche Stadtsoziologie zu entwickeln, die zwar die empirische Bedeutung räumlicher Anordnungen anerkennt, aber nicht versucht diesen Anordnungen den Status eines eigenen theoretischen Objekts zu geben. (Saunders 1986: 287f.)

Saunders ist zur rechten Zeit zur Stelle, um Raum wieder an seinen alten Ort zu bringen und einmal mehr das traditionelle Feld der Modernen Soziologie zu verfestigen. Indem Saunders die Stadtsoziologie eines theoretischen Objekts entledigt, das mit Raum zu tun hat, in diesem Fall die Stadt, kommt er einer vollständigen Auflösung der Stadtsoziologie gefährlich nahe. Am Ende rutscht er zurück in eine „Soziologie des Konsums" als dem entscheidenden Fokus von theoretischen und substantiellen Fragen und behält dabei das Attribut „Stadt" nur aus „Konvention", einem Mittel die „intellektuelle Kontinuität des Feldes" (Saunders 1986: 289) zu erhalten.

Die Debatte um die „Besonderheit des Städtischen", die Frage ob bestimmte städtische soziale und räumliche Formen ein angemessenes Objekt von Theorie sein können, war unter den Geograph/inn/en, Soziolog/inn/en und Politökonom/inn/en, die in den 1970er Jahren begonnen hatten, eine neue kritische Vorstellung von kapitalistischer Urbanisierung zu entwickeln, immer eine Quelle von Unklarheit und Meinungsverschiedenheiten. Einen großen Anteil an dieser Verwirrung hatte die fragwürdige Konzeptionalisierung der „städtischen Frage", die Manuel Castells, der einflussreichste marxistische Soziologe diese Gruppe, vorlegte. Auf der einen Seite kritisiert Castells die Überbestimmung des Städtischen von der Chicagoer Schule bis zu deren vermeintlichem linken Ausläufer Henri Lefebvre und behauptet es gäbe keine spezifische städtische Problematik. Im Städtischen einen besonderen „way of life" zu sehen, sei eine ideologische Nebelwand, die die größeren gesellschaftlichen Probleme, die sich in Städten ausdrücken aber epistemologisch und politisch nicht auf diese beschränkt sind, verschleiere. Auf der anderen Seite benennt Castells das Städtische immer wieder als ein theoretisches Objekt, indem er seinen Blick auf die städtischen Politiken von kollektiver Konsumtion und die Mobilisierung bestimmter städtischer sozialer Bewegungen richtet. Während Castells sich vielleicht aus dieser epistemologischen Falle befreien könnte, fällt Saunders zurück in einen hoffnungslosen Versuch „intellektuelle Kontinuität" und eine nominale Integrität der Stadtsoziologie zu erhalten.

Die Debatte über die Besonderheit des Städtischen war mehr als eine Übung in erkenntnistheoretischer Gymnastik. Von Anfang an stellte dies einen disziplinären Konflikt zwischen einer linken Soziologie und der marxistischen Geographie über die Verräumlichung von Gesellschaftstheorie dar und darüber, wieweit die Wiederbehauptung von Raum gehen dürfte. Castells' althusserianischer Mischmasch in Bezug auf die Frage des Städtischen lenkt von den weitergehenden Annahmen Lefebvres ab, der, weit davon entfernt das Städtische zu fetischisieren, ein allgemeineres Argument entwickelte. Soziale Kämpfe, seien sie städtische oder andere, sind heute immer Kämpfe um die soziale Produktion von Raum und eine möglicherweise revolutionäre Antwort auf die Instrumentalität und ungleiche Entwicklung der spezifischen Geographie des Kapitalismus. In anderen Worten, die städtischen sozialen Bewegungen und Kämpfe um kollektive Konsumption, die in dem, was ich gerne „spätmoderne" linke Soziologie nenne, so wichtig wurden, sind als Teil einer größeren räumlichen Problematik in der Entwicklung des Kapitalismus zu verstehen.

In den 1980er Jahren gab es in dieser älteren Diskussionen einige neue Wendungen. Marxistische Geographen wie Harvey, Smith und andere überwanden ihre früheren Ambivalenzen und beteiligten sich daran einen veränderten historisch-geographischen Materialismus zu entwickeln. Dies war ein viel weitreichenderes Projekt als der vorherige Ruf nach einer verräumlichten städtischen politischen Ökonomie. Das Projekt wurde, wie schon beschrieben, unterstützt und erhalten von einer Reihe von „Außenseiter/inne/n", und die Debatten um die Bedeutung von Raum für die Gesellschaftstheorie und sozialen Praktiken wurden weiter verbreitet als je zuvor. Für die aktuelle Diskussion wichtiger waren neue Stimmen, die aus der modernen Soziologie heraus laut nach einer Einfügung von Raum ins Zentrum von Gesellschaftstheorie riefen. Die nervtötenden Geograph/inn/en konnten noch immer als obsessive, in ihr eigenes „Leder" vernarrte Raumfetischist/inn/en beiseite geschoben werden. Soziolog/inn/en wie Anthony Giddens, John Urry und der räumlich wiedererwachte Manuel Castells waren etwas anderes.

Castells jüngeren Arbeiten stellen im Vergleich mit seinen früheren Beiträgen aus der Sicht der angloamerikanischen Stadtsoziologie zwei deutliche Wenden dar. Die erste kommt von der Aufweichung seiner Haltung gegenüber Henri Lefebvre und einer größeren Bereitschaft die Bedeutung einer eigenständigen Problematik des Räumlichen für das Verständnis von städtischer Politik und Soziologie anzuerkennen. Der immer ungreifbare Castells bringt diese Wende zwar nicht zu Ende, aber das folgende Zitat aus *The City and the Grass Roots* (1983: 4) deutet eine größere Bereitschaft an, das Projekt Lefebvres auszunehmen:

Raum ist keine „Reflektion von Gesellschaft", er *ist* Gesellschaft. [...] Räumliche Formen werden deshalb, zumindest auf unserem Planeten, wie alle anderen Objekte durch menschliches Handeln produziert. Diese drücken die Interessen der herrschenden Klasse entsprechend einer bestimmten Produktionsweise und Entwicklung aus und führen sie aus. Sie drücken Machtbeziehungen des Staats in einer historisch bestimmten Gesellschaft aus und setzen sie durch. Sie werden realisiert und geformt durch den Prozess geschlechtlicher Dominanz und die staatlich durchgesetzte Familie. Zur gleichen Zeit sind räumliche Formen von Widerstand ausgebeuteter Klassen, unterdrückter Subjekte und beherrschter Frauen gekennzeichnet. Die Arbeit eines solchen widersprüchlichen historischen Prozesses wird auf einer bereits ererbten räumlichen Form ausgeführt, die Produkt früherer Geschichte und Stütze neuer Interessen, Projekte, Proteste und Träume ist. Von Zeit zu Zeit schließlich entstehen soziale Bewegungen, welche die Bedeutung räumlicher Strukturen herausfordern und bemüht sind neue Funktionen und Formen auszuprobieren.

Castells wird zwar der postmodernen Behauptung nicht gerecht, dass es heute eher der Raum als die Zeit, eher die Geographie als die Geschichte sei, die die Konsequenzen vor uns verbirgt, aber er scheint dieser Möglichkeit zumindest offener gegenüberzustehen, als er es einmal tat.

Castells zweite Wende ist ebenfalls kein vollständiger Richtungswechsel, aber sie läuft ebenso gegen das, was in der Regel als Kern seiner stadtsoziologischen Arbeiten beschrieben wird. Sie stammt von einem wiederbelebten Interesse an industrieller Produktion und Technologie und deren Effekte auf den Prozess der Urbanisierung. Castells ist an dieser Stelle Teil einer größeren Bewegung in den aktuellen Stadt- und Regionalwissenschaften und der marxistischen Geographie. Diese Bewegung ist weniger eine Absage an die wichtige Bedeutung kollektiver Konsumption als vielmehr die Anerkennung, dass zuerst die Dynamiken industrieller Produktion und Restrukturierung verstanden werden müssen, bevor wir die Politiken und Soziologie des Konsums theoretisch und praktisch verstehen können. Castells könnte behaupten, dass es dies sei, was er die ganze Zeit sagte, und jene, die seinen „Konsumismus" kritisieren, an seine früheren Werke über städtische Industrialisierung erinnern (z.B. Castells/Godard 1974). Aber er betreibt dies mit erneuertem Enthusiasmus und neuer Einsicht (Castells 1985) an der Seite einer Gruppe postfordistischer, wenn nicht sogar postmoderner, an Industrie und Produktion orientierter Geograph/inn/en (z.B. Scott/ Storper 1986).

Saunders versucht hartnäckig die provozierenden *spatial turns* von Giddens und Urry, die Wenden von Castells und die Versuche von marxistischen Geograph/inn/ en einen historischen und geographischen Materialismus zu schaffen, abzuwehren, indem er sich an die „theoretisch realistische" Philosophie der Sozialwissenschaften wendet, die Urry mitentwickelte (Keat/Urry 1982), auf die sich Giddens stark bezieht und die der Geograph Andrew Sayer sorgfältig festgeschrieben hat (1984). Saunders benutzt seinen neu entdeckten theoretischen Realismus, um „Raum an seinen Ort zu setzen", eher als einen kontingenten Faktor, der in empirischen Untersuchungen anzusprechen ist, und weniger als essentiellen Teil sozialwissenschaftlicher Theorie. Damit hat er den soziologischen *Backlash* mit einer größeren philosophischen und methodologischen Debatte verbunden, welche die Postmodernisierung der marxistischen Geographie mitgestaltete.

Der Einfluss des theoretischen Realismus (Bhaskar 1975; 1979; Harre 1970; Harre/Madden 1975) auf die Wiederbehauptung von Raum in den Sozialwissenschaften ist vielseitig und weitreichend. Mit seiner flexiblen Synthese aus Strukturalismus und Hermeneutik, seinem Bestehen darauf, dass Gesellschaftstheorie und soziale Praxis in Zusammenhang von Zeit und Raum gesetzt werden müssen, und seiner Übernahme der marxistischen Auffassung von Praxis, während der Marxismus gleichzeitig einer „zeitgenössischen" Kritik unterzogen wurden, schien es als böte der theoretische Realismus einen fast idealen epistemologischen Rahmen für eine postmoderne Humangeographie. Hätte es diesen nicht gegeben, man hätte ihn erfinden müssen. In die Raumdiskurse der 1980er Jahre aber war er mit einer gewissen störenden

Ambivalenz eingetreten, die der Entwicklung einer kritischen Theorie des Raums sowohl hinderlich als auch nützlich war.

Im den 1980er Jahren hat die realistische Philosophie die systematischsten und einflussreichsten Arbeiten zur Relevanz von Raum für die Gesellschaftstheorie inspiriert, insbesondere über die Strukturationstheorie von Anthony Giddens. Ebenso hat sie, insbesondere durch die Arbeiten von Sayer (1982; 1984; 1985), eine eingeschränkte Gegenbewegung provoziert, die davon ausgeht, dass Marx, Weber, Durkheim und andere Recht damit hatten dem Raum in ihren abstrakten theoretischen Arbeiten wenig Aufmerksamkeit zu schenken, denn der „Unterschied den Raum macht", sei nur auf der Ebene des Konkreten und Empirischen relevant. Der angemessene Weg, den die (post-marxistische?) Geographie nehmen muss, ist deswegen in erster Linie ein empirischer, der die größeren Debatten, ob in Form von Raum-Zeit Strukturation oder historisch-geographischem Materialismus, hinter sich lässt. Mehr als jedes andere Ereignis half diese realistische Gegenbewegung – angetrieben wurde dieser Schritt zurück zur Empire von der Ratlosigkeit der Linken nach den Siegen von Ronald Reagan und Margaret Thatcher – dabei den Konsens in der neuen marxistischen Geographie zu spalten.

Einer der Effekte dieser Implosion war, dass ein reaktionärer soziologischer Rückschlag gegen marxistische Geographie ermutigt wurde, dem zahlreiche ehemalige marxistische Geograph/inn/en mit einem einfachen *mea culpa* beitraten. Ein anderer Effekt war ein strategischer Rückzug, der von David Harvey angeführt wurde, um das Projekt des historisch-geographischen Materialismus am Leben zu erhalten und gegen die wachsenden anti-theoretischen (und oft anti-marxistischen) Angriffe zu schützen. Konfrontationen zwischen diesen unnachgiebigen Positionen wurden durch eine wachsende Unsicherheit darüber, wer eigentlich auf welcher Seite steht, erschwert, füllten damit die Seiten von *Antipode* und *Society and Space* und absorbierten damit wahrscheinlich große Teile der Energie der Beteiligten[20].

Glücklicherweise begannen in jüngster Zeit Anzeichen für eine erneuerte postmoderne Humangeographie aus diesen fortdauernden „spätmodernen" Auseinandersetzungen aufzuscheinen. Diese zieht ihre Inspiration weiterhin aus der emanzipatorischen Rationalität des Westlichen Marxismus, kann aber nicht weiter auf dessen Umrisse beschränkt bleiben, ebenso wie sie nicht in den Grenzen der Modernen Geographie verbleiben kann. Sie kann wahrscheinlich am besten als eine flexible Spezialisierung beschrieben werden, um sich eines Begriffs aus aktuellen Forschungen zur post-

---

20 Man denke insbesondere an die Flut erbitterter Kommentare, die von Saunders und Williams (1986) angezettelt wurde mit ihrer kruden Hetze gegen die angebliche marxistisch-realistische Orthodoxie, von der die Autoren behaupten, er hätte sich der britischen Stadt- und Regionalplanung bemächtigt. David Harveys Antwort auf diesen persönlichen Angriff wurde zusammen mit einer Reihe von weitgehend selbstbezüglichen Reaktionen in *Society and Space* publiziert (Harvey u.a. 1987).

fordistischen industriellen Organisation und Technologie zu bedienen. Flexible Spezialisierung am Arbeitsplatz der kritischen Humangeographie bedeutet einen Widerstand gegen paradigmatische Einschlüsse und starr kategoriales Denken; es bedeutet die Fähigkeit Dinge kreativ zu verbinden, von denen in der Vergangenheit angenommen wurde, dass sie gegensätzlich/unvereinbar seien; die Rückweisung totalisierender „Grundlogiken", die uns Scheuklappen aufsetzt; die Suche nach neuen Wegen, die empirische Welt zu interpretieren und die Schichten ideologischer Mystifikation wegzuwischen. Dies beinhaltet eine zeitweilige Aufhebung eines erkenntnistheoretischen Formalismus, um es neuen Verbindungen von Geschichte und Geographie zu erlauben sich dialektisch und pragmatisch, ohne die Bürde der Vorurteile der Vergangenheit, aber dennoch auf dem Feld der Praxis zu entwickeln und zu erproben.

Diese entstehende postmoderne kritische Humangeographie muss weiterhin auf einer radikalen Dekonstruktion aufbauen, einem Ergründen des Schweigens in den Texten, Erzählungen und intellektuellen Landschaften der Vergangenheit. Sie muss versuchen die Bedeutung von Raum in die Geschichte und den historischen Materialismus wieder einzuschreiben. Räumliche Dekonstruktion zielt darauf die „Wandteppiche" der Vergangenheit zu wenden, um Terry Eagletons Worte zu benutzen (Eagleton 1986: 80), und das zerzauste Durcheinander der Fäden, die die Geschichte des kritischen Denkens durchziehen, freizulegen. Diese Aufgabe hat gerade erst begonnen und traf bereits auf harten Widerstand, insbesondere von denen, die Foucault als die „anhänglichen Nachfahren der Zeit" bezeichnet hat. Räumliche Dekonstruktion muss deshalb flexibel genug sein, die reaktionären Vorstöße des Historizismus abzuwehren und simplizistische Verteidigungen von Anti-Geschichte zu vermeiden, oder schlimmer einen ebenso verschleiernden Spatializismus zu bilden. Die Aufgabe ist es weiterhin eine politisch aufgeladene historische Geographie, eine raum-zeitliche Perspektive auf Gesellschaft und soziales Leben zu entwickeln, nicht ein Wiederauferstehen eines geographischen Determinismus.

Dekonstruktion allein reicht dafür jedoch nicht aus, egal wie gründlich das kritische Schweigen freigelegt wird. Sie muss begleitet werden von einer zumindest vorläufigen Rekonstruktion, die auf den politischen und theoretischen Nöten der Gegenwart basiert und in der Lage ist alle räumlichen Maßstabsebenen moderner Macht, „von den großen Strategien der Geopolitik bis zu den kleinen Taktiken des Wohnens", um sich wieder Foucaults zu bedienen, zu umspannen. Diese rekonstruierte kritische Humangeographie muss an die emanzipatorischen Kämpfe all jener angeschlossen werden, die durch die besondere Geographie des Kapitalismus (des real existierenden Sozialismus natürlich auch) marginalisiert und unterdrückt werden. Und sie muss besonders an die Besonderheiten des aktuellen Restrukturierungsprozesses und der entstehenden Regimes „flexibler" Akkumulation und sozialer Regulation angeschlossen werden, nicht so sehr um das neue empirische Können zu zeigen, sondern um einen Beitrag zu einem emanzipatorischen postmodernen Widerstand zu leisten.

Flexible Spezialisierung ist eine notwendige Begleiterscheinung dieser strategischen Rekonstruktion kritischer Humangeographie, egal ob sie sich auf die Interpretation neuer Technologien und restrukturierter Organisationsformen postfordistischer politischer Ökonomie bezieht, die kulturelle Logik der Postmoderne in Kunst und Ideologie oder die ontologischen Auseinandersetzungen einer posthistorizistischen kritischen Theorie. Diese drei Wege von Verräumlichung und möglicher räumlicher Praxis müssen als vereinbare und nicht als konkurrierende Felder und Blickwinkel verbunden werden. Ähnlich darf die neue Lust am Empirischen, selbst unter dem Vorwand der politischen Praktikabilität, theoretische Debatten und Diskussionen nicht ausgrenzen, da es nichts praktischeres als eine gute räumliche Theorie gibt.

Flexible Dekonstruktion und Rekonstruktion ist nicht einfach, da sie nicht nur mit einem „spätmodernen" Widerstand auskommen, sondern ebenso mit einem wachsenden neokonservativen Postmodernismus umgehen muss, der gegenwärtig seine Muskeln spielen lässt und die Debatten darüber monopolisiert, was getan werden muss, um die Herausforderungen einer neuen Moderne zu meistern. Der neokonservative Postmodernismus benutzt Dekonstruktion, um noch mehr verdunkelnde Schleier über die Instrumentalität der Restrukturierung und Verräumlichung zu legen und reduziert sowohl die Geschichte als auch die Geographie auf eine bedeutungslose Laune und Pastiche (oder letztlich wieder eine „Faktizität"), um die Postmoderne als die beste aller möglichen Welten zu feiern. Opposition gegen diese Restrukturierung wird als Extremismus präsentiert, allein die Hoffnung auf Widerstand bekommt den Beigeschmack des Absurden. Marxismus wird nur mit Totalitarismus gleichgesetzt, linker Feminismus wird zur Dekonstruktion der Familie, die Anti-Atombewegung und radikale Umweltschützer/innen zu Maschinenstürmer/inne/n, welche die Jobmaschine der segenreichen Hochtechnologie zerstören, sozialistische Programme werden zu anachronistischen Versionen unerreichbarer Utopien, die dummerweise nicht mit dem unendlich formbaren Kapitalismus harmonieren. Das Ende der Moderne wird fröhlich verkündet, als ob die Schaffung einer emanzipatorischen und widerständigen postmodernen politischen Kultur unmöglich wäre, als ob die Probleme, die von den verschiedenen modernen Bewegungen aufgegriffen wurden, verschwunden wären und sich in Luft aufgelöst hätten.

Die Entwicklung einer kritischen politischen Kultur der Postmoderne wird es damit nötig machen über den rigorosen Empirismus hinauszugelangen, der wissenschaftliches Verständnis impliziert, aber zu oft politische Bedeutung verschleiert. Ebenso gilt es über einen simplen Anti-Marxismus hinauszukommen, der im Angesicht von dessen aktueller Schwächen und Lücken alle Einsichten des historischen Materialismus zurückweist; über die disziplinäre Selbstgefälligkeit einer überholten akademischen Arbeitsteilung, die verzweifelt versucht sich an die alten Gewissheiten zu klammern und auch über eine marxistische Geographie, die annimmt, dass ein historisch geographischer Materialismus allein dadurch geschaffen würde, dass man ein zweites

Adjektiv einfügt. Eine neue Form des „kognitiven Kartierens" muss entwickelt werden, eine neue Art durch die Schleier von sowohl reaktionärem Postmodernismus
als auch spätmodernem Historizismus zu blicken, um die Schaffung eines politisierten räumlichen Bewusstseins und einer radikalen räumlichen Praxis zu ermutigen.
Die wichtigsten postmodernen Geographien gilt es noch zu schaffen.

Übersetzung: Boris Michel

Doreen Massey

Politik und Raum/Zeit[1]

„Raum" steht heute ganz weit oben auf der Tagesordnung. Auf der einen Seite hört man ständig von verschiedensten Seiten, dass Raum gegenwärtig eine besonders große Bedeutung zukäme: „Es ist der Raum, nicht die Zeit, der Konsequenzen vor uns verbirgt" (Berger); „Der Unterschied, den der Raum macht" (Sayer); „Die neue Räumlichkeit in der Postmoderne" (Jameson); „Es ist eher der Raum als die Zeit, der die besondere Bedeutung des aktuellen Kapitalismus ausmacht" (Urry); und „alle Sozialwissenschaften müssen einer zunehmend geographischen Konzeption der Menschheit einen Platz einräumen" (Braudel). Selbst Foucault wird zunehmend mit seinen gelegentlichen Gedanken über die Bedeutung des Räumlichen zitiert. In seiner Berliner Vorlesung von 1967 heißt es unzweideutig: „Ich glaube also, dass die heutige Unruhe grundlegend den Raum betrifft – jedenfalls viel mehr als die Zeit." In anderen Zusammenhängen ist die Bedeutung des Räumlichen und der damit verbundenen Konzepte metaphorischer. In Debatten um Identität spielen die Begrifflichkeiten von Raum, Lage, Position und Ort eine wichtige Rolle. Homi K. Bhabha setzt sich in Diskussionen um kulturelle Identität für die Vorstellung eines „Dritten Raums" ein. Jameson, der sich mit etwas konfrontiert sieht, das er als die globale Irritation der Postmoderne bzw. die „Disorientierung des gesättigten Raums" bezeichnet, spricht sich für eine Übung im „kognitiven Kartieren" aus. Und in seinen eigenen, ganz anderen Reflektionen über die „neue Revolution unserer Zeit" benutzt Laclau die Begriffe „zeitlich" und „räumlich" als wichtigste Unterscheidungsmerkmale zwischen verschiedenen Systemen der Konzeptionalisierung sozialer Beziehungen.

In mancher Hinsicht kann dies jemanden, die lange als „Geographin" gearbeitet hat, nur sehr freuen. Auf einmal sind die Fragen und die Konzepte (oder zumindest die Begriffe), die lange den Kern unserer Diskussionen ausmachten, auch für eine umfassendere und breitere soziale und politische Debatte wichtig. Und dennoch fühle ich mich inmitten der Genugtuung unbehaglich angesichts der Art und Weise, in der diese Begriffe von Einigen benutzt werden. Ich möchte hier nur einem Aspekt dieses Vorbehalts gegen manche der gegenwärtigen Verwendungen räumlicher Terminologien nachgehen: der (oft impliziten) Konzeption des Begriffs „Raum" selbst.

Teilweise entstammen diese Bedenken in Bezug darauf, was der Begriff „Raum" meinen soll, einfach der Vielfalt der verwendeten Definitionen. Zahlreiche Autor/inn/en vertrauen stark auf die Begriffe „Raum"/„räumlich", und jede/r geht davon aus, dass ihre Bedeutung eindeutig und unbestritten ist. Dennoch variiert die von verschiedenen Autor/inn/en unterstellte Bedeutung stark (und im Fall des metapho-

---

1 Anm. d. Hrsg.: Dieser Beitrag erschien 1992 unter den Titel *Politics and Space/Time* in der Zeitschrift *New Left Review* H. 196.

rischen Gebrauchs damit die Wichtigkeit der Metapher). Vergraben unter diesen uneingestandenen Unstimmigkeiten liegt eine Debatte, die nie an die Oberfläche tritt. Sie tritt nie an die Oberfläche, weil alle davon ausgehen, dass wir bereits wissen, was diese Begriffe bedeuten. Henri Lefebvre äußert sich auf den ersten Seiten von *The Production of Space*, zu genau diesem Phänomen: Der Tatsache, dass Autor/ inn/en, die sich in vielen Bereichen hervorragender logischer Strenge rühmen, daran scheitern, einen Begriff zu definieren, der für ihre Argumentation eine zentrale Rolle spielt. „Auffallend nur durch ihre Abwesenheit ist in angeblich fundamentalen epistemologischen Arbeiten [...] die Idee des Raums, und das obgleich 'Raum' auf jeder Seite erwähnt wird" (Lefebvre 1991: 3). Zumindest eine Debatte über die Bedeutung dieses viel gebrauchten Begriffs sollte es doch geben.

Wäre das jedoch alles, wäre ich sicherlich nicht so verärgert, dass ich einen Artikel darüber schreiben würde. Aber das Problem liegt tiefer. Unter den vielen widersprüchlichen Definitionen von Raum, die sich aktuell in der Literatur finden, gibt es einige – und sehr machtvolle –, die diesen der Politik und der Möglichkeit von Politik entziehen. Im Endeffekt entpolitisieren sie den Bereich des Räumlichen. Keineswegs gilt dies für alle Autor/inn/en. Viele beziehen sich etwa auf Begriffe wie „Zentrum"/ „Peripherie"/„Rand" und untersuchen beispielsweise die „Politik der Lage" [*politics of location*]. Dabei denken sie Räumlichkeit in einer aktiven und hochpolitischen Art und Weise. Doch für andere ist Raum der Bereich der Abwesenheit von Politik.

Gerade weil räumliche Begrifflichkeiten so oft unerklärt gebraucht werden, ist letztere Verwendung oft nicht unmittelbar erkenntlich. Dies ging mir beim Lesen eines Satzes von Ernesto Laclau in *New Reflection on the Revolution of Our Time* auf. „Politik und Raum" schreibt er, „sind widersprüchliche Begriffe. Politik existiert nur insofern, als sich uns das Räumliche entzieht." (Laclau 1990: 68)[2] Für jemanden, die als Geographin seit Jahren gemeinsam mit anderen für eine dynamische und politisch progressive Vorstellung des Räumlichen streitet, ist dies natürlich eine Provokation!

Da meine eigenen Überlegungen durch Laclaus Buch angeregt wurden, und da das Herausschälen der impliziten Definitionen ein genaues Lesen notwendig macht (was die Zahl der in Frage kommenden Autor/inn/en beschränkt), nimmt dieser Artikel die *New Reflections* als Ausgangspunkt. Aber wie ich deutlich machen werde, wird die von Laclau benutzte und den Raum entpolitisierende, implizite Definition von zahlreichen anderen Autor/inn/en geteilt. In einer einfacheren Version findet sie sich etwa in der Debatte über das Wesen des Strukturalismus und dient in vielen Texten als impliziter Bezugspunkt. Außerdem wird sie in einigen zentralen Bereichen von Autor/inn/en wie Fredric Jameson geteilt, dessen Ansätze sich auf einer anderen Ebene stark von denen Laclaus unterscheiden.

---

2   Dank an Ernesto Laclau für die vielen langen Diskussionen während des Schreibens dieses
    Artikels.

Grob zusammengefasst versteht Laclau unter Raum einen Bereich des Stillstands. Im Bereich des Räumlichen gibt es keine Zeitlichkeit und damit keine Möglichkeit von Politik. Auf diese Lesart und meine Kritik daran konzentriere ich mich im ersten Teil der Diskussion. Gleichwohl weckt der Bereich des Räumlichen in anderen Teilen der Debatte über das Wesen der gegenwärtigen Epoche, und insbesondere in Bezug auf die „Postmoderne", ganz andere Assoziationen als diejenigen, die Laclau ihm zuschreibt. Jameson beschreibt die postmodernen Zeiten als in erster Linie durch die besondere Bedeutung des Räumlichen charakterisiert und interpretiert diesen in Begriffen einer irritierenden Vielfältigkeit: Raum ist chaotische Oberflächlichkeit (Jameson 1991). Das ist zwar das Gegenteil von Laclaus Beschreibung; und dennoch ist auch Jamesons Formulierung eine, die das Räumliche von aller politischen Bedeutung befreit.

Zu Beginn muss noch angemerkt werden, dass dieser Artikel nur Aspekte jenes komplexen Bereichs ansprechen wird, der mit dem Räumlichen bezeichnet wird. Unter anderem Lefebvre hat darauf bestanden, nicht nur die Rolle dessen, was man unter dem Begriff der „Geometrie" von Raum fassen kann, sondern ebenso gelebte Praktiken und die symbolische Bedeutung von bestimmten Räumen und Verräumlichungen zu beachten. Ohne dem widersprechen zu wollen gilt die Konzentration hier dennoch dem Blick auf Raum als - wie ich es provisorisch nennen will - „einer Dimension". Das Argument ist, dass die verschiedenen Weisen, diesen Aspekt „des Räumlichen" zu konzeptionalisieren sehr unterschiedliche Ausgangspunkte (oder in manchen Fällen überhaupt keine Ausgangspunkte) für die Politisierung von Raum bieten. Klar ist jedenfalls, dass die Frage der Konzeptionalisierung von Raum mehr als nur von technischem Interesse ist. Raum ist eine der Achsen entlang derer wir die Welt erfahren und konzeptionalisieren.

Raum und Zeit

Wie zu erwarten, offenbart ein Blick in die Literatur eine Reihe unterschiedlicher Verwendungen und Bedeutungen des Begriffs „Raum". Aber es gibt eine Eigenheit dieser Bedeutungen, die besonders weit verbreitet ist. Dies ist ein Verständnis, das Raum, in der einen oder anderen Weise, als Stillstand und als absoluten Gegensatz zur Zeit definiert. Laclau, für dessen ganze Argumentation der Gegensatz zwischen dem, was er zeitlich, und dem, was er räumlich nennt, einen Schlüssel darstellt, verwendet eine hochkomplexe Version dieser Definition. Er verbindet die Vorstellungen von Zeit und Raum mit zwei entgegen gesetzten Methoden, soziale Systeme zu verstehen. In *New Reflexions on the Revolution of Our Time* postuliert er: „jede Wiederholung, die einem Strukturgesetz der Abfolge gehorcht, ist Raum" (Laclau 1990: 41) und „Räumlichkeit bedeutet die Koexistenz in einer Struktur, welche die Positivität all ihrer Begriffe begründet" (ebd.: 69). Hier wird jede postulierte Kausalstruktur als „räumlich" bezeichnet, die geschlossen und selbstreferentiell ist. Das bedeutet nicht, dass sich eine solche „räumliche" Struktur nicht ändern kann. Das mag sie können, aber ihre zentrale Eigenschaft besteht darin, dass alle Ursachen jedweder Veränderung nur interne Ursachen sein können. In dieser Sicht kann es im Bereich des Räumlichen keine Überraschungen geben (vorausgesetzt wir sind analytisch gut ausgerüstet). Im Gegensatz zu dem geschlossenen und selbstreferentiellen System des Räumlichen nimmt Zeit (oder Zeitlichkeit) für Laclau die Form der Dislokation an, eine Dynamik, welche die festgelegten Begriffe jedes Systems unterbricht. Weil dem Räumlichen die Dislokation fehlt, ist in ihm keine Möglichkeit der Politik enthalten.

Das ist eine entschieden andere Unterscheidung zwischen Zeit und Raum als jene, die einfach Veränderung mit der totalen Abwesenheit von Bewegung kontrastiert. In Laclaus Version kann es Bewegung und Veränderung in einem so genannten räumlichen System geben. Was es nicht geben kann, ist reale Dynamik im Sinne einer Veränderung der Begriffe des „Systems" selbst (welches deswegen nie einfach als ein kohärentes geschlossenes System verstanden werden kann). Es wird, in anderen Worten, eine Unterscheidung zwischen verschiedenen Typen dessen postuliert, was normalerweise Zeit genannt wird. Auf der einen Seite gibt es eine Zeit, die einem geschlossenen System inhärent ist, wo sich Dinge nur ohne wirkliche Veränderung ändern können. Auf der anderen Seite gibt es eine wirkliche Dynamik, die Erhabene Historische Zeit. In ersterer findet sich die zyklische Zeit, die Zeit der Reproduktion, die Art, in der eine bäuerliche Gesellschaft (so Laclau 1990: 42) sich selbst gegenüber dem Kreislauf der Jahreszeiten und der Drehung der Erde repräsentiert. Zum Teil gibt es „eingebundene Zeit", die Zeit, in der unser alltägliches Leben stattfindet (z.B. Rustin 1987). Diese Zeiten, so Laclau, diese Art von „Zeit", ist Raum.

Laclaus Argument besteht darin, dass das, mit dem wir uns in der Welt unweigerlich konfrontiert sehen, „zeitliche" (das bedeutet dislokalisierte) Strukturen sind: Dislokation ist intrinsisch und es ist diese wesenhafte Offenheit, welche die Möglichkeit von Politik schafft. Jeder Versuch die Welt „räumlich" zu repräsentieren, einschließlich auch der Welt des physischen Raums, ist ein Versuch diese Dislokation zu ignorieren. Raum steht in dieser Begrifflichkeit für Repräsentation und jeden (ideologischen) Versuch der Schließung. „Gesellschaft ist also unrepräsentierbar: Jede Repräsentation – *und deshalb jeder Raum* – ist kein Versuch, etwas über Gesellschaft auszusagen, sondern einer sie zu konstituieren" (Laclau 1990: 82, Hervorhebung D.M.). In diesen Begriffen kann es reine Räumlichkeit nicht geben: „Das endgültige Misslingen jeder Hegemonialisierung [Verräumlichung nach Laclau] bedeutet, dass das Reale – einschließlich des physikalischen Raums – in letzter Instanz zeitlich ist" (ebd.: 42); oder anders „die mythische Natur jedes Raums" (ebd.: 68). Das bedeutet nicht, dass das Räumliche unwichtig ist. Das ist weder der strittige Punkt, noch ist es Laclaus Absicht. Vielmehr wird von ihm das „Räumliche" selbst als das Ideologisch/Mythische, als Teil des Sozialen und als konstitutiv für dieses begriffen: „Und insofern das Soziale ohne bestimmte Bedeutungsfixierungen, ohne den Diskurs der Schließung unmöglich ist, muss das Ideologische als konstitutiv für das Soziale begriffen werden (ebd.: 92)[3]. Die Frage ist hier nicht die nach der relativen Wichtigkeit des Zeitlichen und des Räumlichen, sondern die nach ihrer Definition. Denn durch diese Logik und die Verbindung von Ideen mit Zeitlichkeit und Räumlichkeit gelangt Laclau zur Entpolitisierung des Raums. „Fangen wir an", schreibt Laclau, „indem wir drei Dimensionen der für unsere Analyse wichtigen Beziehung der Dislokation identifizieren. Die *erste* ist, dass Dislokation Zeitlichkeit schlechthin ist. Zeitlichkeit muss als das genaue Gegenteil von Raum wahrgenommen werden. Die 'Verräumlichung' eines Ereignisses bedeutet die Aufhebung seiner Zeitlichkeit." (ebd.: 41, Hervorhebung D.M.)

Die zweite und dritte Dimension der Beziehung der Dislokation (siehe oben) treibt die Logik einen Schritt weiter: „Die *zweite* Dimension ist, dass Dislokation [die, man erinnere sich, die Antithese zum Räumlichen ist] die Möglichkeit schlechthin ist", und „die *dritte* Dimension ist, dass Dislokation die Freiheit schlechthin ist. Freiheit ist die Abwesenheit von Determinierung" (ebd.: 42; 43, Hervorhebung D.M.). Das lässt den Bereich des Räumlichen als ein wenig versprechendes Terrain der Politik erscheinen. Es mangelt diesem an Dislokation, der Möglichkeit (in Form von Zeitlichkeit) schlechthin, die gleichzeitig die „Möglichkeit der Freiheit schlechthin ist". Innerhalb des Räumlichen gibt es nur Determinierung und deswegen keine Möglichkeit von Freiheit und Politik.

Laclaus Beschreibung des Räumlichen ist jedoch eine verhältnismäßig anspruchsvolle Variante einer viel allgemeineren Vorstellung von Raum und Zeit (oder Räumlichkeit und Zeitlichkeit). Es ist eine Vorstellung, in der die beiden binär gegeneinander gesetzt werden, und in der die Zeit dasjenige ist, das eine Rolle spielt und in dem die Geschichte gemacht wird. Die Zeit schreitet voran, während der Raum Starrheit und Verharren ist, in dem nichts wirklich geschieht. Es scheint mir, dass diese Vorstellung von Raum und dem Bereich des Räumlichen in mancherlei Hinsicht fragwürdig ist. Drei Aspekte sollen hier genauer untersucht werden, die gerade wegen ihrer Verschiedenheit und wegen des unterschiedlichen Lichts, das sie jeweils auf die Probleme dieser Sichtweise werfen, ausgewählt wurden. Der erste bezieht sich auf die Debatten, die in den letzten zwei Jahrzehnten in der *Radical Geography* stattgefunden haben, der zweite untersucht diese Bedenken ausgehend von der Frage nach Geschlecht und der dritte Aspekt geht von der Physik aus.

---

3 In diesem Sinne könnte natürlich eingewandt werden, dass Laclaus Raum „politisch" ist, weil jede Repräsentation politisch ist. Aber das trifft nur in dem Sinne zu, dass *verschiedene* Räume oder verschiedene „kognitiven Kartographien" (Jameson) verschiedene politische Einstellungen ausdrücken können. Jeder Raum und damit jedes Konzept von Raum bleibt dabei weiterhin durch Schließung und Stillstand charakterisiert, so als enthielte es keine Vorstellung einer offenen und kreativen Möglichkeit politischen Handelns. Raum ist der Bereich des Diskurses der Schließung und der Fixierung von Bedeutung.

Radical Geography

In den 1970er Jahren erlebte die Geographie das, was Perry Anderson in dem Aufsatz *A Culture in Contraflow* (Anderson 1990) für andere Sozialwissenschaften beschrieben hat. Die zuvor hegemoniale positivistische „Raumwissenschaft" wurde zunehmend von einer neuen Generation marxistischer Geograph/inn/en herausgefordert. Die Diskussionen drehten sich darum, wie „das Verhältnis zwischen Raum und Gesellschaft" zu begreifen sei. Um die Debatte zu karikieren, kann man sagen, dass die Raumwissenschaftler/innen eine autonome Sphäre des Raums und der Räumlichkeit postuliert hatten, in der „räumliche Beziehungen" und „räumliche Prozesse" räumliche Verteilungen hervorbrachten. Die Geographie der Industrie wurde beispielsweise einfach als das Resultat von „geographischen Standortfaktoren" interpretiert. Im Gegenzug dazu besagte die marxistische Kritik, dass all diese sogenannten räumlichen Verhältnisse und räumlichen Prozesse in Wirklichkeit soziale Verhältnisse seien, die eine bestimmte geographische Form annehmen. Die Geographie der Industrie, behaupteten wir deshalb, kann nicht verstanden werden, ohne zuvor die Ökonomie und grundlegende gesellschaftliche und politische Prozesse verstanden zu haben. Der Aphorismus der Siebziger war „Raum ist ein soziales Konstrukt". Das heißt (auch wenn dies vielleicht damals nicht deutlich genug gemacht wurde): Raum wird durch soziale Verhältnisse und soziale Praktiken konstituiert.

Aber auch dies stellte sich bald als eine unzureichende Beschreibung der sozialen/räumlichen Beziehungen heraus. Während es sicherlich richtig ist anzunehmen, dass Raum sozial konstruiert ist, legt die einseitige Formulierung nahe, dass geographische Formen und Verteilungen lediglich das Ergebnis, der Endpunkt sozialer Erklärungen seien. Geograph/inn/en wären damit die Kartograph/inn/en der Sozialwissenschaften und würden die Ergebnisse von Prozessen kartieren, die nur von anderen Disziplinen wie der Soziologie oder der Ökonomie erklärt werden können. Das was Geograph/inn/en aufzeichnen - die räumliche Form des Sozialen - wäre interessant, aber nicht mehr als ein Endprodukt: es hätte keine materiellen Folgen. Abgesehen von den erniedrigenden Folgen für die Geographie trifft dies auch einfach nicht zu. Die Ereignisse, die in den 1980er Jahren um uns herum stattfanden, die massiven sowohl inner-, als auch internationalen räumlichen Restrukturierungen, die zentraler Bestandteil sozialer und ökonomischer Veränderungen waren, machten auf die eine oder andere Weise klar: „Geographie ist von Gewicht". Damit trat zum Aphorismus der 1970er Jahre, dass Raum sozial konstruiert ist, in den 1980er Jahren die andere Seite der Medaille hinzu, dass auch das Soziale räumlich konstruiert ist. Und das macht einen Unterschied. In anderen Worten und in der weitestgehenden Formulierung heißt das, dass Gesellschaft notwendigerweise räumlich konstruiert ist, und dass diese Tatsache - die räumliche Organisation von Gesellschaft - relevant dafür ist, wie diese funktioniert.

Wenn aber die räumliche Organisation relevant dafür ist, wie Gesellschaft funktioniert und wie sie sich verändert, dann sind Raum und Räumlichkeit, statt ein Bereich der Erstarrung zu sein, in die Produktion von Geschichte verwickelt und damit (entgegen Laclau) potentiell politisch. Das war kein ganz neuer Gedanke. Henri Lefebvre vertrat eine ähnliche Position, als er 1974 schrieb: „Der Raum der kapitalistischen Akkumulation entstand langsam und wurde im Folgenden ausgebaut. Dieser Prozess wird bewundernd Geschichte genannt und sein Antrieb wird in allen möglichen Faktoren, dynastischen Interessen, Ideologien, Interessen der Mächtigen, der Formierung von Nationalstaaten, demographischem Druck und so weiter gesehen. Dies ist der Weg zu einem endlosen Analysieren und Suchen von Daten und Ereignisketten. Kann Raum, so sehr er der Ort all dieser Chronologien ist, nicht ebenso ein Erklärungsprinzip sein, das mindestens genauso annehmbar ist wie jedes andere?" (Lefebvre 1991: 275)

Diese weite Position – dass das Soziale und das Räumliche untrennbar sind, und dass die räumliche Form kausal auf das Soziale einwirkt – wird in Geographie und Soziologie zunehmend akzeptiert (z.B. Massey 1984; Gregory/Urry 1985; Soja 1989/ z.T. in diesem Band) – auch wenn es noch immer einige gibt, die widersprechen, und manche Gruppen, so scheint es, noch nicht einmal mitbekommen haben, dass eine solche Debatte stattfindet (beispielsweise erwähnt Anderson sie in seiner Untersuchung nicht)[4]. Für die, die mit der Debatte vertraut sind, und die in ihr einen wichtigen Schritt in Richtung einer Politisierung des Räumlichen sehen, scheint die Formulierung von Raum als einem statischen Ergebnis ohne Effekte – egal ob in simpler oder, wie in der von Laclau, komplexerer Variante – ein großer Rückschritt zu sein. Dennoch, so zeigt sich im Rückblick, müssen auch die Debatten innerhalb der *Radical Geography* erst noch die volle Tragweite der Implikationen erfassen, die ihre eigenen Konzepte von Raum mit sich bringen.

Die Frage des Geschlechts

Es gibt aber auch noch ganz andere Bedenken, die gegen den eingangs vorgestellten Blick auf Raum vorgebracht werden können, und die über die Debatte innerhalb der *Radical Geography* hinausgehen. Einige diese Bedenken drehen sich um Fragen des Geschlechts.

An erster Stelle geht es um die Art und Weise, Raum und Zeit in Form eines dichotomen Dualismus zu entwerfen. Es ist weder die Feststellung einer Differenz (A, B, ...)

---

4 Die hier vertretene Auffassung ist eine andere als die, dass „das Räumliche" in der gegenwärtigen Epoche von besonderer Bedeutung sei. Die Auseinandersetzung über das Wesen der Postmoderne ist bezüglich ihrer historischen Charakteristika eine empirische. Die Diskussion in der Geographie betraf eine grundsätzliche Auseinandersetzung über des Wesen von Erklärung und die Rolle von Raum darin.

noch ein Dualismus, der durch eine Analyse der Wechselbeziehungen zwischen den definierten Objekten konstruiert wird (Kapital : Arbeit). Es ist eine Dichotomie, die in Begriffen der Anwesenheit und Nicht-Anwesenheit spezifiziert wird; ein Dualismus, der die klassische Form von A/nicht-A annimmt. Wie erwähnt lautet eine von Laclaus Formulierungen einer Definition: „Zeitlichkeit muss als das genaue Gegenteil von Raum wahrgenommen werden" (1990: 41). Jenseits aller Vorbehalte, die in diesem besonderen Fall gegen diese Vorstellung von Raum und Zeit hervorgebracht werden können (und zu denen wir später kommen), wurde die Denkweise, die auf unvereinbare Dichotomien dieser Art angewiesen ist, in letzter Zeit umfassend kritisiert. Alle Bedingungen dieses Typus von Oppositionen, mit dem zu arbeiten wir so gewohnt sind (Geist-Körper; Natur-Kultur; Vernunft-Emotion; usw.), so wurde kritisiert, sind im Kern problematisch und ein Hindernis sowohl zum Verständnis als auch zur Veränderung der Welt. Ein großer Teil dieser Kritik kam von Feministinnen (Flax 1983; Harding/ Hintikka 1983; Lange 1983; Flax 1990; Hartsock 1990).

Diese Argumentation enthält zweierlei. Erstens (und hier weniger relevant) wird gesagt, dass diese Weise der Konzeptionalisierung in westlichen Gesellschaften und generell in Gesellschaften, in denen Kindererziehung überwiegend von Mitgliedern eines Geschlechts (Frauen) ausgeübt wird, eher typisch für Männer als für Frauen ist. Dies ist eine Position, die in erster Linie auf Ansätzen der Objektbeziehungstheorie zur Identitätsbildung beruht. Zweitens jedoch, und das ist von direkter Bedeutung für das hier vertretene Argument, wurde behauptet, dass diese Art des dichotomen Denkens zusammen mit der Vielzahl von Dualismen, die diese Form annehmen (wir werden uns einige davon weiter unten genauer ansehen), mit der Konstruktion der radikalen Unterscheidung zwischen den Geschlechtern in unserer Gesellschaft, den diesen zugeordneten Charakteristika, und den zwischen ihnen bestehenden Machtverhältnissen verbunden ist. Daran anschließend untersucht Nancy Jay in einem Aufsatz mit dem Titel *Gender and Dichotomy* die sozialen Bedingungen und Konsequenzen des Gebrauchs logischer Dichotomie (Jay 1981). Es geht ihr nicht darum, dass logische Dichotomie und radikale Geschlechterdifferenzen miteinander verbunden sind, sondern allgemeiner, dass solche Arten der Differenzkonstruktion im Sinne bestimmter (dominanter) gesellschaftlicher Gruppen funktionieren. Sie schreibt,

dass fast jede Ideologie, die auf A/nicht-A Dichotomien basiert, Veränderungen effektiv unterbindet. Jene, deren Verständnis von Gesellschaft durch eine solche Ideologie bestimmt ist, finden es sehr schwer die Möglichkeit einer alternativen Form sozialer Verhältnisse (dritte Möglichkeiten) zu erfassen. In solchem Denken ist die einzige Alternative zu dieser *einen* Ordnung die der Unordnung. (Jay 1981: 54)

Genevieve Lloyd legt in ihrer umfassenden Geschichte von „männlich" und „weiblich" in der westlichen Philosophie unter dem Titel *The Man of Reason* nicht nur dar, dass eine solche dichotome Vorstellung und – wozu wir später kommen – die Bevorzugung eines Begriffs in einem Dualismus gegenüber dem anderen für die Formulierung vieler Konzepte, mit der die westliche Philosophie arbeitet, zentral ist. Darüber hinaus zeigt sie, dass diese dichotome Vorstellung auf die Konzeptionalisierung einer bestimmten Form von radikaler Unterscheidung zwischen männlichem und weiblichem Geschlecht angewiesen ist und zugleich funktional für diese Unterscheidung ist (Lloyd 1984). Jay vertritt die Auffassung, dass „versteckte und als selbstverständlich angenommene, A/nicht-A Unterscheidungen gefährlich sind und es wegen ihrer besonderen Affinität mit Geschlechterunterschieden für feministische Theorie wichtig ist, diese systematisch zu erkennen" (Jay 1981: 47). Mein Argument ist, dass die hier zur Debatte stehende Definition von „Raum" und „Zeit" genau diese Form hat und allein aus diesem Grund eine weitere kritische Untersuchung gerechtfertigt ist.

Aber es gibt noch einen weiteren Punkt. Bei dieser Art von Konzeptionalisierung wird nur einer der Begriffe (A) positiv definiert. Der andere Begriff (nicht-A) wird nur in Beziehung zu A und als ein Mangel an A wahrgenommen. Eine gründliche Lektüre der aktuellen Literatur, die Begriffe von Raum und Zeit verwendet, und die diese Form der Konzeptionalisierung anwendet, lässt keinen Zweifel daran, dass es die Zeit ist, die in der Position von „A" wahrgenommen wird, und dass der Raum „nicht-A" ist. Wieder und wieder wird Zeit durch Dinge wie Veränderung, Bewegung, Geschichte, Dynamik definiert, während der im Vergleich dazu recht lahme Raum als die Abwesenheit dieser Dinge definiert wird. Das hat zwei Aspekte. Erstens bedeutet diese Definition, dass Zeit und die mit ihr verbundenen Eigenschaften die primären Bestandteile von beidem, Raum und Zeit, sind; Zeit ist der Knotenpunkt, der privilegierte Signifikant. Und zweitens bedeutet dies, dass Raum durch Abwesenheit, durch Mangel definiert wird. Das ist eindeutig bei den einfachen (und oft impliziten) Definitionen (Zeit = Veränderung/Bewegung, Raum = Mangel an all diesen Dingen). Doch es lässt sich auch vertreten, dass dies auch bei komplexeren Definitionen wie der von Laclau der Fall ist. Wenn es bei Laclau in einem formalen Sinne auch das Räumliche ist, welches das Vollständige ist, und das Zeitliche, das durch Mangel markiert ist (die Abwesenheit von Repräsentation, die Unmöglichkeit von Schließung), verbindet der Aufbau des ganzen Arguments in Wirklichkeit Raum mit Negativität und Abwesenheit. Denn „Zeitlichkeit muss als das genaue Gegenteil von Raum wahrgenommen werden. Die 'Verräumlichung' eines Ereignisses bedeutet die Aufhebung von dessen Zeitlichkeit" (Laclau 1990: 41).

Nun wird in der aktuellen westlichen Kultur oder in bestimmten ihrer dominanten Theorien „Frau" ebenfalls in Begriffen des Mangels definiert. Auch ist es, wie wir sehen werden, keine reine Zufälligkeit, dass Raum und das Weibliche oft in Begriffen von Dichotomien definiert werden, in denen sie meist als Nicht-A erscheinen. Es gibt eine ganze Reihe von Dualismen, deren Begriffe in der Regel mit Zeit und Raum verbunden werden. Mit Zeit verbunden sind bedeutungsschwere Begriffe: Geschichte, Fortschritt, Zivilisation, Wissenschaft, Politik und Vernunft. Auf der anderen Seite sind mit Raum die Gegenpole dieser Konzepte verbunden: Starre, („einfache") Reproduktion, Nostalgie, Emotion, Ästhetik, der Körper. Alle diese Dualismen fallen in der Weise, in der sie gebraucht werden, unter die oben genannten Kritik an Dichotomien: Das Problem wechselseitiger Ausschließlichkeit und die daraus folgende Verarmung beider Begriffe. Andere Dualismen, die sich auf jenem von Zeit und Raum abbilden lassen, ließen sich hinzufügen. Jameson beispielsweise verbindet, wie eine Reihe anderer Autoren vor ihm, dieses Begriffspaar mit dem von Transzendenz und Immanenz, wobei er ersteres mit dem Zeitlichen und Immanenz mit dem Räumlichen assoziiert. In der Tat sind sich Jameson und Laclau in diesem, trotz all ihrer anderen Unterschiede, sehr ähnlich. Laclaus Unterscheidung zwischen der geschlossenen, zyklischen Zeit der einfachen Reproduktion (räumlich) und der entgrenzten, sich verändernden Geschichte (zeitlich), selbst wenn letztere nicht zwangsläufig eine Fortschrittsbewegung darstellt, ist genau dieses. Jameson, der in der Gegenwart die Tendenz bedauert, die er als eine zur Immanenz und zur Flucht vor der Transzendenz bezeichnet, schreibt von „einer Welt ohne Transzendenz und ohne Perspektive [...] und ohne Plan in einem traditionellen Sinne, da alle Auswahl gleich weit entfernt und auf der selben Ebene läge" (1991: 269). In dieser Welt, so glaubt er, geht der Sinn des Zeitlichen verloren und der Bereich des Räumlichen wird vorherrschend.

Wie bereits mehrfach angedeutet, weisen diese Dualismen, die so leicht aufeinander verweisen, auch auf die konstruierte Dichotomie von männlich und weiblich hin. Zu Rousseaus Vorstellung von der Frau als potentieller Quelle der Unordnung, die durch die Vernunft gezähmt werden müsse, über Freuds berühmte Behauptung, dass die Frau der Feind der Zivilisation sei, zu den zahlreichen nachfolgenden Analysen und Kritiken solcher „offensichtlicher" Dualismen, ihrer Verbindungen miteinander und ihrer Konnotationen mit männlich und weiblich, liegt mittlerweile eine umfangreiche Literatur vor (z.B. Dinnerstein 1987; le Doeuff 1991; Loyd 1984). In diesem System von miteinander verbundenen Dualismen wird Raum weiblich kodiert. „'Transzendenz' ist von seinem Ursprung her eine Transzendenz *des* Weiblichen" schreibt beispielsweise Lloyd (1984: 101). Diese Regel gilt sogar dort, wo die Umsetzung zwischen den Dualismen ein Element der Inkonsistenz hat. Wo Zeit gleich Dynamik, Dislokation und Geschichte ist und Raum Starre, ist Raum weiblich und negativ kodiert. Wo aber Raum als Chaos erscheint (von dem sich denken ließe, dass es etwas ganz anderes als Starre ist, eher wie Dislokation), ist Zeit Ordnung ... und Raum ist immer noch weiblich kodiert, nur in diesem Kontext verstanden als bedrohlich.

Elisabeth Wilson analysiert in ihrem Buch *The Sphinx in the City* das Feld letzterer Konnotationen (Wilson 1991). Die ganzen Vorstellungen, die mit dem Begriff von Stadtkultur verbunden sind, schreibt sie, wurden in Bezug auf Männer entwickelt. In diesem Kontext stellen Frauen in zweierlei Hinsicht eine Bedrohung dar. Zunächst ist da die Tatsache, dass wir in der Metropole, jenseits der ebenfalls anwesenden Gefahren, freier sind, der strengen patriarchalen Kontrolle zu entkommen, die in kleineren Gemeinschaften so mächtig sein kann. Zweitens und daran anschließend: „Frauen erging es in der westlichen Vision der Stadt deswegen so schlecht, weil es schien, als repräsentierten sie Unordnung. Es gibt eine Angst vor der Stadt als dem Bereich unkontrollierter und chaotischer sexueller Freiheiten und die strenge Kontrolle von Frauen in Städten erschien als notwendig, um diese Gefahren zu vermeiden." (Wilson 1991: 157) „Frauen repräsentieren Gefühle, Sexualität und Chaos, Männer hingegen Rationalität und Kontrolle" (ebd.: 87). Unter den männlichen modernen Autoren des frühen 20. Jahrhunderts, schreibt sie, war - mit Ausnahme von Joyce - die herrschende Antwort auf die wachsenden Städte, diese als bedrohlich wahrzunehmen, während moderne Autorinnen (Woolf, Richardson) eher deren Energie und Lebendigkeit bejubelten. Die männliche Antwort war vielleicht mehrdeutiger, aber sie stellte sicherlich eine Mischung aus Faszination und Angst dar. Es lässt sich hier eine interessante Parallele zu dem Gefühl von Panik inmitten der allgemeinen Heiterkeit ziehen, das einige Autoren bezüglich dessen beschleicht, was sie als die unverständliche (und deswegen unerträgliche) Komplexität der Postmoderne begreifen. Es ist dies eine Unverständlichkeit, die beharrlich in räumlichen Begriffen ausgedrückt wird. Dies ist der Fall, wenn als Grund des Ganzen eine neue (neu erscheinende) Raum-Zeit-Verdichtung, ein neues Verhältnis von Global und Lokal oder das Verschwinden von Grenzen ausgemacht wird, oder durch die Interpretation der Gegenwart als einer Zeit, deren innewohnender Charakter räumlicher ist als der vergangener Epochen. Bei Jameson werden diese beiden Positionen zusammengebracht, und er zeigt dieselbe Ambivalenz. Er schreibt von dem „Horror der Vielheit" (Jameson 1991: 363), von den „Fäden des Netzes, die sich über meine 'Situation' hinausspannen, hinein in die unvorstellbare Gleichzeitigkeit anderer Menschen" (ebd.: 362). Es ist schwer der Idee zu widerstehen, dass Jamesons schwindelnder Schrecken (eine Formulierung die er selbst häufig verwendet) angesichts der Komplexität der heutigen Welt (wahrgenommen als sozial aber ebenso als räumlich) vieles mit der Nervosität moderner Männer angesichts der großen Stadt vor rund hundert Jahren gemein hat.

Es ist wichtig klar zu machen, um was es hier bei der Beziehung zwischen Raum/Zeit und Geschlecht geht. Es wird nicht gesagt, dass diese Art Raum zu charakterisieren essentiell männlich ist, es gibt keine Essentialismen von männlich und weiblich. Das Argument ist stattdessen, dass die dichotome Charakterisierung von Raum und Zeit, zusammen mit dem ganzen Feld anderer Dualismen und Konnotationen, die kurz erwähnt wurden, die Konstitution - unter anderem - von Männlichkeit und Weiblichkeit, in der sexistischen Gesellschaft in der wir leben, sowohl reflektiert, als auch Teil von ihr ist. Es wird nicht behauptet, dass Raum einfach eine neue Priorität erhalten soll, um den gleichen oder einen höheren Status als Zeit zu erhalten. Letzterer Punkt ist wichtig, da es eine Reihe von Beiträgen in der jüngeren Debatte gegeben hat, die behaupten, dass insbesondere in modernen (einschließlich marxistischen) Ansätzen Zeit als wichtiger angesehen wurde. Edward Soja hat dies insbesondere in

Postmodern Geographies ausführlich und überzeugend deutlich gemacht (Soja 1989/
z.T. in diesem Band)[5]. Die Geschichte des Marxismus in der Geographie - vermeint-
lich *die* Raumwissenschaft -, die weiter oben geschildert wurde, weist in dieselbe
Richtung. In einem ganz anderen Kontext hat Terry Eagleton in seiner Einleitung zu
Kristin Ross' *The Construction of Social Space* geschrieben, dass „Ross sicherlich
Recht hat mit der Behauptung, das diese Idee [das Konzept von Raum] auf kritische
Theoretiker/innen wesentlich weniger Anziehungskraft ausübte als die offensichtlich
dynamischeren und berauschenden Vorstellungen von Erzählung und Geschichte
(Ross 1988: xii). Es ist interessant darüber zu spekulieren, in welchem Maße diese
Abwertung selbst Teil des Systems von Geschlechterkonnotationen ist. Ross selbst
schreibt: „Die Schwierigkeit ist auch eine der Vokabeln, da Wörter wie 'geschichtlich' und 'politisch' eine Dynamik von Intentionalität, Vitalität und menschlichen
Motivationen befördern, während auf der anderen Seite 'räumlich' mit Starre, Neu-
tralität und Passivität konnotiert ist" (Ross 1988: 8). In ihrer Analyse von Rimbauds
Dichtung und deren Verbindung zur Pariser Kommune gibt sie sich die größte Mühe
diesem negativen Blick auf Räumlichkeit zu begegnen. (Jameson argumentiert bezüglich der ehemaligen Bevorzugung von Zeit sicherlich in eine ähnliche Richtung, aber
sein Anliegen ist das genaue Gegenteil von Ross' und Sojas. Ihm geht es darum an
dieser Bevorzugung festzuhalten.)

Es geht hier nicht darum, sich für eine Aufwertung des Status von Raum innerhalb der Begriffe des alten Dualismus auszusprechen - ein Projekt, das aufgrund der
bestehenden Begriffe dieses Dualismus sicherlich sehr schwierig wäre -, sondern sich
dafür einzusetzen, dass die Formulierung von Raum/Zeit in Begriffen einer solchen
Dichotomie überwunden wird. Dasselbe wurde von Feministinnen häufig in Bezug
auf andere Dualismen gefordert, besonders deutlich wahrscheinlich - wegen der Debatte
über die Texte von Simone de Beauvoir - beim Dualismus von Transzendenz und
Immanenz. Als Beauvoir schrieb, „der Entwurf des Mannes ist nicht, sich in der Zeit
zu wiederholen, sondern über den Augenblick zu herrschen und die Zukunft zu
schmieden. Die männliche Aktivität hat dadurch, dass sie Werte geschaffen hat, die
Existenz selbst als Wert gesetzt; sie hat über die verworrenen Kräfte des Lebens den
Sieg davongetragen; sie hat die Natur und die Frau unterjocht" (Beauvoir 1968: 73),
sie hat genau die Unterscheidung zwischen Zyklizität und „wirklicher Veränderung"
gemacht, die nicht nur für die klassische Unterscheidung zwischen Immanenz und
Transzendenz zentral ist, sondern ebenso Teil dessen ist, wie Laclau zwischen dem
unterscheidet, was er räumlich und zeitlich nennt. De Beauvoirs These war, dass Frauen
nach der Transzendenz greifen sollten. Eine spätere Generation von Feministinnen
behauptete hingegen, dass das Problem gerade diese Unterscheidung selbst ist. Die
hier vertretene Position ist, dass die zwei Dualismen (Immanenz/Transzendenz und

---

5   vgl. die Kritik von Gregory (1990)

Raum/Zeit) verbunden sind, und dass das über den ersteren Gesagte auch auf den letzteren zutrifft. Die folgende Kritik, der Blick der Physik, soll einige Hinweise darauf bieten, wie diese Reformulierung aussehen könnte.

Der Blick der Physik

Die hier kritisierte Konzeption von Raum und Zeit läuft auch den Vorstellungen von Raum und Zeit in den Naturwissenschaften entgegen, insbesondere jenen der Physik. Im Prinzip mag das unwichtig sein; es ist äußerst ungewiss, ob Parallelen zwischen der Physik und den Sozialwissenschaften gezogen werden sollen, und in der Tat gibt es darüber weiterhin Debatten in der Physik. Der Punkt ist jedoch, dass der oben dargestellte Blick auf Raum und Zeit zumindest als eine seiner Wurzeln eine – wenn auch implizit – der Physik entnommene Vorstellung hat. Das Problem ist jedoch, dass es eine veraltete ist.

Der Standpunkt, der etwa von Laclau eingenommen wird, entspricht dem Standpunkt der klassischen, Newton'schen Physik. In der klassischen Physik existieren Raum und Zeit unabhängig voneinander, ebenso wie Objekte das tun. Objekte wiederum existieren vor ihren Interaktionen und beeinflussen einander durch Kraftfelder. Der/ die Beobachter/in ist der beobachteten Welt enthoben. In der modernen Physik hingegen wird die Identität von Dingen erst *durch Interaktionen konstituiert*. Während in der modernen Physik Geschwindigkeit, Beschleunigung usw. definiert sind, sind es die grundlegenden ontologischen Kategorien wie Raum und Zeit nicht. Vom Standpunk unserer Frage ist noch bedeutsamer, dass in der modernen Physik die physikalische Realität als eine „vierdimensionale Existenz statt [...] der Entwicklung einer dreidimensionalen Existenz" (Stannard 1989: 35) wahrgenommen wird. „Entsprechend Einsteins Theorie [...] sind Raum und Zeit nicht als getrennte Entitäten zu denken, die unabhängig voneinander existieren – ein dreidimensionaler Raum und eine eindimensionale Zeit. Stattdessen besteht die zugrunde liegende Realität aus einer vierdimensionalen Raum-Zeit" (ebd.). Hinzu kommt noch, dass auch die/der Beobachter/in ebenfalls Teil der beobachteten Welt ist.

Es ist sinnvoll eine kurze Pause einzulegen und einige Punkte zu verdeutlichen. Der erste ist, dass das Argument hier nicht in Richtung einer Auflösung der Unterschiede zwischen so etwas wie einer räumlichen und einer zeitlichen Dimension zielt. Das wäre sicherlich nicht das, was die moderne Physik behauptet. Vielmehr geht es darum, dass Raum und Zeit unentwirrbar miteinander verbunden sind. Es ist nicht so, dass wir überhaupt keine Unterscheidung zwischen den beiden treffen können, aber die Unterscheidung, die wir treffen, muss beide innerhalb eines Konzeptes von Vierdimensionalität in einer Spannung halten. Der zweite Punkt bezieht sich darauf, dass die Definitionen von Raum und Zeit selbst als ein Ergebnis dieser Verknüpfung entwickelt werden müssen. Das bedeutet, dass es nicht sein kann, Raum einfach als Nicht-

Zeit zu definieren. Es muss eine positive Definition von Raum ebenso wie eine von Zeit geben. Raum darf nicht auf eine Position zurückgeworfen werden, in der er in Begriffen der Abwesenheit und des Mangels beschrieben wird. Das bedeutet aber auch, dass es, wenn die positiven Definitionen von Raum und Zeit in einer Wechselbeziehung stehen, keine absolute Dimension Raum geben kann. Die Existenz des Räumlichen hängt mit den Beziehungen von Objekten zusammen: „Damit ‚Raum' entstehen kann, braucht es zumindest zwei Partikel" (ebd.: 33). Das ist letztlich nichts anderes als das, was allgemein – selbst in den Sozialwissenschaften – behauptet wird, dass Raum nämlich nicht absolut ist sondern relational. Das Problem scheint an diesem Punkt zu sein, dass die Implikationen dieser Position nicht mit an Bord genommen wurden.

Es scheint zunächst, als gäbe es hier einige Ähnlichkeiten mit Laclaus Verwendung des Räumlichen, da seine Definition sich auf Formen sozialer Interaktion bezieht. Wie wir jedoch gesehen haben, benennt er sie (oder die Konzepte von ihnen) nur dann als räumlich, wenn sie ein geschlossenes System bilden, in dem es einen Mangel an Dislokation gibt, die einen Ausweg aus der postulierten (aber unmöglichen) Schließung schaffen kann. Eine solche Verwendung des Begriffs ist sicherlich metaphorisch. Was sie zeigt, sind die mit den Begriffen „Raum" und „räumlich" verbundenen Konnotationen. Es wird nicht direkt von „dem Räumlichen" gesprochen. Aber um Laclaus Verwendung etwas detaillierter aufzunehmen: an einer Reihe von Punkten präsentiert er, wie wir gesehen haben, Definitionen von Raum in Begriffen möglicher (oder wie er sagen würde unmöglicher) Kausalstrukturen. „Jede Wiederholung, die einem Strukturgesetz der Abfolge gehorcht, ist Raum" (Laclau 1990: 41) oder „Räumlichkeit bedeutet die Koexistenz in einer Struktur, welche die Positivität all ihrer Begriffe begründet" (ebd.: 69). Meine Frage an all diese und ähnliche Definitionen, sowohl bei Laclau als auch darüber hinaus (etwa in der Debatte über die angebliche „Räumlichkeit" des Strukturalismus) lautet: „Wer sagt das?" Ist diese Aussage nicht eine reine Behauptung? Laclau stimmt darin zu, dass er die Möglichkeit einer real existierenden reinen Räumlichkeit im Sinne einer unbeweglichen und unveränderlichen Starre zurückweist. Eine weitere Frage müsste deshalb sein: „Warum dann es behaupten?" Oder genauer: Warum es als „Raum" bezeichnen? Wie wir gerade gesehen haben, wird eine Antwort, die von einer absoluten räumlichen Dimension ausgeht, nicht funktionieren. Eine alternative Antwort könnte darin bestehen, dass diese ideale reine Räumlichkeit, die nur als Diskurs/Mythos/Ideologie existiert, eine (falsch eingeschätzte) Metapher ist. In diesem Falle ist Raum in der Tat durch Wechselbeziehungen definiert – das ist sicherlich kein „absoluter Raum", die unabhängig existierende Dimension –, und diese Wechselbeziehungen sind die eines geschlossenen Systems sozialer Verhältnisse, eines Systems außerhalb dessen es nichts gibt und in dem nichts das intern regulierte Funktionieren verändern (temporalisieren) wird. Dann aber wäre meine Frage: Warum es „Raum" nennen? Der Gebrauch des Begriffs „räumlich" würde als rein metaphorisch erscheinen. Insofern solche

Systeme bestehen – und sogar insofern sie nur als ein Ideal postuliert werden –, können sie in keinem Sinne nur räumlich *sein* oder nur im Raum existieren. Sie selbst *konstituieren eine* bestimmte Form von Raum-Zeit[6].

Als Metapher läuft Laclaus Formulierung dem, was ich als Raum und das Räumliche verstehe – und weiter unten erläutern möchte – entgegen. „Jede Wiederholung, die einem Strukturgesetz der Abfolge gehorcht"? Aber *gehorcht* Raum denn in dieser Weise? Wie oben dargestellt wurde, haben sich linke Geograph/inn/en in den 1970er Jahren heftig gegen eine Vorstellung von einem „Bereich des Räumlichen" gewehrt, einem Bereich, der implizit und explizit von einer Reihe damals dominanter Fachleute behauptet wurde, von mathematisierenden „Regionalwissenschaftlern" bis zu Daten-Fundamentalisten, die mit wilden Regressionskoeffizienten bewaffnet waren, in denen es räumliche Prozesse, räumliche Gesetzmäßigkeiten, und rein räumliche Erklärungen gab. In Bezug auf die Ursächlichkeit wurde von jenen unter uns, die solche Positionen angriffen, behauptet, dass das Räumliche extern determiniert wird. Eine Formulierung wie jene von Laclau führt uns wegen der kausalen Konnotationen, die sie mit den Worten „Raum"/„räumlich" verbindet, gut zwei Jahrzehnte zurück. Oder was ist mit der zweiten von Laclaus Definitionen? Dass das Räumliche „die Koexistenz in einer Struktur [bedeutet], welche die Positivität all ihrer Begriffe begründet"? Was wäre mit dem Paradox von Gleichzeitigkeit und dem Chaos von zufälliger Nebeneinanderstellung, die, wie wir unten zeigen werden (und wie Jameson es sieht), integrales Charakteristikum von relationalem Raum sind?

Auf diese Weise wird jede Starre (beispielsweise eine selbstregulierende strukturelle Kohärenz, die zu keinerlei Veränderungen außerhalb ihrer selbst führen kann) „Raum"/„räumlich" genannt. Aber, außer der vorherigen Definition von Raum als Mangel an (dieser Art von) verändernder Dynamik *und* der Annahme, dass alles, dem es an (dieser Art von) Dynamik mangelt, Raum sei, gibt es keinerlei Grund dafür.

---

6 Eine alternative Erklärung, warum solche Strukturen als „räumlich" bezeichnet werden, steht in Verbindung mit der weit reichenden Frage (auch wenn sie selten gestellt wird), warum strukturalistisches Denken, oder bestimmte Teile davon, oft als räumlich bezeichnet werden. Da solche Strukturen als statisch und als nicht-dynamische Systeme angesehen werden, gelten sie als nicht-zeitlich. Sie sind statisch und damit mangelt es ihnen an einer zeitlichen Dimension. Deshalb werden sie reflexartig „räumlich" genannt. Da ersteres manchmal als zeitlich wahrgenommen wird, wird dessen Gegenteil automatisch als räumlich beschrieben (wenn auch nicht von Laclau, für den bestimmte Formen von Diachronie auch „räumlich" sein können, vgl. Laclau 1990: 42). Das bringt uns aber zurück zur Kritik eines Konzepts von Raum in den Begriffen der Abwesenheit von Zeitlichkeit. A-Zeitlichkeit ist keine ausreichende oder befriedigende Definition des Räumlichen. Dinge können statisch sein, ohne räumlich zu sein. Die Annahme, dass alles, dem es an einer transformativen Dynamik mangelt, Raum sei, kann nicht in positiven Begriffen formuliert werden. Während eine bestimmte Gleichzeitigkeit räumliche Charakteristika haben kann, bedeutet das nicht, dass dies eine ausreichende Definition von Raum und Räumlichkeit selbst ist.

Warum bleibt man nicht bei Definitionen, die sich auf das Wesen der Strukturen selbst beziehen, statt die Begriffe „Raum" (und „Zeit") in solch metaphorischer Weise zu benutzen? Jenseits der größeren Klarheit hätte dies den entscheidenden Vorteil, dass es uns frei gestellt bliebe ein positiveres Konzept von Raum zu behalten (oder vielleicht eher, zu entwickeln).

Ein Konzept von Raum und Zeit in der Art der modernen Physik wäre in der Tat mit Laclaus allgemeinerem Ansatz durchaus vereinbar. Der Kern seiner radikalen Historizität besteht darin, dass „jeder Versuch Zeit zu verräumlichen letztlich scheitert und Raum selbst ein Ereignis wird" (Laclau 1990: 84). Räumlichkeit ist in diesem Sinne unmöglich. „'Artikulation' [...] ist die primäre ontologische Ebene der Konstitution des Realen" schreibt Laclau (ebd.: 184). Das ist eine sehr wichtige Feststellung, der ich zustimme. Ich richte mich hier nicht gegen Laclau, sondern fordere nur, dass genau die Argumentation und Konzeptionalisierung, die er auf den Rest der Welt anwendet, auch auf Raum und Zeit angewandt werden sollte. Die Beziehungen zwischen Objekten werden nicht *im* Raum und *in der* Zeit sichtbar, es sind vielmehr diese Beziehungen selbst, die Raum und Zeit *schaffen und definieren* (Stannard 1989: 33).

Es ist natürlich nicht nötig, dass die Sozialwissenschaften bei solchen Konzeptionalisierungen einfach den Naturwissenschaften folgen[7]. Dennoch tendieren die hier untersuchten Konzepte von Raum und Zeit dazu, wenn auch nur implizit, sich an Versionen anzulehnen, die der Physik entstammen. Doch handelt es sich dabei um eine Sichtweise, die theoretisch überholt ist. Aber selbst in der Physik ist es möglich verschiedene Konzepte oder Theorien für verschiedene Aufgaben zu verwenden. Newtons Physik eignet sich noch immer sehr gut, um eine Brücke zu bauen. Außerdem gibt es zwischen verschiedenen Teilen der Physik weiterhin Debatten. Mir geht es hier darum deutlich zu machen, dass die gesellschaftlichen Fragen, vor denen wir zur Zeit stehen – gleich ob die postmoderne Welt der Hochtechnologie oder Fragen

---

7   Gleichwohl haben auch die Sozialwissenschaften mit dem physischen Raum zu tun. Alle materiellen Phänomene, einschließlich der sozialen Phänomene, sind räumlich. Jede Definition von Raum muss auf seine Eigenschaften bezüglich Ausdehnung, Exklusivität, dem Nebeneinander etc. Bezug nehmen. Darüber hinaus schaffen/definieren die Beziehungen zwischen den Phänomenen nicht nur Raum-Zeit. Die Positionierung der Phänomene in den auf diese Weise geschaffenen Dimensionen von Raum und Zeit ermöglicht die Beziehungen selbst bzw. schränkt sie ein. Deshalb ist es für die Sozialwissenschaften *notwendig*, mit Konzepten des physischen Raums zumindest vereinbar zu sein – auch wenn ein sozialwissenschaftliches Konzept auch weitere Eigenschaften haben kann. Die Implikationen für den 'natürlichen' Raum – der physischen Geographie – sind ganz ähnlich. Denn, wie Laclau betont, auch der physische Raum ist zeitlich und daher in seiner eigenen Terminologie nicht räumlich: „das Reale – einschließlich des physischen Raums – ist in ultimativer Hinsicht zeitlich" (1990: 41f.). Obschon ich mit der Bezeichnung als „räumlich" und „zeitlich" nicht einverstanden bin, stimme ich mit der Bedeutung dieser Aussage überein – auch wenn ich frage, warum nur „in ultimativer Hinsicht"?!

kultureller Identität – etwas erfordern, das eher einer Vorstellung von Raum entspricht, wie sie in der „modernen Physik" verwendet wird. Weil dadurch die Elemente Dislokation/Freiheit/Möglichkeit in das Konzept von Raum eingefügt würden, käme dies der Möglichkeit nach einer Politisierung von Raum/Raum-Zeit gleich.

Eine alternative Raumvorstellung

An erster Stelle müsste die Entwicklung einer alternativen Vorstellung von Raum von der Vorstellung von Gesellschaften als einer Art von 3-D (meist sogar 2-D) Folie Abstand nehmen, die sich durch die Zeit bewegen. Eine solche Vorstellung ist meist eher implizit als explizit, aber dennoch bemerkenswert hartnäckig. Sie zeigt sich in der Art wie Dinge beschrieben und welche Analogien gebraucht werden. Zwei Autoren seien zitiert, auf die schon früher hingewiesen wurde. Foucault schreibt: „Wir sind, glaube ich, in einem Moment, wo sich die Welt weniger als ein großes sich durch die Zeit entwickelndes Leben erfährt, sondern eher als ein Netz, das seine Punkte verknüpft und sein Gewirr durchkreuzt" (Foucault 2005b: 931). Jameson kontrastiert „historiographisch tiefen Raum oder perspektivische Zeitlichkeit" mit einer Reihe (räumlicher) Verbindungen, die „aufleuchten wie die zentralen Schaltkreise eines Spielautomaten" (Jameson 1991: 473). Es geht hier nicht darum diese Formulierungen ganz abzulehnen, sondern darauf hinzuweisen, was sie implizieren. Sie verweisen beide auf einen Kontrast zwischen zeitlicher Bewegung einerseits und einer Vorstellung von Raum als unmittelbarer Verbindung zwischen Dingen zu einem Zeitpunkt andererseits. Nach Jameson hat der letztere Typ (unzureichender) Geschichtsschreibung ersteren ersetzt. Wenn das wahr ist, dann ist es in der Tat unzureichend. Aber während der Kontrast – die Gleichgewichtsverschiebung –, auf den beide Autoren hinweisen, berechtigt ist, ist die Vorstellung von Raum *einzig* als System von simultanen Beziehungen oder als Flackern eines Flippers unzureichend. Denn zeitliche Bewegung ist selbstverständlich auch räumlich. Die sich bewegenden Elemente stehen auch in einem räumlichen Verhältnis zueinander und die „räumlichen" Verbindungen, die aufblitzen, können sich nur zeitlich ereignen. Statt einen linearen Prozess einer flachen Oberfläche (die ohnehin schon Raum von drei auf zwei Dimensionen reduziert) entgegenzusetzen, ist es nötig auf die unwiderlegbare Vierdimensionalität (oder n-Dimensionalität) von Dingen hinzuweisen. Raum ist weder statisch noch ist Zeit raumlos. Natürlich unterscheiden sich Räumlichkeit und Zeitlichkeit voneinander, aber keines kann in Abwesenheit des anderen konzeptionalisiert werden. Den Implikationen, die damit einhergehen, wird im Folgenden nachgegangen, zunächst aber geht es darum zu versuchen in Begriffen von Raum-Zeit zu denken. Das ist viel schwieriger, als es zunächst scheint.

Zweitens müssen wir Raum als eine Konstruktion aus Wechselbeziehungen verstehen, als die gleichzeitige Koexistenz sozialer Beziehungen auf allen räumlichen

Maßstabsebenen, von der lokalsten bis zu globalsten. Weiter oben wurde geschildert, wie in der Humangeographie der Erkenntnis, dass das Räumliche sozial konstruiert wird, die vielleicht noch machtvollere (im Sinne der Tragweite ihrer Implikationen) Erkenntnis folgte, dass auch das Soziale notwendigerweise räumlich konstruiert ist. Beide Punkte (wenn auch vielleicht in umgekehrter Reihenfolge) müssen nun begriffen werden. Auf der einen Seite besitzen alle sozialen (und natürlich-physikalischen) Phänomene/Aktivitäten/Beziehungen eine räumliche Form und eine relative räumliche Position. Das betrifft die Beziehungen, die Gemeinschaften verbinden, seien sie „lokale" Gesellschaften oder weltweite Organisationen, die Beziehungen innerhalb von Industrieunternehmen, die Verschuldungsbeziehungen zwischen dem Süden und dem Norden oder die Beziehungen, die zur Popularität bestimmter Musik aus Mali in europäischen Städten führen. Die räumliche Ausbreitung sozialer Beziehungen kann sehr lokal oder ausgedehnt global sein und sich ebenso über die Zeit hinweg verändern. Wie auch immer dies aber geschieht, gibt es kein Entkommen vor der Tatsache, dass das Soziale immer auch räumlich ist.

Der hier vertretene Ansatz nimmt diese Tatsache zur Grundlage einer Definition des Räumlichen. Das Räumliche ist also sozial konstruiert. „Raum" entsteht aus den unzähligen Feinheiten und enormen Komplexitäten, aus dem Verschränkten und dem Nicht-Verschränkten, und aus Netzwerken von Beziehungen auf allen räumlichen Maßstabsebenen. Was einen bestimmten Blick auf diese sozialen Beziehungen spezifisch räumlich macht, ist ihre Simultanität. Eine Simultanität, die auch eine Ausdehnung und einen Aufbau hat. Simultanität bedeutet keinesfalls Starre. Raum als ein Moment der Verbindung unterschiedlicher sozialer Beziehungen zu verstehen, und nicht als eine absolute Dimension, bedeutet, dass es nicht möglich ist, ihn als statisch zu begreifen. Es besteht keine Auswahl zwischen Fluss (Zeit) und der flachen Oberfläche der unmittelbaren Beziehungen (Raum). Raum ist keine „flache" Oberfläche, da die sozialen Beziehungen, die ihn schaffen, selbst von sich aus dynamisch sind. Es ist eine Frage der Denkweise. Im Zentrum des Denkens sollte nicht der „Schnitt durch die Zeit" stehen, sondern die gleichzeitige Koexistenz sozialer Beziehungen, die nicht anders als dynamisch gedacht werden kann. Entstanden aus sozialen Beziehungen ist Raum in diesem Sinne immer gefüllt mit Macht und Symbolen, ein komplexes Netz von Herrschaftsverhältnissen und Unterwerfungen, von Solidarität und Kooperation. Dieser Aspekt von Raum wurde an anderer Stelle als „Macht-Geometrie" beschrieben (Massey 1993).

Drittens bedeutet dies, dass im Räumlichen beides enthalten ist, Elemente der Ordnung *und* Elemente des Chaos (oder vielleicht sollten wir diese Dichotomie in Frage stellen). Es kann nicht als die eine oder andere Seite der sich gegenseitig ausschließenden Dichotomien begriffen werden, die weiter oben diskutiert wurden. Raum enthält in zweierlei Hinsicht Ordnung. Erstens sind alle räumlichen Anordnungen von Phänomenen in irgendeiner Weise verursacht worden und damit prinzipiell erklärbar. Zweitens besteht Ordnung, weil räumliche Systeme, im Sinne einer Gruppe von sozialen Phämomene, in ihrer räumlichen Anordnungen (verstanden als relative Anordnung, nicht „absoluter" Ort) selbst Teil der Konstitution des Systems sind. Die räumliche Organisation eines Kommunikationsnetzwerks oder einer Supermarktkette mit ihren Lagerhäusern, Distributionszentren und Einzelhandelsfilialen, wären beides Beispiele dafür, ebenso wie die räumlichen Aktivitäten mulinationaler Unternehmen. Es gibt dort eine integrale räumliche Kohärenz, welche die geographische Verteilung und die geographische Form der gesellschaftlichen Beziehungen hervorbringt. Die räumliche Form wurde sozial „geplant" und ist damit sozial verursacht. Es gibt aber ebenso ein Element des „Chaos", das dem Räumlichen inhärent ist. Während der Ort von einem einzelnen (oder einer Gruppe) in einer Reihe von Phänomenen direkt verursacht worden sein kann (wir wissen warum x hier und y dort ist), kann es sein, dass die räumliche Position in Relation auf ein anderes durchaus nicht direkt verursacht worden ist (die Position von x in Relation zu y). Solche relativen Orte werden aus der unhabhängigen Operation getrennter Determinanten hervorgebracht. Sie sind in diesem Sinne „unbeabsichtigte Folgen". Das Chaos des Räumlichen ist damit ein Ergebnis zufälliger Verknüpfungen, unbeabsichtigter Trennungen und oft paradoxer räumlicher Anordnungen, die sich aus diesen Operationen und Zusammenhängen ergeben. Sowohl Mike Davis als auch Edward Soja beispielsweise weisen auf die paradoxe Mischung und das unerwartete Nebeneinander von Flächennutzungen in Los Angeles hin. Beziehungen zwischen sozialen Verhältnissen und Räumlichkeit können zwischen relativ kohärenten Systemen (wo räumliche und soziale Formen sich gegenseitig bestimmen) und solchen, in denen die spezifische räumliche Form überhaupt nicht direkt sozial verursacht wurde, variieren.

Dies hat eine Reihe wichtiger Implikationen. Zunächst führt dies die Auseinandersetzung mit Ernesto Laclau weiter. In der hier entwickelten Konzeption ist Raum grundsätzlich zerborsten und notwendigerweise das Ergebnis von *Dislokation*. Die hier behauptete Simultanität von Raum bedeutet keineswegs die innere Kohärenz geschlossener Kausalsysteme, die Laclau in *New Reflections* als Raum bezeichnet. Keineswegs meint Räumlichkeit „die Koexistenz in einer Struktur, welche die Positivität all ihrer Begriffe begründet" (Laclau 1990: 69). Das Räumliche kann genau das nicht sein, und das wiederum bedeutet, dass das Räumliche offen für Politik ist.

Aber ebenso passt dieses Verständnis von Raum nicht mit dem von Jameson zusammen, das auf den ersten Blick als das genaue Gegenteil dessen von Laclau zu sein scheint. Jamesons Vorstellung des Räumlichen hat, wie wir gesehen haben, in der Tat viel mit Chaos zu tun. Während für Laclau räumliche Diskurse der Versuch sind zu repräsentieren (das Undarstellbare zu fixieren), ist das Räumliche für Jameson gerade unrepräsentierbar, weswegen er zum Kartieren auffordert (auch wenn er darauf hinweist, dass dies viel schwieriger sein wird, als die Kartographie, die wir bisher kennen). In diesem Sinne interpretieren Laclau und Jameson, die beide die Begriffe

„Raum"/„Räumlichkeit" sehr häufig verwenden, und die diesen Konzepten beide eine wichtige Rolle in ihren Schemata zuweisen, die Bedeutung dieser Begriffe diametral entgegengesetzt. Für beide sind die Konzepte von Räumlichkeit dem Politischen entgegengesetzt. Während es für Laclau die grundsätzliche Ordnung des Räumlichen (wie er es definiert) ist, welche den Tod der Geschichte und des Politischen bedeutet, ist es für Jameson das Chaos (genau die *Dislokation*) des Räumlichen (wie er es definiert), das ihm Angst macht und nach einer Karte rufen lässt.

Aus dem Unterschied zwischen diesen beiden Autoren folgt nicht, dass ich, weil ich der Sichtweise Laclaus widersprochen habe, mit derjenigen von Jameson übereinstimme. Jamesons Vorstellung ist bezüglich des Politischen ebenso problematisch, wenn auch auf eine andere Weise. Jameson bezeichnet das als „Raum", was er als unrepräsentierbar ansieht. Für ihn sind die „Krise der Repräsentation" und die „zunehmende Verräumlichung" untrennbare Elemente postmoderner Gesellschaften. Damit knüpft er, vielleicht unbewusst, an eine ältere Debatte in der Geographie an, die unter dem Namen „das Problem geographischer Beschreibung" stand (Darby 1962). Vor dreißig Jahren bemerkte H.C. Darby, ein wichtiger Vertreter der damaligen Geographie, dass „eine Reihe geographischer Tatsachen viel schwieriger darzustellen ist als eine Sequenz historischer Tatsachen. Ereignisse folgen aufeinander in der Zeit auf eine Weise, die eine zeitliche Anordnung leichter schriftlich vermittelbar macht als eine räumliche. Eine geographische Beschreibung ist unweigerlich schwieriger zu erreichen als eine historische Erzählung." (ebd.: 2) Solch eine Sicht hängt jedoch von der Vorstellung ab, dass die Schwierigkeit der geographischen Darstellung (im Gegensatz zum historischen Geschichtenerzählen) zum Teil daraus entsteht, dass man im Raum in alle Richtungen gehen kann, und zum Teil daraus, dass Dinge, die im Raum nahe zusammen liegen, nicht notwendigerweise miteinander verbunden sind. Aber dies reduziert Raum nicht nur auf ein unrepräsentierbares Chaos, es ist auch problematisch wegen seiner Implikationen für die Vorstellung von *Zeit*. Das scheint bei Jameson an einigen Stellen auch der Fall zu sein. Während Raum als das Unrepräsentierbare dargestellt wird, ist Zeit dem, zumindest implizit, als die beruhigende Sicherheit einer erzählbaren Geschichte entgegengesetzt. Dies reflektiert eindeutig eine Vorstellung von Differenz zwischen Zeit und Raum, in der Zeit eine Kohärenz und Logik bezüglich ihres Erzählens hat während dies für Raum nicht gilt. Das ist es, was Jameson, folgt man einigen seiner Texte, wiederhergestellt sehen möchte: Zeit/Geschichte als Große Erzählung[8].

---

8   Bei der Interpretation Jamesons bin ich vorsichtig, da seine Position sich im Laufe seiner
     Arbeit unvermeidbarerweise weiterentwickelt hat. Ich bin mir sicher, dass er „Erzählung"
     nicht als unproblematisch betrachten würde. Und trotzdem wird eben dieser Eindruck in
     Teilen seiner Argumentation vermittelt, weil „Erzählung" seinem Konzept des „Räumlichen"
     und der Art, in der er dieses Konzept formuliert, entgegengestellt ist.

Allerdings ist dies eine Sicht von Zeitlichkeit als einer logischen Abfolge, die vielfach kritisiert wurde. Das Geschichtliche kann gegenüber dem Geographischen ähnliche Probleme der Repräsentation aufwerfen. *Außerdem*, und ironischerweise, wäre es genau dieser Blick auf Geschichte, den Laclau als räumlich bezeichnen würde: „[M]it unerbittlicher Logik folgert daraus, dass es in diesem Prozess keine Dislokation geben kann. Wenn alles, was passiert, innerhalb dieser Welt erklärt werden kann, dann kann nichts ein reines Ereignis sein (was, wie gesehen, eine radikale Zeitlichkeit nach sich zieht), und alles erlangt absolute Verständlichkeit innerhalb des großartigen Systems reiner Räumlichkeit. Dies ist das hegelianisch-marxistische Moment." (Laclau 1990: 75) *Darüber hinaus* ist an diesen beiden Sichtweisen die einfache Gegenüberstellung von Raum und Zeit besonders falsch. Für Laclau ebenso wie für Jameson sind Raum und Zeit kausale Schließung bzw. Repräsentierbarkeit auf der einen Seite und Unrepräsentierbarkeit auf der anderen. Uneinig sind sie sich nur darin, welches von beiden welches ist! Was sie eint, und was, wie ich glaube, in Frage gestellt werden sollte, ist genau diese Gegenüberstellung, die es schwierig macht, das Soziale in Begriffen der tatsächlichen Vielfältigkeit von Raum-Zeit zu denken. Dieses Argument wird in den Debatten um kulturelle Identität mit großer Vehemenz vertreten. „Ethnische Identität und Differenz werden im Hier und Jetzt sozial produziert und nicht archäologisch aus einer verschwindenden Vergangenheit zu Tage gefördert" (Smith, M.P. 1992). Homi K. Bhabha sagt: „Ich möchte nur gerade klarstellen, was für mich das Problematische am Verstehen der 'fundamentalistischen' Position im Fall Rushdie ist: Sie wird *repräsentiert* als archaisch, ja beinahe mittelalterlich. Sie mag sich für uns sehr merkwürdig anhören, und für manche Menschen total absurd, aber der Punkt ist, dass diese Forderungen, die gegenüber den *Satanischen Versen* erhoben werden, *heute* erhoben werden, aus einer bestimmten politischen Positionen heraus, die sehr genau in unsere Zeit passt." (Bhabha 1990: 215)[9] Jene, die ihren Blick auf das richten, was sie als beängstigende Gleichzeitigkeit wahrnehmen, würden eine solche Perspektive wahrscheinlich problematisch finden und würden sich danach sehnen, dass solche „ethnischen Identitäten" und „Fundamentalismen" in der Vergangenheit (re)platziert würden. Dann könnte eine einzige Geschichte der Entwicklung zwischen Verschiedenartigkeiten erzählt werden, und es müsste nicht eine Darstellung der Produktion einer Reihe unterschiedlicher Differenzen zur gleichen Zeit erzählt werden. Dass dies nicht getan werden kann, ist die wirkliche Bedeutung des Kontrasts zwischen einem Denken in Begriffen von drei Dimensionen plus einer und dem vollen Verständnis davon, dass die vier Dimensionen unausweichlich miteinander verbunden sind. Was als „das Problem geographischer Beschreibung" bezeichnet wurde stellte sich in Wirklichkeit als eine viel allgemeine Schwierigkeit dar, nämlich mit einer Welt umzugehen, die 4-D ist.

All das führt aber zu einem vierten Charakteristikum eines alternativen Blicks auf Raum, und zwar als Teil von Raum-Zeit. Gerade das Element des Chaotischen und der Dislokation, das dem Räumlichen inhärent ist, hat Effekte auf die sozialen Phänomene, die es konstituieren. Räumliche Form als „Ergebnis" kann Kräfte hervorbringen, die Effekte auf nachfolgende Ereignisse haben. Räumliche Formen können die zukünftige Entwicklung jener Geschichte/n verändern, die sie hervorgebracht haben. In Bezug auf Laclau bedeutet das ironischerweise, dass eine Quelle der Dislokation, auf die er (meiner Meinung nach zu Recht) besteht, gerade das Räumliche ist. Das Räumliche (in meinen Begriffen) ist genau eine Quelle des Zeitlichen (in seinen Begriffen). In Bezug auf Jameson stellt (zumindest teilweise) das Chaos des Räumlichen (das er erkennt) genau einen der Gründe dar, weswegen das Zeitliche keine so saubere und monolithische Geschichte ist und sein kann, wie er es sich vielleicht wünscht. Eine Möglichkeit, dies zu denken, ist zu sagen, dass das Räumliche integral an der Produktion von Geschichte und damit der Möglichkeit von Politik ebenso beteiligt ist wie das Zeitliche am Geographischen. Eine andere Möglichkeit bestünde darin auf der Untrennbarkeit von Zeit und Raum zu bestehen, auf ihre gemeinsame Konstitution durch die Wechselbeziehungen zwischen Phänomenen, und auf die Notwendigkeit in Begriffen von Raum-Zeit zu denken.

Übersetzung: Boris Michel

Derek Gregory

Das Auge der Macht[1]

Ich möchte nun die beiden Erzählungen Lefebvres miteinander verbinden und sie Harveys Konzeption[2] gegenüberstellen. Man sollte sich daran erinnern, dass Lefebvres Projekt in vielerlei Hinsicht mit den Ereignissen des Mai 68 beginnt, und dass die Ausführungen Harveys im Jahr 1989 unter völlig anderen Umständen erfolgten. Dennoch behandelt die Geschichte des Raums, die er in *The Condition of Postmodernity* (Harvey 1989a) darlegt, in weiten Teilen das gleiche Feld, wie die Lefebvres. Wie zu erwarten, konzentriert sich Harvey auf die Produktion aufeinanderfolgender *kapitalistischer* Räumlichkeiten. Während der europäischen Renaissance führten die Nachrichten, die durch die Entdeckungsreisen nach Europa gelangten, zu einer Vorstellung von der Welt als einer erfahrbaren Totalität. Logiken der Visualisierung und der Geometrisierung, die durch verschiedene Diskurse des Perspektivismus artikuliert wurden, ermöglichten neue Raumrepräsentationen, und zwar nicht nur in der Architektur, der Kartographie und der Kunst, sondern auch im Drama und in der Dichtung. Für Harvey wurden viele der Aspekte, die durch die „Revolutionen der Raum- und Zeitkonzeptionen der Renaissance" betont wurden, durch das Projekt der Aufklärung des 18. Jahrhunderts in verstärkter Form vorangetrieben. Die Produktion des Raums – seiner Eroberung und Ordnung – wurde nun unter dem Vorzeichen einer angeblich *universellen* Rationalität betrieben. „Universell" ist natürlich ein mit vielen Bedeutungen aufgeladenes Wort, und Harvey weiß sehr wohl, dass diese Universalien eurozentristisch waren. Doch er richtet seine Aufmerksamkeit gleichwohl vor allem auf die Mittel, durch welche die in der Vorstellungswelt der Renaissance eingeschriebenen Rationalitäten, diese „Inseln der sozialen Praxis in einem Meer sozialer Handlungen", in dem andere, oft mystische Konzeptionen von Zeit und Raum unverändert blieben, *generalisiert* wurden. Harvey scheint davon auszugehen, das dies der Wendepunkt der emanzipatorischen Aufklärungsideale war, da es privater Landbesitz und das Kaufen und Verkaufen des Raums als Ware – das

---

1 Anm. d. Hrsg.: Dieser Beitrag erschien 1994 in Gregorys Buch *Geographical Imaginations* (Oxford) als Unterkapitel des letzten Kapitels unter der Überschrift *The Eye of Power*. Es bildet den Anschluss an eine Auseinandersetzung mit Lefebvres Raumtheorie. Diese wurde entlang zweier Stränge diskutiert: Erstens als „mehr oder weniger positive Darstellung, in der die ‚städtische Gesellschaft' sich am Horizont abzeichnet, in der das Projekt der Selbstverwirklichung vermeintlich wahr wird" (Gregory 1994: 368), und zweitens als „weit negativere Darstellung, die die ‚Entkörperlichung' des Raums im Westen nachzeichnet" (ebd.).

2 Anm. d. Hrsg.: Im Vorherigen wie im Folgenden geht es v.a. um *The Condition of Postmodernity* (Harvey 1989a).

Fortschreiten des Kapitalismus – waren, die den Raum als „universale, homogene, objektive und abstrakte soziale Praxis" konsolidierten (Harvey 1989a: 242-259)[3].

Harvey geht davon aus, dass diese Gewissheiten durch die Krise des europäischen Kapitalismus in den späten 1840er Jahren hinweggefegt wurden. Er macht viel Aufhebens um den Zusammenhang der ersten eindeutigen kapitalistischen Überakkumulationskrise und dem berühmten „Frühling der Völker", jenen Revolutionen von 1848/49, die sich wie ein Waldbrand über die Landkarte Europas ausbreiteten. In vielerlei Hinsicht können seine Ausführungen als eine Ausarbeitung von Lukács Versuch verstanden werden, die kulturellen Formen der europäischen Bourgeoisie aus der Neuzusammensetzung des Kapitals zu verstehen, die durch diese Revolutionen ausgelöst wurde. Und es stellt tatsächlich eine Ausarbeitung und keine Wiederholung dar, denn für Harvey ist eine der außergewöhnlichsten und mit weitreichenden Konsequenzen verbundenen Charakteristiken dieser Verbindung deren Geschwindigkeit und Simultanität.

Die Ereignisse zeigten, dass Europa in seinem ökonomischen und finanziellen Leben ein Niveau räumlicher Integration erreicht hatte, das den ganzen Kontinent für zeitgleiche Krisen verwundbar machte. Die politischen Revolutionen, die auf einmal über den Kontinent hereinbrachen, betonten sowohl die synchronen, wie auch die diachronen Dimensionen der kapitalistischen Entwicklung. Die Gewissheit des absoluten Raums wich den Unsicherheiten eines sich verändernden relativen Raums, in dem Ereignisse an einem Ort augenblicklich eine Vielzahl von Auswirkungen an unterschiedlichen anderen Orten haben konnten (ebd.: 261)[4].

Wie konnte dies passieren? Harveys Antwort ist kompromisslos und erfolgt in Einklang mit seinen Vorstellungen von Geld, Zeit und Raum als zentralen Elementen moderner Machtkonstellationen.

Der europäische Raum wurde gerade wegen der Internationalisierung der Geldmacht zunehmend einheitlich. 1847/48 ereignete sich eine finanzielle und monetäre Krise, die bestehende Ideen bis hin zur Bedeutung und Rolle des Geldes im gesellschaftlichen Leben ernsthaft in Frage stellte. (ebd.: 262)

---

3 Es sollte darauf hingewiesen werden, dass diese Prozesse keinesfalls auf Europa begrenzt, sondern vielmehr unauslöschlich mit der Gewaltförmigkeit des europäischen Kolonialismus und Imperialismus verbunden waren.

4 Damit wird nicht behauptet, dass die Ereignisse von 1848 undifferenziert seien. Sie verfügten über ihre eigenen Geographien und jede genauere Untersuchung würde eine Reihe von wichtigen Unterschieden deutlich machen. Aber diese Unterschiede beeinträchtigen nicht das enge Netz struktureller Verbindungen, um das es Harvey hier geht. Im Falle von England und Frankreich beispielsweise hat Traugott betont, dass „der ‚globale' Charakter dieser gleichzeitigen Krise nur verstanden werden kann, wenn die Reaktionen diese Nationalökonomien als Aspekte eines verbundenen Systems verstanden werden (statt als unabhängige, mehr oder weniger analoge Reaktionen auf einen gemeinsamen Auslöser)" (Traugott 1983: 449).

Diese Entwicklungen lösten eine tiefgehende Repräsentationskrise aus:

Es ist kein Zufall, dass sich der erste große kulturelle Schub des Modernismus in Paris nach 1848 ereignete. Die Pinselstriche von Manet, die anfingen den traditionellen Raum der Malerei zu zersetzen und ihren Rahmen änderten, um die Fragmentierungen des Lichts und der Farbe zu erkunden; die Gedichte und Reflektionen Baudelaires, welche die Kurzlebigkeit und die enge Politik des Ortes zu transzendieren strebten und sich auf die Suche nach der ewigen Bedeutung machten; und die Romane Flauberts mit ihren räumlich und zeitlich spezifischen narrativen Strukturen, die mit einer Sprache der eisigen Distanziertheit gekoppelt waren; all dies waren Signale für einen radikalen Bruch mit den kulturellen Vorstellungen, die ein fundamentales Infragestellen der Bedeutungen von Raum und Ort, von Gegenwart, Vergangenheit und Zukunft in einer Welt der Unsicherheiten und sich schnell ausbreitender räumlicher Horizonte reflektierte. (ebd.: 263)

Harvey argumentiert, dass die Antwort auf diese politischen und ökonomischen Krisen – die Schaffung neuer Formen zeitlicher und räumlicher Verdrängung durch die Produktion von Raum – das Gefühl der Unsicherheit nur verstärkte. Die Krise von 1873-96, auf die Harvey nicht direkt eingeht, ging mit derartigen Unsicherheiten einher. Die Internationalisierung des Getreidemarktes löste ein Abgleiten des europäischen Agrarsektors in die Depression aus, wohingegen die Restrukturierung der industriellen Ökonomie eine sich beschleunigende und nahezu schwindelerregende Reihe technischer Innovationen in Gang setzte. Harvey geht davon aus, dass dieser Wandel wichtige Auswirkungen auf den Realismus hatte. Zum Beispiel ringen Bauern in Zolas *La Terre* und Norris' *The Octopus* mit der Simultanität der modernen Agrarrevolution, was sich aber in beiden Texten sehr unterschiedlich darstellte. Diese „Faszination für Technik, Geschwindigkeit und Bewegung", für das, was Benjamin mit dem *Kunstwerk im Zeitalter seiner technischen Reproduzierbarkeit* beschreibt, stellte das Leitmotiv des Modernismus dar. Zur selben Zeit, so fährt Harvey fort, haben europäischer Kolonialismus, Imperialismus und der Erste Weltkrieg – der „kubistische Krieg" – die räumlichen Vorstellungen weiter fragmentiert.

Und dennoch glaubt Harvey es sei möglich zwei Strömungen innerhalb der „Verwirrungen und Gegensätze" des zeitgenössischen Denkens zu unterscheiden. Auf der einen Seite gab es einen revolutionären (und teilweise „heroischen") Modernismus, der die neuen Rationalitäten des Relativraums erkundete und zelebrierte, und der dem Universalismus und Internationalismus verpflichtet war. Er war für diese sensibel und „versuchte zu zeigen, wie die Beschleunigungen, Fragmentierungen und die implodierende Zentralisierung (insbesondere im städtischen Leben) repräsentiert und mit einem einzigen Bild erfasst werden könne". Auf der anderen Seite gab es einen reaktiven (oft reaktionären) Modernismus, der die Besonderheiten des Orts und der Nation zelebrierte und sie oft in eine aggressive Geopolitik und eine Ästhetisierung des Politischen einbaute: „Die Identität des Ortes wurde inmitten der wachsenden Abstraktionen des Raums bestätigt." Harvey verortet deshalb das frühe 20. Jahrhundert in dieser Dialektik von Raum und Ort (ebd.: 10-38; 271-80).

Es gibt einige entscheidende Differenzen zwischen Harveys und Lefebvres Geschichten des Raums – der Räumlichkeiten – und ihren Bewertungen des Modernismus. Doch möchte ich an dieser Stelle vor allem den Gegensatz in der konzeptionellen Struktur herausstellen. Obwohl Harveys Geschichte des Raums (notwendigerweise) radikal vereinfacht ist, ist er fest entschlossen, eine Ursachenanalyse dieses Wandels zu unternehmen. Der Untertitel von *The Condition of Postmodernity* ist unzweideutig: *Eine Untersuchung der Ursprünge des kulturellen Wandels*. Im Gegensatz dazu ist sich Lefebvre der Gefahr bewusst, Raumrepräsentationen direkt auf Produktionsweisen zu reduzieren. Er verabschiedet sich – von einfachen Skizzen in *Die Revolution der Städte* (Lefebvre 1972a) abgesehen – mehr oder weniger von einer Analyse der Ursachen. In *La Production de l'Espace* identifiziert er eine enorm wichtige Thematik: die Entkörperung des Raums. Doch ist er unfähig, die Abfolge der verschiedenen Räumlichkeiten anders als mittels der in sie eingeschriebenen transzendten Logik der Visualisierung zu erklären. Im Folgenden möchte ich zeigen, dass Harvey für seine Errungenschaft einen hohen Preis zahlen musste.

Ich betone die Unterschiede in der konzeptuellen Struktur so stark, da Harveys Analyse der Bedingungen des Postmodernismus in hohem Maße auf der Entschlüsselung der Räumlichkeiten des Europas des frühen 20. Jahrhunderts basiert. Das bedeutet, dass sein Buch sich eher mit der frühen Moderne als mit der „Hochmoderne" befasst, aus der die Postmoderne entstanden sein soll. Der Grund hierfür scheint mir im wesentlichen theoretischer Natur zu sein. Wenn „die sich verändernden Erfahrungen von Raum und Zeit" irgendwie ursächlich mit dem Modernismus zusammen hingen, so Harvey, dann ist es vernünftig, auch die Postmoderne als eine Antwort „auf ein neues Set von Erfahrungen von Raum und Zeit" zu sehen (1989: 283). Ich möchte das System der Konzepte, von dem dieser Parallelismus abhängt, kurz skizzieren. Obwohl Harvey dies nicht so sagt, spiegeln die Gegensätze zwischen Ort und Raum, die er innerhalb der Frühmoderne identifiziert, das wider, was er an anderer Stelle als Abfolge von Widersprüchen der kapitalistischen Landschaft identifiziert hat (Abb. 1).

Er nimmt an, dass es auf der Ebene der Ökonomie „eine Spannung innerhalb der Geographie der Akkumulation zwischen Fixierung und Bewegung gibt, zwischen der wachsenden Macht, den Raum zu überwinden, und immobilen Strukturen, die für so einen Prozess benötigt werden", also eine Spannung zwischen der Agglomeration am Ort und der Verteilung über den Raum. In *The Limits to Capital* nutzte Harvey dieses Paar, um Marx' zentrale Unterscheidung zwischen konkreter Arbeit (die in den Besonderheiten des Ortes eingeschrieben ist) und abstrakter Arbeit (die auf der Abstraktion des Raums basiert) zu fassen. Hier verdankt Harvey Lefebvres Begriff des „Raums der Ware" sicherlich viel. Explizit zieht er Lefebvre heran, um denselben Gegensatz auch auf der politischen Ebene zu verdeutlichen. Laut Harvey gibt es eine umfassende Spannung zwischen intraregionalen Koalitionen, deren Interessen

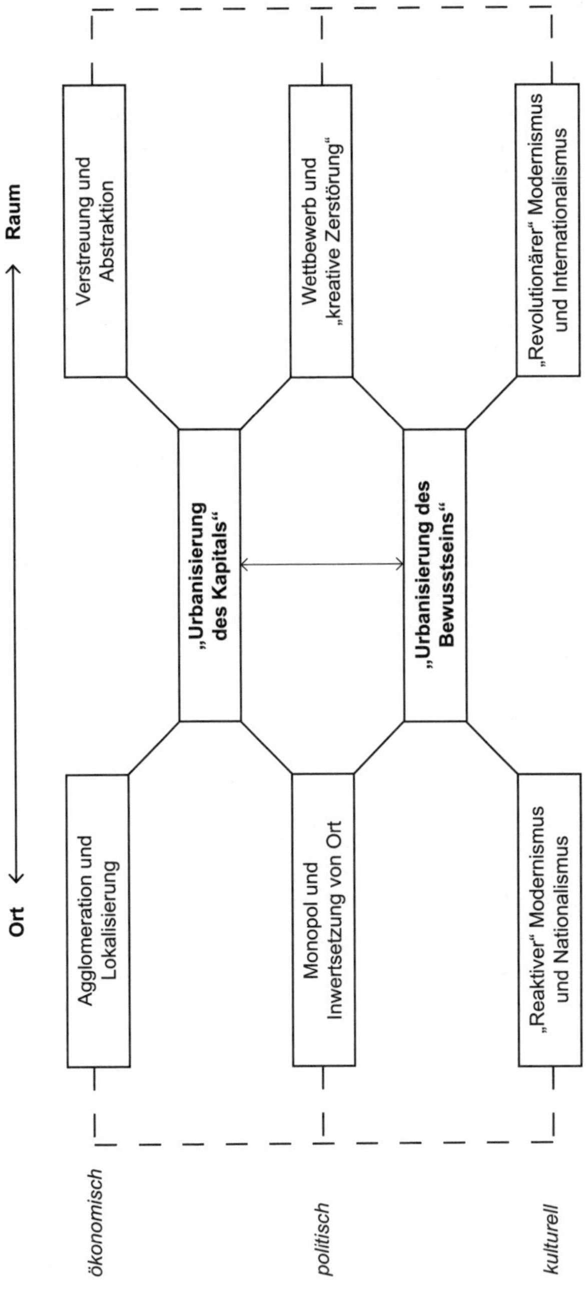

Abbildung 1: Räumlichkeit, Kapitalismus und Moderne im Europa des frühen 20. Jahrhunderts

normalerweise mit der Bewahrung und der Erhöhung des Werts des Ortes zusammenfallen, und den interregionalen Beziehungen des Wettbewerbs und der Herrschaft, welche krampfartig die Restrukturierung des Raums der Kapitalakkumulation durch Entwertung und Inwertsetzung in einem Prozess „kreativer Zerstörung" bedrohen. In *The Condition of Postmodernity*, verbindet Harvey diesen Gegensatz mit einem dritten, kulturellen Feld. Damit soll es gelingen, die Spannungen innerhalb des Modernismus und zwischen dem Modernismus und dem Postmodernismus zu erfassen. Er steht dem Projekt des Modernismus wohlwollender gegenüber als Lefebvre, und er geht davon aus, dass dessen Räume der Repräsentation zugleich von internationaler Reichweite sind und subversives Potential gegenüber den abstrakten Räumen des globalen Kapitalismus besitzen. Die Tragik des Modernismus ist für Harvey, dass letztlich „überall die Regel herrscht, das die Form dem Profit ebenso folgt wie der Funktion" (Harvey 1989a: 226; vgl. 1985c; 1985a 32-62, 125-164; 1982: 375).

Wenn man die Dinge auf diese Weise darstellt ist vielleicht einfacher zu verstehen, warum Meaghan Morris sich so bestürzt von den „netten kleinen Symmetrien in [Harveys] Raster der Gegensätze" zeigt. Ich habe Harveys Gegensätze zwischen Raum und Ort als „Spiegel" beschrieben, die in den ökonomischen, politischen und kulturellen Feldern wieder auftauchen, und genau das sind sie. Die Topographie dieser Figur erlaubt kein komplexes Netz der Überdeterminierungen, wie es Althussers soziale Formationen strukturiert. Vielmehr, so Morris, beruht *The Condition of Postmoderniy* auf einem „Reflektionsmodell von Kultur". Eigentlich, so schreibt sie, geht es um zwei Spiegel: Einen Hauptspiegel, der die „Wahrheit der kohärenten Reflexion" abbildet (historischer Materialismus), und einen anderen, der ihm gegenüber steht, und der die Illusion der Fragmentierung (Postmodernismus) darstellt und das „Negativ seiner eigenen Kategorien schafft".

Ein Spiegel verfügt über das Universelle, während der andere mit dem Lokalen beschmutzt ist; einer „begreift" (oder „dringt ein"), der andere „maskiert" (oder „verschleiert"), einer möchte die Wirklichkeit erfahren, der andere betet den Fetisch an, einer strebt nach Wahrheit, der Andere lebt in Illusion. (Morris 1992: 268-70)

Es wird deutlich, dass Harvey erheblich unvorsichtiger ist als Lefebvre, wenn er Verbindungen zwischen Produktionsweise und Raumproduktion herstellt. Er betont die Logik des Kapitals sehr viel stärker als Lefebvre, und die der Klasse weit weniger, als viele seiner Kritiker/innen meinen. Er sagt überraschenderweise wenig über den sozialen Raum des Modernismus. Abgesehen von Klimt, Schiele und Loos, „die sich zusammendrängen inmitten der Krise der bürgerlichen Kultur, die in ihren eigenen Starrheiten gefangen ist und sich mit turbulenten Verschiebungen in der Erfahrung von Raum und Zeit konfrontiert sieht" – ein wundervoll evozierendes Bild –, finden sich nur wenige Passagen, in denen Harvey die Klassenposition der Protagonist/inn/en so eindeutig bestimmt (Morris 1992: 275, vgl. Lowe 1982: 110). Außerdem spielen für ihn die Überschneidungen von Macht, Geschlecht und Sexualität eine deut-

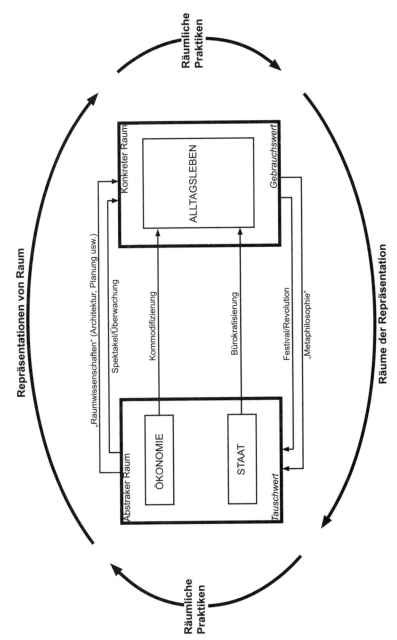

Abbildung 2: Das Auge der Macht

lich geringere Rolle als für Lefebvre. Das ist eine große Lücke, die nicht durch Extrapolation der Arbeitswerttheorie oder durch marginale Konzessionen an die feministische Kritik gefüllt werden könnte. Das *Gendering* des Modernismus und seiner Repräsentationen des Raums ist ebenso bedeutend wie die Klassenpositionen, die darin eingeschrieben sind, und an dieser Stelle ist Lefebvres Logik der Visualisierung voraussichtlich von großer Bedeutung (obwohl diese erst in enger Verbindung mit neueren feministischen Kritiken des „Blicks" entwickelt werden muss).

Diese Möglichkeit will ich ein wenig weiter ausloten und damit deutlich machen, dass der Preis von Harveys Kausalanalyse, im wörtlichen Sinne, ein sehr hoher ist: Wie ich zeigen möchte, privilegiert sein Projekt gerade die visuelle Logik, von der Lefebvre eindringlich abrückt. Mein Augenmerk liegt dabei auf dem konzeptionellen Gegensatz von *Raum-Zeit-Kolonisation* (Lefebvre) und *Raum-Zeit-Verdichtung* (Harvey).

Modernität und Raum-Zeit-Kolonisation

Lefebvre argumentiert, dass sich in der Mitte des 20. Jahrhunderts der abstrakte Raum gegenüber dem konkreten Raum des Alltags durchgesetzt hat. Abbildung 2 fasst dieses Argument in sehr schematischer und allgemeiner Form zusammen. Ich möchte sie (spielerisch doch gleichwohl ernsthaft) in Anlehnung an Foucault (2003: 146-65) „das Auge der Macht" nennen.

Abstrakter Raum wird durch zwei bedeutende Prozesse in jeweils doppelter Weise produziert. Zunächst wird die Moderne einerseits durch eine intensivierte *Kommodifizierung des Raums* geformt, die ein geometrisches Raster der Besitzverhältnisse und Bodenmärkte über die Erde stülpt, und andererseits durch eine *Kommodifizierung durch Raum*, die mit der Einrichtung von ökonomischen Rastern der Kapitalzirkulation einher geht, wodurch abstrakter Raum abstrakte Arbeit und die Warenform einschreibt. Zweitens wird die Moderne durch eine verstärkte *Bürokratisierung des Raums* geformt, wodurch jedes administrative System „sein eigenes Territorium kartiert, überwacht und beschildert", und eine verstärkte *Bürokratisierung durch Raum*, mit der Einrichtung eines juridisch-politischen Rasters einher geht, wodurch das gesellschaftliche Leben systematischer Überwachung und Regulation durch den Staat unterworfen wird (Lefebvre 1991: 341, 387; 1971b: 160). Diese Prozesse verstärken sich gegenseitig und konstituieren den abstrakten Raum als den permanenten Raum des *Tauschwerts*:

Kapitalistischer und neokapitalistischer Raum ist ein Raum von Quantifizierung und wachsender Homogenität, ein warenförmiger Raum, in dem alle Elemente tauschbar und deshalb austauschbar sind; ein kontrollierter Raum, in dem der Staat keinen Widerstand und keine Hindernisse toleriert. Wirtschaftlicher Raum und politischer Raum nähern sich in Richtung einer Auflösung von Differenzen immer weiter an. (Lefebvre 1979: 293)

Konkreter Raum ist der Raum des Alltags, ein Raum, der durch die Ökonomie und den Staat gerahmt, begrenzt und kolonisiert ist, der aber, wie bereits angemerkt, ebenso die Spur und das Gedächtnis anderer Räumlichkeiten und anderer Arten des In-der-Welt-Seins ist. Das dominante räumliche Bild des frühen 20. Jahrhunderts mag durch den Modernismus und die moderne Physik disloziert worden sein, aber nach Lefebvre,

konsolidiert sich der Alltag selbst als die Stelle der Bewahrung der alten Realität und der alten Repräsentationen, externer Lagebeziehungen beraubt, aber sich selbst aufrechterhaltend. „Man" lebt weiter im euklidischen und Newton'schen Raum, auch wenn das theoretische Wissen über den Raum der Relativität weiter fortgeschritten ist. [...] Der Alltag ist sicherlich nicht unveränderlich, und auch die Moderne wird ihn verändern, aber er bestätigt sich selbst als ein Ort der Kontinuität und entzieht sich der eigentümlichen Kulturrevolution. [...] Von diesem Zeitpunkt an haben sich Gedanken und Alltag, Theorie und Praxis getrennt und nahmen unterschiedliche, divergierende Wege. (Lefebvre 1981: 49)

Lefebvre beabsichtigt diese beiden Wege wieder zusammenzubringen und den Alltag zurückzuholen. Seine Intention ist es daher

[...] den Alltag in einer solcher Weise zu begreifen, dass er vom modernen Zustand der Kolonisation durch die Warenform und andere Modi der Verdinglichung zurückgewonnen werden kann. Eine Kritik des Alltags kann nur durch eine Art Entfremdungseffekt hervorgebracht werden, insoweit dass er mit seinem eigenen radikalen Anderen in Kontakt gebracht wird, etwa einer ausgelöschten Vergangenheit [...] oder einer imaginierten Zukunft. (Ball 1987: 30)

Was Lefebvres Geschichte des Raums als Geschichte der Gegenwart, die ein Fenster in eine mögliche Zukunft öffnet, zu zeigen versucht, ist, dass konkreter Raum trotz der Gewalt der Abstraktion noch immer eher ein Raum der Subjekte als einer der Kalkulationen ist: der Raum des *Gebrauchswerts* (Lefebvre 1991: 356, 362, 381f.).

Ich bin mir darüber im klaren, dass Abbildung 2 die von Habermas in seiner *Theorie des kommunikativen Handelns* entwickelten Thesen imitiert, am offensichtlichsten die der Kolonisation der Lebenswelt durch das System (Habermas 1981). Und tatsächlich legt Lefebvre an einem Punkt nahe, dass

der Alltag die Kolonien *ersetzt* hat. Unfähig, den alten Imperialismus aufrecht zu halten, auf der Suche nach neuen Instrumenten der Beherrschung und entschlossen, auf dem internen Markt zu bieten, behandeln die kapitalistischen Führer den Alltag wie sie früher die Kolonialterritorien behandelt haben. (Lefebvre 1969: 93; vgl. 1981: 287)[5]

Aber die Parallele ist bei weitem nicht exakt. Habermas gründet seinen Ansatz in der Geschichte der Gegenwart, aber es ist eine rekonstruktive Geschichte – und eine, welche die Gegenwart des Westens als den Höhepunkt, wenn nicht gar als Endpunkt einer evolutionären Abfolge privilegiert, die verdächtigerweise stumm gegenüber der

---

5 1968 schrieb Lefebvre, dass der „organisierte Kapitalismus" seine Kolonien in den Zentren habe und die „koloniale Erfahrung in die Welt der ehemals kolonisierenden Völker" trägt (Lefebvre 1969: 93). In den 1980er Jahren klang dies noch düsterer: „Eines Tages könnte es passieren, [...] dass eine Armee von Bürokraten [...] das Alltagsleben nicht [...] als eine Semi-Kolonie, [sondern] einfach als erobertes Land begreift" (Lefebvre 1981: 287).

Produktion des Raums ist. Für Lefebvre ist „Kolonisation" mehr als eine Sprach-figur, und er ist sich der Implikationen von Okkupation, Enteignung und Reterrito-rialisierung, mit der sie aufgeladen ist, ernsthaft bewusst. Das Bild der Kolonisation wurde von den Situationist/inn/en häufig abgerufen, mit denen Lefebvre für eine kurze Zeit in enger Verbindung stand. Diese waren sich auch im Klaren über Körper-lichkeit und Gewalt, die dieses in sich trug: Wenn der Alltag „ein fremdes Land [ist], in dem jeder lebte" (Marcus 1989: 145), musste dies in Frankreich in den Jahren des algerischen Unabhängigkeitskrieges einen besonderen Klang gehabt haben.

Für Lefebvre bedeutete die Kolonisation des Alltags die Überlagerung und Über-ausdehnung des abstrakten Raums. In Abbildung 2 habe ich einige Modalitäten skiz-ziert, die sich direkt auf seine Darstellung beziehen. Er versucht sie mit drei Konzep-ten zu fassen:

Räumliche Praktiken, die sich auf Raum-Zeit-Routinen und räumliche Strukturen – Stellen und Kreisläufe – beziehen, durch die das soziale Leben produziert und re-produziert wird; *Repräsentationen von Raum*, die sich auf Raumkonzeptionen bezie-hen – oder vielleicht akkurater auf Konstellationen von Macht, Wissen und Räum-lichkeit –, in denen die herrschende soziale Ordnung materiell eingeschrieben (und in der Folge legitimiert) ist; *Räume der Repräsentation*, die sich auf Gegenräume beziehen, räumliche Repräsentationen, „die aus der geheimen oder verborgenen Sei-te des sozialen Lebens entstehen" und aus der kritischen Kunst, und die die herr-schenden räumlichen Praktiken und Räumlichkeiten herausfordern (Lefebvre 1991: 33).

Unter den modernen Repräsentationen von Raum, denen Lefebvre besondere Bedeutung zumisst, sind es insbesondere die Diskurse der Raumwissenschaften (ein-schließlich der Mainstream-Architektur und Stadtplanung) und die Spektakularisierung des urbanen Raums – die Sorkin (1992) treffend „Variationen eines Themenparks" genannt hat –, die zusammen viel zur Aufrechterhaltung der *illusion urbanistique* beigetragen haben. Sein Gegenstück hat Karnoouh unabhängig von Lefebvre als *l'illusion rustique* charakterisiert:

Alles das, was die städtischen Menschen verloren haben, Identität, direkte Beziehungen zu Anderen, Wissensgemeinschaften, und das, was der Konsumismus nicht erfüllen kann, führen zu einer Suche nach unmöglicher Vollständigkeit in einer Welt, die in künstliche Bedürfnisse explodiert ist. Das imaginierte Land klammert die tägliche Entfremdung ein und kreiert eine momentane Illusion der wiederentdeckten Einheit, [...] die Teil eines Programms [ist], das von Händlern der Freizeit innerhalb des Dekors der urbanen Bühnen-gestaltung vorher festgesetzt wurde. (Karnoouh 1986: 20)

Lefebvre argumentiert, dass das Auge innerhalb eines solchen Schemas eine außerge-wöhnliche Macht innehat:

[Die Reflektion] stürzt sich in den abstrakten Raum der Vision, der Geometrie. Der Ar-chitekt, der zeichnet, der Urbaniker, der den Plan für die Masse entwirft, sie sehen ihre „Objekte", die Bauten und die Nachbarschaften, von oben und aus der Ferne. [...] Vom

„Erlebten" gehen sie zum Abstrakten über und projizieren diese Abstraktion auf die Ebene des „Erlebten". (Lefebvre 1972a: 192; vgl. 1991: 361-62)

Diese Art des Sehens ist keineswegs auf die Optik des Expertensystems beschränkt. Der Blick ist in gewissem Sinne generalisiert, und Bell benennt eine besonders wichtige Unsicherheit der aktuellen Diskussion, wenn er schreibt, dass die gegenwärtige Kultur mit den visuellen Obsessionen der urbanen Gesellschaft überfrachtet ist:

Um eine Stadt zu „kennen", muss man in ihren Straßen gehen, aber um eine Stadt zu „sehen", muss man außerhalb der Stadt stehen, um sie als etwas Ganzes zu erfassen. Aus der Distanz steht die Skyline „für" die Stadt. Ihre massive Dichte ist der Schock der Wahrnehmung, ihre Silhouetten das immerwährende Zeichen ihrer Wiedererkennung. Dieses sichtbare Element ist ihre symbolische Repräsentation. (Bell 1976: 104-108)

Durch diese Mittel, durch Generalisierung und Naturalisierung dieser Modalitäten, funktionieren Repräsentationen von Raum wie Machttechnologien, wie Disziplinartechnologien, die Anordnungen nützlicher und fügsamer Körper produzieren. Diese Ausdrucksweise ist Foucault entlehnt, aber ihre Stimmung passt auch zu Lefebvre: „Lebende Körper [...] sind nicht nur in den Mühen des parzellierten Raums gefangen, sondern auch im Netz der Bilder, Zeichen und Symbole. Diese Körper werden aus sich heraus transportiert, verfrachtet und entleert, sozusagen durch die Augen (Lefebvre 1991: 98, 308).

Aber der konkrete Raum ist auch eine Stätte des Widerstands und der aktiven Kämpfe, Ursprung von Räumen der Repräsentation, die Gegendiskurse und alternative räumliche Vorstellung erzeugen. Dies ist eine der Verpflichtungen von Lefebvres „Metaphilosphie", die im Gegensatz zu den konventionellen Raumwissenschaften im konkreten Raum verwurzelt ist. Sie versucht der Differenz gegenüber der Homogenität, der Einheit gegenüber der Fragmentierung und der Gleichheit gegenüber der Hierarchie wieder Geltung zu verschaffen. Auf diese Weise wird dem Körper besondere Aufmerksamkeit zuteil, der zugleich das Opfer der Geschichte der Gegenwart und der Ort einer neuen „Geschichte" der Zukunft ist: „Ein unbeugsames Element der Subversion inmitten des Raumes und des Wechselspiels der Mächte, widerstrebt der Leib der Reproduktion der Verhältnisse" (Lefebvre 1974b: 107). Aus diesem Grund ist für Lefebvre das Festival im Gegensatz zum Spektakel als die Stätte der Partizipation und der Möglichkeit der *Poesis* zur Schaffung neuer Situationen aus der Leidenschaft [*juissance*] so wichtig. Das revolutionäre Projekt benötigt und fordert „die Wiederaneignung der Körper in Verbindung mit der Wiederaneignung des Raums" (Poster 1975: 256, Lefebvre 1991: 166f.).

Auch wenn das Auge der Macht aus den Ereignissen des Mai 68 hervorgeht, so ist es doch keineswegs von der Gegenwart entfremdet. Dabei danke ich zum Beispiel an die Kritiker/innen, die den Postmodernismus bis zur Kultur und Gegenkultur der 60er zurückverfolgen; die, wie Huyssen (1988: 163-68), die Revolte gegen den abstrakten Expressionismus in der Kunst, die Entdeckung neuer Formen der Unmittelbarkeit, von Spontaneität und Partizipation in der Performance und die überschwängliche Zurückweisung des „eingefrorenen Kanons" der Literatur als Augenblicke eines Projekts der Avantgarde sehen, die Kunst und Alltag wieder verbinden: Ein Projekt, das zurückreicht zum frühen Modernismus, das aber in den späten 1960er Jahren einige befreiende Ziele mancher Versionen der Postmoderne vorweggenommen hat. Ich denke auch an die sehr kreativen aktuellen Verbindungen von Kunst, *Cultural Studies* und Sozialtheorie. Ein einschlägiges Beispiel ist Martha Roslers Projekt *„If you lived here ..."*, eine Reihe von Veranstaltungen, die zwischen 1987 und 1989 im New Yorker Stadtviertel Soho stattfanden und in denen Theorien über die soziale Reproduktion der Kunst mit kritischen Diskursen zur Stadtentwicklung verbunden wurden. Roslers Antrieb waren grundlegende Fragen: „Wie kann man das 'vergrabene' Leben einer Stadt die Leben der meisten Bewohner/innen der Stadt darstellen? Wie kann man die Bedingungen von Mieter/innen/kämpfen, Obdachlosigkeit, alternativer Stadtplanung darstellen?" Das waren Fragen, die sich stark mit jenen überschnitten, die Lefebvre beständig gestellt hatte, Fragen der Rückgewinnung der Geschichte und des sozialen Gedächtnisses, dem Zurückholen des Alltags, der Wiederaneignung des konkreten Raums, des *droit à la ville*. Auch Lefebvres Ideen der Stadt als umkämpftem Terrain und der Produktion eines genuin demokratischen, öffentlichen Raums waren in die Entwicklung von Roslers Projekt eingewoben (Rosler 1991: 15-43; Deutsche 1991: 45-66; 1988: 3-52).

Ich bin mir nicht sicher, was Harvey mit diesen Parallelen und Erweiterungen anfangen würde. Sicher würde er sagen, dass auch er (bezüglich Abbildung 2) gegenüber der Raumwissenschaft und dem Spektakel kritisch ist, und dass auch er sich für eine Revolution einsetzt, die durch die Vereinigung von Theorie und Praxis einen Kampf für eine „genuin humanisierende Erfahrung" führt (Harvey 1989a: 276). Und doch beschäftigt er sich nicht direkt mit der Raum-Zeit-Kolonisation des Alltags. Der Widerspruch, den er zwischen Ort und Raum erkennt, kann nicht direkt mit Lefebvres abstraktem und konkretem Raum in Einklang gebracht werden. Obwohl Harvey Lefebvres Raster von räumlichen Praktiken, Raumrepräsentationen und Repräsentationen des Raums skizziert und ausfüllt, so macht er doch wenig Gebrauch davon (Harvey 1989a: 218-22). Das Kernkonzept in seiner Auseinandersetzung mit der Moderne und deren beherrschender Raumvorstellung ist die Raum-Zeit-Verdichtung.

Moderne und Zeit-Raum-Verdichtung

Harveys Konzept der Zeit-Raum-Verdichtung ist – vielleicht notwendigerweise – ein hybrides. Es leitet sich aus den Konzepten der Zeit-Raum-Konvergenz und der Zeit-Raum-Distanzierung her, es beansprucht aber eine stärker an die *Erfahrung* gebundene Dimension. Das theoretische Rüstzeug des Konzepts stammt eher von Bourdieu denn von Lefebvre. Obwohl Bourdieus Auffassungen vom Historischen Materialismus mehrdeutig sind - und viel mehrdeutiger als Harvey zu erkennen scheint -, ist die Anziehungskraft seiner Ideen für Harvey, so denke ich, zwei Aspekten geschuldet. Erstens erachtet Harvey Lefebvre als viel zu vage, was die Beziehungen zwischen räumlichen Praktiken, Repräsentationen des Raums und Räumen der Repräsentation betrifft. Er glaubt, dass Bourdieus Konzept des *Habitus* geeignet ist, sie auf konkretere Weise zu verdeutlichen (Harvey 1989a: 219; ähnlich auch Shields 1990). Ich finde es hilfreich - als eine erste Annäherung - bezüglich der Reichweite des Habitus sowohl von einer vertikalen als auch von einer horizontalen Dimension auszugehen. In „vertikaler" Hinsicht bietet Bourdieu das Konzept an als ein Mittel zur Überwindung der Dichotomie zwischen dem, was er einmal als subjektlosen Strukturalismus beschrieben hat, und der Subjektphilosophie. Der Habitus ist ein System verinnerlichter *Dispositionen*, das zwischen sozialen Strukturen und praktischer Aktivität vermittelt. Im Französischen bedeutet *Disposition* sowohl „das Resultat einer organisierenden Handlung" als auch „eine Prädisposition". Die rekursive Bewegung zwischen Resultat und Prädisposition innerhalb des Flusses praktischen Handelns ähnelt dem Strukturationsmodell, das innerhalb der anglophonen Sozialtheorie entwickelt wurde. In ähnlicher Weise besteht Bourdieu darauf, dass der Habitus weder auf den Imperativ von Strukturen noch auf die Intentionalität von Akteuren reduzierbar ist, und er bietet seine Theorie der Praxis als einen Weg zur Überwindung dieses klassischen Gegensatzes an. Aber es ist nicht schwierig zu sehen, warum manche seiner Kritiker/innen widersprechen: Honneth macht geltend, dass der Habitus auf einem reduktionistischen Modell beruhen muss. Denn es ist demnach die Ausdehnung der sozialen Strukturen, die den horizontalen Bereich des Habitus formt und garantiert, der ihn zum „Ort praktischer Realisierung der 'Artikulation' der Felder" macht (Honneth 1986: 55f.). Bourdieu argumentiert, dass die Kohärenz unterschiedlicher sozialer Praktiken das Ergebnis „der Kohärenz ist, welche die generativen Prinzipien, die diesen Habitus konstituieren, den sozialen Strukturen verdanken, deren Produkt sie sind und die sie zu reproduzieren neigen"[6]. Durch Ausdehnung und somit „horizontal", so Bourdieu

---

6 Mein Verständnis von Bourdieus Arbeit verdankt sich vor allem Brubaker (1985) und Honneth (1986), siehe auch Bourdieu (1979). Meine Kommentare hier beziehen sich auf einen „strukturellen Reduktionismus" - auf die Bedingungen und Zwänge, die von sozialen Strukturen aller Art ausgehen -, wobei klar sein sollte, dass Reduktionismus in diesem allgemeinen Sinn nicht automatisch mit einem spezifisch *ökonomischen* Reduktionismus zusammenfällt. Aber auch hier ist Bourdieu zweideutig. Obwohl er zwischen „ökonomischem Kapital" und „symbolischem Kapital" unterscheidet und gelegentlich darauf bestehend, dass sie unterschiedlichen Logiken gehorchen, argumentiert er auch, dass „alle Handlungen, und selbst noch jene, die sich als interesselose oder zweckfreie, also von der Ökonomie befreite verstehen, als ökonomische, auf die Maximierung materiellen oder symbolischen Gewinns ausgerichtete Handlungen zu begreifen" sind (Bourdieu 1979: 357). Dies ist genau der Einwand von Honneth und, wie ich vermute, ein weiterer Grund, warum Harvey sich von Bourdieus Arbeit angezogen fühlt.

in *Entwurf einer Theorie der Praxis*[7], versucht der Habitus soziale Praktiken einer Sphäre sozialen Lebens mit jenen anderer Sphären zu harmonisieren und zu homologisieren.

Einer der zentralen Effekte der Orchestrierung des Habitus ist die Produktion einer mit Objektivität ausgestatteten Welt des gesunden Menschenverstands, abgesichert durch den Konsens über die Bedeutung [...] von Praktiken und der Welt. [...] Die Homogenität des Habitus ist es, die – innerhalb der Grenzen der Gruppe der Agenten, die im Besitz der in ihrer Produktion implizierten Schemata (zur Produktion und Interpretation) ist, – Praktiken und Verhaltensweisen hervorbringt, die unmittelbar einsichtig und vorhersehbar sind, und die darum als gegeben angesehen werden. (Bourdieu 1977: 80)[8]

Das Konzept des Habitus ist also eine Art die Kohärenz des sozialen Lebens zu erklären; dessen Systematizität ist demnach immer teilweise und unsicher – immer ein Ergebnis, etwas, das durch soziale Praxis zustande gebracht statt durch eine situationsübergreifende Logik auferlegt wird – aber nichts desto trotz ist sie real.

Harvey verwendet das Konzept des Habitus, um die Kohärenz des sozialen Lebens in einem besonderen Rahmen zu begreifen: der Erfahrung von Zeit und Raum. Er beansprucht, dies direkt von Bourdieu abzuleiten. In Harveys Lesart legt dieser nahe, dass „räumliche und zeitliche Erfahrungen primäre Vehikel der Kodierung und Reproduktion sozialer Beziehungen sind". Obwohl Bourdieu sich der Bedeutung von symbolischem Raum bewusst ist, hält er ihn in oralen Kulturen für wichtiger als in Schriftkulturen, und so muss Harvey das verallgemeinern, was man als die räumliche Sedimentierung des Habitus bezeichnen könnte. Indem er das tut, verortet er ihn neu im Rahmen des historisch-geographischen Materialismus:

Die Objektivität von Zeit und Raum wird [...] durch die materiellen Praktiken sozialer Reproduktion und in dem Grad, in dem diese in geographischer und historischer Hinsicht variieren, gegeben. Daher stellen wir fest, dass soziale Zeit und sozialer Raum in unterschiedlicher Weise konstruiert werden. Jede Produktionsweise [...] inkorporiert ein anderes Bündel an Zeit- sowie von Raumpraktiken und -konzepten. (Harvey 1989a: 204; Vgl. Bourdieu 1979: 193f.)

Und doch droht Bourdieus Betonung des repetitiven und des als natürlich erscheinenden Charakters des sozialen Lebens, wie verschiedene andere Modelle sozialer Reproduktion, eine Geschlossenheit anzunehmen, die außerordentlich schwierig zu durchbrechen ist. Bourdieu meint sicher nicht, dass das soziale Leben eine endlose Stasis ist; denn eines der Hauptanliegen seiner Kultursoziologie ist es gerade, jene

---

7   Anm. d. Hrsg.: Die englische (Bourdieu 1977) und die deutsche (Bourdieu 1979) Übersetzung von *Esquisse d'une théorie de la pratique* (Bourdieu 1972) unterscheiden sich erheblich. Da es Gregory auf erstere ankommt, wurde hier auf diese zurückgegriffen (vgl. Bourdieu 1993: 109 f.).

8   Dies bedeutet, dass es auch möglich sein sollte, eine Reihe von Verbindungen zwischen der horizontalen Dimension des Habitus und dem Konzept der für Giddens' Strukturationstheorie zentralen Raum-Zeit-Distanzierung herzustellen.

Kreativität zu beleuchten, die in allem praktischen Handeln enthalten ist. Dennoch, wenn die „objektiven Bedingungen" dieser Kreativität Grenzen setzen, was sie laut Bourdieu tun, wenn „jede etablierte Ordnung dazu tendiert 'die Naturalisierung ihrer eigenen Willkür' zu produzieren, ausgedrückt im 'Sinn für Grenzen' und im 'Sinn für Realität', welche umgekehrt die Basis für ein 'unausrottbares Festhalten an der etablierten Ordnung' bildet", wie Harvey (1989a: 345) zustimmt, wie bricht man dann aus diesem Kreis aus? Wenn sich etwas „von selbst versteht", wie ist Kritik dann überhaupt möglich: Wie wird „das Undiskutierte zur Diskussion" gebracht (Bourdieu 1979: 331)? Bourdieu beantwortet diese Fragen, indem er sie umkehrt.

Erst wenn die gesellschaftliche Welt ihren Charakter als natürliche Gegebenheit verliert, kann die Frage nach dem natürlichen oder konventionellen Charakter (physei oder nomo) der sozialen Tatsachen sich stellen. (Bourdieu 1979: 331)

Dies verlangt umgekehrt, dass die Kohärenz des Habitus in irgendeiner Weise *disloziert* und „das unmittelbare Angepaßtsein der subjektiven an die objektiven Strukturen aufbricht" (ebd.).

Bourdieu geht von zwei Möglichkeiten aus, wie dies geschehen kann. Die erste Möglichkeit ergibt sich durch das Aufeinandertreffen verschiedener Kulturen im selben Raum. „Ist das Auftauchen eines Feldes der Diskussion" - und von Kritik im Allgemeinen - „historisch an die Entwicklung der Städte gebunden", so liegt dies daran, dass durch die Heterogenität des Stadtlebens „die Gegenüberstellung divergenter kultureller Traditionen begünstigt wird, [die] eignet, innerhalb der Routine der alltäglichen Ordnung und anhand der unmittelbar gewonnenen Erfahrung der Möglichkeit, dieselben Dinge auch anders zu machen [...], die Willkür *praktisch* offenbar werden zu lassen" (Bourdieu 1979: 482f., FN 18).

Genau darum geht es natürlich bei Postmodernismus und Postkolonialismus. Auf unterschiedliche Weise können sie uns an unsere eigene „Andersartigkeit" [*otherness*] erinnern. Aber Harvey geht dieser Möglichkeit nicht nach. Im Gegenteil warnt er davor „von Andersartigkeit verführt" zu werden und verweist darauf, wie die Konstruktion mikrokultureller Geographien in vielen Städten des späten 20sten Jahrhunderts „einen Schleier über die wirkliche Geographie legen" (Harvey 1989a: 47; 87)[9]. Ihn interessiert die zweite Möglichkeit: Die „praktische Infragestellung", welche durch die „politischen und ökonomischen Krisen, die mit Klassenteilung korrelieren" (Bourdieu 1979: 331)[10] bewirkt wird.

---

9 Ich gehe davon aus, dass Harvey hier eher die kommerzielle Dramatisierung und „Spektakularisierung" kultureller Differenz im Sinn hat als die Zurschaustellung und das Feiern dieser Differenzen als solche.

10 Anm. d. Übers.: In der deutschen Ausgabe fehlt der für Gregorys Argumentation wichtige Hinweis auf die Klassenteilung. Aus diesem Grund wurde hier die für Gregory entscheidende englische Ausgabe (Bourdieu 1977) herangezogen. Das Zitat findet sich in Bourdieu 1979: 168.

Der Ausdruck von [...] Widersprüchen in Form von objektiven und materialisierten Krisen spielt eine Schlüsselrolle, wenn es darum geht, die machtvollen Verbindung „zwischen den subjektiven und den objektiven Strukturen" aufzubrechen und dadurch die Grundlage für eine Kritik zu legen, die „das Undiskutierte in die Diskussion und das Unformulierte zur Formulierung bringt". (Harvey 1989a: 345)

Obwohl Harvey politische und ökonomische Krisen betrachtet, um das kausale Moment für seine Geschichte des Raumes zu liefern, löst sich die Klassenspaltung auf und tritt in seinem Ansatz in den Hintergrund. Letztlich behandelt er den Habitus als eine Möglichkeit zur Konzeptualisierung *individueller* Räume und Zeiten im sozialen Leben. Demgegenüber betont Bourdieu, dass „der einzelne Habitus" in einem weiteren sozialen Feld verortet werden muss, in dem *Klassenpositionen* das System der Dispositionen strukturieren (auch wenn sie es nicht allein bestimmen). *„Jedes System individueller Dispositionen ist eine strukturale Variante der anderen Systeme, in der die Einzigartigkeit der Stellung innerhalb der Klasse und des Lebenslaufs zum Ausdruck kommt"* (Bourdieu 1993: 113)[11]. In der Tat basiert Bourdieus gesamte Analyse der französischen Gesellschaft des späten 20sten Jahrhunderts auf diesem Anspruch:

Der Habitus ist nicht nur eine strukturierende, die Praxis und deren Wahrnehmung organisierende Struktur, sondern auch *strukturierte Struktur*: Das Prinzip der Teilung in logische Klassen, das der Wahrnehmung der sozialen Welt zugrunde liegt, ist seinerseits Produkt der Verinnerlichung der Teilung in soziale Klassen. (Bourdieu 1987: 279, Herv. D.G.)

Hier geht es nicht um die Annehmbarkeit oder die Zurückweisung von Bourdieus Formulierung. Vielmehr geht es um Harveys selektive Aneignung eines Konzeptes, die wichtige Unterscheidungen, die dieses beinhaltet, ausradiert.

Darüber hinaus benutzt Harvey Bourdieu, um die Verlagerung des Habitus mit der Desorientierung zu verbinden, von der er behauptet, dass sie durch *Raum-Zeit-Verdichtung* hervorgerufen wird. Er benutzt diesen Begriff, um auf Prozesse hinzuweisen, „die die objektiven Qualitäten von Zeit und Raum derart revolutionieren, dass wir gezwungen sind, manchmal auf ziemlich radikale Weise, die Art, wie wir uns selbst die Welt darstellen, zu ändern" (Harvey 1989a: 240). Lefebvre beschreibt die Logik der Visualisierung in der Sprache der Bedrohung, und Harvey macht dasselbe für die Raum-Zeit-Verdichtung: alarmierend, beunruhigend, sogar bedrohlich (nur selten aufheiternd). Sie ist ein „Strudel" und ein „Tiger", sie ruft „Ahnungen", „Schock", „ein Gefühl des Kollabierens" und schließlich „Grauen" hervor (Harvey in diesem Band 49). Diese Reaktionen sprechen dieselbe Sprache und sie lassen sich in gewis-

---

11 An anderer Stelle macht Harvey klar, dass „räumliche Praktiken ihre Effektivität im sozialen Leben nur aus der Struktur sozialer Beziehungen gewinnen, innerhalb derer sie ins Spiel kommen." Daher werden in einer kapitalistischen Gesellschaft soziale Praktiken „durchdrungen von Klassenbedeutungen" (Harvey 1989a: 222f.). Das werden sie; aber Harveys Diskussion des Habitus schweigt über diese Bedeutungen und stattdessen wird die Betonung auf *individuelle* Räume und Zeiten gelegt.

sem Maße aus Bells Kritik der kulturellen Widersprüche des Kapitalismus herleiten. Auf politischer Ebene sind die beiden weit auseinander, und Harvey weist Bells Neokonservatismus energisch zurück. Auf analytischer Ebene räumt er jedoch ein, dass Bells Ansatz zum Verständnis der Entwicklungen wahrscheinlich genauer als viele linke Versuche war[12].

Bell wurde vom „Zerfall der kulturellen Gesprächswelt" und der „Fragmentierung der Kultur" (Bell 1976: 129) angetrieben, die, wie er dachte, durch die „Aufhebung der Distanz" (ebd.: 136) bewirkt worden waren. Wie auch Harvey argumentiert er, dass die westliche Ästhetik seit der Renaissance als ihre zentrale Aufgabe (und, so denke ich, ihre Erbe) die Durchsetzung „einer einheitlichen Kosmologie [ansah], die seit der Renaissance die Raum- und Zeitwahrnehmung auf eine spezifische 'rationale' Weise organisiert hatte" (ebd.: 110). Es waren diese Prinzipien, die dem gesellschaftlichen Leben seine Fundierung, seine Struktur, seine Kohärenz gaben. Während des letzten *fin de siècle* wurde diese, in ihrem Wesen rationale Ordnung in zweierlei Hinsicht erschüttert: Nicht nur „schrumpft die räumliche Distanz" (der Ausdruck stammt von Bell), durch neue Transport- und Kommunikationssysteme, sondern auch die ästhetische Distanz wurde durch modernistische Empfindungen ausradiert, insbesondere durch das, was er als das aufrührerische Streben nach *„Sensation, Simultaneität, Unmittelbarkeit* und *Wirkung"* begreift. Natürlich ist Bells Kritik gegen den Modernismus gerichtet, Harveys gegen den Postmodernismus. Doch in einem rein formalen Sinn vermischen sich ihre Anliegen: Beide Autoren warnen vor der Deformation des Projekts der Moderne, und beide führen dies auf die Produktion des Raums zurück. Wenn Bell behauptet, die „ Raumorganisation [...] ist zum ästhetischen Hauptproblem der Kultur um die Mitte des 20. Jahrhunderts geworden" (Bell 1976: 131), steht Harvey dem um nichts nach[13]. Aus dieser Perspektive gesehen könnte man sagen, dass die zeitgenössische Krise der Repräsentation in „einem in charakteristischer Weise de-zentrierten Habitus" angelegt ist (Lash 1990: 253).

Im Gegensatz zu Bell will Harvey diese Krise der Repräsentation mit einer Krise der Kapitalakkumulation in Verbindung bringen. Wie Habermas betont hat, ist das Konzept der „Krise" doppelt kodiert. In der klassischen Ästhetik zum Beispiel bedeutet Krise „den Wendepunkt eines schicksalhaften Prozesses, der bei aller Objektivität nicht einfach von außen hereinbricht, noch der Identität der in ihm befangenen Personen äußerlich bleibt" (Habermas 1973: 10). Dasselbe gilt immer noch in der Medizin. Habermas argumentiert, dass dasselbe für die Sozialtheorie gelten soll-

---

12 Mit dieser Einschätzung steht Harvey nicht allein. Auch Habermas – der, wie Harvey, Einwände gegen Bells Neokonservatismus erhebt – akzeptiert, dass Bell „ein guter Gesellschaftstheoretiker" ist; „ganz und gar nicht neokonservativ verfährt er in der Analyse der Ursachen der Kulturkrise" (Habermas 1985: 36)

13 Harvey zitiert diese Bemerkung (1989a: 201).

te, wo jedes Konzept von Krise, wenn es überhaupt von irgendeinem Nutzen sein soll, „mithin den Zusammenhang von System- und Sozialintegration erfassen [muss] (Habermas 1973:13)[14].

Harveys Kritik der Postmoderne verbindet beide Bedeutungen: Die zeitgenössische Krise der Moderne ist zugleich „objektiv" (eine Krise der Kapitalakkumulation) und „subjektiv" (eine Krise der Repräsentation). In einer Hinsicht ist dies ein weit weniger anspruchsvolles Konzept als das von Habermas, und die Verbindungen, die Harvey zwischen diesen Zwillingskrisen herstellt, sind direkter als diejenigen, die in Habermas' Darstellung zu finden sind. Aber in anderer Hinsicht ist Harveys Formulierung die radikalere, weil sie die klassische Problematik der Krise innerhalb des Horizonts einer geographischen Imagination ansiedelt. Wie Habermas (zumindest in seinen frühen Schriften) identifiziert auch Harvey in der tiefen Krise des Kapitalakkumulationsregimes das zeitgenössische Epizentrum der politisch-ökonomischen Schockwellen. Doch bezieht er sich auf die Regulationstheorie, um diese sehr viel detaillierter zu theoretisieren, und stellt sie sich „großenteils [als] eine Krise in zeitlicher und räumlicher Gestalt" vor (Harvey 1989a: 196)[15]. Seine Lösung ist somit nicht nur durch die Transformation von Fordismus zu Postfordismus („flexible Akkumulation") gekennzeichnet, sondern auch durch die Errichtung neuer und radikal instabiler Landschaften der Akkumulation. Dieser *spatial fix* löst Wellen der Raum-Zeit-Verdichtung aus, die direkt und strukturell in der zeitgenössischen Krise der Repräsentation impliziert sind (Abb. 3).

---

14 Das Problem ist keineswegs einfach, da, wie Habermas zugibt, „soziale Integration" und „Systemintegration" Konzepte sind, die sich aus radikal verschiedenen theoretischen Traditionen herleiten: „Von sozialer Integration sprechen wir im Hinblick auf Institutionensysteme, in denen sprechende und handelnde Subjekte vergesellschaftet sind; Gesellschaftssysteme erscheinen hier unter dem Aspekt einer *Lebenswelt*, die symbolisch strukturiert ist. Von Systemintegration sprechen wir im Hinblick auf die spezifischen Steuerungsleistungen eines selbstgeregelten *Systems*; Gesellschaftssysteme erscheinen hier unter dem Aspekt der Fähigkeit, ihre Grenzen und ihren Bestand durch Bewältigung der Komplexität einer unsteten Umwelt zu erhalten. Beide Paradigmata, Lebenswelt und System, haben ein Recht; ein Problem stellt ihre Verknüpfung dar" (Habermas 1973: 14). Habermas' am weitesten entwickelte Lösung des Problems wird in seiner *Theorie des kommunikativen Handelns* (1981) zu finden sein.

15 Ich habe es vorsätzlich unterlassen, Harveys Konstruktion der politischen Ökonomie des Kapitalismus des späten 20sten Jahrhunderts im Detail zu kommentieren, aber ich muss zwei zusammenfassende Qualifizierungen vornehmen. Erstens habe ich theoretische Vorbehalte gegenüber der Arbeit der Regulationsschule, insbesondere gegenüber der Art, in der sie sich die Beziehungen zwischen einem Akkumulationsregime und einer Regulationsweise vorstellt. Zweitens denke ich, dass die empirische Unterscheidung zwischen Fordismus und Postfordismus zu stark vereinfacht, und dass eine nuanciertere historische Geographie der Industrialisierung erforderlich ist, um die Komplexitäten von gemeinsamer und ungleicher Entwicklung einzufangen.

Abbildung 3: Übergänge im Kapitalismus des späten 20sten Jahrhunderts

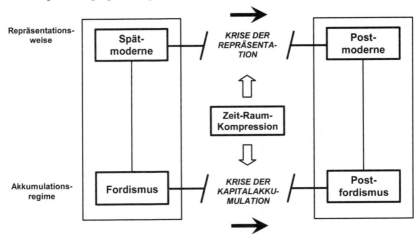

Harvey besteht darauf, dass es die spezifische *Intensität* der Erfahrung von Raum-Zeit-Verdichtung ist, die die Bedingungen der Postmoderne auszeichnet. Mit dem Übergang zu flexibler Akkumulation intensivieren sich die Produktionsprozesse und die Prozesse von Transfer, Austausch und Konsum nehmen zu. Die Betonung liegt auf Flüchtigkeit, Sofortigkeit, Kurzlebigkeit, Austauschbarkeit. Harvey widmet deren „eher generellen, gesellschaftsweiten" Implikationen größte Aufmerksamkeit und betont die Art und Weise, in der diese „postmodernen Arten zu denken, zu fühlen und zu handeln" vom Individuum bewältigt werden. Er gleitet durch eine Reihe von Abwärtsbewegungen von der Gesellschaft zum Individuum. „Geld und Waren sind selbst die primären Träger kultureller Codes" argumentiert er, und da diese „vollständig an die Zirkulation des Kapitals gebunden sind" folgt daraus, „dass kulturelle Formen fest im tagtäglichen Zirkulationsprozess des Kapitals verwurzelt sind", und dass „wir mit den täglichen Erfahrung von Geld und Ware beginnen sollten". Durch diese Reduktionen heftet Harvey dem, was für die meisten Leute (im Westen) alltägliche und banale Erfahrungen sind, wie frühstücken oder fernsehen, eine kritische Note an. Er weist darauf hin, dass in diesen beiden Fällen, ebenso wie in unzähligen anderen, Raum-Zeit-Verdichtung in radikaler Weise die Mischung der Waren und Bilder verändert hat, die in die Produktion und Reproduktion des Alltagslebens eingehen. Lokale Systeme der Ernährung wurden in den globalen Warenaustausch eingegliedert und lokale Bedeutungssysteme wurden Teil globaler Informations- und Kommunikationsnetzwerke.

Es ist von zentraler Bedeutung, dass es heute möglich ist die Geographie der Welt durch unterschiedlichste Erfahrungen – vom Essen und kulinarischen Gewohnheiten über Musik,

Fernsehen und Unterhaltung bis zum Kino – indirekt als ein Simulacrum vermittelt zu erfahren. Das Verknüpfen von Simulacra im alltäglichen Leben bringt verschiedene (Waren-)Welten in demselben Raum und derselben Zeit zusammen. Aber dies geschieht so, dass jede Spur ihrer Herkunft, der Arbeitsprozesse, die sie hergestellt haben, oder der sozialen Beziehungen, die ihre Produktion implizieren, fast perfekt verdeckt sind. (Harvey 1989a: 299f.)[16]

Indem wir diese Erfahrungen, so Harvey, in ihren historisch-geographischen Kontext stellen und die zeitgenössische Dislozierung des Habitus

[…] als Teil einer Geschichte aufeinander folgender Wellen der Raum-Zeit-Verdichtung [behandeln], die aus den Zwängen der Kapitalakkumulation folgt, in der fortwährend Raum mittels Zeit vernichtet und die Umschlagsdauer verkürzt wird, können wir die Bedingungen der Postmoderne schließlich als ein Feld begreifen, das der historisch-materialistischen Analyse und Interpretation zugänglich ist. (Harvey 1989a: 306f)

Mit anderen Worten: So wird es möglich, die sozialen Beziehungen zu erkennen, die in der Produktion dieses (postmodernen) Raums impliziert sind. Dadurch scheinen jedoch die vielfachen und zusammengesetzten *Geographien* dieser Prozesse zu verschwinden. Die Raum-Zeit-Verdichtung, wie Harvey sie beschreibt, konzentriert ihre unbändige Energie auf Individuen und Punkte. Und doch variiert die Dislozierung des Habitus sowohl innerhalb der Gesellschaft – durch zusammengesetzte Topographien sowohl von Klasse als auch von Geschlecht, Sexualität und Ethnizität, die zusammen ein Netz sich überlagernder Subjekt-Positionen bilden – als auch *über den Raum*. Harvey insistiert, dass innerhalb der albtraumhaften Welt postmoderner Abstraktion Orte wieder aufgewertet werden: Das Kapital produziert, verpackt und profitiert von Differenzierung. Und dennoch findet die „Sensibilität des Kapitals für Differenz" wenig Platz in seinen Theoretisierungen des kulturellen Wandels (Harvey 1989a: 293ff.). Ich denke, dass die Raum-Zeit-Verdichtung in mancherlei Hinsicht das Gegenstück der Raum-Zeit-Kolonisierung darstellt. So wie ich es lese, trägt die Metapher der Raum-Zeit-Kolonisierung eine *nach außen* gerichtete Bewegung in sich: Sie bezeichnet eine Reihe von Prozessen, die sich ausbreiten, die eindringen und besetzen. Damit geht zumindest die Verantwortung einher, die sich verändernden Konstellationen innerhalb dieser sich wandelnden lokal-globalen Geographien zu kartieren. Und es überrascht nicht, dass Lefebvre sich – selbst wenn er nur über Frankreich schreibt – so schmerzhaft der Gewaltsamkeit der Abstraktion bewusst ist, die im Namen des Westens überall in der Welt verübt wird. Im Gegensatz dazu scheint die Metapher der Raum-Zeit-Verdichtung eine *nach innen* gerichtete Bewegung zu beinhalten, die Vorstellung einer Welt nämlich, die in sich selbst zusammenstürzt. Es ist dann nicht mehr überraschend, dass Harvey diesen Prozess mit Begriffen eines

---

16 Das Konzept des Simulacrums entlehnt Harvey Baudrillard, gibt ihm aber eine andere Wendung.

undifferenzierten, durcheinander gemischten Stroms von Waren und Bildern beschreibt, der auf den Westen einstürzt, und dass es „eine der Hauptbedingungen der Postmoderne ist, dass es niemand vermag, sie als einen historisch-geographischen Zustand zu diskutieren" (Harvey 1989a: 337)[17].

Wenn, wie Harvey glaubt, eine kritische Humangeographie nötig ist, um die Welt auf diese Weise betrachten zu können, dann wird diese erkennen müssen, dass unterschiedliche Leute an unterschiedlichen Orten in Raum-Zeit-Kolonisierung und -Verdichtung auf unterschiedliche Weise verwickelt sind. Für manche bieten diese Prozesse unzweifelhaft neue Gelegenheiten, Verlangen nach größeren Verantwortlichkeiten, offenbaren erweiterte Horizonte und verstärken geographische Imaginationen. Aber anderen erlegen sie zusätzliche Bürden auf und errichten höhere Barrieren, schaffen weitere Unterschiede und verringern individuelle Möglichkeiten. Das bedeutet, dass eine kritische Humangeographie sich nicht darauf beschränken darf, die verschiedenen Orte und die Raum-Zeit-Mannigfaltigkeiten nur aufzuzeichnen, die durch diese Prozesse geschaffen werden – ein Projekt für das manches raumwissenschaftliches Konzept fruchtbar gemacht werden könnte –, sondern sie muss auch die vielfachen, zusammengesetzten und widersprüchlichen Subjekt-Positionen herausarbeiten, die dies ermöglichen. Die Produktion von Raum ist nicht ein zufälliges Nebenprodukt des sozialen Lebens, sondern ein seinem Verlauf und seiner Konstitution innewohnendes Moment. Wenn die Geographie – politisch und intellektuell – relevant sein will, dann muss sie die Relevanz dieser Differenzen zur Kenntnis nehmen.

Übersetzung: Carsten Graebel und Hannah Neu

---

17 Harvey meint dies als eine Kritik des Postmodernismus, und viele seiner Kritiker/innen haben sie als solche abgelehnt. Ich halte die Formulierung trotzdem, und entgegen beider Parteien, für eine akkurate Beschreibung der Art und Weise, in der Harvey das Konzept der Raum-Zeit-Verdichtung konstruiert und mit ihm arbeitet.

Raumforschung: empirische Analysen

Cindi Katz

Hiding the Target: Soziale Reproduktion in der privatisierten Stadt[1]

Mit der Formulierung der „verborgenen Stadt der sozialen Reproduktion" möchte ich nahe legen, dass die ungleichen Verhältnisse der sozialen Reproduktion vom neoliberalen Programm der *Globalisierung* versteckt, und dass materiellen Praktiken der sozialen Reproduktion von ihm ins Visier genommen werden. Die verborgene Stadt ist selbst ein Ergebnis und eine Repräsentation dessen, was sich als „postmoderne geographische Praxis" verstehen ließe, aber dasselbe gilt auch für das Projekt ihrer „Entbergung". Eine Untersuchung der *public-private Grand Central Partnership* in New York deckt einige der Mittel auf, mittels derer dieses Programm des gleichzeitigen ins Visiernehmens und Verbergens der sozialen Reproduktion fortgesetzt wird, und sie thematisiert, wie bestimmte soziale Akteure und ihr Handeln für die Blicke anderer im Dienste eines „ordentlichen", „sauberen" und „sicheren" öffentlichen Raums unsichtbar gemacht werden.

Postmoderne geographische Praxis

Postmoderne geographische Praxis lässt an verspielten Vorstellungen von Heterotopia, an Veränderungen von Raum durch die Kräfte der Globalisierung und die Folgen von Hochtechnologien oder an das Wiedererstarken von Städten als globalen Zentren und Mikrokosmen aufgeputzter Stadtteile denken. Die meisten Vorstellungen von Heterotopie, die einer kleinen Randnotiz von Foucault entspringen (Foucault 2005a; 2005b; Soja 1989), handeln von Möglichkeiten, Differenzen räumlich zu erfassen. Wie Lefebvre (1991) ist sich Foucault darüber im Klaren, dass gelebter Raum heterogen ist. Wie könnte es auch anders sein? Wenn Menschen „aus sich heraustreten", dann greifen sie automatisch in Räume sozialer Beziehungen und Differenzen ein und produzieren diese Räume dadurch mit. Mit Heterotopien hingegen scheint das nicht so einfach zu sein. In Foucaults Überlegungen gehen sie über „Utopien" hinaus. Sind Utopien wörtlich nicht-Orte, dann sind Heterotopien „reale" Räume innerhalb „sozialer Räume, die eine andere Funktion haben als die übrigen Räume und gelegentlich sogar genau entgegengesetzte Funktionen (Foucault 2005a: 337 [1982]). Heterotopien setzen verschiedene „unvereinbare" Räume oder Lagen neben-

---

1 Anm. d. Hrsg.: Dieser Beitrag erschien 2001 unter dem Titel *Hiding the Target: Social Reproduction in the Privatized Urban Environment* in dem von Claudio Minca herausgegebenen Sammelband *Postmodern Geography* (Oxford). Dieser ging auf eine Tagung zum Thema „Postmoderne geographische Praxis" zurück. Der Beitrag von Katz kann u.a. als Versuch, einer Bestimmung dieses Tagungstitels verstanden werden.

einander und „funktionieren" entweder um „einen illusionären Raum [zu] schaffen", der die realen Räume, in die das Alltagsleben unterteilt ist, als „noch größere Illusion entlarvt", oder „sie schaffen einen anderen Raum, einen anderen realen Raum, der im Gegensatz zur wirren Unordnung unseres Raumes eine vollkommene Ordnung aufweist" (Foucault 2005b: 941). Wenn das erste die „illusorische" Heterotopie ist, ist letztere die „kompensatorische" Heterotopie. In einer Bemerkung am Rande fragt er sich, ob „die Kolonien" nicht die Funktion der letzteren übernehmen. Diesem Rahmen folgend sind Gefängnisse eine klassische Heterotopie.

Aber ich frage mich, worin ihr Reiz liegt und warum sie so attraktiv sind. Außer natürlich für jene ungenannten Produzent/inn/en von Raum und sozialen Beziehungen, deren Ordnungssinn auf dem Spiel steht. „Die Kolonien" und Gefängnisse schaffen geordnete Räume, die bestimmte Akteure vor der „unordentlichen" und „wirren" Welt der Differenzen bewahren. Es bedarf eines beachtlichen Privilegs sich diese Erhabenheit auch nur vorzustellen und einer ziemlich großen Macht, um sie räumlich zu produzieren. Ganz zu schweigen von dem Anspruch, der das Bedürfnis hervorruft ein Konzept zu konstruieren, dass behauptet, die Unterteilungen und Differenzen des Alltagslebens seien illusorisch. Fragen Sie irgendeine „berufstätige Mutter". Während also der Begriff der Heterotopie – ein Ziel räumlicher Politiken mit der Absicht Räume hervorzubringen, die Differenzen akzeptieren und verschiedene Öffentlichkeiten in all ihrer Heterogenität willkommen heißen – attraktiv klingen mag, so steht er doch für vorgestellte und „reale" Folgen räumlicher Praktiken von Herrschaft und Privilegien. Im Gefolge der Entkolonialisierung haben Heterotopien der Kompensation häufig die Form von „Festungsstädten" und privatisierten, Themenparks ähnelnden „öffentlichen" Räumen angenommen. Diese realen Räume, die eine Folge postmoderner geographischer Praktiken sind, müssen bezüglich der von Foucault aufgeworfenen Frage der „Kompensation" einer Prüfung unterzogen werden.

Wie Guiseppe Dematteis (2001) schreibt, bedeutet postmoderne geographische Praxis nicht zuletzt die Fragmentierung von Territorien in eine Reihe „funktionaler Einheiten", die sich an globale Netzwerke binden. Das führt dazu, dass sie mehr mit entfernten Orten als mit ihren direkten Nachbarn zu tun haben. Häufig schleudert diese Fragmentierung die unverbundenen Nachbarterritorien ins Abseits jener globalen Netzwerke. Und oft ist es genau das, worum es geht. Ungleiche Entwicklung, die maßgebliche räumliche Form und Praxis des Kapitalismus, vollzieht sich auf verschiedenen Ebenen und ihre inneren Mechanismen haben in jüngerer Zeit Verräumlichungen geschaffen, die bestimmte Territorien immer enger an das globale Machtnetz binden, während andere gleichzeitig von der Karte gestoßen werden. In dem Maße, in dem ein Territorium enger an den Puls der kapitalistischen Macht angebunden wird, wächst die relative Entfernung seiner Nachbarn zum Zentrum, nicht zu sprechen von den Territorien, die noch weiter entfernt liegen. Diese Kompression-Expansion zeichnet eine weitere Form der Veränderung von Raum aus, die als eine postmoderne geographische Praxis verstanden werden kann. Diese räumlichen Dynamiken schaffen flüchtige „Städte der Differenz" deren Verwerfungslinien einer Untersuchung bedürfen.

Diese Verwerfungen manifestieren sich u.a. in Städten, die intensiv mit dem globalen Finanz- und Produktionskapital verbunden sind, und in deren streng voneinander getrennten Wohnvierteln eine zunehmend mobile Bevölkerung lebt. So gibt es einerseits ein *„First Worlding"* einzelner Städte in unterentwickelten Ländern und gleichzeitig ein *„Third Worlding* zu Hause"* (Swyngedouw 1997; Koptiuch 1991). Diese miteinander verbundenen Phänomene sind eine Variante der oben genannten Kompression-Expansion, und sie reflektieren aktuelle Besonderheiten der geographischen Maßstabsebenen von Produktion und Reproduktion. In dem Maße, in dem kapitalistische Produktion zunehmend globalisiert und mobil wird, wird deren Verantwortung für die soziale Reproduktion an bestimmten Orten immer schwächer. Wenn, wie Neil Smith (2001) schreibt, die Trennung von Produktion und Reproduktion in der modernen Stadt durch den Weg zur Arbeit verdeutlicht wurde und der Pendeleinzugsbereich die Erstreckung der Stadt bestimmte, dann haben die Globalisierung kapitalistischer Produktion, die Verbilligung von Transport und die wachsende Mobilität von Produktionsstandorten diese Wege für Viele in weite Fernen verlängert. Die Stadt ist nicht länger das Zentrum ihres eigenen Unterhalts und ihrer Reproduktion. Zukünftige und gegenwärtige Arbeiter/innen werden bereits an anderen Orten (und billiger) produziert. Die daraus resultierenden Verräumlichungen – sich fluide verändernde städtische und regionale Formen, das Gedränge von Klasse, „Rasse", Nation, Sexualität und Geschlecht in zunehmend neu zusammengesetzten Stadtteilen, Arbeitsplätzen und Nationalstaaten (jene „unordentlichen" Bereiche, für die Foucaults Heterotopien Erleichterung bieten?), und der Überschuss einzelner Bevölkerungen, deren Reproduktion für die Kapitalakkumulation kaum mehr eine Rolle spielt – können als weitere Beispiele einer postmodernen geographischen Praxis verstanden werden.

John Bergers (1974) einmal mehr verblüffende Erkenntnis, das es „jetzt" der Raum und nicht die Zeit sei, der Konsequenzen vor uns verbirgt, war eine erstaunliche Anerkennung von „Gleichzeitigkeit und Ausdehnung" (vgl. Soja 1989, der diese Einsicht in die Geographie einführte). Berger schrieb über Portraitmalerei und Literatur, was aber entscheidend ist, ist der Zeitpunkt seiner Aussage. *The Look of Things* wurde kurz nach der Aufhebung des Bretton-Wood-Systems geschrieben. Seitdem sind die Wechselkurse der harten Währungen freigegeben und nicht mehr an den US Dollar gebunden, dessen Goldbindung gerade erst aufgelöst wurde. Dies war ungefähr die Zeit des ersten Ölschocks und des Endes des bis dato am stärksten visuell vermittelten Krieges. Die sozialräumlichen Prozesse, die mit den neuen Formen des globalisierten Kapitalismus und neuen kulturellen Praktiken verbunden sind, wurden, unter anderem, von diesen Ereignissen in Bewegung gesetzt. Ihre Folgen wurden, wie im Nachhinein sichtbar wurde, von Berger in dem Moment, in dem sie Form anzunehmen begannen, sehr scharfsinnig erfasst. Ob diese Erkenntnis, wie von Soja (1989) behautet, einen der Eckpunkte postmoderner Räumlichkeit und einen kritischen Schlag gegen den Historizismus und für eine Verräumlichung von Gesellschaftstheorie darstellt oder nicht; es ist offensichtlich, dass die räumlichen Formen, die mit der zunehmend globalisierten kapitalistischen Produktion verbunden sind, die Folgen und Widersprüche der damit einhergehenden sozialen Beziehungen meisterhaft verbergen. Dieses Verbergen ist ein wesentlicher Bestandteil jeder der oben genannten Iterationen postmoderner geographischer Praxis.

Hiding Consequences

Angesichts der Brillanz von Bergers Erkenntnis ist es überraschend, wie wenig sie nicht nur als eine gruselige Entdeckung, sondern als ein Aufruf zum Handeln oder zumindest zu einem nuancierteren Verständnis wahrgenommen wurde. Was bedeutet es, wenn Raum die Konsequenzen verbirgt? Welche Politiken resultieren sowohl aus dem damit Leben, als auch der Kritik daran? Wenn es eine der Aufgaben kritischer Geographie ist, die historischen Geographien kapitalistischer Entwicklung zu analysieren, ist es wichtig die historischen Geographien des gegenwärtigen Kapitalismus als ein Teil dieses Projekts zu untersuchen. So wie kritische Historiker/innen sich mit vorherrschenden Geschichtsschreibungen befassen müssen, um die vergessenen und gelöschten Geschichten und sozialen Akteure auszugraben, müssen kritische Geograph/inn/en die Macht der Geographie angreifen, bestimmte Menschen und soziale Praktiken in den Hintergrund zu drängen. Solch ein Projekt der Aufdeckung bietet eine positivere Wendung dessen, was postmoderne geographische Praxis genannt werden könnte und weist auf deren Dringlichkeit hin.

Ich möchte zwei rekursive Beispiele dieses Verbergens ansprechen: Zum einen diejenigen Geographien, welche die Folgen der mit der Globalisierung kapitalistischer Produktion verbundenen Veränderungen der sozialen Verhältnisse von Produktion und Reproduktion verbergen. Und zum anderen jene Untersuchungen von Raum, die sich ausschließlich auf den globalen Maßstab beziehen und dadurch andere Maßstabsebenen und bedeutsame materielle Praktiken verbergen (und übersehen), insbesondere solche die mit sozialer Reproduktion verbunden sind. Bevor ich ein konkretes Beispiel für dieses Verbergen und Aufdecken in New York angehe, noch ein Wort zu diesem Unterfangen als einer postmodernen geographischen Praxis. Teile der Kritik an der Maskulinität des modernistischen Denkens haben dessen Tendenz angesprochen das Sichtbare zu privilegieren, oder genauer die Art und Weise, wie dieses Privileg den Betrachter als Sichtbaren auslöscht. „Sein" Blick ist unmarkiert, dennoch hat das, was er sieht, performative und *Welt schaffende* [*worlding*] Effekte.

Aber so lehrreich diese Erkenntnis in Bezug darauf ist, die Bedeutung von Positionalitäten zu erkennen und einem anderen, eingebundeneren oder anders positionierten Ansatz jenseits dieses panoptischen zu fordern, behält die Frage von Sehen und Gesehen werden ihre Macht. Es bleibt weiterhin eine wichtige politische Aufgabe zu verstehen und „aufzudecken", wie Dinge, Menschen und soziale Beziehungen für den öffentlichen Blick sichtbar oder unsichtbar gemacht werden. Daher möchte ich nun einige Aspekte aufzeigen, wie aktuelle städtische Räume die Konsequenzen kapitalistischer Produktion verbergen und damit deutlich machen, dass die meisten Analysen von „Globalisierung" wenig zu einem Aufdecken dieser Konsequenzen beitragen. Ein wichtiger Grund ist, dass ihr Fokus auf Finanzkapital, Informationsflüsse und Produktion diesen panoptischen Blick aufrecht erhält.

Mein Fokus richtet sich auf die materiellen sozialen Praktiken der sozialen Reproduktion, die dem öffentlichen Blick in den neu gestalteten öffentlichen Umwelten von New York verborgen sind. Es wird nach jenen Ansammlungen von Verräumlichungen gesucht, die sich, so wie ich glaube, als postmoderne geographische Praxis bezeichnen lassen: Die Kompression-Expansion von Raum, die die Fragmentierung von Territorien begleitet; das simultane „First Worlding" einiger Orte und das „Third Worlding" anderer, hervorgebracht durch die Migration von Menschen; der Zu- und Abfluss von Kapital und die Transnationalisierung verschiedenerer kultureller Praktiken; und schließlich die Entstehung unterschiedlicher Heterotopien im Herzen der Stadt angesichts dieser Verschiebungen und ihren unübersichtlichen Verräumlichungen.

Auch wenn der Begriff der „Globalisierung" übermäßig beschworen wird, gibt es fraglos tatsächlich eine weltweite Expansion kapitalistischer Produktion, etwa dahingehend, dass die Komponenten eines einzelnen Produkts an einer Vielzahl unterschiedlicher Orte hergestellt und zusammengesetzt werden. Flexible Produktionstechnologien werden angewandt, um alle Orte und Spezifika eines Produktionszyklus aufs Genaueste festzulegen. Dieser Prozess ermöglicht dem Kapital eine enorme Flexibilität bezüglich der konkreten Orte der Produktion, die es als Antwort auf steigende Lohn- oder andere Kosten, Qualitätsprobleme, Über- oder Unterproduktion, staatliche Regularien oder Widerstand von Arbeiter/inne/n verändern kann. Diese Veränderungen werden von einer Reihe von Veränderungen des internationalen Finanzsystems, der Zirkulation, der Informationsflüsse und der Rolle des Staates angetrieben und treiben diese wiederum selbst weiter. Dies wurde in der Literatur bereits ausgiebig behandelt und soll hier nicht weiter Thema sein. Auch wenn die Effekte der Globalisierung weniger totalisierend und partieller sind, als dies in der Regel angenommen wird, verändert die Globalisierung der Produktion gleichwohl die Verantwortung des Kapitals für bestimmte Orte und löst viele der alten Annahmen bezüglich des Verhältnisses von Produktion und Reproduktion auf. In dem Maße, in dem Unternehmen zunehmend weltweit produzierte Arbeitskräfte zur Verfügung stehen, brauchen sie sich weniger als zuvor um deren soziale Reproduktion zu kümmern und tun dies auch immer weniger. Dies hat nicht nur die Möglichkeiten von Arbeiter/inne/n geschwächt, dem Kapital diese Investitionen abzuringen, sondern ebenso die Fähigkeit des Nationalstaats oder geographischer Regionen und Gebietskörperschaften dies zu tun. Stattdessen bemühen diese sich mit Steuernachlässen und anderen Angeboten um ein zunehmend unbeständiges und flüssiges Produktionskapital. Das reduziert die verfügbaren Ressourcen für die soziale Reproduktion an bestimmen Orten weiter.

Diese Dinge stehen in enger Verbindung zur Transformation New Yorks in den letzten dreißig Jahren. Praktiken wie „das Ende der Sozialfürsorge wie wir sie kennen"[2], die Privatisierung einer Vielzahl sozialer Güter, öffentlicher Dienstleistungen und öffentlicher Räume und eine arbeiter/innen/feindliche Politik zeigen, dass es gegenüber der Unternehmensmacht und dem „Revanchismus" des Staates an einem Gegengewicht fehlt (Smith 1996; Piven 1999). Aber diese Macht wird verstärkt durch eben jene Fähigkeit des Raums, *die Konsequenzen verschwinden zu lassen.* Durch Differenzen des räumlichen Maßstabs, des Ortes und der Territorialisierung – bestimmte und bewusste räumliche Strategien – werden einige Widersprüche des Investitionsabbaus, der Privatisierung, der Einschnitte in die soziale Sicherung und ähnliches dem Blick verborgen. Dieses Verbergen bestärkt nicht nur diejenigen, die diese Praktiken einsetzen, da deren gröbsten Folgen nicht gesehen werden, sondern erschwert ebenso die Möglichkeit der erfolgreichen Opposition gegenüber diesen Prozessen. Diese miteinander verbundenen Praktiken bauen auf den ungleichen sozialen Verhältnissen von Produktion und Reproduktion im Kapitalismus auf und verstärken diese. Dabei sind sie in bestimmte räumliche Strategien eingebunden, welche die ihr eigene Ungleichheit verbergen. All diese Fragen treffen sich in einer auffallenden Weise an der *Grand Central Station* mitten in Manhattan.

Die Finanzkrise und die Privatisierung des öffentlichen Raums

Aus einer Reihe lokaler und globaler Gründe veränderte sich die politische Ökonomie New Yorks zwischen dem langen Boom, der dem Zweiten Weltkrieg folgte, und dem Ende des Vietnamkriegs in der Mitte der 1970er Jahre dramatisch. Diese Veränderungen schlugen sich räumlich im Niedergang bestimmter Stadtteile und dem fast vollständigen Kapitalabzug aus diesen nieder, im Wachstum suburbaner Siedlungen und im Verfall städtischer Infrastruktur und öffentlicher Versorgung. Verstärkt wurden diese Verschiebungen teilweise durch die finanziellen Wechselwirkungen zwischen suburbaner Entwicklung, innerstädtischem Investitionsabbau und „städtischer

---

2 Anm. d. Übers.: 1993 von Präsident Clinton benutzte Formulierung, um den weiteren Um- bzw. Abbau des Sozialstaats anzukündigen, der 1996 zur Abschaffung weiter Teile der Sozialhilfe führte.

Erneuerung" (ein Begriff für „Slumräumungen" und städtischen Rückbau). Das Ende des Bretton Woods Systems, die wachsende Fluidität und Geschwindigkeit des Kapitals, der Ölschock, die zunehmende Internationalisierung der Produktion und New Yorks Übergang von einer primär auf produzierenden und hafenorientierten Industrien beruhenden Ökonomie hin zu Finanz-, Versicherungs- und Immobilienunternehmen hatten dramatische Auswirkungen auf die Beziehung zwischen Produktion und Reproduktion in der Stadt und deren sozialräumliche Manifestationen. Beschäftigungsmöglichkeiten spalteten sich in zunehmendem Maße in hochqualifizierte und gut bezahlte Jobs auf der einen Seite und ungelernte, unsichere und schlecht bezahlte Jobs auf der anderen. Als sich die keynesanischen Versprechen des Fordismus aufzulösen begannen und New York Mitte der 1970er Jahre – als das Kapital zu anderen Produktions- und Investitionsstätten zog – in eine Finanzkrise stürzte, wurden die Folgen des Investitionsabbaus im Bildungssektor, im Sozialen Wohnungsbau, in der Gesundheitsversorgung, der Sozialfürsorge und den berühmten Parks der Stadt deutlich sichtbar. Eine wachsende Zahl von Menschen und Unternehmen verließ die Stadt aus offen ersichtlichen Gründen, während diejenigen, die es sich nicht leisten konnten wegzuziehen, von Kapital und Staat verlassen und für ihre Lage selbst verantwortlich gemacht wurden.

Selbst große Unternehmen drohten mit dem Abzug ihrer Hauptquartiere aus der Innenstadt. New Yorks Status als eine Weltstadt, als ökonomischem Magnet und kulturellem Zentrum begann zu schwinden. Vor gerade einmal einem Viertel Jahrhundert schien die Stadt kurz davor zu stehen zu implodieren. Die Krise begann sich zu entschärfen, als der Stadt von der *Municipal Assistance Corporation,* einer public-private Partnership, durch die Ausgabe von „Big-MAC" Anleihen aus der Klemme geholfen wurde. Diese Anleihen stabilisierten die finanzielle Situation der Stadt und stellten damit sicher, dass die Situation für Banken und andere Finanzinstitutionen nicht zu riskant wurde. Das Unternehmen erlegte dem Schuldner – der Stadt New York – Bedingungen auf, die nicht zufälligerweise Ähnlichkeiten mit den Strukturanpassungsprogrammen hatten, die der Internationale Währungsfonds etwa zur selben Zeit verschiedenen Ländern der „Dritten Welt" auferlegte. In dieser Zeit und in den folgenden Jahren flossen Investitionen in erster Linie in private Projekte, die die Interessen der wohlhabenden New Yorker unterstützten. Die öffentlichen Landschaften sozialer Reproduktion zerfielen weiter als die öffentlichen Investitionen versiegten, der Umfang öffentlicher Gelder abnahm und wichtige Wahlkreise anfingen diese Güter zu privatisieren oder sie sich außerhalb der Stadt zu sichern. Unter diesen Orten des Zerfalls fanden sich öffentliche Schulen, Sozialwohnungen, der öffentliche Nahverkehr sowie öffentliche Räume einschließlich Parks und Spielplätzen. Einer der sichtbarsten Orte dieses Verfalls war das *Grand Central Terminal,* einer der beiden wichtigsten Bahnhöfe der Stadt. Dieser litt unter mangelnder Instandhaltung und Vernachlässigung und darunter, dass er für zahlreiche Menschen, die von anderen Orten vertrieben worden waren - von Arbeitsplätzen, aus Wohnungen, Psychiatrien und heruntergekommenen Vierteln - erreichbar war und eine Bleibe bot. Die Beziehung zwischen der sichtbaren Stadt der Produktion und Zirkulation und der unsichtbaren Stadt der sozialen Reproduktion ist eine unmittelbare. Während zahlreiche Autor/inn/en sich auf die Flüsse von Finanz- und Produktionskapital und die Zirkulation von Reichtum und Macht auf der Ebene der Gemeinde, der Region oder des Nationalstaats konzentrieren, oder das Handeln der Eliten, Unternehmen, Finanzinstitutionen und des Staates in den Blick nehmen, möchte ich etwas genauer betrachten, was aus der sozialen Reproduktion unter diesen Bedingungen geworden ist und wie sich dies räumlich ausdrückt. New Yorks *Grand Central Terminal* ist ein gutes Beispiel. Der lange vernachlässigte Beaux Arts Bau wurde in den letzen zehn Jahren üppig renoviert. Dies stand unter der Schirmherrschaft der *Grand Central Partnership* (GCP) (einer public-private Partnership), einer einflussreichen Unternehmer/innen/vereinigung dieser Gegend, die schon früh den Standard für die Durchsetzung neoliberaler Räumlichkeiten gesetzt hatte.

Durch ein Selbstbesteuerungssystem, das von der Stadtregierung durchgesetzt wurde, schuf und finanzierte die 1988 gegründete *Grand Central Partnership* einen großen *Business Improvement District* (BID) um *Grand Central* herum. 1998 bezahlten dortige Grundstücksbesitzer $1,65 pro Quadratmeter, den sie besaßen, was der GCP ein jährliches Budget von $10 Millionen und eine Menge Einfluss einbrachte. Zunächst durch den Abzug des *Mobil Oil* Hauptquartiers von New York nach Houston motiviert, versuchten die Organisator/inn/en der GCP den Abfluss von Kapital und Unternehmen aus der Stadt aufzuhalten und den - realen und symbolischen - Makel zu beseitigen, der durch den Rückzug von Kapital seit den Jahren der Finanzkrise der 1970er und den damit verbundenen Ereignissen entstanden war. Die Perspektive war eine unternehmerische, weiße, bürgerliche und männliche. *Mobil Oil* verabschiedete sich aus New York mit einem Videoclip, der den mühsamen Weg einer Führungskraft zur Arbeit dokumentierte, der durch *Grand Central* führte. Die Botschaft war, dass das Erbe von zwei Jahrzehnten ökonomischer Restrukturierung, der Abbau der verarbeitenden Industrie, die einst die solide Grundlage der Stadt bildete, und die damit einhergehende Flucht der weißen Mittelschichten in die Vororte seit den 1950er Jahren, die in den 60ern massiv an Fahrt gewann und fast alle Wohnviertel New Yorks betraf, zuviel für den Magen der surburbanen Führungskräfte war. Unter den auf dem Video dargestellten unansehnlichen Trümmern und Ablagerungen all dieser Veränderungen fanden sich Obdachlosigkeit, Bettelei und eine heruntergekommene Infrastruktur.

Die GCP entstand aus dem Bemühen weitere Unternehmensabwanderungen aus Manhattan zu verhindern und *Midtown* so zu revitalisieren, dass neue Investitionen angelockt würden und Mittel- und Oberschichtsbesucher/innen zurück nach New York kämen. Es ist aufschlussreich, dass sich sowohl die Motivationen als auch die Antworten des BID um Verräumlichungen von politökonomischen und sozialen Problemen drehten. Die Entwicklung des BID markiert einen Wendepunkt von einer Sozialfürsorge, die zumindest dem Anspruch nach beabsichtigt arme und „benachteiligte" Menschen als Arbeitskräfte und Konsumenten zu integrieren, hin zu einer privatisierten Strategie, die den Mächtigen und Reichen dabei hilft Probleme zu beseitigen, hinter sich zu lassen und zu überwinden, die eine kapitalistische Sozialfürsorge „wie wir sie kannten" nicht lösen konnte. In räumlichen Begriffen ausgedrückt schuf die GCP die Grundlage einer Heterotopie, und die Strategie ging auf. Wie hätte sie auch scheitern sollen angesichts der ihr zur Verfügung stehenden finanziellen Mittel und machtvollen Verbindungen? Darüber hinaus funktionierte sie auch, weil sie Teil eines viel weiteren Feldes einer politischen Ökonomie der Reinvestition in New York durch zentrale Finanzinstitutionen war; weil die Restrukturierung des globalen Kapitalismus einiger weniger hochtechnologisierter Finanzmärkte oder „Global Cities" bedurfte, unter ihnen New York; und weil das Aufkommen des Neoliberalismus unter anderem mit dem massiven Abbau öffentlicher Investitionen und der Privatisierung zahlreicher öffentlicher und lokaler Dienstleistungen verbunden war.

Hier kommen genau die Fragen der Sichtbarkeit und Unsichtbarkeit und ihre Verbindung mit Macht, Reichtum und Armut auf, die den Kern meines Interesses bilden. Die GCP macht bestimmte Beziehungen von Reichtum und Macht sichtbar, während sie deren Grundlagen und Nebenfolgen verschleiert. Die beeindruckende Renovierung der *Grand Central Station* markiert, wie so vieles anderes in New York, eine Landschaft der Macht, die jene ungleichen Beziehungen und materiellen Praktiken der sozialen Reproduktion verbirgt, welche die aktuellen städtischen Landschaften des „globalisierten" Kapitalismus ermöglichen und durchsetzen (Zukin 1991). Das simultane Aufdecken (räumlicher Formen) und Verbergen (sozialer Beziehungen), auf denen die Strategie der GCP beruhte, erlaubte es ihr und ihren Partner/inne/n, ihren Erfolg – die Stadt für die Reichen zurückgewonnen zu haben – frei von größeren Gewissensbissen und Bedenken zu feiern. John Bergers (1974) Vorahnung bewahrheitete sich letztlich. Kritiker/innen des Neoliberalismus müssen daher außerhalb der viel gefeierten Räume des *Grand Central* nach den Konsequenzen suchen. Dafür muss man nicht weit gehen. Die Unterkünfte der Obdachlosen und die Suppenküchen an der nur zwei Blocks entfernten St. Agnes Kirche sind Teil der *Grand Central Partnership*, und ein kurzer Blick auf diese zeigen einige interessante und beunruhigende Verbindungen zum *Business Improvement District*.

Die verborgenen Privatisierungfolgen

Obdachlose Menschen, insbesondere wenn sie sichtbar sind, liegen im Widerspruch zu unternehmerischen Aufwertungsprojekten. In einem Vortrag von Daniel Biederman, dem Präsidenten der GCP Ende der 1980er Jahre, in dem er die Mission und Vorstellung der Organisation darlegte, wurde klar, dass obdachlose Menschen nur als Objekte - die den Weg von Führungskräften zur Arbeit behindern und unansehnlich machen - ein Problem darstellten. Sie werden nicht als Subjekte wahrgenommen, als Menschen, die in Folge der Veränderungen der Beschäftigungsstruktur in den letzen beiden Jahrzehnten ihren Job verloren hatten (Fitch 1993), die aus ihren Wohnungen vertrieben wurden, sei es in Folge der Aufgabe der Häuser durch die Hausbesitzer, das Austrocknen staatlicher Förderungen für billigen Wohnraum unter Nixon oder die rapide steigenden Mietkosten in vielen Teilen der Stadt, oder als Menschen, die unter den Folgen einer der anderen Erscheinungen des Abzugs von Kapital und der fortlaufenden Deindustrialisierung litten, die keine adäquate Unterstützung für Viertel und Haushalte lieferte.

Obdachlosigkeit stellte in Midtown ein Problem dar, da obdachlose Menschen im besten Falle als bedrückend und im schlimmsten Falle als eine bedrohliche Krankheit wahrgenommen wurden. Eine Folge war von Anfang an eine Kooperation zwischen der GCP und der nahe gelegenen St. Agnes School, die eine Reihe von Programmen für Obdachlose unterstützte. Das primäre Ziel war es, obdachlose Menschen für die wohlhabenden Besucher/innen Midtowns - ob Pendler/innen, Tourist/inn/en, Ausflügler/innen oder Investor/inn/en - unsichtbar zu machen. Das Recht obdachloser Menschen auf eine angemessene Unterkunft oder Arbeit, oder das Recht ihrer Kinder auf dauerhafte Bildung waren dabei alles andere als die Sorgen dieses GCP Programms. Diese Interpretation der Motive, die sich ganz klar in Biedermans Vortrag und den Veröffentlichungen des Direktors des Obdachlosenprogramms, Jeffrey Grundberg, zeigt, wurde noch verstärkt, als bekannt wurde, dass die GCP Personen anstellte, um Obdachlose aus dem Viertel hinaus zu drangsalieren, an den Programmen von St. Agnes teilnehmende Obdachlose schlug und Obdachlose weit unter Mindestlohnniveau „anstellte". Die GCP wurde von der *Partnership for the Homeless* erfolgreich verklagt, da sie Obdachlose Menschen aus den Unterkünften von St. Agnes für Reinigung, Sicherheitsdienste und Arbeiten am Terminal und anderswo im BID zu Löhnen zwischen $1 und $1,50 „anstellte". Es stellt sich heraus, dass Belästigungen und selbst Gewalttätigkeiten gegen obdachlose Menschen in der Gegend durch die GCP geduldet und sogar gefördert wurden. Ziel war es, diese zur Teilnahme am Programm der GCP oder zum Verlassen des Viertels zu bewegen. Die GCP behauptete in dem Verfahren, dass diese Arbeiter/innen, die keine „welfare workers"[3] waren, an einem Sozialprogramm mit dem Namen „Wege zur Arbeit" teilnahmen. Der Richter stellte allerdings nicht nur fest, dass diese Menschen bereits als

---

3 Dieser Begriff bezeichnet eine Person, die staatliche Sozialhilfe in Form von Bargeld, Essensmarken oder Wohngutscheinen empfängt. Seit einiger Zeit sind diese Programme zeitlich eng begrenzt (je nach Bundesstaat), und es wird von allen arbeitsfähigen Empfänger/inne/n, einschließlich solcher mit kleinen Kindern, verlangt, dass sie für diese Unterstützung arbeiten. Die Vergütung liegt weit unter dem Mindestlohn.

angestellt zu betrachten seien – manche hatten bis zu 1.500 Arbeitsstunden und viele mehr als 40 Stunden pro Woche gearbeitet –, sondern wies auch darauf hin, dass Biederman zur selben Zeit $335.000 verdient hatte. Die GCP wurde zu Nachzahlungen an die 40 Arbeiter/innen verurteilt. Das Urteil konnte später auf über hundert illegal angestellte Obdachlose angewandt werden.

Grand Central Terminal als eine Kompensationsheterotopie

Trotz dieser und anderer bedauernswerter Praktiken wurde die *Grand Central Partnership* von der städtischen Elite und den Medien weitgehend einhellig für ihre „sichtbaren" Erfolge gefeiert: Für das „Aufräumen" und den Umbau von Midtown mittels Dingen wie Beschilderungsvorschriften, Straßenausstattungen, Taxiständen und privaten Sanitäreinrichtungen sowie Sicherheitsdiensten. Und für die überwältigende Renovierung der *Grand Central Station*, für die keine Kosten und Mühen gescheut und keine Details übersehen wurden. In ihrer schonungslosen Selbstbeweihräucherung und ihrem hoffnungslosen Mangel an Selbstreflexion schienen die GCP und ihre Verantwortlichen nicht in der Lage und sicherlich nicht willens zu sein sich vorzustellen, dass ihre Werte und Visionen der Zukunft nicht universell sind. Als ich Biederman nach seinem Vortrag vor über zehn Jahren darauf ansprach, dass es problematisch sei, einen wohlhabenden, weißen und männlichen Pendler als Standard anzunehmen, auf dessen Grundlage die Pläne für Midtown entworfen würden, antwortete er mir ohne Ironie oder Verständnis davon, worum es mir eigentlich ging, dass die suburbane Führungskraft eine Art von „Durchschnittsbürger" sei. Genau dies ist die anhaltende Macht des „panoptischen Blicks".

Aber im Zentrum dieser Stadt, die eine der heterogensten der Welt ist, ist eine solche Annahme unhaltbar. Sie wird umso problematischer in Anbetracht der scharfen und rassifizierten Klassenunterschiede, die New York ausmachen, und von denen einige eng mit dem Rückzug des Kapitals verbunden sind, der ja gerade zu dem Verfall von *Grand Central* beigetragen hatte. Diese Unterschiede werden durch Projekte wie die GCP verschleiert und überpinselt. Das sind die hohen Kosten, die in der scheinbaren Tautologie verborgen liegt, dass das, was man sehen kann, das ist, was sichtbar gemacht wurde. Diese sichtbare Monumentalität baut auf dem Unsichtbarmachen von derjenigen auf, die sich am unteren Ende der wachsenden Kluft zwischen Arm und Reich in New York, wie auch anderswo, befinden. Das Aufspüren und Erkunden dieser verlorenen Spuren oder versteckten Landschaften innerhalb der monumentalen und offiziellen gebauten Umwelt von *Grand Central* stellt eine wichtige Gegenmaßnahme gegen das Verschwindenlassen dieser Menschen und ihrer Bedürfnisse in und an der Stadt dar.

Grand Central Terminal stellt für mich eine Ikone dar. Es war ein Raum des Dazwischenseins, in dem ich mich unabhängig fühlte, in dem ich mit Differenzen

konfrontiert wurde, und der wichtig für mein politisches Leben wurde. Es ist der
einzige Raum, von dem ich wiederkehrende Träume habe. In diesen geht es oft um
die verborgenen und an den Rändern liegenden Räume des Bahnhofs, rund um die
Gleise und ihre Zugänge. Meine Interessen an diesem Raum sind zutiefst mit persönlichen Bedeutungen verbunden. Aber *Grand Central* ist auch ein alltäglicher Raum,
den ich regelmäßig betrete. Bis vor Kurzem beinhaltete mein Weg zur Arbeit das
dortige Umsteigen, und jeden Tag staunte ich über dessen neue Pracht und die Menge
an privatisiertem Raum für gehobenes Gewerbe, und immer wieder war ich verblüfft
von dieser Fixiertheit auf Ursprünge und Vergangenheit, die sich hier, wie auch an
anderen jüngeren Erneuerungsprojekten, findet. Dies führte im Falle von *Grand Central*
zum Bau eines gewaltigen Treppenaufgangs am östlichen Ende der überwölbten
Haupthalle, die auf die westliche Treppe trifft, welche zur Vanderbilt Avenue führt.
Diese zweite Treppe fand sich in den ursprünglichen Plänen des Bahnhofs, wurde
aber nie gebaut. Warum diese Besessenheit damit, ursprünglicher als das Original zu
sein, diese Art Urauthentizität, die bedeutet zu den „wirklichen" Ursprüngen zurück
zu gehen? Während meiner Gänge durch den Bahnhof schien mir, es müsste etwas
mit der Sorge zu tun haben, die „Durchschnittsbürger" gegenwärtig angesichts aller
„Differenzen" beschleicht, die bestimmte Formen der Privilegien nicht mehr so einfach mit Hinweis auf eine bestimmte Herkunft garantieren. Aber jenseits dieser hä-
mischen Gedanken – welche die Impulse hinter den Kompensationsheterotopien in
Erinnerung rufen – halte ich diese Treppenstufen, die ja lediglich zu einem kommer-
zialisierten Zwischengeschoss führen, für sinnbildlich. Diese Treppenstufen sind ein
gewaltiges Statement und zeigen die Bereitschaft etwas zu „erhalten", was es nie gab,
und behaupten gleichzeitig Authentizität. All die Mühen, die es erforderte diese
formalen Eigenschaften sichtbar zu machen – ein klares Statement zur Authentizität
von *Grand Central* – spiegeln sich in den Versuchen bestimmte Gruppen von Menschen unsichtbar zu machen, die diesen Raum Jahrzehnte lang bewohnten und in
ihm arbeiteten. Ihre sichtbaren Spuren wurden als unauthentisch und nicht als Teil
der zu erhaltenden Landschaft begriffen und entfernt. Es wurden aber nicht allein
die obdachlosen Menschen vertrieben, sondern auch Schuhputzer/innen, Straßen-
künstler/innen, Flugblattverteiler/innen, Missionar/inn/e/n und viele Kleinhändler/
innen. Die verbleibenden Straßenkünstler/innen und Flugblattverteiler/innen brauchen eine Erlaubnis des Managements und ihre regulierte Anwesenheit weist auf die
wachsende Kontrolle und Überwachung öffentlicher Räume hin.

Neben der Sorge um die authentischen Ursprünge haben außerdem Fragen einer
Mittelschichtssicherheit und dessen, was scheinbar zunehmend als ein Recht dieser
Klassen angenommen wird, nämlich eine bestimmte Art sich unbeschwert durch
öffentliche Landschaften bewegen zu können, zur Entfernung aller möglichen Arten
von Menschen aus *Grand Central* und seiner Umgebung geführt. Im besten Falle
legt dies nahe, dass diese Menschen ungleiche Rechte an der Stadt haben. Viele von

ihnen, darunter die Schuhputzer/innen und Händler/innen, verdienten ein bescheidenes Einkommen am Bahnhof und schadeten niemandem. Aber ihre Gegenwart
schien nicht zu dem neuen Bild von *Grand Central* zu passen, zu dem ein teures
Michael Jordan's Steakhouse, das ein Viertel des Zwischengeschosses umfasst, ein
Godiva Schokoladengeschäft und ein unvermeidlicher *Starbucks* gehört. Ihr Los, wie
auch das der vielen Menschen aus der Mittel- und Arbeiterklasse im heutigen New
York, scheint den Architekt/inn/en der neoliberalen Stadt keinen Gedanken wert
gewesen zu sein. Man denke an die Angriffe gegen die *City University*, die Belästigungen von Taxifahrer/inne/n und das Vorgehen gegen Straßenhändler/innen während der Giuliani Administration 1998 und die exorbitanten Mieten in vielen Teilen
der Stadt, selbst für den kleinsten Gewerberaum. Das Gefüge der Stadt – ihre treibenden Kräfte und ihre einzigartigen Qualitäten – wird verloren gehen, wenn solche
Gruppen von Menschen keinen Ort in ihr haben. Wenn *Grand Central* ein ebenso
geordneter Raum wird wie eine Disney Produktion und seine Läden sich nicht von
irgendeiner gehobenen Mall unterscheiden, wird man nach dem Eingriff der GCP
feststellen können: Operation erfolgreich, Patient tot.

All diese Fragen des Ortes, in allen ihren Bedeutungen, liegen im Zentrum des
Kampfes gegen den Neoliberalismus und die mit ihm verbundenen Projekte der
Aufwertung und Privatisierung. Projekte wie die *Grand Central Partnership* bieten
denen, die an der Macht sind, eine „Heterotopie der Kompensation". Der neue *Grand
Central* Komplex ist ein Raum außergewöhnlicher Ordnung und Kontrolle, der nicht
nur eine „Kompensation" für das „Durcheinander" der Räume des Alltagslebens ist,
sondern der zudem auf materiellen Praktiken beruht, die jene, die diese „Ordnung"
stören, kriminalisieren und vertreiben. Diese Ordnung wird von einem privaten Träger durchgesetzt, der damit die Privilegien, die mit Klasse, Rasse und Geschlecht
verbunden sind, in einem von unterschiedlichen Menschen geteilten öffentlichen
Raum zur Anwendung bringt. In dem Maße, wie public-private Partnerships zunehmend in großem Maßstab und gut sichtbar die Pflege solcher Projekte übernehmen,
wird es schwieriger die Spuren des alltäglichen Lebens, das in und zwischen diesen
Monumenten stattfindet, aufzuspüren, da viele von ihnen entfernt oder den Blicken
verborgen werden. Es ist politisch wichtig diese Spuren wieder aufzudecken und auf
ihrem Recht zu bestehen, in der Stadt zu sein und dort sichtbar zu sein. Und sei es
nur, weil mit ihrem Verschwinden die Kluft zwischen Arm und Reich und die bestehenden Herrschaftspraktiken gestärkt und entschuldigt werden. Wenn die Kosten
dieser Denkmalpflege und des *Business Improvement* nicht sichtbar gemacht und
das ungleiche Funktionieren der Stadt – was ich die verborgene Stadt der sozialen
Reproduktion nenne – ans Licht gebracht werden, dann werden die mit dem Neoliberalismus verbundenen bestrafenden Politiken unkontrolliert fortlaufen (Smith
1996).

Dem verräumlichten Neoliberalismus widersprechen

Bis dahin bleibt aber viel zu tun. Die verborgene Stadt der sozialen Reproduktion aufzudecken allein reicht nicht aus. Diese Bevölkerungen werden durch die aktuellen Politiken und deren physische Landschaften nicht nur verborgen, sondern gleichzeitig ins Visier genommen. Arme, rassifizierte und andere marginalisierte Menschen werden zum Sündenbock und verantwortlich für ihre eigene Entrechtung, Verarmung und Marginalisierung gemacht. Unter dem diffusen Mantel der „Globalisierung" gelang es Unternehmer/inne/n viele der Errungenschaften der gewerkschaftlichen Arbeiter/innen/bewegung abzubauen und die Idee eines für das Notwendige ausreichenden Lohns für die Mehrheit der momentanen und zukünftigen Arbeiter/innen zu einem hehren Traum werden zu lassen. Große Teile der Arbeitskräfte werden, obwohl wir uns in einer Phase beachtlichen wirtschaftlichen Wachstums befinden, mit der Drohung „der Anderen", ob hier oder anderswo, diszipliniert. Dies sind verräumlichte Praktiken, und viele von ihnen drehen sich um soziale Reproduktion. So kann sich etwa in den USA, Kanada und Teilen Europas darauf verlassen werden, dass Migrantinnen, deren Arbeitskraft nicht zuletzt dadurch verbilligt wird, dass Reproduktionsarbeit von Verwandten „zu Hause" übernommen wird, Reproduktionsarbeit wie Kinderbetreuung und Pflege, leisten. Damit wird das Kapital durch individuelle Haushalte letztlich von erheblichen Reproduktionskosten entlastet (Rose 1993). Gleichzeitig wird sich in den industrialisierten Ländern des Nordens oft auf eine andere Schicht gut ausgebildeter Migrant/inn/en verlassen, deren Arbeitskraft außerhalb des Schulsystems dieser Ländern produziert wurde, während anderen, die in diesen Schulen im Stich gelassen werden, eine adäquate Ausbildung verwehrt bleibt. Auf diese und andere Weise können Deinvestition und Vernachlässigung sozialer Reproduktion sowie die Reduzierung der Löhne fortgesetzt werden ohne die Kapitalakkumulation oder die zunehmend globalisierten Eliten zu gefährden.

Ungeachtet solch transnationalen Reichtumstransfers von Arm zu Reich, ging die Absage an einen ausreichenden Lohn in den USA für viele Hand in Hand mit einer schrillen und zur nationalen Politik erhobenen Rhetorik, welche die Opfer beschuldigt und Bedürftige dämonisiert. Nicht nur die Realität der Sozialfürsorge, sondern auch deren Begriff droht zu verschwinden. In den 1990er Jahren trieben reaktionäre Bürokrat/inn/en und Politiker/innen die diskursive Wende viel weiter als selbst inbrünstige Poststrukturalist/inn/en und benannten Sozial- und Arbeitsämter in „Arbeits-" oder „Job-Center" um, Sachbearbeiter/innen wurden in manchen Bundesstaaten zu „Finanzplaner/inne/n" und das Sozialministerium wurde zum „Ministerium für Übergangsbeihilfe" [*Department of Transitional Assistance*], es entstanden „Arbeitsprogramme zur Erlangung finanzieller Unabhängigkeit" (z.B. WAGES) und *Family Independence Administrations* (Swarn 1998). Nominale Politik ersetzt in dem Maße Sachleistungen, in dem Geld für die Bereitstellung dauerhafter Jobs, ausreichender Transportmittel, Kinderbetreuung oder Weiterbildung, die aus dem Übergang von der Sozialfürsorge zur Arbeit mehr als eine Phrase machen könnten, reduziert wird. Eine Anmerkung aus den Anweisungen für „Finanzplaner/innen" der New Yorker *Family Independence Administration* erinnert stark an die Obdachlosenprogramme, die jüngst von der *Grand Central Partnership* vertreten wurden. Die Anweisung betont, dass Beschäftigung ein „sekundäres Ziel" der *Job Center* ist. Das „Primärziel" stellt die Entmutigung potentieller Antragsteller/innen öffentlicher Unterstützung dar (Swarns 1998: 5). Der Beauftragte der städtischen Personalverwaltung, Jason Turner, sagte in einem Fernsehinterview über sein Welfare-to-Work Programm: „Arbeit macht frei". Wenn New York und Auschwitz unter demselben Banner stehen, dann sind wir in größeren Schwierigkeiten, als wir annehmen[4].

Frances Fox Piven (1999) führt diesen Zustand auf mehrere Faktoren zurück: Den Arbeitsplatzabbau in den letzen Jahrzehnten durch technologische Veränderungen, die Abwanderung von Produktion aus den traditionellen Zentren und das, was zahlreiche Beobachter/innen als „Globalisierung" bezeichnen. Pivens Arbeit zeigt, wie das Finanzkapital verschiedene Nationalstaaten mittels der Drohung mit Kapitalflucht, Investitionsabbau, ökonomischer Umstrukturierung und Programmen zur Disziplinierung von Arbeiter/inne/n an die Wand genagelt hat. All das ist verbunden mit der räuberischen Suche nach den höchsten Gewinnen ohne auf die sozialen Kosten zu achten. Die Verantwortung von Unternehmen für irgendeinen bestimmten Ort oder das Funktionieren einer demokratischen Zivilgesellschaft reicht nur soweit wie die Verantwortung für den Profit. In den USA ist dieser Raub eng mit der *Cultural Politics* von individueller Unabhängigkeit, der Verachtung armer Menschen (trotz ihrer Romantisierung in unterschiedlichen nationalen Mythen), einem tiefen und leicht anzuheizendem Rassismus und einer erschreckenden moralischen Strenge verbunden.

Aber Pivens überzeugendes Hauptargument ist, dass es die wachsenden politischen Ambitionen von Unternehmen in den letzten zwei Jahrzehnten waren, welche die aktuellen Politiken gegen Wohlfahrtsstaat, Arbeiter/innen/rechte, Arme, Frauen, Kinder und Minderheiten beflügelten. Dies führte zu einem wachsenden und historisch unbekannten Ausmaß sozialer Spaltung zwischen Arm und Reich, massivem Rückgang der Reallöhne und Jobs, Reduzierung von Leistungen, sozialer Sicherung und Dienstleitungen und Abbau der Finanzierung sozialer Reproduktion. Eine Ausnahme dieses Abbaus bildet lediglich die Einschließung verschiedener „überschüssiger" Bevölkerungen. Auch dies wird in die Räume eingeschrieben. Die Stadt der sozialen Reproduktion ist heute eine der massiven sozialen Ungleichheit, und deren Effekte

---

4 Dass Turner sagt, er sei sich des Nazi-Ursprungs absolut nicht bewusst gewesen, entschuldigt nichts. Da es nahe legt, dass es eine Reihe gemeinsamer Einstellungen gegenüber marginalisierten Menschen im „revanchistischen" New York (Smith 2001) und Nazi Deutschland zu geben scheint, wird das ganze vielmehr noch bedrohlicher.

sind ebenso sichtbar wie erschreckend. Schulen befinden sich in einem bedauerlichen Zustand, während der Bau neuer Gefängnisse vorangetrieben wird. Neoliberale public-private Partnerships wie die GCP oder die *Central Park Conservancy* restaurieren, erneuern und erhalten liebevoll und verschwenderisch die für die Eliten sichtbaren und von diesen wertgeschätzten Landschaften. Die gereinigten sichtbaren Umwelten schaffen ein Gefühl des Wohlfühlens und Bürgerstolz für die, auf die es ankommt, während Sozialwohnungen verfallen, Schulen und Schulhöfe immer überfüllter und baufälliger werden. Alte Gemeinschaftsgärten in gentrifizierten Vierteln werden für Luxusprojekte oder marktwertige Wohnquartiere konfisziert und Parks und Spielplätze in armen Stadtteilen dümpeln kaputt und unsicher dahin (Katz 1995; 1997; 1998).

Armut, die Unterdrückung von Klasse, Rasse, Geschlecht und anderen Formen von Marginalisierung und die Menschen, die diese Stigmata tragen, sind heute im öffentlichen Diskurs weniger sichtbar als zu anderen Zeitpunkten innerhalb der letzten dreißig Jahre. Wie das Beispiel von *Grand Central* deutlich gemacht hat, gelang es jenen mit Macht und Geld, die Dinge so zu organisieren, dass sie (und ihre reisenden Gegenstücke: Tourist/inn/en) arme Menschen, Dreck, Verwahrlosung und die schmerzlichen Folgen des Ausverkaufs sozialer Reproduktion nicht sehen müssen. Diese mahnenden Hinweise auf die vom Kapitalismus hervorgebrachte Ungleichheit und Fragmentierung wurden aus den zentralen Räumen der Stadt verbannt, und es besteht eine beachtliche rhetorische und physische Wachsamkeit, die bemüht ist ihre Rückkehr zu verhindern. In New York und anderswo wurden die Ränder der Stadt zu einer verborgenen Stadt der sozialen Reproduktion. Deren aktives soziales Leben muss ebenso wie deren Scheitern sichtbar gemacht werden, *in situ* und in den Zentren der Macht. Diese Sichtbarkeit wird am deutlichsten spürbar von jenen eingefordert werden, die den Schmerz des Ausschlusses am deutlichsten spüren. Dematteis' (2001) Stichwort der Fragmentierung von Territorien aufnehmend, das dieser mit der Postmoderne und dem begleitenden Prozess der Kompression-Expansion in der globalisierten Sphäre der Produktion verbindet, sollte man sich diese Bewegungen als transnational und transskalar vorstellen.

Und das führt mich merkwürdigerweise zu einem recht optimistischen Ausblick. So wie Dolores Haydens Arbeiten in *Power of Place* (1995) Ausgeschlossene und Entmachtete auf eine recht ermächtigende Weise ans Licht bringt, möchte ich für die Gegenwart darauf hinweisen wie wir – Feministinnen, Linke, antirassistische Aktivist/inn/en und andere – die bequeme Vorstellung der Wohltaten des globalisierten Kapitalismus gestört haben. Wir können aus dieser Geschichte lernen und helfen ein breites Bündnis gegen diese Bedingungen in der verborgenen Stadt sozialer Reproduktion und darüber hinaus zu initiieren. Die jüngsten Demonstrationen gegen IWF, Weltbank und WTO sind Beispiele dafür. Aber wir müssen den unterschiedlichen Linien der Unterdrückung und Ausbeutung folgen, um Fragen sozialer Reproduktion mit denen globalisierter Arbeitsplätze und ökologischen Niedergangs zu verbinden, die alle hervorgebracht und gesteuert werden durch vom Norden dominierte Finanzinstitutionen im Dienste eines Unternehmenskapitalismus im Weltmaßstab.

Während Piven (1999) überzeugend darlegt, dass der politische Angriff und das damit verbundene „zum Sündenbock machen" das Ergebnis der wachsenden politischen Ambitionen der unternehmerischen Klassen in den letzten 20 Jahren sind, stellt sie gleichzeitig heraus, dass dies in dieser Phase geschah, weil es *machbar* war. Dem stimme ich zu, aber man sollte die Antwort umdrehen. Der gegenwärtige rechte Angriff in den USA (und anderswo) ist in großem Maße eine Antwort – oder Rache – auf die sehr realen Erfolge der politischen Mobilisierungen der 1960er und frühen 70er Jahre. Die Anti-Kriegs-, Bürgerrechts-, Frauen-, Arbeiter/innen- und Solidaritätsbewegungen erschütterten – manchmal gemeinsam, manchmal getrennt und manchmal gegeneinander – mehr als alles andere in diesem Jahrhundert die herrschende Macht in den USA. Aus einer Reihe von Gründen erreichten diese Bewegungen ihre Ziele nicht, nicht zuletzt wurden sie gewaltsam angegriffen und unterdrückt. Diesen Rückschlag fortzusetzen ist die herrschende politische Ambition der 1990er Jahre, und Projekte wie die *Grand Central Partnership* sind ihr Zuckerguss.

Vielleicht hat es einen faden Beigeschmack, aber ich finde es ermutigend zu wissen, dass unsere eigenen politischen Erfolge irgendwo unter diesen aktuellen Landschaften der Gemeinheit und Rache liegen. Diese Erfolge deutlich zu machen (ein anderes Projekt des Aufdeckens) und sie mit aktuellen Kämpfen für soziale Rechte, angemessene öffentliche Bildung, Wohnraum, Jobsicherheit, öffentlichen Raum und die Rechte von Gefangenen zu verbinden, kann dazu beitragen, Kraft und Inspiration zu finden, um diesmal den Kampf um alternative Landschaften der Produktion und Reproduktion zu gewinnen. Eine angemessene postmoderne geographische Praxis würde unter diesen Umständen nicht nur versuchen die durch die fragmentierten, heterotopischen und reskalierten Räume der Postmoderne und des gegenwärtigen Kapitalismus verborgenen Konsequenzen aufzuzeigen. Vielmehr würde sie einen Wegweiser bieten, diese Räume von einer anderen Position aus zu sehen und sich den Kämpfen darum anzuschließen diese in Landschaften zu verändern, in denen unterschiedliche Öffentlichkeiten Vorstellungen einer lebenswerten Welt für sich und folgende Generationen entwickeln und diese realisieren können. Dieses Unterfangen wird wesentlich schwieriger als der Bau einer gewaltigen Treppe, aber es ist sicher, dass es zu etwas wichtigerem führt als einem gewerblich genutzten Zwischengeschoss.

Übersetzung: Boris Michel

Andrew Herod

Von der Geographie der Arbeit zur Arbeitsgeographie: Der *spatial fix* der Arbeit und die Geographie des Kapitalismus[1]

Der Begriff der „räumlichen Praxis" hat einen festen Platz auf der intellektuellen Agenda der Humangeographie. Die Produktion ökonomischer und sozialer Landschaften in ihrer je spezifischen Weise wird heute als grundlegend für die Artikulation politischer Macht betrachtet (vgl. Harvey 1982; Soja 1989; Lefebvre 1991). Ich behaupte in diesem Aufsatz jedoch, dass viele Wirtschaftsgeograph/inn/en und geographische Theoretiker/innen der kapitalistischen Raum-Ökonomie – sowohl etablierte als auch marxistische – zwar die soziale Konstruktion der Landschaft anerkennen, aber dazu tendieren, entweder die Funktion der *Arbeiter/innen* für die Produktion der ökonomischen Geographie des Kapitalismus zu ignorieren oder diese als passiv wahrzunehmen. Zwar haben Wirtschaftsgeograph/inn/en in den letzten beiden Jahrzehnten Beträchtliches geleistet, um die Versuche des *Kapitals* zu verstehen, die Geographie des Kapitalismus so zu gestalten, dass sie sowohl die Akkumulation als auch die Reproduktion kapitalistischer gesellschaftlicher Beziehungen ermöglicht. Aber es wurde wesentlich weniger Aufwand betrieben, ausdrücklich zu untersuchen und zu theoretisieren, wie *Arbeiter/innen* aktiv die ökonomische Landschaft und die räumlich ungleiche Entwicklung formen. Die Rolle der Arbeit bei der Produktion der ökonomischen Geographie ist in geographischen Analysen größtenteils unsichtbar, sowohl bei den etablierten neoklassischen Wirtschaftsgeograph/inn/en als auch ironischerweise bei vieler Marxist/inn/en. Beide Ansätze präsentieren eine Wirtschaftsgeographie ohne Arbeiter/innen als aktiv geographisch Handelnde. In Erklärungen der Dynamiken kapitalistischer Raumökonomie wurden Arbeiter/innen hauptsächlich aus dem Blickwinkel des Kapitals (in der Form von transnationalen Konzernen, Unternehmen etc.), und in geringerem Maße des Staats, wahrgenommen: im Rahmen von Investitionsentscheidungen, die basierend auf räumlichen Unterschieden zwischen Arbeiter/inne/n getroffen werden. Während für traditionelle Wissenschaftler/innen die relative Bedeutung verschiedener Faktoren der Produktion und Konsumtion die Standorte wirtschaftlicher Aktivitäten bestimmen, oder die Betriebsstruktur wesentlich ist, ist es für Marxist/inn/en das Kapital, das agiert. Das Kapital produziert hier in seiner kontinuierlichen Suche nach Profit Landschaften. In beiden Sichtweisen werden Kapitalist/inn/en als dazu imstande begriffen, mittels ihrer Investitionsentscheidungen aktiv ökonomische Geographien herzustellen. Arbeiter/innen hingegen werden eher als passiv verstanden, entweder als inaktiver „Faktor" der Standort-

---

1 Anm. d. Hrsg.: Dieser Beitrag erschien 1999 unter dem Titel *From a geography of labor to a labor geography: labor's spatial fix and the geography of capitalism* in der Zeitschrift *Antipode* 29(1).

analyse, oder, Harvey folgend (1982: 380-381, Herv. im Orig.), als kaum mehr denn *„variables Kapital*, ein Aspekt des Kapitals selbst".

Es ist nicht schwer zu verstehen, warum die wirtschaftsgeographische Standorttheorie sich in diese Richtung entwickelt hat. Während neoklassische Ökonom/inn/en sich mit dem Wesen von Firmen und Konzernen beschäftigen, bemühen sich marxistische Arbeiten, die Expansion des Kapitals im Prozess der Akkumulation zu untersuchen. Dieses Verständnis entschärft jedoch nicht die Tatsache, dass beide Ansätze allgemein formuliert theoretisch nicht zufrieden stellend sind, da beide keinen Platz lassen, um Arbeiter/innen als tätige Produzent/inn/en der Geographie des Kapitalismus zu begreifen. Ich möchte hier eine Konzeptualisierung von Arbeiter/inn/en vertreten, die diese als weit aktiver in der Produktion der räumlich ungleichen Entwicklung des Kapitalismus begreift. Dabei versuche ich auf theoretischer Ebene zwei Dinge zu tun: Erstens will ich das übliche Primat der Unternehmensaktivitäten oder des Kapitals im Allgemeinen bei der Abgrenzung des Feldes der Wirtschaftsgeographie (und im Besonderen der Standortanalyse) infrage stellen. In diesem Sinne möchte ich diesen Aufsatz in eine Kontinuität zur später auftauchenden Literatur stellen, welche begonnen hat den Charakter von „Wirtschaftsgeographie" in Frage zu stellen (vgl. Thrift/Olds 1996). Traditionell haben sich die Erklärungen der Entstehungsgeschichte der Wirtschaftsgeographie hauptsächlich auf ein Verständnis der Entscheidungsprozesse von Manager/inne/n und Kapitalist/inn/en gestützt. Obwohl Aktivitäten von Arbeiter/inne/n manchmal als ein „modifizierender" Einfluss gesehen werden, der als Faktor (und ich benutze diese Terminologie bewusst) in die Standorterklärung einbezogen werden muss, positioniert solch ein Ansatz vom Grundsatz her das Kapital sowohl empirisch als auch theoretisch als den Untersuchungsfokus der Forschung. Arbeiter/innen sind so an die Ränder der Disziplin verbannt worden. Im Wesentlichen wird hier die Geschichte der Produktion der Geographie des Kapitalismus durch die Brille von Kapitalist/inn/en/des Kapitals erzählt. Im Gegensatz dazu schlage ich in diesem Aufsatz vor, dass mit einer umfangreichen Analyse der gesellschaftlichen Praxen von Arbeiter/inne/n ein mehr an Erkenntnis darüber gewonnen werden kann, wie die ökonomische Geographie des Kapitalismus produziert wird. Folglich werde ich die Behauptung aufstellen – ohne die Erkenntnisse über die Geographie des Kapitalismus, die durch ein Verständnis von den Handlungen des Kapitals gewonnen werden können, zurückzuweisen –, dass es gleichzeitig wichtig ist anzuerkennen, dass Arbeiter/innen auch *tätig* geographisch Handelnde sind. Ihre Aktivitäten formen die ökonomischen Landschaften in einer Art und Weise, die deutlich von der des Kapitals unterschieden sind. Daher ist es für die begriffliche Fassung der Produktion der Geographie des Kapitalismus wichtig zu verstehen, wie Arbeiter/innen tätig ökonomischen Raum formen.

Zweitens und daraus folgend möchte ich Arbeiter/inne/n in der Literatur über die Entwicklung ökonomischer Geographien die Handlungsfähigkeit zurückgeben.

Dies bedeutet, Arbeit nicht bloß als „Standortfaktor" oder Tauschwert „abstrakter Arbeit" zu fassen, sondern zur Arbeiterklasse Gehörende als fühlende gesellschaftliche Wesen zu behandeln, die durch ihr Handeln bewusst und unbewusst ökonomische Geographien herstellen – wobei ich mir bewusst bin, dass sie (wie auch das Kapital) in diesen Handlungen eingeschränkt sind. Indem ich einwende, dass „Kapital ist *nicht* alles", will ich sicher nicht argumentieren, dass „Arbeit alles *ist*". Dies ist nicht mein Ziel; ein solches Argument wäre gleichermaßen problematisch. Vielmehr möchte ich feststellen, dass Arbeiter/innen persönliche Interessen daran haben zu versuchen, Raum in einer bestimmten Weise herzustellen. Die Fähigkeiten von Arbeiter/inne/n geographischen Raum in einer besondern Art und Weise herzustellen und zu beeinflussen, ist eine starke Form gesellschaftlicher Macht. Diese Tatsache ernst zu nehmen wirft wichtige Fragen zum theoretischen Status räumlicher Verhältnisse in der Reproduktion von Arbeiter/inne/n und nach deren „gesellschaftlicher Praxis" auf. Während die Bemühungen des Kapitals, Landschaften in einer speziellen Art und Weise herzustellen, als ein integraler Bestandteil seiner Reproduktion theoretisiert wurden, argumentiere ich, dass Arbeiter/innen ebenfalls danach streben, Raum in einer speziellen Art und Weise herzustellen, um ihre eigene Reproduktion und im Endeffekt ihr Überleben sicherzustellen – auch wenn dies Reproduktion und Überleben *als Arbeiter in einer kapitalistischen Gesellschaft* sind. Die ökonomische Geographie des Kapitalismus entsteht nicht einfach *um* die Arbeiter/innen herum, die selbst von den Prozessen abgekoppelt sind. Sie sind vielmehr von Anfang an an ihrer Erschaffung beteiligt.

Der Text gliedert sich in zwei Hauptteile. Der erste stellt eine Kritik daran dar, wie Arbeit sowohl in der neoklassischen als auch in der vom Marxismus beeinflussten Wirtschaftsgeographie gefasst wurde. Ich behaupte, dass die Art und Weise, wie Arbeit in diesen Ansätzen üblicherweise betrachtet wurde, die einer *Geographie der Arbeit* ist. Damit meine ich, dass Analysen primär die räumliche Verteilung von Arbeiter/inne/n in der Landschaft untersucht haben, um zu zeigen, wie diese die Entscheidungsprozesse der Kapitalist/inn/en und folglich die ökonomische Geographie des Kapitalismus beeinflusst. Der zweite Teil versucht einen Weg zu umreißen, auf dem eine aktivere Vorstellung von der Bedeutung von Arbeiter/inne/n als an der Produktion, Veränderung und Nutzung von Raum in die Wirtschaftsgeographie einbezogen werden kann. Als Unterscheidung bezeichne ich diesen Ansatz als *Arbeitsgeographie*. Damit meine ich, dass so die Herstellung der ökonomischen Geographie des Kapitalismus durch die Augen der Arbeiter/innen gesehen wird, indem verstanden wird, wie auch sie Raum in einer bestimmten Art und Weise produzieren, d.h. die Landschaft gemäß ihrem eigenen Bild herzustellen versuchen.

Geographien der Arbeit

„Die Geschichte des Kapitalismus", bemerkt Stanley Aronowitz (1990: 171), „wurde üblicherweise als eine Aufeinanderfolge von Erzählungen geschrieben, vereinheitlicht durch das Thema der Akkumulation." Diese Erzählungen, so Aronowitz, kennzeichnen sich durch einen Fokus auf

merkantile und imperialistische Interessen, die nach neuen Quellen für Investitionen suchen; wissenschaftliche und technologische Revolutionen, die das Wachstum angetrieben haben; internationale Konkurrenz um Territorien und Arbeitskräfteangebot; und die Vielzahl von Konflikten zwischen Kapitalfraktionen, die eine politische Form annehmen, wie die Auseinandersetzungen um Macht zwischen Personifizierungen des Kapitals oder Kriege. [...] In dieser Darstellung betreten Arbeiter/innen in den großen Erzählungen von Krise und Erneuerung die Bühne der Geschichte als abstrakte Arbeit, Produktionsfaktoren, abhängige Variablen.

Weitgehend dasselbe könnte auch darüber gesagt werden, wie über die Geographie des Kapitalismus geschrieben wird.

Eine derartige Behandlung der Arbeit durch die Geograph/inn/en hat ihre Wurzeln in der Etablierung der Geographie als moderner Disziplin. Die Handelsgeographie des 19. Jahrhunderts, die bekanntlich mit dem imperialen Abenteuer verbunden war, war eines der ersten Fachgebiete der Geographie, das die Arbeit in irgendeiner Art systematisch behandelte. Die überwiegend (aber keinesfalls ausschließlich) britischen Vertreter dieses Faches wollten im Wesentlichen die Beute des Empires erfassen: das Rohmaterial für die Industrie, die klimatischen Bedingungen als Einfluss auf die Produktion, die Zeiten, zu denen Flüsse schiffbar waren, die Lage von Pässen – kurz alles, was für eine imperiale Macht in ihrem Streben, ihre wirtschaftliche und politische Macht zu vermehren, von Nutzen ist[2]. In dieser Art Geographie war Arbeit untätig, ein Produktionsfaktor, der katalogisiert wurde, darin verschiedenen Bodentypen oder Klimabedingungen gleich, wie sie in verschiedenen Regionen der Welt vorgefunden werden. Arbeiter/innen wurden dabei als fühlende menschliche Wesen an den Rand gedrängt. Das heißt jedoch nicht, dass Handelsgeograph/inn/en die Arbeitskraft als unwichtig betrachtet hätten, ganz im Gegenteil. Tatsächlich gehörten Produktivitätsraten, Fertigkeiten und „Unterhaltungskosten" verschiedener kolonisierter Völker zu ihren größten Sorgen. Für eine imperiale Macht wie Großbritannien war es eine lebenswichtige Angelegenheit zu wissen, welcher ihrer Untertanen Tee am effektivsten pflücken kann. Der Verteidiger imperialer Politik und Handelsgeograph L. Dudley Stamp (1937: 65-66) stellte beispielsweise fest, dass die Produktivität der Textilarbeiter im feuchten Nordwesten Englands verglichen mit der im sonnigen Nord-Indiens eher günstig war und vermerkte, dass im frühen 20. Jahrhundert in Cawnpore [jetzt Kanpur]

---

2   Zur Verbindung zwischen akademischer Geographie und Imperialismus siehe Hudson (1977), Harvey (1984) und den von Smith/Godlewska (1994) herausgegeben Sammelband.

„immer noch 9 Männer benötigt wurden, um an einer Spinnmaschine mit 800 Spindeln zu arbeiten, aber [...] nur drei in einer Zwirnerei in Lancashire". Infolge des Niedergangs des Britischen Empire und der Kritik am Naturdeterminismus der Geographen des frühen 20. Jahrhunderts (Peet 1985) haben Handelsgeograph/inn/en heute innerhalb der Disziplin keine zentrale Stellung mehr. Die Hinterlassenschaften ihrer deskriptiven Betrachtung von Arbeit klingen jedoch bis heute nach.

Neoklassische Standorttheorie und Arbeit

Die zentralen theoretischen Impulse in der Wirtschaftsgeographie gehen bis mindestens in die 1970er Jahre von der neoklassischen Standorttheorie und ihren verhaltenstheoretischen Abkömmlingen aus. In einer frühen Kritik identifizierte Massey (1973) vier zentrale Stränge in der neoklassischen Standorttheorie. Erstens basiert ein großer Teil von Arbeiten in der Wirtschaftsgeographie auf Webers (1909) Standorttheorie, in der er untersucht, wie Transportkosten, Arbeitskosten und das, was Weber „Agglomerationsfaktoren" nennt, die Standortentscheidungen unabhängiger, einzelner Fabriken beeinflussen. Zweitens beziehen sich Geograph/inn/en auf die Standorttheorien von Hotelling (1929), der das räumliche Verhalten von Betrieben von dem Standorten ihrer Konkurrenten ableiten. Drittens gab es in den 1960ern und frühen 1970ern ein großes Interesse an verhaltenstheoretischen Ansätzen. In Anlehnung u.a. an Cyert/March (1963) wollen diese verstehen, wie der interne Arbeitsablauf von Firmen ihre Entscheidungsprozesse und damit ihre wirtschaftsgeographische Struktur beeinflussen. Und viertens folgten Wirtschaftsgeograph/inn/en dem von Lösch (1940) entwickelten Ansatz. Nachdem dieser mit der Untersuchung des Verhaltens einzelner Firmen begonnen hatte, analysierte er schließlich die Entwicklung ganzer ökonomischer Landschaften. Auch wenn die zeitgenössische etablierte Standorttheorie seit Veröffentlichung dieser anfänglichen Theoreme verfeinert wurde, können ihre zugrundeliegenden Annahmen über das Wesen des Standorts auf grundsätzliche theoretische Prinzipien dieser vier Ansätze zurückgeführt werden. Sicher erschöpft diese kurze Zusammenfassung nicht den Stand der Literatur. Nichtsdestotrotz, und darauf würde ich insistieren, sind die vier Ansätze allgemein sinnbildlich für die zentralen Traditionen in der etablierten Standorttheorie und dafür, wie Arbeit in dieser Tradition betrachtet wird (siehe Isard 1956; McNee 1960; Smith 1966, 1970; Krumme 1969; Dicken 1971; Rees 1974; Walker 1975; Latham 1978; Greenhut/Hwang 1979).

Diese Ansätze wurden aus einer Vielzahl von Gründen ziemlich umfassend kritisiert: Dafür, dass sie sich zu oft den ökonomischen und politischen Ambitionen von Kapital und Staat unterworfen haben; dafür, dass sie größtenteils mit nicht-räumlichen Annahmen operieren; für ihre positivistische Methodologie und philosophische Untermauerung (insbesondere „Wertfreiheit"); und für die Annahme, dass sich wirtschaftlicher Tausch zwischen gesellschaftlichen Akteuren vollzieht, die sich auf dem Markt als Gleiche gegenüberstehen. Diese Kritiken sind anderswo deutlich formuliert worden und ich möchte sie hier nicht wiederholen (siehe Harvey 1972; Massey 1973, 1995; Gregory 1978; Smith 1979). Ich möchte jedoch einen speziellen Punkt wiederholen, der die Marginalisierung der Arbeit in der etablierten Wirtschaftsgeographie betrifft, nämlich die grundsätzliche Annahme der neoklassischen Wirtschaftsgeographie darüber, wie Unternehmen ihre Standortentscheidungen fällen – *erklärt werden sollen das Verhalten von Unternehmen und ihre Investitionsentscheidungen, und ebendiese Aktivitäten definieren auch, was Wirtschaftsgeographie ist*. Sicher werden Arbeiter/innen nicht immer vollständig ignoriert. Manchmal werden sie in Erklärungen der ökonomischen Geographie als Konsument/inn/en von Waren und Dienstleistungen mit einbezogen (beispielsweise in Theorien der Landnutzung basierend auf der maximalen individuellen Zahlungsbereitschaft). Der Punkt ist jedoch, dass in den Standorttheorien (welche lange Zeit für das gesamte Feld der Wirtschaftsgeographie standen) Arbeiter/innen nur in einer sehr begrenzten Art und Weise dazu in der Lage sind, eigene Entscheidungen zu fällen, die möglicherweise eine Auswirkung auf die Entwicklung spezieller ökonomischer Landschaften haben. Mit Sicherheit werden Arbeiter/innen nicht als fühlende räumliche Akteure aufgefasst, für welche die Produktion ökonomischer Landschaften nach ihren eigenen wirtschaftlichen und gesellschaftlichen Vorstellungen wesentlich für ihre Fähigkeit ist, sich selbst als Arbeiter/innen auf einem alltäglichen und grundsätzlichen Fundament zu reproduzieren.

Der neoklassische Ansatz hat also wenigstens zwei wichtige Konsequenzen bezüglich der konzeptuellen Marginalisierung der räumlichen Macht von Arbeiter/inne/n in der Literatur. Erstens und offensichtlich ist der dargestellte Standpunkt der des Kapitals. Folglich ist, wie Massey (1973: 34) angeführt hat, für die traditionelle Standorttheorie „Profit das Kriterium, Löhne sind einfach Arbeitskosten". Zweitens präsentiert er eine Wirtschaftsgeographie ohne Arbeiter/innen, sei es als Individuen oder als Teil einer gesellschaftlichen Gruppe. Da es das Unternehmen ist, welches agiert, muss eine neoklassische Standorttheorie Arbeiter/innen nicht als aktive Gestalter/innen des ökonomischen Raums theoretisch fassen. Folglich kommen in der neoklassischen Erklärung der Herstellung ökonomischer Landschaften keine Arbeiter/innen vor, lediglich plumpe Abstraktionen, in denen die Arbeitskraft auf die Kategorien Lohn, Ausbildungsstand, Standort, Geschlecht, Gewerkschaftsmitgliedschaft usw. reduziert wird. Damit werden sie auf die relative Bedeutung reduziert, in der sie von Unternehmen in ihren Standortentscheidungen gewichtet werden. Arbeiter/innen werden vieler ihrer analytisch wichtigsten Qualitäten beraubt und in den starren Begriffen von Kosten und Qualität ihrer Arbeitskraft präsentiert, die den Investitionsentscheidungsprozess einzelner Käufer/innen dieser Arbeitskraft beeinflussen. Am deutlichsten hat die Vorstellung einer solchen arbeiter/innen/losen Landschaft vielleicht Weber (1909: 120) formuliert, der so weit geht zu behaupten: „Standortfaktoren nun können [...] Arbeitskosten nur dadurch werden, dass sie lokal variieren". Wenn man dieses Argument logisch zu Ende denkt, leuchtet schnell ein, dass es für Weber wenigstens theoretisch denkbar ist (wenn nämlich die Kosten räumlich nicht variieren), dass die Arbeit absolut keine Rolle für die Erklärung der ökonomischen Geographie einer speziellen Branche spielt!

Vieles von dem, was bislang umrissen wurde, wurde im verhaltenstheoretischen Ansatz reproduziert. Dieser Ansatz kam in den 1960ern in der Wirtschaftsgeographie als Antwort auf Kritiken an früheren Theorien auf, die davon ausgingen, dass Standortentscheidungen von „rationalen" Unternehmen getroffen werden. Zwei gegensätzliche Traditionen können innerhalb der verhaltenstheoretischen Standorttheorie identifiziert werden: eine, nach der gewisse (modifizierte) Annahmen von Weber noch einen stichhaltigen theoretischen Ausgangspunkt für eine Untersuchung der Industriegeographie bieten können; und eine, für die Webers Fokus auf kleinere Unternehmen mit nur einem Standort zugunsten eines Ansatzes aufgegeben werden muss, der sich in erster Linie mit der Erklärung des Verhaltens oligopolistischer Großunternehmen beschäftigt (Carr 1983; Hayter/Watts 1983). Auf den ersten Blick hat es den Anschein, dass solch ein Fokus auf das „Verhalten" die Möglichkeit für eine aktive Rolle der politischen und kulturellen Praktiken der Arbeiter/innen in der wirtschaftsgeographischen Standorttheorie enthält. Dies ist jedoch nicht der Fall. Während viele der weberianischen Annahmen mit diesem neuen Interesse an Großunternehmen aufgegeben worden sind, teilt der verhaltenstheoretische Ansatz der Wirtschaftsgeographie viele der Mängel seines Vorgängers, wenn es um die Arbeit geht. Dies ist angesichts des Ursprungs der Verhaltenstheorie in der Betriebs- und Verwaltungswissenschaft kaum überraschend.

Wie in der neo-weberianischen Standorttheorie finden sich im verhaltenstheoretischen Ansatz zwei fundamentale Charakteristika, die ihn als eine Geographie *der* Arbeit auszeichnen. Wie Hayter/Watts (1983: 164) erörtern, „liegt der Schwerpunkt in [verhaltenstheoretischen] Studien über die Standortwahl darin, Managern, die mit der Suche nach neuen Standorten beschäftigt sind, praktische Richtlinien an die Hand zu geben". Wieder sind die Annahmen, die diesem Ansatz zugrunde liegen, durch die Erfordernisse des Kapitals bestimmt. Die Beschäftigung mit den Entscheidungsfindungsprozessen der Unternehmensführung und der Verhaltenscharakteristika hat manchmal solche Ausmaße erreicht, dass etwa Carr (1983: 396, Herv. im Orig.) angemerkt hat, dass in einigen Fällen „die Wahlentscheidungen der Unternehmensführung [...] zum *Grund* des industriellen Wandels geworden sind". Zweitens werden Arbeiter/innen als tätige Akteure in diesen Entscheidungen ausgeschlossen. Wenn über Arbeit nachgedacht wird, wie etwa in neo-weberianischen Studien des Unternehmens, dann erneut lediglich in passiven Begriffen, in denen die räumliche Verteilung von Arbeitskraft, differenziert nach Ausbildung, Kosten usw., eine Einflussgröße für Unternehmensinvestition und Standortstrategien darstellt. Folglich ist beispielsweise das Produktzyklenmodell im Wesentlichen auf die Argumentation gegründet, dass sich Unternehmen bei zunehmender Standardisierung der Produktion nach Standorten mit niedrigeren Arbeitskosten und/oder höherer Arbeitsproduktivität umsehen. Ebenso wird in der Literatur über Standorte von Zweigwerken in peripheren Regionen regelmäßig die Bedeutung von niedrigeren Arbeitskosten relativ zu denen der Kernregionen betont (siehe z.b. Greenhut 1956; Keeble 1968; Krumme/Hayter 1975; Lever 1975; Townroe 1975; Stafford 1991). Auch wenn in diesen Analysen Arbeit als eine wichtige Einflussgröße der räumlichen Struktur von Unternehmen ansehen wird, betreiben sie diese Analysen doch explizit von der Perspektive aus, wie das *Kapital* am besten verschiedene Arbeitsmärkte ausbeuten kann.

Um es zu wiederholen: Neoklassische Standorttheorie stellt einen Typ von Untersuchung dar, den ich aus zwei Gründen als *Geographie der Arbeit* bezeichnet habe. Sie ist grundsätzlich beschreibend gegenüber der Arbeit und sie untersucht die Geographie wirtschaftlicher Aktivitäten explizit aus der Perspektive des Kapitals. Sie scheitert daran, Arbeiter/innen in irgendeiner tätigen (geschweige denn pro-aktiven) Art und Weise in die Analyse einzubeziehen. Stattdessen konzipiert sie in der Analyse der Standortentscheidungsprozesse von Unternehmen Arbeit als eine weitestgehend inaktive Variable.

Marxistische Wirtschaftsgeographie und Arbeit

Unter dem Einfluss marxistischen Gedankenguts veränderte sich in den 1970ern die Art und Weise, in der Wirtschaftsgeographie betrieben wurde. Insbesondere entstand eine Unzahl theoretischer Ansätze zur Frage des Verhältnisses von räumlich ungleicher Entwicklung und den Kräften kapitalistischer Akkumulation. Auch wenn es frühzeitig eine umfangreiche Debatte darüber gab, ob es nicht eine Fetischisierung des Raums bedeutet, sich auf die Muster geographisch ungleicher Entwicklung zu konzentrieren, weil damit die Aufmerksamkeit von den *gesellschaftlichen* Verhältnissen des Kapitalismus weggelenkt würde (siehe Massey 1978; Walker 1978; Anderson 1980; Peet 1981; Smith 1979, 1981), wurde in den 1980ern der Begriff der „gesellschaftlichen Produktion von Raum" allgemeiner Sprachgebrauch in der marxistischen wirtschaftsgeographischen Literatur. Wo neoklassische Ansätze dazu tendierten, Raum als eine ontologisch vorgeschaltete Bühne zu sehen, auf der ökonomische Transaktionen stattfanden – so dass Raum als „Container" für das gesellschaftliche Leben theoretisiert wurde –, strebten marxistische Ansätze zunehmend danach, die tatsächliche *Produktion* von Raum als wesentlich für den Fortgang des Akkumulationsprozesses darzustellen. In dieser Sicht war Raum nicht einfach eine Reflexion der Gesellschaft, sondern mit der Konstitution und Funktionsweise der Gesellschaft zentral verzahnt. So hat beispielsweise Harvey (1982: 417) darauf hingewiesen, dass „die räumliche Organisation des Kapitalismus die Widersprüche der Wertform internalisiert". Von Harvey und anderen wurde die Produktion des Raums als ein Schlüsselelement der Zirkulation des Kapitals betrachtet. Dem folgend wurde angenommen, dass die Krisen der kapitalistischen Akkumulation spezifische räumliche Formen annehmen.

Die Idee, dass das Kapital Raum auf spezielle Weisen produzieren muss, verdankt sich den Arbeiten von Henri Lefebvre, dessen Konzepte eine Fülle von Theoriearbeit in der kritischen Humangeographie auslösten (Soja 1989; Smith 1990; Merrifield 1993)[3]. Im Wesentlichen machte Lefebvres These geltend, dass die Produktion des Raums zentral für die Reproduktion des Kapitals und kapitalistischer Gesellschaftsverhältnisse sei (Lefebvre 1972a, 1991, 1974b). Seine Argumentation berührt eine historische Debatte bezüglich der geographischen Natur des europäischen Imperialismus und seines Verhältnisses zur kapitalistischen Entwicklung, die seit Marxens Zeit in der marxistischen Literatur ausgetragen wurde (mehr zu dieser Debatte siehe Smith 1990: 93-96). Kurz gefasst hat Marx implizit und Rosa Luxemburg (1923) explizit argumentiert, dass das Ende des Kapitalismus nahe sei, sobald dieser seine Krisen nicht mehr durch räumliche Ausdehnung in nicht-kapitalistische Gesellschaften exportieren könne. Sobald die imperialistischen Grenzen nicht weiter ausgedehnt werden könnten, stünde deren Ausdehnung nicht mehr als eine geographische Lösung der Widersprüche des Kapitalismus zur Verfügung. Im Gegensatz zu dieser Argumentation verficht Lefebvre, dass das Ende des europäischen Imperialismus offenkundig nicht das Ende des Kapitalismus bezeugt hat. Um genau zu sein, legt er (1974b: 24, Herv. im Orig.) in einer etwas überbeanspruchten Formulierung nah, dass

der Kapitalismus seine inneren Widersprüche während der letzten hundert Jahre wenn nicht lösen so doch abmildern konnte und ihm infolgedessen in diesen hundert Jahren seit dem Erscheinen des *Kapital* ein 'Wachstum' möglich war. Um welchen Preis? Er lässt sich nicht beziffern. Mit welchen Mitteln? Wir wissen es: *Indem er sich des Raums bemächtigte, indem er Raum produzierte.*

Für Lefebvre (1974b) liegt das Geheimnis des Erfolgs des Kapitals in seiner Fähigkeit, passende materielle Geographien zu produzieren, die es benutzen kann, um im Akkumulationsprozess den Abzug und die Realisierung von Mehrwert zu vereinfachen. Während jedoch die Geographien, die das Kapital in seinem Streben nach Profit produziert hat, für das Kapital einen Gebrauchswert haben müssen, haben sie möglicherweise keinen für die Arbeit. Darin liegt die Quelle eines Widerspruchs und möglicher Kämpfe, da Arbeiter/innen möglicherweise ganz andere geographische Vorstellungen davon haben, wie ökonomische Landschaften aussehen und funktionieren sollen[4]. Solch eine Schlussfolgerung könnte zu der Vorstellung führten, dass es in Lefebvres Vorschlag viel theoretischen Raum dafür gibt, Arbeiter/innen als aktive

---

3 Harvey (1973) schneidet die Ideen von Lefebvre (wenn auch kritisch) in *Social Justice and the City* an.

4 Obwohl Lefebvre diesen Widerspruch erkennt, tendiert er dazu, die Artikulation des Gebrauchswerts von Raum mit den politischen Praktiken des Staats gleichzusetzen, der Raum durch sein Macht, Urbanisierung etc. zu kontrollieren, ordnet.

(wenn nicht sogar pro-aktive) Gestalter/innen der Geographie des Kapitalismus mit einzubeziehen. Dies ist jedoch paradoxerweise nicht der Fall.

Lefebvres Konzeption der Produktion von Raum im Kapitalismus ist problematisch aus mehreren Gründen, nicht zuletzt wegen seiner eigentümlichen Mischung mentaler und materieller Welten – zeitweise scheint der Begriff „abstrakter Raum" alles von der Stadtsanierung Haussmanns und Le Corbusier bis zu Raum als Tauschwert, bis zu Mode, Sport und sogar Sexualität als Ideologie einzuschließen (Lefebvre 1991: 309). Bezüglich der Rolle der Arbeit bei der Herstellung von Geographien ist jedoch die Tatsache von größerer Bedeutung, dass Lefebvre trotz seiner Betonung, dass Kämpfe wichtig für die Produktion von Raum seien, ironischerweise Mühe hat, Arbeiter/innen theoretisch als aktive geographische Akteure einzubeziehen, deren Aktivitäten unmittelbar die Geographie des Kapitalismus gestalten können. Die Ursache dieses Problems liegt in seinem grundlegenden Fehler, Kämpfe im Zentrum seiner Analyse anzusiedeln. Das möchte ich etwas ausführlicher erklären.

Die dynamische Natur der kapitalistischen Akkumulation bedeutet, dass Raum immer in einem Zustand des Flusses ist, beständig hergestellt und wiederhergestellt wird. Diese Erneuerung ist umkämpft, da es bei der Reproduktion kapitalistischer Verhältnisse „keinen Prozess bloßer Wiederholung" (Lefebvre 1974b: 13) gibt. In diesem Statement sehen wir deutlich, dass Lefebvre zu zeigen glaubt, dass Kämpfe die Produktion von Raum formen. Er sagt weiter (1991: 55, Herv. A.H.):

Was den Klassenkampf angeht, so ist seine Rolle bei der Produktion von Raum eine grundsätzliche, weil diese Produktion einzig und allein von Klassen, Klassenfraktionen und Gruppen, die Klassen repräsentieren, vollzogen wird. Der Klassenkampf ist heute mehr denn je in den Raum eingeschrieben. Tatsächlich ist es dieser *Kampf allein, der abstrakten Raum davon abhält, den ganzen Planeten einzunehmen* und alle Unterschiede zu überkleistern. Nur der Klassenkampf hat die Fähigkeit zu differenzieren und Unterschiede zu generieren, die der Ökonomie nicht *qua* Strategie, 'Logik' oder 'System' immanent sind, Unterschiede also, die weder von der Ökonomie induziert sind, noch für diese akzeptabel sind.

Dies ist aus mehreren Gründen eine aufschlussreiche Aussage. Obwohl er insbesondere hervorzuheben scheint, dass die Produktion von Raum von den Dynamiken der Klassenkämpfe ausgeht, begreift Lefebvre Arbeiter/innen/kämpfe tatsächlich als zweitrangig gegenüber dem tatsächlichen Prozess der Produktion von Raum im Kapitalismus. Stattdessen ist es für ihn das Kapital als Hersteller des abstrakten Raums (welchen er als „Raum der Bourgeoisie" (ebd.: 57) fasst), dem die Vorrangstellung zugesprochen wird. Klassenkampf auf der Seite der Arbeit dient lediglich dazu, diese Räume abzuwandeln, abstrakten Raum davon abzuhalten, den ganzen Planeten zu übernehmen[5]. Eigentlich wird Klassenkampf nur als relevant gesehen, *nachdem* der abstrakte Raum schon entstanden ist.

---

5   Dieser Punkt wurde auch in Herod (1994) aufgegriffen.

Solch ein theoretisches Privileg des Kapitals als vorrangigem Produzenten der Geographie des Kapitalismus hat für Lefebvre in erster Linie zur Folge, die Auffassung zu vertreten, dass der Niedergang des abstrakten Raums letztendlich auf seine eigenen Widersprüche zurückzuführen ist. In der Erzeugung abstrakten Raums „entstehen Widersprüche, die schließlich zum Ende des abstrakten Raums führen (ebd.: 52). Diese Widersprüche (die Lefebvre „differentiellen Raum" nennt) sind nicht nur dem abstrakten Raum inhärent, sondern sie „entstehen" einfach. Nur im abstraktesten Sinne werden sie aktiv durch Kämpfe hervorgebracht. Trotz seiner vorherigen Behauptung, dass Kämpfe den abstrakten Raum davon abhalten, den ganzen Planeten zu übernehmen, weist Lefebvre darauf hin, dass „der abstrakte Raum seine eigene Verleugnung hervorbringt" (ebd.: 393). In abschließender Deutung bietet eine solche Sicht wenig theoretischen Raum, Arbeiter/innen als aktive Beteiligte an der Produktion der Geographie des Kapitalismus zu fassen oder als dazu in der Lage, die räumliche Praxis des Kapitals und die Landschaften, die sie produzieren, infrage zu stellen.

Marxistische Geograph/inn/en haben in der anglophonen Geographie der vergangenen drei Jahrzehnten eine substanzielle theoretische Grundlage der Produktion des Raums im Kapitalismus entwickelt. David Harvey (1982) hat in *The Limits to Capital* die Produktion des Raums theoretisch in den Akkumulationsprozess integriert, um zu zeigen, wie das Kapital zu bestimmten Zeitpunkten spezielle *spatial fixes* in der Landschaft erschaffen muss, um ein Fortschreiten der Akkumulation zu ermöglichen. Diese *spatial fixes* sind nicht nur wesentlicher Bestandteil der Zirkulation des Kapitals, sondern sie konstituieren, so Harveys Auffassung, die Grundlage der ungleichen Entwicklung der Geographie des Kapitalismus. Folglich drückt sich für Harvey räumlich ungleiche Entwicklung (ebd.: 417, Herv. A.H.) „zum Teil in einem Gegensatz zwischen einander ausgleichenden Kräften geographischer Konzentration oder Verstreuung in der Zirkulation des *Kapitals* aus". Grundsätzlich ist solch eine ungleiche Entwicklung das „kohärente Produkt verschiedenartiger, sich kreuzender Kräfte, die in der übergreifenden Einheit des Zirkulationsprozesses wirken" (ebd.: 419). Diese Geographie ungleicher Entwicklung ist niemals starr, sondern wird während „der kontinuierlichen Restrukturierung räumlicher Konfigurationen in Folge der Umwälzungen kapitalistischer Werte [...]" (ebd.: 426) beständig neu organisiert.

Ebenso hat Neil Smith (1990/z.T. in diesem Band) eine wichtige Analyse der Dynamik der Geographie des Kapitalismus und der Produktion räumlich ungleicher Entwicklung vorgelegt. Für Smith ist räumlich ungleiche Entwicklung nicht einfach ein „Unfall" der Geschichte, sondern fester Bestandteil des Akkumulationsprozesses und das zentrale „Kennzeichen der Geographie des Kapitalismus" (ebd.: xiii). Die Arbeit von Smith verdeutlicht die Verbindungen zwischen der räumlich ungleichen geographischen Entwicklung des Kapitalismus und dem Akkumulationsprozess. Folglich, so legt er dar, „leitet sich [die Geographie räumlich ungleicher Entwicklung] von den entgegengesetzten, *dem Kapital innewohnenden* Tendenzen hin zu einer Differenzierung bei gleichzeitiger Angleichung des Standes und der Bedingungen der Produktion ab" (ebd.: xv, Herv. A.H.). Wesentlich für den Akkumulationsprozess ist die Tatsache, dass Kapital Raum „nach seinem eigenen Bild [produziert. Des weiteren] produziert das *Kapital* nicht nur Raum im Allgemeinen, [sondern] es produziert die räumlichen Maßstabsebenen, die der ungleichen Entwicklung ihre Kohärenz geben" (ebd.: xv, Herv. A.H.).

Die Arbeit von Doreen Massey (1995) über die räumliche Arbeitsteilung versucht ebenfalls, die Standortdynamik von Unternehmen in den umfassenderen gesellschaftlichen Kräften der politischen Ökonomie des Kapitalismus zu verorten. In dieser Arbeit stellt Massey theoretische Verbindungen zwischen Produktion, Gesellschaftsstrukturen und der Geographie der Akkumulation her, um die ungleiche Entwicklung der britischen Raum-Ökonomie zu verstehen. In ihrem provokativen Buch *Spatial Divisions of Labour* (Erstveröffentlichung 1984) ist es ihr Ziel, „die sich ändernde Geographie der Industrie und Beschäftigung in den weiteren Kontext der Entwicklung der kapitalistischen Entwicklung zu stellen [... und] die Geographien von Industrie und Arbeitsplätzen durch eine Interpretation der räumlichen Organisation der gesellschaftlichen Verhältnisse kapitalistischer Produktion zu untersuchen" (Massey 1995: 5). Für Massey ist die zugrundeliegende Ursache ungleicher Entwicklung „die Organisation der Produktion entlang kapitalistischen Vorgaben".

Diese Arbeiten sind bahnbrechend in der Art, in der sie anglophone (und andere) Marxist/inn/en anregten, über die Dynamiken räumlich ungleicher Entwicklung im Kapitalismus und das Verhältnis zwischen Raum und Akkumulation nachzudenken. Jedoch sind sie etwas problematisch hinsichtlich der Art, in der sie die Bedeutung von Arbeiter/inne/n bei der Produktion der ökonomischen Geographie des Kapitalismus fassen und/oder marginalisieren. Sicher betonen alle drei die Wichtigkeit von Klassenkämpfen in der kapitalistischen Gesellschaft. Jedoch widmen sie im Hinblick auf ihre eigentliche Analyse der Herstellung der ökonomischen Geographie und ihrer Anwendung von Wirtschaftsgeographie der Frage, wie die Aktivitäten von Arbeiter/inne/n unmittelbar und signifikant die Geographie des Kapitalismus formen, ziemlich wenig Aufmerksamkeit. Stattdessen fokussieren sie vor allem auf die räumliche Struktur des Kapitals und darauf, wie das Kapital Landschaften durch seine eigenen Aktivitäten (wie das Streben nach Profit) formt.

Harvey zum Beispiel tendierte (1982: 380) in *The Limits to Capital* dazu, die Rolle der Arbeiter/innen beim Formen ökonomischer Landschaften nur in der begrenzten Form des Einflusses ihrer Migration auf den Akkumulationsprozess zu fassen. An anderer Stelle betrachtet er Klassenkämpfe als „*Widerstand*, den die Arbeiter/innen/klasse gegen die Gewalt kapitalistischer Akkumulation leistet. (1978: 124, Herv. A.H.) Der Vorrang, den er dem Kapital gegenüber der Arbeit einräumt, erlaubt es letzterem also, sich dem Kapital zu widersetzen, aber offensichtlich nicht die Initiative zu übernehmen. Dasselbe unterstreichen seine Ausführungen, denen zufolge „das Kapital sich in der physischen Landschaft repräsentiert, *die es nach seinem eigenen Bilde erschaffen hat*", und *„das Kapital* eine physische Landschaft passend zu seinen jeweiligen Bedürfnissen herstellt" (ebd.: 124, Herv. A.H.): das Ausmaß, in dem er die Geographie des Kapitalismus als das Produkt des Kapitals selbst ansieht. Solche Aussagen lassen wenig theoretischen Raum dafür, anzuerkennen, dass Arbeiter/innen (oft erfolgreich) dafür kämpfen, die ökonomische Geographie des Kapitalismus so zu gestalten, dass sie selbst sie als wünschenswert für ihre eigene Reproduktionspraxis ansehen[6].

Auch Smiths theoretische Arbeit über ungleiche Entwicklung tendiert dazu, die Herstellung der ökonomischen Geographie des Kapitalismus als Produkt des Kapitals anzusehen. Auch er fokussiert nahezu ausschließlich auf Aktivitäten und Struktur des Kapitals. Obwohl er Belangen des Klassenkampfs gegenüber aufgeschlossen ist, ruht seine Erklärung für den Prozess ungleicher Entwicklung letztendlich auf einer Analyse der dem Kapital inhärenten Dynamik. Folglich ist für Smith (1990: xiii, Herv. A.H.) „ungleiche Entwicklung der systematische geographische Ausdruck der Widersprüche, die der Konstitution und Struktur des *Kapitals* innewohnen". Er geht kaum darauf ein, wie Arbeiter/innen ebenfalls aktiv an der ungleichen Produktion des Raums beteiligt sind durch ihre sozialen und räumlichen Praxen, mit denen sie ihre Reproduktion ermöglichen (z.b. wenn sie sich an Standort- oder protektionistischen Politiken beteiligen, um bestimmten Orten oder Teilen der Arbeiterschaft eine privilegierte Position innerhalb lokaler, regionaler, nationaler oder globaler Ökonomien zu verschaffen). Für Smith resultiert ungleiche Entwicklung und die Herstellung der Geographie des Kapitalismus hauptsächlich aus den Aktivitäten des Kapitals.

Obwohl Massey zurecht die Auffassung vertritt, dass „die Welt nicht einfach das Produkt der Erfordernisse des Kapitals ist" (95:7) und räumliche Strukturen der „Gegenstand politischer Kämpfe" sind, fokussiert auch ihre These über die räumliche Arbeitsteilung vorwiegend auf die Struktur des Kapitals in der britischen Raum-Ökonomie und die Frage wie Ebenen von Kapitalinvestitionen die gegenwärtigen Muster der Wirtschaftsentwicklung geformt haben. Das vorrangige Anliegen ihres Buchs ist es, die Verbindungen zwischen den Aktivitäten des Kapitals und der räumlichen Struktur der Produktion zu erklären. Ihre theoretische Auseinandersetzung mit ungleicher Entwicklung (wie in Kapitel 3 von *Spatial Divisions of Labour* dargelegt) beruht hauptsächlich auf einer Analyse der gesellschaftlichen und räumlichen Organisation von Unternehmen. Insbesondere fragt sie, wie diese ihre Produktion durch Intensivierung und Rationalisierung des Produktionsprozesses sowie Investitionen in Technologie restrukturieren und nach den Implikationen, die dies für die ökonomische Geographie kapitalistischer Entwicklung hat. Während sie darlegt, dass

---

6 Dieser Absatz stützt sich auf Herod (1994).

Landschaften umkämpfte Objekte sind, tendiert Massey in diesen frühen Arbeiten dazu, den räumlichen Praxen der Arbeiter/innen weniger Aufmerksamkeit zu zollen als sie dies bezüglich des Kapitals tut. Dies ist angesichts ihres Forschungsinteresses zu jener Zeit durchaus verständlich. (In jüngerer Zeit hat sie sich mit den Veränderungen in der Geographie der Gewerkschaftsbewegung in Großbritannien befasst und damit, wie das Kapital räumliche Verlagerungen in der Produktion gegen Arbeiter/innen nutzt (z.B. Massey/Painer 1989). Allerdings hat sie dabei keine umfassende theoretische Verbindung zwischen dieser Geographie, der Nutzung und Produktion des Raums durch die *Arbeiter/innen* als Teil ihres *spatial fix* und der ungleichen Entwicklung des Kapitalismus als zumindest teilweise durch die Arbeiter/innen hergestellter, geliefert.).

Dass vom Marxismus inspirierte Wissenschaftler/innen dazu tendieren, dem Kapital als Akteur Vorrang zu geben, ist vielleicht nicht überraschend angesichts des Erbes von Marx eigenem Werk. Wie Stanley Aronowitz hervorhob (1990), ging es Marx darum, den Prozess der kapitalistischen Akkumulation zu untersuchen und eine Kritik der bürgerlichen politischen Ökonomie vom Blickpunkt des Kapitals her zu entwickeln. Folglich, merkt Aronowitz (ebd.: 171) an, „sind die drei Bände des Kapitals vom Blickpunkt der kapitalistischen Akkumulation aus geschrieben". Dies ändert jedoch nicht daran, dass solch eine Marginalisierung von Arbeiter/inne/n als aktiven, die Initiative ergreifenden und fühlenden geographischen Akteuren theoretisch einschränkend ist. Denn auf diese Weise wird eine Welt präsentiert, in der die sozialen und räumlichen Praxen der Arbeiter/innen weitgehend ohne Bezug zum Prozess der ungleichen Entwicklung des Kapitalismus bleiben. In einer solchen Sicht werden Arbeiter/innen theoretisch nicht als an der Herstellung der ökonomischen Geographie des Kapitalismus beteiligte gefasst. Sie werden nur als im Rahmen einer ökonomischen und gesellschaftlichen Geographie lebend und kämpfend betrachtet, die vom und für das Kapital erschaffen wurde. Während das Kapital die Geographie des Kapitalismus so formen kann, dass diese zu seinen eigenen Erfordernissen passt, gibt es nur wenig Bewusstsein davon, dass Arbeiter/innen dasselbe tun können.

Sicher heißt das nicht, dass Arbeiter/innen in der marxistischen Wirtschaftsgeographie vollständig ignoriert wurden. Richard Walker und Michael Storper (Walker/Storper 1981; Storper/Walker 1983, 1984, 1989) haben sich beispielsweise für eine stärkere Beachtung der Rolle von Arbeiter/inne/n in der Standortanalyse ausgesprochen. In einer Reihe von Publikationen kritisieren sie sowohl eine neoklassische Wirtschaftsgeographie als auch einige ihrer marxistischen Varianten für entsprechende Schwachstellen. Eine nicht geringe besteht demnach darin, Arbeit ausnahmslos in den gleichen Begriffen zu fassen, wie sie zur Beschreibung unbelebter Waren wie Autos, Hemden, Weintrauben etc. benutzt werden. Arbeit auf diese Art zu fassen hat den Effekt, dass das menschliche Element im Produktionsprozess bestritten wird. Obwohl Arbeitskraft tatsächlich Warenform annimmt, wie Walker und Storper betonen, unterscheidet sie sich doch von einer wirklichen Ware, da Arbeiter/innen nicht dasselbe sind wie Arbeitsmittel oder Maschinen, die in der Produktion genutzt werden – denn das Verhalten des Arbeiters kann den Arbeitsprozess einschneidend beeinträchtigen. Im Gegensatz zur neoklassischen Wirtschaftswissenschaft, welche Arbeiter/innen nur in arbeitsintensiven Branchen als einen Standortfaktor betrachtet hat, betonen Walker und Storper mit Nachdruck, dass Arbeit sogar in hoch kapitalintensiven Branchen ein wichtiger Standortfaktor sei, und „dass ein überzeugendes Argument für die Vorrangstellung von Arbeit gegenüber allen anderen Marktfaktoren, die einen Einfluss auf industrielle Standorte haben, angeführt werden kann" (Walker/Storper 1981: 497). Obwohl sie jedoch dafür eintreten, in der Standortanalyse ein größeres Gewicht auf Arbeiter/innen als Standortfaktoren zu legen, verbindet der Ansatz von Walker und Storper nichtsdestotrotz nicht ausdrücklich die ökonomischen und gesellschaftlichen Praktiken der Arbeiter/innen mit der Produktion ihrer eigenen *spatial fixes* und ökonomischen Landschaften. Obschon sie die Aufmerksamkeit auf die Arbeiter/innen gelenkt haben, haben sie dies doch von einer Perspektive aus getan, die nach wie vor die Entwicklung ökonomischer Landschaften in Hinblick darauf untersucht, wie das Kapital Standortentscheidungen trifft. Obwohl sie das Thema der Arbeitsmigration und die Frage, wie solche Verhaltensweisen die Geographie industrieller Entwicklung beeinflussen, kurz streifen (siehe z.B. Storper/Walker 1989: 157), sind sie im Wesentlichen damit beschäftigt, wie Angebot von und Nachfrage nach bestimmten Arten von Arbeit für Kapitalist/inn/en bei Investitionsentscheidungen wichtig sind und wie sie durch diese Entscheidungen ökonomische Landschaften formen. Es wird nur in geringem Umfang betrachtet, wie Arbeiter/innen selbst aktiv danach streben, die ökonomische Geographie des Kapitalismus zu formen und Raum in einer Art und Weise herzustellen, die nicht vom Kapital diktiert ist.

Auch Gordon Clark hat einige der Verbindungen zwischen der Geographie der Arbeitsverhältnisse und der Herstellung von ökonomischen Geographien untersucht. Seine Arbeit fokussierte vor allem auf die Rolle von Arbeitsrecht und staatlichen Einrichtungen (wie dem National Labor Relations Board, NLRB) bei Prozessen industrieller Restrukturierung (Clark 1985, 1988, 1989). Dies stellt einen wesentlichen Beitrag zur Forschung über Standorte von Wirtschaftsaktivitäten dar, da vorher sowohl die traditionelle als auch und die kritischere Strömung der Wirtschaftsgeographie die räumlichen Auswirkungen des Rechts auf die Geographie der Arbeitsverhältnisse und räumliche Muster der Wirtschaftsentwicklung nahezu ignoriert haben. Während er vielversprechende Einsichten in die Geographie des Arbeitsrechts liefert, geht Clark jedoch nicht so weit zu untersuchen, wie Menschen aus der Arbeiterklasse selbst Landschaften gestalten und ungleiche Entwicklung als Teil ihrer räumlichen Praktiken formen. Stattdessen fokussiert er hauptsächlich darauf, wie die Aktivitäten und Organisationen des Staats – beispielsweise durch NLRB und Justiz – ökonomische Landschaften strukturieren.

Richard Peets (1983) Analyse der „Geographie von Klassenkämpfen in den USA"
bemüht sich ebenfalls, die Rolle von Arbeiter/inne/n für die Standorte von Wirtschaftsaktivitäten zu betonen. Mittels der Analyse von Daten auf bundesstaatlicher Ebene
zur Anzahl von Streiks, gewerkschaftlichem Organisierungsgrad, Lohnniveaus und
Wirtschaftsklima versucht Peet eine Verbindung zwischen der Geographie von Klassenkämpfen und den Standorten der verarbeitenden Industrie herzustellen. Indem er
die Bundesstaaten mit vielen Streiks, hohen Löhnen, einem hohen gewerkschaftlichen Organisierungsgrad und einem schlechten Wirtschaftsklima (aus der Sicht der
Arbeitgeber/innen) als Gebiete „hohen" Klassenkampfes charakterisiert, versucht Peet
zu zeigen, wie das Industriekapital sich in der Zeit nach dem Zweiten Weltkrieg in
Bundesstaaten mit einer „niedrigen" Intensität von Klassenkämpfen verlagert hat (definiert als Bundesstaaten mit gegenteiligen Charakteristika). „Insgesamt", so folgert
er, „lassen die Daten eine deutliche Beziehung zwischen der Klassenkampfintensität
und der sich verändernden Geographie von nicht-selbstständiger Arbeit erkennen."
(Peet 1983: 130) Dieses stellt einen bedeutsamen Betrag zum Verständnis der politischen Struktur und Klassennatur der ökonomischer Restrukturierung und des Standorts von Wirtschaftsaktivitäten dar. Letztendlich jedoch bleibt Peets Ansatz weitgehend deskriptiv gegenüber der Arbeit. Seine Geschichte handelt davon, wie das *Kapital* die ungleiche räumliche Verteilung dieser vier Faktoren dazu genutzt hat, die
ökonomische Geographie der USA in der Zeit nach dem Zweiten Weltkrieg zu restrukturieren[7]. Dabei kommt kaum vor, wie Arbeiter/innen aktiv versuchen, die
ökonomische Geographie des Kapitalismus selber als Teil eines *spatial fix* der Arbeit
zu formen. Im Gegenteil ist es das Kapital, das als Produzent der ökonomischen
Landschaft durch die von ihm getroffenen Standortentscheidungen gesehen wird.

In jüngster Zeit gibt es eine Debatte über die geographischen Aspekte des Niedergangs der Gewerkschaften in Großbritannien (siehe Martin u.a. 1993; 1994; Massey

---

7 Es sollte auch hervorgehoben werden, dass niedrige Löhne, ein niedriger gewerkschaftlicher
Organisierungsgrad und niedrige Streikraten nicht unbedingt auf niedrige Level von Klassenkämpfen hinweisen, sondern auch die Macht des Kapitals und Staats widerspiegeln können, einige Form der Arbeiterpraxis (wie Organisierung) zu unterdrücken. Darüber hinaus
ignoriert die Behauptung, dass „Arbeitsniederlegungen eine ziemlich direkte Widerspiegelung
des Levels des zugrundeliegenden Widerstandes gegen das Kapital sind" (Peet 1983: 124) den
Umstand, dass ein Streik lediglich ein Ausdruck solch einer Opposition ist. Wie James Scott
(1985) uns in einem anderen Kontext gezeigt hat, kann sich Widerstand gegen die kapitalistischen Gesellschaftsverhältnisse auch auf anderem, weniger drastischem Weg manifestieren: Absentismus, bewusste Verlangsamung des Arbeitstempos, Hemdknöpfe in der falschen Farbe usw. Gleichermaßen ist auch zweifelhaft, dass Mitgliedschaft in einer Gewerkschaft notwendigerweise per se auf ein hohes Level an Klassenkampf hinweißt. Während
einige Gewerkschaften sehr kämpferisch sind, sind andere oft bürokratisch und politisch
konservativ.

1994; Painter 1994). Hauptsächlich ging es dabei um Probleme bei der Erforschung von Organisationen der Arbeiter/innen/klasse und um die Erklärung geographischer Muster der Veränderung im Organisierungsgrad in bestimmten Branchen. Diese Debatten stellen eine wichtige Entwicklung innerhalb der Wirtschaftsgeographie dar und erlauben entscheidende Einblicke in die Natur der (in diesem Fall britischen) kapitalistischen Raumökonomie und der Geographie der Arbeit. Während diese Studien zweifellos ein solider Anfang sind, um der kapitalfokussierten Ausrichtung weiter Teile der gegenwärtigen Wirtschaftsgeographie entgegenzutreten, hat sie bis heute nicht ausreichend theoretisiert, wie Arbeiter/innen und ihre Institutionen aktiv danach streben, die ökonomische Landschaft im Sinne ihrer eigenen Reproduktion zu formen. Die aktive Schaffung ökonomischer Landschaften durch Arbeiter/innen als einem *fundamentalen* Teil ihrer gesellschaftlichen Praxis und Fähigkeit, sich selbst auf einer alltäglichen und allgemeinen Basis zu reproduzieren, wird generell ignoriert. Die Produktion von Raum wird nicht als ein wesentlicher Teil der gesellschaftlichen Existenz von Arbeiter/inne/n berücksichtigt, sondern wird in die Analyse im Wesentlichen nur im Hinblick darauf eingebaut, wie sich der gewerkschaftliche Organisierungsgrad im Raum darstellt.

Sicher kann solch eine kurze Auseinandersetzung mit der marxistischen Literatur in der Geographie zum Thema der Produktion des Raums der Tiefe und Breite ihrer Erkenntnisse zur historischen Geographie des Kapitalismus niemals gerecht werden. Indem sich jedoch auf einige der einflussreichsten Arbeiten konzentriert wurde, die in meinen Augen den Stand der theoretischen Agenda der marxistischen Wirtschaftsgeographie darstellen – Arbeiten, die, wie ich denke, stellvertretend für marxistische Ansätze in ihrer Gesamtheit stehen können –, glaube ich, dass die Auseinandersetzung die Hauptstoßrichtungen marxistischer Arbeiten innerhalb der Wirtschaftsgeographie der letzten drei Jahrzehnte erfasst hat. Im Gegensatz zu Ansätzen des Mainstream, die Raum als Bühne fassen, auf der ökonomische Akteure einfach interagieren, haben sich marxistische Arbeiten auf die Prozesse konzentriert, durch die Geographien aktiv als gesellschaftliche Konstrukte produziert werden, die wesentlich für die Reproduktion kapitalistischer gesellschaftlicher Verhältnisse und den Fortgang des Akkumulationsprozesses sind. Obwohl sie geltend machen, dass Arbeiter/innen eine privilegierte Position in ihrer Analyse genießen, weil Wert nur durch Arbeit gebildet wird, haben viele marxistische Arbeiten in der Geographie ironischerweise dazu tendiert, die Rolle der Arbeit als aktiver Produzentin der Geographie des Kapitalismus zugunsten einer Analyse der Dynamiken des Kapitals zu übersehen. Es ist das Kapital (manchmal zusammen mit dem Staat), das als das aktiv Handelnde gefasst wird, das die ökonomischen Landschaften strukturiert, und das bei weitem die größte theoretische und empirische Aufmerksamkeit erfahren hat. Die Rolle von Arbeiter/inne/n als aktiven Produzent/inn/en der Geographie des Kapitalismus, die *spatial fixes* erzeugen, um ihre gesellschaftliche Reproduktion und damit ihr Überleben zu ermöglichen, wurde entschieden zu wenig theoretisiert. Im Folgenden stelle ich einen Versuch vor, in dem ich auf diese sehr einflussreichen Arbeiten aufbauend versuche, unser Verständnis der Produktion der kapitalistischen Geographie zu erweitern. Neben der Theoretisierung, wie das Kapital als Teil seines *spatial fix* Raum produziert, ist es wichtig, die Versuche von Arbeiter/inne/n, ihre eigenen *spatial fixes* zu erreichen, umfangreicher zu theoretisieren und zu zeigen, wie auch diese die Geographie des Kapitalismus formen.

Auf dem Weg zu einer Arbeitsgeographie

Die Produktion von Raum ist nicht nur (Lefebvre und Harvey folgend) für das Überleben des Kapitalismus wichtig, indem sie die Akkumulation und die Reproduktion des Kapitals selbst ermöglicht, sondern sie ist auch entscheidend für Überleben und Reproduktion der Arbeitskräfte. Die Arbeit existiert ebenso wenig in einer enträumlichten Welt wie das Kapital. Die Reproduktion der Arbeiter/innen muss sich an bestimmten geographischen Standorten vollziehen. Angesichts dessen wird verständlich, dass Arbeiter/innen bestrebt sind, ökonomische Landschaften auf eine Art und Weise zu formen, die diese Reproduktion ermöglicht. Kämpfe um die Standorte von Arbeitsplätzen, neue oder fortgesetzte Investition (öffentlich oder privat), Zugang zu Wohnen oder Transport; all das kann eine entscheidende Rolle dabei spielen, Menschen der Arbeiter/innen/klasse zu erlauben, sich alltäglich und allgemein zu reproduzieren. Erkennt man an, dass Arbeiter/innen die Herstellung ökonomischer Landschaften in einer bestimmten Weise als mit der Sicherstellung ihrer eigenen Reproduktion fest verbunden ansehen (beispielsweise eher eine Landschaft der Beschäftigung als eine der Arbeitslosigkeit), ermöglicht man, sie in die Analyse ökonomischer Aktivitäten wesentlich aktiver einzubeziehen als dies traditionell der Fall war.

Wenn sich z.B. Arbeiter/innen an lokalen Standortkampagnen beteiligen, wird das häufig als eine Überdosis an falschem Bewusstsein abgetan, das nur lokale Kapitale stärkt. Dabei würden die meisten Arbeiter/innen es wahrscheinlich vielmehr als wesentlichen Beitrag zur Aufrechterhaltung ihrer eigenen Existenzbedingungen ansehen, wenn sie mithelfen, Investitionen an dem jeweiligen Standorten zu erhalten oder anzuwerben. Folglich beteiligen sie sich an solchen Kampagnen nicht unbedingt als Kultur- oder Klassentrottel, sondern als ökonomisch und geographisch aktiv Handelnde. Ebenso wie sich das Kapital durch überkommene Strukturierungen des Raums eingeschränkt sehen kann (vgl. Harvey 1982), können auch Arbeiter/innen feststellen, dass die Landschaften, die ihre gesellschaftliche und biologische Reproduktion zu früheren Zeiten erleichterten, nicht mehr länger passförmig sind. Auch können Arbeiter/innen in Folge sich ändernder Familienstrukturen oder Pendeldistanzen zur Arbeit für neue Stadtentwicklungen kämpfen. Das kann sich auf kommunale Kinderversorgung, neue Autobahnen oder auf Eigenheimtypen beziehen, die besser zu neuen

Lebensentwürfen passen (z.B. Alleinerziehende). Diesen Punkt haben etliche feministische Autor/inn/en erkannt, die untersucht haben, wie Frauen die ökonomische Restrukturierung und die Form der gebauten Umwelt durch ihre Aktivitäten direkt formen (vgl. Stamp 1980; Wekerle/Peterson/Morley 1980; Holcomb 1981; MacKenzie 1986; England 1991)[8]. All diese Aktivitäten sind bedeutsam dafür, die ungleiche Entwicklung des Kapitalismus in einer Art und Weise zu formen, die nicht vom Kapital selbst kontrolliert wird.

Wenn Arbeiter/innen ein persönliches Interesse daran haben, dass die Produktion der Geographie des Kapitalismus in bestimmte Richtungen geht und nicht in andere, dann beinhaltet das vier miteinander zusammenhängende theoretische Aspekte. Erstens folgt daraus, dass selbst wenn die Kämpfe der Arbeiter/innen weit davon entfernt sind, revolutionär zu sein, und selbst wenn sie innerhalb der Beschränkungen des kapitalistischen ökonomischen Systems stattfinden, die Produktion der Geographie des Kapitalismus doch nicht das alleinige Privileg des Kapitals ist. Nur zu verstehen, wie das Kapital strukturiert ist und operiert, ist *nicht* hinreichend, um die Herstellung der Geographie des Kapitalismus zu verstehen. Sicher bedeutet dies nicht, dass Arbeiter/innen frei darin sind, Landschaften so zu gestalten, wie es ihnen gefällt. Ihr Einfluss ist ebenso beschränkt wie der des Kapitals, und zwar durch Geschichte, durch Geographie und durch Strukturen, die sie nicht kontrollieren können, sowie durch die Handlungen ihrer Gegner/innen. Aber es bedeutet doch, dass eine aktivere Konzeption der geographischen Wirkung von Arbeit und Arbeiter/inne/n in die Erklärung der Herstellung ökonomischer Landschaften mit einbezogen werden muss. Das Kapital ist nicht der einzige Akteur, der aktiv die Geographie des Kapitalismus formt, oder *sogar manchmal und mancherorts nicht der bedeutendste*. Und Arbeit ist nicht einfach ein Standort-„Faktor" in dem Sinne, wie sie so oft gefasst wird.

Zweitens erlaubt es uns solch eine Konzeptualisierung darüber nachzudenken, in welchem Verhältnis die gesellschaftlichen Handlungen von Arbeiter/inne/n dazu stehen, wie sie in der physischen Landschaft ihre eigenen räumlichen Visionen einer Geographie des Kapitalismus zu verwirklichen trachten, und zwar eine, die ihre Reproduktion und ihr gesellschaftliches Überleben ermöglichen soll. Wenn man der Argumentation von Harvey (1982) folgt, nach der das Kapital danach strebt, *spatial fixes* passend zu seinen Bedingungen und Erfordernissen zu bestimmten Zeiten an

---

8 Obwohl diese Literatur eingewendet hat, dass Frauen als aktive Beteiligte an der Restrukturierung von Raum gesehen werden sollten, tendiert sie dazu, eher auf die Maßstabsebene Nachbarschaft/Stadt zu fokussieren als breiter auf andere Maßstabsebenen. So weit ich weiß, gab es darüber hinaus kaum Bestrebungen, solche Aktivitäten ausdrücklich theoretisch als integralen Bestandteil mit der *Notwendigkeit* ungleicher Entwicklung im Kapitalismus und der Produktion von Raum als grundsätzlichen Aspekt des gesellschaftlichen Überlebens von Arbeiter/inne/n zu verbinden.

einem bestimmten Orten herzustellen, ist es auch notwendig, die Aktivitäten der Arbeiter/innen auf ihr Bemühen hin zu betrachten, bestimmte *spatial fixes* hervorzubringen, die zu ihren Bedingungen und Erfordernissen zu bestimmten Zeiten an bestimmten Orten passen. Neben dem Nachdenken darüber, wie das Kapital versucht, seinen *spatial fix* nach seinen eigenen Vorstellungen hervorzubringen, sollten wir auch darüber nachdenken, wie Arbeiter/innen versuchen das, was wir vielleicht „*spatial fix* der Arbeit" nennen können, nach ihren eigenen Vorstellungen hervorzubringen. Darüber hinaus muss jede Untersuchung zur Frage wie Arbeiter/innen versuchen der Landschaft ihre räumlichen Visionen aufzuzwingen, begreifen, dass „Arbeit" keine undifferenzierte Kategorie ist, und dass unterschiedliche und konkurrierende Gruppen von Arbeiter/inne/n eigene Interessen an der Erzeugung ziemlich unterschiedlicher *spatial fixes* haben können. Während Gruppe A vielleicht danach strebt, Beschäftigung in Kommune/Land A zu halten, versucht Gruppe B möglicherweise, Kapitalflucht nach Kommune/Land B zu fördern.

Drittens wird eine wesentlich weniger mechanistische und damit tiefer greifende politische Theoretisierung der umkämpften Natur der Raumproduktion unter kapitalistischen Verhältnissen ermöglicht, wenn man versteht, wie Arbeiter/innen nach bestimmten *spatial fixes* zu bestimmten historischen Zeitpunkten streben – *fixes*, die manchmal mit denen, die das Kapital bevorzugt, zusammenfallen, aber sich häufig auch von diesen unterscheiden. Denn es sind letzten Endes die Konflikte darüber, wessen *spatial fix* (der des Kapitalisten oder der des Arbeiters) gerade in die Landschaft implementiert wird, die im Zentrum der Dynamik der Geographie des Kapitalismus stehen. Prozesse der Klassenformierung und die Beziehungen innerhalb und zwischen Klassen zu verstehen, wäre demnach ein zutiefst geographisches Projekt. Arbeiter/innen haben häufig Erfolg dabei, Landschaften so zu konstruieren, dass sie ihre eigene räumliche Macht vermehren und die des Kapitals unterminieren können. Neoklassische und viele marxistische Sichtweisen stellen häufig das Kapital als Produzenten ökonomischer Landschaften dar, in die Arbeiter/innen – die selbst als irgendwie dem Produktionsprozess der Geographie des Kapitalismus unverbunden gefasst werden – so eingefügt werden, als wären sie aus dem Nichts entstanden. Im Gegensatz dazu gilt es zu betonen, dass Arbeiter/innen durch ihre Bemühungen der Landschaft ihre eigenen *spatial fixes* aufzuerlegen, eng mit der Produktion von Raum verbunden sind. Sogar wenn sie mit diesem Ziel scheitern, bedeutet die Tatsache ihrer gesellschaftlichen und geographischen Existenz und Kämpfe, dass sie den Prozess der Raumproduktion mit formen und dieser nicht vollständig vom Kapital kontrolliert wird.

Darüber hinaus spielen Arbeiter/innen viertens auch eine Rolle bei der Produktion der *räumlichen Maßstabsebenen des Kapitalismus*, die, wie Smith (1990: xv) ausführt, „der ungleichen Entwicklung ihre Kohärenz geben". Smith (ebd., Herv. A.H.) betrachtet in *Uneven Development* die Produktion geographischer Maßstäbe als Resultat aus den *„dem Kapital innerlichen Tendenzen* zur Differenzierung und zugleich Angleichung der Niveaus und Voraussetzungen der Produktion". Dagegen würde ich den Standpunkt vertreten, dass Menschen der Arbeiter/innen/klasse ihren Teil zur Erzeugung solcher räumlicher Maßstabsebenen und daher zur Herstellung einer ungleich entwickelten Geographie des Kapitalismus beitragen[9]. In Kämpfen von Arbeiter/inne/n geht es häufig um die Produktion genau der geographischen Maßstäbe, in denen der Kapitalismus selbst operiert. Beispielsweise wird die räumliche Ausdehnung der städtischen Maßstabsebene häufig mittels des Pendeleinzugsbereichs definiert. Nicht berücksichtigt werden dabei die Entscheidungen von Arbeiter/inne/n bezüglich ihres Wohnortes und ihrer Fähigkeit, Lohnzuwächse und verkürzte Arbeitszeiten zu erstreiten (was ihnen erlaubt, längere Wege zur Arbeit in Kauf zu nehmen). Damit spielen sie aber eine aktive Rolle bei der Bestimmung der Größe und funktionalen Integrität solcher Pendeleinzugsbereiche und damit der städtischen räumlichen Maßstabsebene. Wenn es der gewerkschaftlich organisierten Arbeiter/innen/ klasse gelingt mittels regionaler oder sogar nationaler Tarifverträge eine Angleichung der Arbeitsbedingungen über den Raum hinweg zu erreichen, dann bedeutet das nicht nur die tatsächliche Produktion einer räumlichen Maßstabsebene der Tarifaushandlung. Darüber hinaus kann das auch Muster ökonomischer Entwicklung und von Standorten der Arbeit deutlich beeinflussen, indem es Beschäftige davon abhält, Fabriken an verschiedenen Standorten gegeneinander auszuspielen. Im Gegenzug wirkt sich dies direkt auf die geographische Entwicklung dieser Branchen aus, da es das Kapital davon abhält eine Region zu verlassen und in eine andere mit niedrigeren Löhnen oder weniger restriktiven Regelungen abzuwandern. In diesem Sinne können Arbeiter/innen eine aktive Rolle bei der Produktion ökonomischer Geographien ganzer Branchen spielen.

Bis hierher ging es mir in diesem Essay darum, eine konzeptionelle Begründung dafür zu liefern, warum den Bestrebungen von Arbeiter/inne/n, ihre eigenen *spatial fixes* als Teil ihrer sozialen Reproduktion zu entwickeln, eine größere theoretische Aufmerksamkeit gewidmet werden muss, wenn die Geographie des Kapitalismus vollständiger verstanden werden soll. An dieser Stelle ist es jedoch vielleicht angebracht, einige empirische Beispiele anzubringen, um meine Forderungen zu stützen und zu illustrieren, wie die geographische Praxis von Arbeiter/inne/n tatsächlich die Entwicklung der ökonomischen Landschaft von der lokalen bis zur globalen Maßstabsebene in ziemlich bedeutsamer Weise formen kann.

---

9 Um fair zu sein: Smith hat sich jüngst von solch einer Kapital-zentrierten Erklärung der Produktion räumlicher Maßstabsebenen distanziert. In solchen Kapital-logischen Begriffen fasste er sie in der ersten Auflage von *Uneven Development* (1984). Im Nachwort der 2. Auflage (1990) skizziert er die Kämpfe Obdachloser in New York, in denen sie versuchen, ihre Kontrolle des Raums vom Tompkins Square bis hin zur gesamten Lower East Side geographisch auszuweiten. Diesen Kampf versteht er als einen der Produktion räumlicher Maßstabsebenen im Widerstand gegen Gentrifizierung.

Arbeiter/innen und die Produktion von Raum und räumlicher Maßstabsebene im Kapitalismus

Im Folgenden stelle ich einen (sehr) kurzen Abriss der Rolle von Arbeiter/inne/n bei der Produktion der Geographie des Kapitalismus vor, wobei Arbeiter/innen sowohl in Kooperation als auch in Opposition zu bestimmten Segmenten des Kapitals agieren. (Die unten dargestellten Beispiele bauen auf größeren empirischen Arbeiten auf, über die an anderer Stelle berichtet wurde, vgl. in dieser Reihenfolge: Herod 1997a; 1994; 1997b.) Dabei kommt es mir nicht nur darauf an die weiter oben theoretisch hergeleiteten Aussagen empirisch zu illustrieren. Ich will auch Gründe dafür anführen, dass sogar dann, wenn Arbeiter/innen nach *spatial fixes* streben, die im Sinne bestimmter Segmente des Kapitals sind, sie das als *aktive* geographische Akteure tun, die Raum als Teil ihrer eigenen, sehr realen politischen und ökonomischen Ziele herstellen. Selbst in solchen Fällen der Kooperation zwischen Kapital und Arbeit gilt es zu untersuchen, wie Arbeiter/innen für sie vorteilhafte ökonomische Geographien herzustellen versuchen, um die Produktion des Raums im Kapitalismus genauer zu verstehen.

Das erste Beispiel betrifft die Rolle von US-amerikanischen Arbeiter/inne/n bei der Förderung der Globalisierung des US-Kapitals und der Unterentwicklung Lateinamerikas. Ich gehe davon aus, dass die US Arbeiterbewegung als Handlanger des US-Kapitals entscheidend dazu beitrug, die Unterentwicklung Lateinamerikas zu erleichtern und so eine entscheidende Rolle bei der Produktion der Geographie des Kapitalismus im internationalen Maßstab spielte. Im zweiten Beispiel werde ich zeigen, wie Hafenarbeiter/innen als Antwort auf eine Reihe von technologischen Innovationen aktiv die Entwicklung der ökonomischen Geographie ihrer Branche in den USA prägten. Kämpfe von Arbeiter/inne/n, die in der Verladebranche versuchten ihre eigenen geographischen Visionen und *spatial fixes* gegen heftigen Widerstand der Arbeitgeber durchzusetzen, waren zentral für die Entwicklung der ökonomischen Geographie dieser Branche. Diese ökonomische Geographie kann allein durch die Untersuchung der Raumproduktionen des Kapitals nicht verstanden werden.

a) *Arbeiter/innen und Globalisierung:* Typischerweise wurde die Globalisierung ökonomischer und politischer Beziehungen in der geographischen Literatur als ein Projekt des Kapitals diskutiert. Das Entstehen einer globalen Ökonomie wird in der Theorie als Resultat der Notwendigkeit seitens des Kapitals angesehen, in immer größerem Umfang lebendige Arbeit, Rohmaterial und Konsument/inn/en/märkte in den Zirkulationsprozess zu integrieren. Für das Kapital bedeutet „global werden" ebenso ein geographisches Projekt wie ein gesellschaftliches. Einzelnen Unternehmen bietet dies im Vergleich zur „lokalen" Ausrichtung eine größere Flexibilität. Dem Kapital insgesamt kann dies zudem erlauben, Akkumulationskrisen in andere Teile der Welt zu verlagern (vgl. Harvey 1985c). Die Geschichte (und Geographie) der internationalen Arbeitsmigration und des Arbeiterinternationalismus lässt darauf schließen, dass dies nur ein Teil der Geschichte der Globalisierung ist, und dass Angehörige der Arbeiter/innen/klasse ebenfalls eine sehr aktive Rolle in diesem Prozess gespielt haben (siehe z.B. van Holthoon/van der Linden 1988). Das Engagement der US-amerikanischen Arbeiter/innen/bewegung in Lateinamerika während des vergangenen Jahrhunderts etwa ist besonders typisch für die aktive Rolle, die Arbeiter/innen im Globalisierungsprozess gespielt haben.

Die US-amerikanische Arbeiter/innen/bewegung hat eine lange Geschichte internationaler Aktivitäten. Besonders aktiv war sie dabei ihre eigene „Monroe Doktrin der Arbeiter/innen" in Lateinamerika zu implementieren. Dies war sowohl Teil einer tief sitzenden Überzeugung von der „zivilisatorischen" Mission der USA in diesem Teil der Welt (abgeleitet aus dem Glauben an die Überlegenheit der US-amerikanischen zivilgesellschaftlichen und politischen Institutionen wie Traditionen), aber auch ein Mittel, die Region unter den ökonomischen Einfluss der Vereinigten Staaten zu bringen (siehe Herod 1997a). Historisch – d.h. zu Zeiten, als US-amerikanisches Industriekapital noch überwiegend innerhalb der USA produzieren ließ – sahen US-amerikanische Arbeiter/innen ihre Chance auf einen relativ hohen Lebensstandard stets in Abhängigkeit des Erfolgs einheimischer Produzenten auf fremden Märkten. Solche Erfolge würden, so glaubten die Arbeiter/innen, Produktion und Beschäftigung in den USA stimulieren. Tatsächlich teilten viele Arbeiter die Ansicht von John L. Lewis, dem Vorsitzenden der *United Mine Workers of America*, der bei einer Ansprache zum Tag der Arbeit 1939 die Ansicht vertrat, dass „Mittel- und Südamerika dazu in der Lage sind, alle unsere überschüssigen Waren aufzunehmen" (zitiert nach Scott 1978: 201). Für Lewis war die Expansion nach Lateinamerika ein *spatial fix*, der den Lebensunterhalt US-amerikanischer Arbeiter/innen sichern würde, indem die Unterkonsumptionskrise ins Ausland exportiert würde.

Über weite Teile des 20. Jahrhunderts gehörte der Zugang zu den lateinamerikanischen Märkten zu den Schlüsselelementen des *spatial fix* der Arbeit der US-amerikanischen Arbeiter/innen/bewegung. Viele US-amerikanische Gewerkschaften haben sich aktiv daran beteiligt, militante anti-US-amerikanische und antikapitalistische Gewerkschaften und politische Organisationen in Lateinamerika zu zerstören. Beides bezweckte das Wachstum von US-freundlicheren Körperschaften zu fördern, um die Märkte der Region für das US-Kapital zu öffnen. Bei solchen Aktivitäten hat die AFL-CIO[10] regelmäßig Hand in Hand mit dem Außenministerium, der CIA und verschiedenen transnationalen Konzernen zusammengearbeitet (siehe Morris 1967; Scott 1978; Simms 1992). In den 1960ern gründete die AFL-CIO mit dem *American Institute for Free Labor Development* (AIFLD) ihre eigene Organisation, um das US-Kapital in Latein-

---

10 Anm. d. Ü.: Die *American Federation of Labor and Congress of Industrial Organizations* ist der größte Dachverband us-amerikanischer Gewerkschaften.

amerika zu unterstützen, und um in den Worten eines Funktionärs „das Investitions-
klima attraktiver und einladender [für US-Konzerne] zu gestalten" (zitiert nach Spalding
1988: 264; für mehr zum AIFLD siehe Barry/Preusch 1990). Einen internationalen
spatial fix für Unterkonsumptionsprobleme in den USA zu entwickeln war ein wichtiger Aspekt der Fähigkeit der Arbeiter/innen in den USA, ihre Reproduktion sicherzustellen, auch wenn dies auf Kosten von Arbeiter/inne/n anderswo ging. Mit diesem
Streben nach einem *spatial fix* hat die US-Arbeiterbewegung nicht nur als ein Agent
der Globalisierung ökonomischer und politischer Beziehungen fungiert. Darüber hinaus hat sie auch einen entscheidenden Beitrag zur fortgesetzten Unterentwicklung
dieser Region geleistet (zum Beispiel, indem sie bei der Zerstörung/Schwächung einheimischer Produktion half, welche die Wettbewerbsfähigkeit der USA und ihre Markt-
anteile bedrohten). Somit hat sie zur Produktion der ungleich entwickelten Geographie des Kapitalismus in der westlichen Hemisphäre beigetragen[11]. Aktuelle Bemühungen internationale Solidaritätsverbindungen mit lateinamerikanischen Arbeiter/
inne/n aufzubauen können als Versuch einiger US-Arbeiter/innen gesehen werden,
aufrichtige Kontakte mit lateinamerikanischen Arbeiter/inne/n zu entwickeln und auf
diese Weise in Konfrontation mit dem transnationalen Kapital zu treten. Ebenso kann
dies aber auch als ein Versuch der US-Arbeiter/innen angesehen werden, ihre historischen *spatial fixes* und ihr Level an ökonomischer Entwicklung aufrechtzuerhalten,
welche gegenwärtig von der Verlagerung von Fabriken von den Vereinigten Staaten
nach Mexiko und in andere Länder unterminiert wird[12].

In diesem Sinne kann die Praxis der internationalen Arbeitersolidarität als ein Versuch bestimmter Gruppen von Arbeiter/inne/n betrachtet werden, *spatial fixes* zu
entwickeln und soziale Beziehungen zwischen Arbeiter/inne/n verschiedener Länder
auf eine Weise zu organisieren, die die Art und Weise, in der die globale Raumökonomie
hergestellt wird, beeinflusst. Bei dem Aufbau von solidarischen Netzwerken geht es
um die Überwindung geographischer und gesellschaftlicher Schranken zwischen Ar-

---

11 Die AFL-CIO ist in anderen Teilen der Welt mit ihren verschiedenen anderen regionalen
   Organisationen aktiv, einschließlich des *African-American Labor Center*, des *Asian-American
   Free Labor Institute* und des *Free Trade Union Institute*, welche in Afrika, Asien respektive
   Europa operieren.

12 In ihrer Analyse der Bestrebungen von US-Arbeiter/inne/n, internationale Solidarität mit
   Arbeiter/inne/n im Ausland zu entwickeln, nimmt Johns (1994) eine interessante Unter-
   scheidung vor. Einerseits bezeichnet sie Versuche, die Rhetorik des Internationalismus zu
   nutzen, um Arbeiter/innen im Ausland bei der Organisierung zu unterstützen, um für US-
   Firmen den Anreiz, die USA zu verlassen, zu verringern als „anpassende Solidarität".
   Andererseits fasst sie als „transformierende Solidarität" Bemühungen, bei denen Arbeiter/
   innen sich über den Raum hinweg zusammenschließen, um grundsätzlich gesellschaftliche
   Produktionsbeziehungen zu transformieren. Im ersten Fall dominieren räumliche Interessen
   die Agenda, im zweiten Klasseninteresse.

beiter/inne/n, die sich im Fortgang auf die Entwicklung der ökonomischen Geographie des Kapitalismus auswirkt. Spätestens seit dem 19. Jahrhundert haben internationale Arbeiter/innen/organisationen daran gearbeitet, transnationale Verbindungen zwischen Arbeiter/inne/n zu entwickeln. Ohne Frage ist das nicht immer ein reibungsloses oder erfolgreiches Projekt gewesen und Arbeiter/innen/internationalismus wurde regelmäßig von verschiedenen nationalen und/oder ideologischen Rivalitäten als Geisel genommen (siehe Radosh 1969; Windmuller 1980 für Beispiele wie Rivalitäten des Kalten Krieges in der Arena der internationalen Arbeit gegeneinander ausgespielt wurden). Nichtsdestotrotz haben solche Aktivitäten sehr reale Auswirkungen auf die Geographie der globalen Ökonomie gehabt, beispielsweise wenn sie die Fähigkeit von Konzernen einschränkten, Arbeiter/innen an verschiedenen Orten gegeneinander auszuspielen oder sich Anlagemöglichkeiten zu schaffen (vgl. Herod 1995; dort wird untersucht, wie eine globale Kampagne, geführt im Namen einer Gruppe von US-Stahlarbeiter/inne/n, erfolgreich die geplante Expansion einer mehrere Milliarden US-Dollar schweren Aktiengesellschaft nach Osteuropa und Lateinamerika einschränkte).

b) *Arbeiter/innen und die Produktion der ökonomischen Geographie einzelner Branchen:* Vor den 1950ern handelten Hafenarbeiter/innen und Beschäftigte der Hafenbranche der US-Ostküste Arbeitsverträge für jeden Hafen einzeln aus. Die „Containerisierung" in der Branche entfesselte jedoch starke geographische Kräfte, die als ein Katalysator dafür dienten, die politische und ökonomische Geographie der Branche zu transformieren. Die schnellere Abfertigung im Hafengebiet und durch Überlandfrachttransporte führten zu einer wachsenden Desintegration des regionalen Hinterlands. Dies eröffnete die Möglichkeit in einigen Häfen Löhne zu unterbieten und Streiks zu brechen, da Speditionen zunehmend dazu in der Lage waren, entferntere Häfen zu nutzen, um traditionelle Märkte zu bedienen. Dies war insbesondere für New Yorks Hafenarbeiter/innen besorgniserregend, die die höchsten Löhne in der Branche hatten, und die die ersten waren, die von Arbeitsplatzverlust bedroht waren. Denn der Handel zwischen New York und Puerto Rico war die erste Seeroute, die auf Containerfracht umgestellt wurde. Um sich des Problems anzunehmen, bediente sich die Hafenarbeitergewerkschaft (die *International Longshoremen's Association*) einer speziellen geographischen Strategie, die drauf abzielte, einen neuen *spatial fix* in der Branche herzustellen, und zwar einen, der ihre ökonomische Geographie dramatisch verändert hat. Zwei Elemente bildeten die Basis dieses *fixes*.

Das erste Element des *spatial fix*, den die Gewerkschaft und ihre Mitglieder anstrebten, brachte es mit sich eine Reihe von Regularien zur Arbeitsplatzgarantie umzusetzen, die beinhalteten, bestimmte Arten von Güterumschlagsarbeiten an den Piers zu halten. Während Fracht traditionell lose im Hafengebiet umgeschlagen wurde, müssen mit der Einführung der neuen Technologie nun nur die Container selbst an den Piers umgeschlagen werden und die wesentlich arbeitsintensivere Arbeit der Be- und Entladung ihres Inhalts (d.h. der eigentlichen Fracht) würde an billigeren Stand-

orten landeinwärts gemacht werden können. In den 1960ern sorgten sich die Hafen-
arbeiter/innen und ihre Anführer/innen besonders darum, dass ein großer Teil ihrer
traditionellen Frachtumschlagsarbeit in Lagerhäusern stattfinden würde, die weit
entfernt von der Hafengebieten landeinwärts lagen. Ihre Reaktion bestand darin,
Reedereien durch mehrere lange Streiks dazu zu zwingen, bestimmte Containerarbeiten
im Inland zu verbieten, verschiedene Off-Pier-Lagerhäuser zu schließen und solche
Arbeiten in die Hafengebiete zu verlagern (ausführlicher vgl. Herod 1994). Obwohl
sie sich einer erheblichen Opposition seitens der Reedereien, LKW-Transportunter-
nehmen und sogar der Transportarbeiter-Gewerkschaft – der Vertretung der Arbei-
ter/innen der Off-Pier-Lagerhäuser – gegenüber sahen, waren die Hafenarbeiter/innen
in der Lage, die Pierjobs und dadurch ihren eigenen Lebensunterhalt aufrechtzuerhalten. Dies gelang ihnen, indem sie die Geographie der Arbeit dieser Branche in
spezifischer Weise bewusst manipulierten. Indem sie der Branche ihren eigenen *spatial
fix* aufdrängten, waren die Hafenarbeiter/innen in der Lage sich einige der Arbeiten
an der Küste zu bewahren, die sonst ins Inland verlagert worden wären. Bewusst die
Geographie der Beschäftigung in der Branche umzugestalten, war nach der Umstel-
lung auf Containerfracht das Schlüsselelement in der Strategie der Hafenarbeiter/
innen, um sich ihr Einkommen zu bewahren. Ihre Fähigkeit, Raum so zu produzieren, dass es eher ihnen zum Vorteil gereichte, denn so, dass die Arbeitgeber/innen
oder andere Gruppen von Arbeiter/inne/n (wie die Off-Pier-Transportarbeiter/innen)
bevorzugt wurden, war für die Veränderung der ökonomischen Geographie der Branche während dieser Periode von größter Bedeutung.

Der zweite Teil des angeeigneten *spatial fix* betraf die Fähigkeit der Gewerkschaft,
neue räumliche Maßstabsebenen der Lohnaushandlung in der Branche zu etablieren.
Als die Containerisierung in die Branche eingeführt wurde, haben die Hafenarbeiter/
innen in New York für verschiedene Beschäftigungsgarantien gekämpft, um die abzu-
sehenden Arbeitsplatzverluste infolge der neuen Technologie zu begrenzen. Jedoch
erkannten einfache Hafenarbeiter/innen schnell, dass alle ausschließlich in New York
umgesetzten Arbeitsplatzgarantien zum Scheitern verurteil wären, solange die Reedereien einfach die Bestimmungen der Abkommen umgehen könnten, indem sie in
Philadelphia, Boston oder sogar in einigen der südlichen Häfen einschiffen und die
Fracht per LKW oder Bahn nach New York transportieren können. Konsequenter-
weise setzten die Arbeiter/innen sich dafür ein, dass dieselbe Strategie in allen Häfen
von Maine bis nach Texas umgesetzt werden müssten, in denen Hafenarbeiter/innen
durch die Gewerkschaft repräsentiert wurden. Auch viele Hafenarbeiter/innen im Süden
befürworteten zunehmend einen die ganze Küste einschließenden Vertrag, der die in
New York ausgehandelten Bedingungen übernimmt, da ihnen dies höhere Löhne und
bessere Arbeitsbedingungen bringen würde. Seit Mitte der 1950er Jahre kämpfte die
Gewerkschaft der Hafenarbeiter/innen dafür, das lokale Aushandlungssystem durch
eines mit küstenweitem Geltungsbereich zu ersetzen. Somit versuchten sie, die räum-

liche Maßstabsebene zu wechseln, auf der Verhandlungen durchgeführt und Abkommen umgesetzt werden. Die Arbeitsgeber/innen stellten sich solch einer Expansion des Maßstabes der Aushandlung entgegen. Sie befürchteten, sie würden in ihrer Flexibilität eingeschränkt und gezwungen, sich den höheren Löhnen aus New York anzupassen. Die Gewerkschaft kämpfte über 20 Jahre dafür, in der Branche eine neue Geographie der Aushandlung durchzusetzen, indem sie einen Gesamtvertrag entwickelte, der Löhne und viele Arbeitsbedingungen in allen Häfen der Ostküste angleichen würde. Dies war sicher kein einfacher Prozess und häufig wurden die Hafenarbeiterstreiks besiegt. Trotzdem waren die Arbeiter/innen durch ihre Kämpfe schließlich dazu in der Lage, ihre eigenen *spatial* und *scalar fixes* in der Branche umzusetzen. Dies taten sie auf mehreren verschiedenen (geographischen) Bühnen.

Den ersten Erfolg erlangte die Gewerkschaft 1957, als sie die nordatlantischen Arbeitgeber/innen zwang, einen regionalen Generalvertrag anzunehmen, der die Häfen von Maine bis Virginia abdeckte. Dies bedeutete einen grundlegenden Bruch mit der Vergangenheit, da erstmalig Hafenarbeiter/innen dieser Häfen von einem einzigen, einklagbaren Vertrag abgedeckt wurden. Dieser schloss Bestimmungen wie die Gleichheit zwischen den Häfen und zahlreiche andere arbeitsbezogene Themen ein. Damit wurden auch Unternehmen in den südatlantischen Häfen und denen der Golfküste durch die Hafenarbeiter/innen in steigendem Maße unter Druck gesetzt. Denn obwohl sie nicht rechtlich daran gebunden waren, den nordatlantischen Generalvertrag zu übernehmen, so drangen die Gewerkschaften doch stark darauf. Schließlich zwang der Erfolg der Gewerkschaft bei der Einführung solch eines Generalvertrags und Systems von Muster-Tarifverhandlungen in der Branche die Arbeitgeber/innen dazu, ihre eigene Organisation zu restrukturieren und 1970 eine Aushandlungsassoziation des nordatlantischen Häfen zu gründen. Diese Reorganisierung auf der Seite der Arbeitgeber/innen stellte die zweite Stufe in der Evolution des neuen *spatial fix* der Gewerkschaft für die Branche dar. Wenigstens seit den 1950ern vertrat die Gewerkschaft „die Position [...], dass alle Betriebe, über die wir irgendeine Kontrolle haben, an einem Tisch mit uns sitzen sollen, [...] um eine festgelegte Vergütung für die gesamten Vereinigten Staaten festzulegen" (Gleason 1955: 878). Der Erfolg der Hafenarbeiter/innen, die nordatlantischen Arbeitgeber/innen dazu zu zwingen ein neues Tarifsystem aufzubauen, das über die ganze Region verhandeln würde, war in dieser Hinsicht eine bedeutende Errungenschaft. Die Entstehung einer Arbeitgebertarifgemeinschaft in der südatlantischen Region und an der Golfküste, die sich über mehrere Häfen erstrecken, ist ein weiterer Hinweis auf die Fähigkeit der Gewerkschaft, die Arbeitgeber/innen dazu zu zwingen ihre eigene Organisation so zu restrukturieren, dass sie in der Lage waren, mit den Bestrebungen der Gewerkschaft umzugehen, die Geographie der Tarifverhandlungen in der Branche zu erneuern. Obwohl die Gewerkschaften Erfolg damit hatten, einen regionalen Generalvertrag und ein System von Muster-Tarifverhandlungen zu etablieren, drängten die Hafenarbeiter/innen weiterhin auf eine einzige einklagbare Vereinbarung für die gesamte Küste, die sie vor den Konsequenzen der Containerisierung schützen würde. Dies erreichten sie schließlich 1977, als sie die Arbeitgeber/innen so stark unter Druck setzten, dass diese in 34 Häfen von Maine bis Texas ein Arbeitsplatzgarantieprogramm akzeptierten, das mit einem küstenweiten Generalvertrag verbunden war. Dieses Programm war im Grunde ein küstenweiter Fonds, in den die Arbeitgeber/innen einzahlten. Er sollte es erlauben, Defizite in Sozial- und Rentenprogrammen einzelner Häfen durch die Branche insgesamt auszugleichen. Dies würde es der Gewerkschaft erlauben, küstenweit auf Arbeitsplatzverluste in Folge der Containerisierung zu reagieren. Denn die Sozialprogramme einzelner Häfen wurden nun von einer branchenweiten Finanzierungsgarantie unterstützt. Das erstemal in ihrer Geschichte wurden Hafenarbeiter/innen von Maine bis Texas von einer einzigen Vereinbarung abgedeckt, die einklagbar war und die sicherstellte, dass alle gleichermaßen geschützt würden. Das Programm zur Arbeitsplatzgarantie stellt die Krönung der Gewerkschaftskampagne dar, die Geographie der Aushandlung in der Branche neu zu verhandeln, von einem System lokal verhandelter und umgesetzter Verträge hin zu einem, in dem die Abkommen im Maßstab der gesamten Küste getroffen wurden[13].

13 In den 1980ern sahen es die nationalen Gewerkschaftsführer/innen als zunehmend schwierig an, dieses System aufrechtzuerhalten. 1986 stimmten etliche lokale Gewerkschaften in der Golfregion dafür aus dem küstenweiten Vertrag auszutreten, da sie spürten, dass die höheren Löhne, die durch den Generalvertrag garantiert wurden, dazu führen, dass sie Arbeit an billigere gewerkschaftsfreie Unternehmen verlieren würden (vgl. Herod 1997b). Dies ändert nichts daran, dass die Gewerkschaft über ein Jahrzehnt hinweg in der Lage war ein küstenweites Abkommen in der Branche einzuführen. Darüber hinaus zeigt die Entscheidung der Hafenarbeiter/innen der Golfküste, das Generalabkommen aufzukündigen, eine weitere Wendung in der Geschichte der Versuche der Arbeiter, *spatial fixes* zu entwickeln, die sie für sich zu einer bestimmten Zeit und an einem bestimmten Ort als vorteilhaft wahrnehmen. Zwischen 1953 und 1986 sahen Hafenarbeiter/innen der Golfküste ihren Interessen am besten damit gedient ein küstenweites Abkommen einzuführen. Seit 1986 führten sich ändernde lokale Bedingungen dazu, dass sie sich für neue *spatial* und *scalar fixes* entschieden. Ebenso zeigt dies, wie die Spaltung zwischen Arbeiter/inne/n der Golfregion und vom Nordatlantik schließlich dazu führte, dass diese sich unterschiedliche *spatial fixes* zu eigen machten. Für die Hafenarbeiter/innen des Nordatlantik stellte die Entscheidung der Golfregion, Lohnverzicht anzubieten, eine Besorgnis erregende Situation dar. Denn dies verschaffte den Reedereinen erneut die Gelegenheit, über billigere südliche Häfen einzuschiffen und die Ladung mit dem Zug oder LKW hinauf nach New York zu transportieren. Während die Hafenarbeiter/innen des Nordatlantik ein küstenweites Lohnabkommen als einen Weg ansahen die Möglichkeit des Transfers von Arbeit zu den billigeren Häfen im Süden auszuschalten, war für die Hafenarbeiter/innen der Golfküste das Angebot lokal verhandelter Verträge, welche Lohnkürzungen einschlossen, ein Weg, die Verluste von Arbeitsplätzen an gewerkschaftsfreie Unternehmen zu mindern und einen Wettbewerbsvorteil zu erzeugen, der Arbeitsplätze in ihrem eigenen Hafengebiet sichert.

Diese empirischen Beispiele könnten Ausnahmen darstellen (obwohl ich das be-
zweifele - es gibt viele weitere Fälle von Arbeiter/inne/n, die erfolgreich darum kämpften, nationale Verträge aufzulegen, regionale, nationale oder internationale Solidaritätsverbindungen zu entwickeln, verschiedenen nationalen Kapitalen zu helfen, neue
ausländische Märkte zu errichten und dabei die ungleiche Entwicklung des Kapitalismus zu formen usw.). Doch selbst wenn sie außergewöhnlich wären, sind die theoretischen Lehren, die aus ihnen gezogen werden können, nichtsdestotrotz wichtig. Denn
sie zwingen uns ernsthaft zu untersuchen, wie Arbeiter/innen und ihre Organisationen darum kämpfen, spezielle *spatial fixes* der ökonomischen Landschaft aufzuerlegen und wie diese Kämpfe wiederum die Geographie des Kapitalismus formen. Sicher hatte das US-Kapital ein historisches Interesse nach Lateinamerika zu expandie-
ren. Aber die Tatsache, dass die US-Arbeiter/innen/bewegung solch eine aktive Rolle
dabei spielte, diese Expansion der politischen und ökonomischen Beziehungen in
die Region als Teil ihres eigenen Programms zu erleichtern, gilt es zu bedenken und
zu theoretisieren. Möglichkeiten für Auslandsinvestitionen von US-Konzernen wurden teilweise durch die Handlungen von Arbeiter/inne/n und Offiziellen der Gewerkschaft geschaffen. Die Aktivitäten der Arbeiter/innen waren wichtig dabei die
Auswahlmöglichkeiten, die sich dem Kapital eröffnen, zu strukturieren. Sie müssen
für jedes Verständnis der Geographie der Unterentwicklung in der Region und der
Schaffung einer globalisierten Ökonomie in Betracht gezogen werden.

Auch wenn die Entwicklung einer küstenweiten Vereinbarung in der Hafenbranche
der Ostküste im Effekt Vorteile für Unternehmer/innen mit hohen Kosten bedeutete (wie in New York), weil die Wettbewerbsvorteile der Niedriglohnhäfen durch
die standardisierten Tarife eliminiert wurden. Es darf dabei nicht vergessen werden,
dass die Motivation eine branchenweite Vereinbarung zu treffen von den Hafenar-
beiter/inne/n angesichts ihrer leidenschaftlichen Opposition gegenüber den Arbeit-
gebern kam. Um die Entwicklung der ökonomischen Geographie der Branche zu
verstehen, braucht es ein Verständnis davon, wie Hafenarbeiter/innen den Arbeitge-
ber/inne/n ihre eigene geographische Vision aufzwingen. Zu versuchen, die ökonomische Geographie der Branche zu erklären, indem man nur darauf fokussiert, wie
das Kapital nach *spatial fixes* als Teil seiner Überlebensstrategie strebt, und Arbeit als
im Prozess der aktiven Strukturierung der industriellen Landschaft zweitrangig zu
behandeln, liefert weder eine vollständige noch eine befriedigende Erklärung.

Schlussfolgerung

Was ich in diesem Text versucht habe, ist die theoretische und empirische Vorrangstellung infrage zu stellen, die üblicherweise dem Kapital gegeben wird, wenn man
die Produktion der ökonomischen Geographie des Kapitalismus zu verstehen versucht. Grundsätzlich spreche ich mich hier dafür aus, in geographischen Untersu-

chungen Menschen der Arbeiter/innen/klasse nicht mehr nur in deskriptiven, Kapital-orientierten taxonomischen Begriffen wie etwa ihren Lohnsätzen zu fassen (was ich als *Geographie der Arbeit* bezeichnet habe). Stattdessen fordere ich eine ernsthaftere Berücksichtigung davon, wie Arbeiter/innen als Teil ihrer eigenen *spatial fixes* aktiv *ökonomische Räume und räumliche Maßstabsebenen produzieren* (direkt und indirekt, bewusst und unbewusst), und wie damit ihre räumlichen Praktiken die Standorte ökonomischer Aktivitäten und der ökonomischen Geographie des Kapitalismus formen (was ich als *Arbeitsgeographie* bezeichnet habe). Ebenso wie die Produktion spezieller *spatial fixes* wesentlich für die Fähigkeit des Kapitals ist, sich selbst zu reproduzieren, sind auch für Arbeiter/innen die Fähigkeiten, bestimmte *spatial fixes* auf bestimmten geographischen Maßstäben zu bestimmten historischen Zeitpunkten zu produzieren, wesentlicher Bestandteil ihrer Reproduktion auf alltäglicher und grundsätzlicher Basis. Diese Fähigkeit erfordert eine umfangreichere theoretische und empirische Beachtung dessen, wie die Realisierung eines „*spatial fix* der Arbeit" die ungleich entwickelte Geographie des Kapitalismus formt.

Sicher sind in der Geographie einige exzellente empirische Arbeiten entlang dieses Vorschlags bereits durchgeführt worden. Beispielsweise hat Cooke (1985) gezeigt, wie die kulturellen und Arbeitspraktiken der walisischen Bergbau- und Stahlarbeiter/innen der Schlüssel dafür gewesen sind, die Teilung der Arbeit in den südwalisischen Kohlerevieren festzulegen. Mitchell (1998) zeigt, wie Wanderarbeiter/innen in der Kalifornischen Landwirtschaft in den 1920ern und 30ern eine aktiv Rolle bei der Formung der agrarwirtschaftlichen Landschaft gespielt haben. Mobile Organisatoren verbanden die lokalen Arbeitskämpfe über den Staat hinweg geographisch und verhinderten, dass die Unternehmen diese Auseinandersetzungen auf lokalen Communities beschränken konnten. Holmes und Rusonik (1991) zeigen, wie das sich verändernde ökonomische Umfeld der Automobilindustrie kanadische und US-Arbeiter während der 1980er völlig verschiedene geographische Strategien annehmen ließ. Als Resultat haben sich kanadische lokale Gewerkschaften von den *United Auto Workers* getrennt, was weitreichende Auswirkungen auf die geographische Struktur der Branche hatte. Noch sind diese Arbeiten in der Wirtschaftsgeographie äußerst dünn gesät. Der Großteil der Arbeit in der Disziplin setzt in erster Linie weiterhin darauf die Aktivitäten des Kapitals zu untersuchen, um die ökonomische Geographie bestimmter Branchen oder Regionen der Welt zu verstehen. Im Großen und Ganzen werden Arbeiter/innen als aktiv geographisch Handelnde bisher von Geograph/inn/en recht kurz abgefertigt.

Indem ich mich in der Wirtschaftsgeographie für einen Ansatz ausspreche, der das Vermögen von Arbeiter/inne/n zu eigenständiger geographischer Praxis wahrnimmt, muss ich jedoch zum Schluss noch zwei Vorbehalte anbringen. Erstens tendierte das bisher Diskutierte dahin, sich auf den Bereich der Produktion und insbesondere der industriellen Produktion bezahlter Arbeit zu konzentrieren. Der Grund dafür ist nicht, dass ich die Produktion als wichtiger als die Konsumption ansehe. Da meine Kritik ursprünglich auf die Schwächen der traditionellen Wirtschaftsgeographie und der marxistischen Arbeiten zielte (die beide dazu tendieren, unverhältnismäßig auf die Welt der industriellen Produktion zu fokussieren), um Arbeiter/innen in einer eigeninitiativen Weise mit einzubeziehen, ist dies eher eine Reaktion auf bisherige Arbeiten. Dies bedeutet folglich nicht, dass eine *Arbeitsgeographie* notwendigerweise darauf beschränkt ist, die Funktionen von Arbeiter/inne/n lediglich bei der Herstellung der Geographie der Industrieproduktion zu untersuchen. Es ist gleichermaßen wichtig zu berücksichtigen, wie die Tätigkeiten von Arbeiter/inne/n die Geographie der Konsumption formen (vgl. Frank 1994). Eine Arbeitsgeographie sollte nicht so sehr durch ihren Fokus auf bestimmte Sektoren der Ökonomie bestimmt sein, sondern dadurch, dass sie zeigt, wie die Praxen von Menschen der Arbeiter/innen/klasse und ihrer Institutionen die Geographie des Kapitalismus aktiv formen.

Zweitens sollte sich eine Arbeits*geographie* nicht auf die Aktivitäten der Gewerkschaften beschränken, auch wenn diese ein bedeutsamer Ausdruck der Organisation der Arbeiter/innen/klasse sind. Gewerkschaften sind sicher wichtige und oft machtvolle Institutionen der Arbeiter/innen, aber sie haben kein Monopol beim Ausdruck der Interessen von Menschen der Arbeiterklasse. Eine Arbeitsgeographie sollte deshalb anerkennen, dass Menschen der Arbeiterklasse – bezahlte oder unbezahlte – sich entlang vieler sich gegenseitig kreuzender politischer, sozialer, ethnischer, geschlechtlicher und kultureller Linien organisieren. Die Tatsache, dass sie dies eher als Arbeiter/innen tun denn als Kapitalist/inn/en, formt dabei ihre räumliche Praxis und daher ihre Produktion geographischer Landschaften.

Teilweise ist mein hier präsentiertes Argument über die Vernachlässigung von Arbeiter/inne/n als fühlende räumliche Akteure in der Wirtschaftsgeographie ein theoretisches. Zu untersuchen, wie bestimmte Gruppen von Arbeiter/inne/n ihre eigenen *spatial fixes* – entweder in Zusammenarbeit mit oder in Opposition zu sowohl dem Kapital als auch anderen Gruppen von Arbeiter/inne/n – kreieren, kann bedeutsame Erkenntnisse darüber liefern, wie die ungleiche Geographie des Kapitalismus produziert wird. Aber es ist auch ein politisches Argument (soweit das Theoretische und das Politische jemals getrennt werden können). Dieses betrifft die Frage, wessen Interessen Wirtschaftsgeograph/inn/en auswählen, um sie zu untersuchen und zu repräsentieren. Die gesellschaftliche Produktion von Wissen ist ein politischer Prozess. Arbeiter/innen einfach als Faktoren der Produktion oder als „variables Kapital" zu fassen, bedeutet die Geschichte der Produktion ökonomischer Geographien aus der Perspektive des Kapitals zu erzählen. Indem ich den Begriff eines „*spatial fix* der Arbeit" vorschlage und mich für eine aktivere und zentralere Rolle von Arbeiter/inne/n in der Theoriebildung und in empirischen Untersuchungen der Produktion ökonomischer Landschaften ausspreche, ist es auch möglich, die Geschichte der Herstellung ökonomischer Geographien aus der Perspektive von Arbeiter/inne/n zu verstehen. Während Geograph/inn/en (insbesondere diejenigen in der Tradition der „Standortanalyse") ihre Fähigkeiten oft dazu genutzt haben, Konzernen dabei zu helfen, Anlagen neu an- oder umzusiedeln, kann vielleicht das Verständnis, wie Arbeiter/innen Raum als Teil ihrer alltäglichen und allgemeinen Reproduktion nutzen und gestalten, Geograph/inn/en einen Weg bieten, ihre Fähigkeiten auch zu nutzen, um den Enteigneten und Unterdrückten zu helfen.

Übersetzung: Ingo Bader

Andy Merrifield

Canned Heat – Hitze in Dosen[1]

> Räume verbergen ihren Inhalt durch Bedeutungen, durch das Fehlen von Bedeutungen oder durch eine Überdosis an Bedeutungen ... Manchmal lügen Räume, so wie Dinge, auch wenn sie selbst keine Dinge sind.
> *Henri Lefebvre, La Production de l'Espace*

> Landschaften können trügerisch sein. Manchmal sind sie weniger die Bühne für das Leben ihrer Bewohner/innen als vielmehr ein Vorhang, hinter dem sich ihre Kämpfe, Errungenschaften und Unfälle ereignen.
> *John Berger, A Fortunate Man*

> In Baltimore gab es noch nie eine Geschichte mit Happyend.
> *Robert Ward, Red Baker*

1991 habe ich in Baltimore gelebt, gearbeitet und studiert. In dieser Zeit unternahm ich oft lange Spaziergänge in die Innenstadt und zu ihrer vielbeworbenen *Waterfront*. Dort schlenderte ich an den Restaurationsbetrieben, Boutiquen und touristischen Attraktionen vorbei, die entlang des Leuchtturmprojektes des Immobilienentwicklers [*developer*] James Rouse, dem *Harborplace*, aufgereiht sind. Mitunter besuchte ich auch das Aquarium auf der anderen Seite des Inner Harbor. Aber insgesamt konnte nichts dort meine Aufmerksamkeit über längere Zeit hinweg auf sich ziehen oder mich fesseln. Im Inner Harbor gab es nichts, das den Geist herausforderte. Vielleicht war er deshalb so erfolgreich. Nach einer Weile wanderte ich weiter in Richtung Osten, dorthin, wo die Landschaft verwüsteter, unsicherer, und für mich wesentlich interessanter war. Offensichtlich waren auch hier große Veränderungen im Gange, aber kleinteiligere und vorsichtigere Veränderungen: teure Marinas, Appartement- und Stadthäuser auf der einen Seite, Zerstörung und Verlassenheit auf der anderen. Das Aufeinandertreffen von aufpolierten Wohnhäusern und Baustellen sowie leeren Kais und einsamen Parkplätzen hatte etwas. Die Risiken, jedenfalls die ökonomischen Risiken, insbesondere für potentielle Immobilienentwickler/innen oder Investor/inn/

---

1 Anm. d. Hrsg.: Dieser Beitrag erschien 2002 als Kapitel 2 von Merrifields Buch *Dialectical Urbanism* (New York) unter dem *Titel Canned Heat: Class Struggle Around the Built Environment in Baltimore*.

en, waren hoch in diesen Breitengraden des Entwicklungsgebietes. Auf Risikobereite, insbesondere für erfolgreiche Risikobereite, warteten gigantische Profite. Das hier war Southeast Baltimore, nicht die Innenstadt. Auch wenn die Zeiten sich zu ändern begannen: Hier im Stadtteil Canton konnte man noch einen Blick auf die Reste der Arbeiter/innen/stadt Baltimore erheischen, auf fast vergangene Zeiten. Heruntergekommene Gastwirtschaften, Eckkneipen, verklinkerte Reihenhäuser, verlassene Produktionsstätten, stillgelegte Konservenfabriken. Hier fand ich einen seltsam pikanten Charme. Es erinnerte mich an meine Heimatstadt Liverpool. Irgendwie *fühlte* es sich genauso an. Es hat mich sofort angezogen, und von nun an verbrachte ich manchen Nachmittag in den Gastwirtschaften dort. Meine bevorzugte hieß *Sip & Bite* und lag an der Boston Street. Entlang dieser Straße, die parallel zum Ufer verlief, gab es einen Gebäudekomplex, der mir besonders auffiel. Es war ein helles Gebäude, direkt an einer vielbefahrenen Kreuzung gelegen. Es war wunderschön, beinahe ein Art Déco Juwel, mit einem auffälligen Schild im Giebeldreieck, das seine Funktion angab: *American Can Company*.

Hier hatte offensichtlich schon lange kein Leben mehr stattgefunden. Das Gebäude sah baufällig aus, die Fenster waren zerbrochen, die Bausubstanz schäbig und trostlos. Alles war voller Tauben. Trotzdem war da eine Würde. Das alles machte mich neugierig. Mich interessierte, was aus einem so schönen alten Komplex werden würde. Als ich begann herumzufragen, lief ich bald einer lokalen Initiative über den Weg, der SECO (*Southeast Community Organization*).

Wie sich schnell herausstellte, war SECO eine in den 1980ern gegründete Dachorganisation von 70 Nachbarschaftsinitiativen. SECO beschäftigte sich mit einem breiten Spektrum an sozialen, politischen und Umweltproblemen in Southeast Baltimore. Im Laufe der Jahre hatte sich eine umfangreiche Datensammlung und ein ebensolches Informationsarchiv zu den Themen kommerzieller Entwicklung und Gentrification angesammelt. Seit Mitte der 1980er war Bob Giloth, ein erfahrener *Community* Aktivist mit einem Doktortitel in Stadtplanung, ihr Vorsitzender. Er verfügte über jede Menge Material über das gut 3,8 ha große Gelände der *American Can Company*. Er berichtete mir, dass es gerade im Mittelpunkt einer beträchtlichen Auseinandersetzung in Canton stand, da der Standort wohl bemerkenswertes kommerzielles Potential besaß. Sein Spitzname in Immobilienkreisen sagte alles: *Gold Coast*. Canton, oder genauer: die Boston Street, war die *Gold Coast*, die jenen Investor/inne/en reiche Beute versprach, die es verstanden, ihre Karten zu spielen. Allerdings bestand unter den Anwohner/inne/n Einigkeit darin, dass sie das Hauptgebäude des Komplexes erhalten wollten. Sie wollten nicht, dass es von irgendwelchen Entwickler/inne/n geplündert und zerstört würde. Und sie wollten nicht, dass es für Besserverdienende kolonisiert und neugebaut würde. Zugleich mischte auch die Stadt Baltimore mit: Sie brauchte das Projekt dringend, schließlich galt es die bröckelnden Steuereinnahmen dringend aufzubessern. Ein mehrere Millionen schwerer Investitionsplan, wie er vorgeschlagen wurde, könnte dazu beitragen, den stetig wachsenden Haushalt zu entlasten. Zugleich war die Stadt aber in einem Dilemma. Sie musste auch die Bürger/innen befrieden, die sich mit allem was sie hatten gegen die schleichende Gentrification stemmten.

Bald gab Giloth mir seine Unterlagen. Um genau zu sein waren es Unmassen Unterlagen, Kisten voller Unterlagen, die alle möglichen Berichte, Pläne, Diagramme, Sitzungsprotokolle und Zeitungsausschnitte enthielten. Es gab so ziemlich alles, was man sich denken konnte: über die Unternehmensgeschichte, Details der vorgeschlagenen Entwicklung, Profile und Geschäftsdaten der Entwickler/innen, Finanz- und Förderpläne etc. Als jemand aus Großbritannien, wo Vertraulichkeit die Norm ist und solche Unterlagen unzugänglich wären, war es eine Offenbarung. Als ich begann, die Sachen zu lesen, war ich fasziniert. Ich war mir sicher, dass es hier eine Geschichte zu erzählen gäbe. Und Giloth versicherte mir, dass es hier eine Geschichte zu erzählen gab. Er würde sie selbst gerne erzählen, was aber angesichts des Zeitaufwands für Besprechungen, Lobby- und praktische Arbeit, den eine lokale Initiative bedeutet, nicht machbar war. Da wurde mir klar, was ich zu tun hatte: ich würde die Geschichte erzählen. Ich dachte, dass Leute sie vielleicht hören wollten; und dass sie ihnen vielleicht bekannt vorkommen würde.

Ich hatte Zeit und Lust und dachte, ich könnte Southeast Baltimore mit den großen Entwicklungen des US-amerikanischen Urbanismus, den globalen Veränderungen und der kulturellen Transformation in Zusammenhang bringen. Außerdem kannte ich inzwischen die Umgebung ganz gut, schließlich war ich in ihr ausgiebig herumspaziert. Mein Plan war es also zwei Dinge zusammenzubringen: die große Entwicklung, den „neuen Urbanismus", der sich im *Raum* ausbreitete; und die lokale Alltagsgeschichte echter Leute, die darum kämpften, sich an einem *Ort* einzurichten, der sich plötzlich „im Strudel globaler und lokaler Kräfte" (Smith 1992: 65) befand. Hier gab es tatsächlich eine Geschichte zu erzählen, und für *Communities* überall auch eine Lektion zu lernen. Der Akademiker in mir wusste, dass *American Can* die Dialektik von Ort und Raum internalisiert hatte. Selbst jetzt – vor allem jetzt – da ich dies niederschreibe, gibt es noch eine Lektion zu lernen, eine dringende politische Lektion, darüber nämlich, was diese Dialektik für lokale Demokratie, soziale Gerechtigkeit und das *Empowerment* von Nachbarschaften bedeutet. Das Folgende ist also eine Parabel über das komplexe Aufeinandertreffen von Kräften, die kapitalistische Städte zu Beginn des neuen Jahrtausends formen.

American Can lokalisieren

Alles, was in der Stadt existiert, existiert nicht in Isolation. Was ein Gebäude ist, wie viel es wert ist, wofür es genutzt wird, wie attraktiv es ist – all das wird üblicherweise danach beurteilt, was sich in seiner Umgebung befindet. Mit anderen Worten: städtischer Raum ist immer relativ. Jeder, der etwas von Immobilien versteht, wird das bestätigen. In einem alten aber noch immer wertvollen Buch mit dem Titel *Principles of City Land Values*, 1903 veröffentlich, schreibt Richard Hurd: „Zu glauben, dass Gebäude den Wert des Bodens bestimmen, verdreht die Wahrheit. Gebäude sind vielmehr die Diener des Bodens und nur von Wert, insofern sie dessen Bedürfnisse befriedigen." (Hurd 1926: 16) Gebäude sind Diener des Bodens, und Boden, so Hurd, bedeutet vor allem relative Lage. Aber relativ wozu? Hurd zählt einige Dinge auf: relativ zum Stadtzentrum, relativ zu den zentralen Verkehrsachsen, relativ zum Verkaufs-preis benachbarter Einheiten. Weiter fragt Hurd nach der Geschichte des Landes, seiner derzeitigen Stabilität, seinen Aussichten, seiner Nähe zu verschiedenen Sub-zentren. Im Fall von Canton war mit Sicherheit seine Nähe zum Inner Harbor ent-scheidend.

In den 1980ern stand der Inner Harbor für das neue, elegantere, modischere „post-industrielle" Baltimore. Man war voller Zuversicht, dass mit ihm Wachstum in den Bereichen von Finanz-, Versicherungs- und Immobilienwirtschaft auslöst und Tou-rist/inn/en und finanzkräftige Shopper/innen anzgezogen würden; und es gab sogar die Hoffnung, dass er weiße Mittelschichtssuburbaniten davon überzeugen könnte, dass es doch eine feine Sache ist, in der Innenstadt zu wohnen. Das Schlüsseljahr dieses Prozesses war 1980. Und das nicht nur, weil Rouses *Harborplace* die Tore öffnete, sondern weil die Medien in diesem Jahr zugaben, dass Baltimore keine Ar-beiter/innen/stadt mehr ist (Garland 1980). Wenn man die vormalige Position der Stadt in der industriellen Struktur der USA bedenkt, war das etwas Besonderes. Zu Beginn des 20. Jahrhunderts wurde Baltimore ein zentraler Umschlagplatz für den Seeverkehr. Nach dem Ersten Weltkrieg wuchs es schnell zu einem industriellen Zentrum an. In den Stahl- und Walzwerken von Sparrows Point war eine der größten Arbeiter/innen/schaften des Landes beschäftigt – zu seiner Blütezeit über 25.000. Zusammen mit Textilindustrie, Konservenfabrikation und -abfüllung, Druck-, Che-mie- und Fleischverarbeitungsindustrie war Baltimore nach der *Chemical Alley* New Jerseys die zweitwichtigste Industrieregion der Ostküste. In seinem Hafengebiet entlang des Patapsco River fanden sich alle Anzeichen dieser Arbeiter/innen/tradition, es war stets voller Seemannunterkünfte, Gaststätten und Bars sowie den immergleichen Reihenhäusern, bewohnt von Fabrik- und Hafenarbeiter/inne/n. Um die Jahrhundert-wende war der junge H.L. Mencken hocherfreut, als er beim *Baltimore Harald* für den Süden der Stadt eingeteilt wurde. Für den jungen Reporter war die schmuddelige *Waterfront* mit ihrem einfachen Leben, ihren wilden Partys und ihren prügelnden Seeleuten und Stauern eine wahre Goldgrube (vgl. Bode 1986). Ein halbes Jahrhun-dert später hielt dieses kraftvolle Image noch immer vor, wie es der Beatnik Jack Kerouac in seinem ersten Roman *The Town and the City* (1950) verkörpert.

Dieses Baltimore war eine Stadt in der ersten Liga der Industriestädte der USA. Doch gab es ein Problem – ein großes, wie sich herausstellen sollte –, denn Baltimore

war eine Stadt der Zweigwerke. Es gab hier kaum Unternehmenszentralen. Ökonomische Entscheidungen, die sich auf seine Arbeiter/innen/klasse auswirkten, wurden
weit entfernt gefällt. Unerfreuliche makroökonomische Entwicklungen schlugen sich
in Baltimore deshalb besonders deutlich nieder. Entlassungen, Fabrikschließungen
und technologische Reorganisierungen begannen in den frühen 1960ern und gingen
in den 70ern und 80ern unvermindert weiter. Veralternde Hafenanlagen – was Marx
als „moralischen Verschleiß" bezeichnet hat – und internationale Konkurrenz ver-
schlimmerten das Ganze noch zusätzlich. Alles fiel auseinander. Zwischen 1950 und
1960 verlor die Stadt 225 Produktionsstätten und rund 18.000 Arbeitsplätze (Levine
1987). Als nächstes verschwanden die Bewohner/innen, insbesondere *weiße* Bewoh-
ner/innen, die es nach den Unruhen der späten 1960er Jahre aus der Stadt zog.
Bevölkerungsschwund und Deindustrialisierung setzten die Steuerbasis der Stadt enorm
unter Druck. Zerfall setzte ein: Desinvestition, Aufgabe und Verfall von Innenstadt-
bebauung und Kaianlagen. Baltimore hatte 1950 1.738 Produktionsstätten. 1960 waren
es noch 1.513, 1970 noch 1.100 (Garland 1980) und 1984 schließlich noch 696.
Zwischen 1970 und 1985 ging die Industriebeschäftigung fast um die Hälfte zurück:
von 97.600 auf ca. 52.000 (Szanton 1986).

Große Teile der Innenstadt und des Hafengebiets von Baltimore verkamen. Doch
schon bald erahnte man, dass die aufgegebenen Industrierelikte eines Tages reif für
die Erneuerung sein würden, insbesondere diejenigen, die zentral um den Inner Harbor
herum lagen. Erneuerung bedeutete dabei Umwandlung in „höherrangige" Nutzungen.
Politischer Wille spielte dabei eine wichtige Rolle: Der damalige Bürgermeister William
Donald Schaefer wurde zum Respekt gebietenden Anwalt des Inner Harbor Plans.
Zwischen 1971 und 1986 setzte er alle möglichen Legitimationstaktiken sowie neue
– und kontroverse – Entwicklungsmechanismen und Förderpraktiken ein, um
Baltimores gefeierte „Renaissance" auf den Weg zu bringen. Baltimore wurde schnell
zum Musterbeispiel der Revitalisierung einer altindustrialisierten Stadt erkoren und
schaffte es so sogar auf das Titelblatt des *Time Magazine*. Bald schon wurde überall
nach Erklärungen für den Erfolg gerufen und jede/r wollte daran teilhaben. Seitdem
wurde *Waterfront Revival* zu einem Muss für große und kleine Städte, selbst für solche,
die kaum Zugang zum Wasser hatten.

Mitte der 1980er war jedes verfügbare Grundstück im Inner Harbor entweder bereits
ausgebaut oder stand kurz davor. In der näheren Umgebung gab es Ausbreitungs-
effekte und private Kapitalinvestitionen materialisierten sich östlich und südlich des
Inner Harbor. Seit 1973 beschleunigte sich die Gentrifizierung der Einwohner/innen/
struktur in östlich gelegenen Fells Point und im südlichen Federal Hill. Die Eigentums-
werte stiegen in beiden Gegenden rapide an, von rund $15.000 für ein Reihenhaus in
den 1970ern bis auf zum Teil $140.000-160.000 (*Baltimore Magazin* 1986). Mit der
Preissteigerung veränderte sich auch die Innenstadt, die zunehmend von jungen weißen
Dienstleistungsangestellten bestimmt wurde, von neureichen *Babyboomern*, von denen

- wenig überraschend - enormer Druck auf die ansässige Arbeiter/innen/klasse-
bevölkerung ausging. Eine Umfrage des Charles Street Management von 1986 ergab,
dass stolze 70% der neu in die Innenstadt Gezogenen aus Washington oder anderen
Städten kamen (ebd.).

Die „Grenze der Profitabilität", wie Neil Smith (1996) sie beschrieben hat, bewegte sich im Baltimore der 1980er vom Inner Harbor aus nach Süden und nach Osten.
Dort fand eine Invasion des gelebten Raums durch anderen gelebten Raum statt;
gelebte Räume, die sich unvermeidbar in Richtung konzipierter Räume entwickelten;
spekulativ konzipierte Räume, Räume, in denen sich dominierende Interessen wider-
spiegelten, diejenigen von Planer/inne/n, Technokrat/inn/en, bourgeoisen Urban-
ist/inn/en und des Kapitals[2]. Ein entscheidender Moment kam 1983, als ein mutiger
lokaler Geschäftsmann und Immobilienentwickler, Louis Grasmick, einen Raum
namens *Anchorage Townhouses* konzipierte. Für nur $200.000 kaufte er 1,4 ha un-
bebautes Land an der Boston Street. 40 neue Einheiten waren schnell gebaut, die
sich allesamt Freund/inn/e/n und Bekannte des Entwicklers für zwischen $185.000
und $200.000 schnappten (City of Baltimore, ohne Jahr). Mit diesem Gewinn als
Basis baute Grasmick ganz in der Nähe ein 14-stöckiges Apartmenthaus am Wasser,
das er *Anchorage Tower* nannte. Die Einheiten des 1987 fertiggestellten $1,5 Mio.-
Projektes gingen für zwischen $125.000 und $425.000 weg. Der Anchorage Tower
passte sich in Höhe, Größe und Form nicht gerade sensibel an die Reihenhausnach-
barschaft an. Grasmicks Projekte „machten jedem klar, dass die Waterfront nicht am
Inner Harbor endet. Es gab da auf einmal diese *Gold Coast*, die Investor/inn/en
phantastische Gewinne versprach."[3]

Vielleicht hatte Grasmick auf Donald Trump gehört oder sein Buch gelesen, *The
Art of the Deal* (1987). Auf jeden Fall wusste er, was der berüchtigte New Yorker
Immobilienhai meinte, als es schrieb: „Grundsätzlich braucht man nicht die beste
Lage. Was man braucht, ist den besten Deal. Wenn man Einfluss ausüben kann,
kann man durch Werbung und Psychologie die Lage verbessern [...] Lage hat auch
eine Menge mit Mode zu tun. Man kann eine mittelmäßige Lage interessant machen, wenn man die richtigen Leute anzuziehen versteht." (ebd.: 38) Zu Hurds in
dieser Hinsicht „konservativer" Beurteilung städtischer Bodenwerte fügt Trump hier

---

2 Anm. d. Ü.: Merrifield bezieht sich hier recht frei auf Lefebvre, für den der „konzipierte
   Raum" (« espace conçu ») „der in einer Gesellschaft (einer Produktionsweise) dominierende
   Raum" (Lefebvre 1974a: 48) ist und „derjenige der Wissenschaftler, der Planer, der [...] Tech-
   nokraten" (ebd.), der gelebte Raum (« espace vecu ») hingegen „der Raum der 'Bewohner',
   der 'Nutzer'" (ebd.: 49).

3 Interview mit Marion Pines, ehemalige Leiterin der *Neighborhood Progress Administration*
   (NPA), vom 04.12.90. Die NPA ist eine Behörde, „die sich um Wohnraum, Wirtschaftsentwicklung, Beschäftigung und Wohnungsbau in Baltimores Nachbarschaften, in der Innenstadt und am Inner Harbor kümmert".

eine neue Dimension hinzu: den Deal. Laut Trump können Deals städtische Lagen groß herausbringen oder zerstören; sie können Leute in die Lagen bringen; sie können Trends und Moden anleiern. Vorstellungen von städtischen Räumen entstehen durch Deals; Deals produzieren konzipierte Räume. Deals waren und sind der entscheidende Antrieb amerikanischer Städte. Und am Wasser, so scheint es, lassen sich gute Deals machen. Wasser ist angesagt. Und angesagte Stadtbewohner/innen wollen in seiner Nähe sein; insbesondere solche mit finanzieller Schlagkraft können sich Raum an der Wasserkante sichern. In Canton kam es zu einer fieberhaften Fetischisierung des Wassers. Nachdem Glasnicks Projekte fertiggestellt waren, schnappten sich Entwickler/innen immer weitere Industriebrachen entlang der Boston Street und machten sie zu Wohn- oder Mischnutzungsprojekten. Alle bedienten sich eines pseudonautischen Images, alle Apartmenthäuser trugen maritime Namen, und alle lagen in der Nähe von Marinas oder Yachtclubs. Und, was für uns wichtig ist: alle befanden sich nur einen Katzensprung entfernt von *American Can*.

Der Ort *American Can*

In *Neighborhood Politics* schreibt Matthew Crenson (1983): „Die Kraft der Erinnerung ist in Canton vermutlich stärker als in allen anderen Quartieren Baltimores. Erinnerungen spielten hier schon vor fast 200 Jahren eine Rolle, als die Gegend ihren Namen erhielt. Angeblich war es ein erfolgreicher Kapitän gewesen, der sich nach Ende seiner Zeit auf See auf einem weiträumigen Anwesen in der Nähe der Einfahrt zum Hafen von Baltimore niedergelassen hatte, der den Ort nach dem chinesischen Hafen benannte, in dem er erfolgreich Handel getrieben hatte." (ebd.: 47) Dieser Namensgeber aus dem 18. Jahrhundert war der reiche Händler John O'Donnell. Heute erinnert eine Bronzestatue an ihn, die in einem kleinen rechteckigen Park im Zentrum des Viertels steht. Der irischstämmige O'Donnell soll um 1780 in dieser Gegend gesiedelt haben. Dank seines umfangreichen Vermögens, das er wohl durch Fahrten nach China und Indien angehäuft hatte, gehörten ihm rund 800 ha in der Gegend um Canton und Fells Point.

Nachdem O'Donnell 1805 starb, ging der Besitz an seinen Sohn Columbus über. Dieser gründete 20 Jahre später zusammen mit anderen Geschäftsleuten, u.a. dem New Yorker Philanthropen Peter Cooper, eine Immobilienfirma namens *Canton Company* (Rukert 1978). Diese Partnerschaft war maßgeblich an der Gründung der *Baltimore & Ohio Railroad Company* beteiligt und leitete solide kommerzielle Aussichten für die ganze Gegend ein. Nach ihrer Gründungsurkunde bestand das Ziel der neuen Aktiengesellschaft darin „nach Maßgabe der Notwendigkeit ... Land in der Umgebung von Baltimore durch Straßenbau etc. zu verbessern, ... und Anlageplätze, Geschäfte, Werkstätten, Fabriken, Lagerhäuser, Wohn- und andere Gebäude zu errichten" (ebd.: 20). Die Fertigstellung der *Union Railroad* im Jahr 1871 führte zu weiterer Industrieentwicklung und verstärkte Cantons Image als florierende Industrie- und Hafengegend. In ihrem Buch über Baltimore schreibt Sherry Olson, dass Canton der vielleicht „früheste, größte und erfolgreichste Industriepark des Landes [war]" (1980). Zu dieser Zeit war es der Dreh- und Angelpunkt für Eisen- und Stahlproduktion, Ölraffinerien, Kupferschmelze und insbesondere auch für die Konservenfabrikation, die in den 1840ern begann. Während der zweiten Hälfte des 19. Jahrhunderts wurden in Southeast Baltimore mehr Lebensmitteldosen abgefüllt als in jeder anderen Stadt des Landes. Die Boston Street erhielt den Namen „Canner's Row". Dem Abfüllen der Dosen folgte ihre Herstellung. Auch das soziale und kulturelle Profil des Viertels wurde durch das dramatische Industriewachstum verändert. Alte und neue Industrien schufen tausende Arbeitsplätze für ungelernte Arbeiter/innen und zogen mehrere Generationen europäischer Immigrant/inn/en an. Die Konservenindustrie verwandelte Canton in ein wuseliges, mit roten Reihenhäusern dicht bebautes Industriequartier, bestehend aus polnischen, deutschen, walisischen, italienischen, litauischen und ukrainischen *Communities*. Ihre Wohnhäuser wurden üblicherweise schnell und billig gebaut, so dass sie den Anforderungen der Arbeitskräfte gerade noch entsprachen und zugleich die Kosten ihrer Reproduktion minimierten. Manche waren nur vier Meter breit und einige ältere Bewohner/innen von Canton kennen sie noch als die „kleinen Straßen von Canton".

In dem Maße, in dem die Bevölkerung Cantons zunahm, tat dies auch ihre Nachfrage nach Kirchen, Schulen und Treffpunkten. Da die neuen Immigrant/inn/engruppen ihre jeweilige ethnische und religiöse Zugehörigkeit aufrechterhalten wollten, wurden spezielle Schulen und religiöse Einrichtungen gebaut. Diese Institutionen und Netzwerke banden die Menschen noch stärker an ihre jeweiligen *Communities,* und es entstand ein kulturell vielfältiges soziales Milieu. Für alle in Canton stand der verwandtschaftliche und religiöse Zusammenhang im Vordergrund, und viele sahen eine eigene Kirche als das Wichtigste für ihre Gruppe an. Gleichwohl hatten sie alle eine spezifische geteilte Erfahrung, die vielleicht ihren religiösen Eifer erklären kann: alle waren sie arm und ausgebeutet, alle gehörten der schlecht behandelten Arbeiter/innen/klasse an. Als durch neue Formen der Mechanisierung Jobs in Gefahr gerieten, zeigten einige sogar Anzeichen von Klassenbewusstsein. Der „Littel Joker" war eine neuartige Lötmaschine, die, wie ein Hersteller prahlte, nie streikt (Shopes 1992: 126). Doch seine Einführung traf auf organisierten Widerstand seitens der Arbeiter/innen. Seit den frühen 1880ern organisierten sich Arbeiter/innen der Konservenindustrie in der *Can Makers Mutual Protection Association* (CMMPA), Zweigstelle 1384 der Gewerkschaftsorganisation *Knights of Labor.* Die CMMPA versuchte, Maschinerie zu verhindern, die Arbeitskräfte ersetzen sollte. Sie organisierte einen landesweiten Boykott und drohte mit der vollständigen Zerstörung der neuen Maschinen. Doch blieb die Opposition der Arbeiter/innen erfolglos. Wegen des Wunsches der Industriellen nach

Kontrolle und Kosteneffizienz gehörte den Maschinen die Zukunft. Am Ende des Jahrhunderts wurde jede Konserve maschinell hergestellt.

Der größte Konservenhersteller in Canton war die *American Can Company* – und zu Beginn des neuen Jahrhunderts wurde sie der größte der Welt. In Canton war sie der größte Arbeitgeber (Stolk 1960). Viele der Einwohner/innen Cantons arbeiteten entweder selbst in einer der ansässigen Konservenfabriken oder hatten einen Verwandten oder eine/n Freund/in, der/die dort arbeitete. Man kann sich leicht vorstellen, wie dadurch das *American Can* Gelände für Generationen zu einem wichtigen Ort des Alltagslebens im Quartier wurde. Desgleichen stand es für die Arbeiter/innen/tradition Cantons, eine Tradition, die trotz – oder wegen? – ihrer Härten im Gedächtnis blieb. Die Bewohner/innen Cantons nehmen die Angelegenheiten des Viertels sehr persönlich, das haben sie immer getan. Ironischerweise verstärkt dieser Umstand noch die Art und Weise, in der die Fabrik – die der Stadtforscher Henri Lefebvre als konzipierten Raum definieren würde – untrennbar mit Räumen der Repräsentation verbunden ist, mit den Orten des Alltagslebens. Beide – der konzipierte und der gelebte Raum – durchdringen und überlagern sich gegenseitig in widersprüchlicher und mehrdeutiger Art und Weise. Sich einen Reim auf diese Verbindung zu machen ist schwierig; sie zu leben ist voller Gefahren.

Der Raum *American Can*

Die *American Can Company* wurde 1901 gegründet. Weil sie ein Zusammenschluss von über 100 Konservenhersteller/inne/n war, wurde sie schon bald der „Big Can Trust" genannt. Sie kontrollierte rund 90% der US-amerikanischen Konservenproduktion. Doch schon bald erhob der US-Generalstaatsanwalt auf Grundlage des *Sherman Antitrust Act* von 1890 Anklage gegen *American Can* und verlangte die Aufspaltung des Konzerns. Denn seines Erachtens wurde sie zu dem Zweck gegründet, eine Monopolstellung zu erlangen. Ein Bundesanwalt in Baltimore sah das ganz anders. Im Februar 1916 ließ er den Fall pflichtgemäß platzen. Im Urteil heißt es, dass *American Can* „in einem langen Zeitraum vor 1913 nichts getan hat, worüber sich ein Konkurrent oder ein Konsument beschwert hätte, und auch nichts, was einem neutralen Beobachter als unfair oder unethisch erscheint". Dem Richter, so führt er aus, „widerstrebt es, eine so fein eingestellte industrielle Maschinerie zu zerstören".

Inzwischen waren die USA in den ersten Weltkrieg eingetreten, und die Umsätze von *American Can* verdoppelten sich. Hunderte von Millionen von Dosenrationen mussten nach Übersee versandt werden, und die Fabrik stieg auch zum Marktführer bei Metallcontainern und Hülsen für Artilleriegeschosse auf. 1917 überschritt *American Can* beim Jahresumsatz erstmals die Marke von $100 Mio. Als der Zweite Weltkrieg ausbrach, hatte die Firma sich bereits in die Bereiche Papier- und Bierdosenherstellung diversifiziert. Und wie auch schon im vorherigen Krieg stellte *American Can* Metallcontainer und Artilleriegranaten her, und auch Torpedos waren inzwischen Teil der Produktpalette. 1950 lag der Jahresumsatz beim Rekordumfang von $500 Mio. Krieg war großartig fürs Geschäft!

In der Nachkriegszeit begann *American Can* auf den Zug der Firmenübernahmen aufzuspringen. Es wurden eine handvoll Unternehmen aufgekauft, darunter ein Produzent von Steindrucktinte und ein Plastiktubenhersteller. 1956 wurde ein Zweigwerk in Brasilien eröffnet - ein Vorbote der Strategie der Kostenersparnis durch Produktionsverlagerung in die Dritte Welt, die in den 1960ern und 70ern unvermindert fortgesetzt wurde und von der die amerikanischen Arbeiter/innen noch genug zu hören bekommen würden. Mit Beginn der 1980er begannen die Dinge schief zu laufen, und *American Can* begann den Druck zu spüren. Harte Zeiten standen bevor. So gingen etwa die Aktivitäten in den Bereichen Lebensmittelverpackung und Dosenherstellung zurück. Laut Jahresbericht 1985 waren daran „Überproduktion und ein extrem angespannter Wettbewerb" schuld. Dies führte augenscheinlich zu „verminderten Gewinnmargen und dem Verlust einzelner Märkte an neue Technologien". Den Kern des Problems bildeten, wie überall in der verarbeitenden Industrie in den USA und Europa, fallende Profitraten, sowie der Druck zur technologischen Restrukturierung und Veränderungen in der internationalen Arbeitsteilung.

Also begann American Can 1985 mit einer „grundsätzlichen Neuausrichtung". „Neuausrichtung" bedeutete in diesem Zusammenhang zum einen Rationalisierungsstrategien und zum anderen den Einstieg in „neue Geschäftsbereiche und Märkte mit höheren Profitaussichten und Wachstumspotentialen". Schnell wurde offensichtlich, dass es sich bei letzteren um Finanzdienstleistungen handelte. „Finanzdienstleistungen", heißt es im Jahresbericht von 1985, „verdienen besondere Aufmerksamkeit. *Dieser Bereich ist für mehr als die Hälfte unseres Gewinns verantwortlich.*" (Herv. A.M.) Laut Harry Magdoff und Paul Sweezy (1987) war die Verlagerung vom industriellen zum unbarmherzigen Finanzsektor seit den 1970ern ein weitverbreitetes Phänomen. Sie stellen fest, dass die relative Bedeutung des „Geldmachens", um die Shareholdern zufrieden zu stellen, im Vergleich zum „Güter herstellen" in den Reagan-Jahren enorm anstieg. Für sie hängt die „Finanzexplosion" ganz wesentlich mit der „Stagflation" im industriellen Sektor zusammen, also mit der zunehmenden Inflation bei gleichzeitiger ökonomischer Stagnation. Der Zusammenhang ist simpel: Überkapazitäten und nachlassende Nachfrage im Bereich der verarbeitenden Industrie manifestieren sich in industrieller Stagnation. Um den Umschlag zu gewährleisten und über Wasser zu bleiben - insbesondere in einem mörderischen Klima der Konkurrenz - müssen Firmen Kredite aufnehmen. Wenn die Firma erst einmal verschuldet ist, muss - wie bei einem Drogensüchtigen - immer mehr geliehenes Geld her, um das Verlangen zu stillen, um Zinsdienste zu leisten, um überhaupt flüssig zu bleiben. Dieser Prozess verselbständigt sich schließlich, bis er außer Kontrolle gerät und der Hund das Herrchen Gassi führt.

Dieser globale Prozess hatte direkten und indirekten Einfluss auf die Produktion von *American Can* in Canton. Um 1950 waren in dem Betrieb an der Boston Street rund 2.000 un- bzw. angelernte Arbeiter/innen beschäftigt. Für einige Zeit war es einer der produktivsten Teile des Konzerns. Zunehmend wurde der Fabrik jedoch technologisch veraltetes fixes Kapital zur Belastung, was den Profit schmälerte. In Canton standen einige der ältesten Anlagen des Konzerns. Das 1895 erbaute Fabrikgebäude z.b. war einer der ältesten Industriebauten in Baltimore. Auch wenn es architektonisch wertvoll scheint, war es doch ein Klotz am Bein des Konzerns. In den 1970ern behinderte es die Unternehmensführung dabei, angemessen auf die Wechselhaftigkeit der Marktlage zu reagieren. Der Raum begann, den Ort zu vernichten. Der Umfang anstehender technologischer Modernisierung führte zu so umfangreichen Entlassungen, dass *American Can* 1979 nur noch 400 Arbeiter/innen in Canton beschäftigte. Doch den Todesstoß erhielt der Standort Mitte der 1980er, als der neue Firmenchef Gerald Tsai, der zuvor einer New Yorker Sicherheitsfirma vorstand, begann, mit dem produktiven Vermögen der Firma zu zocken. Schon bald war *American Can* mitten drin in einer komplizierten Geschichte aus dem Reich der schamlosen Finanzalchimie.

American Can wäre für die Finanzalchimisten nicht so attraktiv gewesen, wären die 1980er nicht das „Jahrzehnt des Deals" gewesen. Diese berauschenden zehn Jahre sind im Charakter des Gordon Gekko verewigt, den Michael Douglas in Oliver Stones Film *Wall Street* spielt. „Gier ist gut; Gier funktioniert", so sein Credo. Unterstützt durch Reagans Deregulierungs- und Steuerpolitik war das die Einstellung in den 80ern. Schon bald summierten sich die häufig fremdkapitalfinanzierten Fusionen und Aufkäufe, sogenannte *Leveraged Buy Outs* (LBO), auf $1,3 Trillionen. Ermöglicht wurden die LBO-Gelage u.a. durch *Junk Bonds*. Und der produktivste *Junk Bond*-Händler war der inzwischen berüchtigte Michael Milken. Als Nr. 1 bei Drexel Burnham Lambert „verachtete er das Establishment der Großkonzerne und stellte viele von ihnen als fette, schlecht gemanagte Dinosaurier dar, die ihr überschüssiges Kapital verschwendeten und deren Anleihen [...] sich nur in eine Richtung bewegen würden: abwärts" (Bruck 1989: 12). Mit Beginn der 1980er kam Milken zu dem Schluss, dass die am stärksten unterbewertete Anlagemöglichkeit die Großkonzerne Amerikas selbst wären, und dass das größte Geschäft mit Übernahmen zu machen sei[4].

---

4 Das Milken Empire brach Ende 1990 zusammen, als der mächtige Finanzjongleur wegen Vergehen gegen Sicherheitsbestimmungen zu zehn Jahren Gefängnis und einer Strafe von $600 Mio. verurteilt wurde. Doch das Vermächtnis Milkens wird schwieriger aus der Welt zu schaffen sein als der Mann hinter Gitter. Die „Drexel-Milken Saga könnte zum Anlass genommen werden, um die Defizite des Systems zu analysieren. Aber", so ein Leitartikel in *The Nation* von 17.12.1990, „sie wird weitgehend als individuelle Schurkerei betrachtet. Das ist sie nicht und der Wahnsinn ist immer noch unter uns." Die Enron Saga ist die jüngste Wiedergeburt dieses Wahnsinns.

Nun sind *Junk Bonds* eigentlich alles andere als Müll [*junk*]. Sie sind vielmehr geringwertige aber hochverzinsliche Anleihen, die von unbedeutenden Unternehmen aufgelegt werden, die es nicht in eines der wichtigen Investment Rankings geschafft haben. Die Methode ist verwirrend einfach: Drexel zeichnet diese niedrig eingestuften Anleihen, und Milken sammelt große Geldmengen - sog. „blind pools" - von Drexelkunden, die versprechen, diese Anleihen zu kaufen. Den Firmen brachte dies „Kapital mit wenig Verpflichtungen, das sie sonst nirgendwo bekommen hätten. Sie mussten nur den Preis bezahlen: eine hohe Rendite für die Investor/inn/en und eine enorme Gebühr an Drexel." (Bruck 1989: 11). Indem sie anderer Leute Geld verwendeten, konnten räuberische Davids mit wenig Eigenkapital unterbewertete Konzern-Goliaths ernsthaft bedrohen. Und *American Can* war ein solch unterbewerteter Konzern-Goliath. Und schon bald war er dran und wurde von einem räuberischen David bedroht. Und schon bald, fast über Nacht, wurde dieser David selbst zu einem Konzern-Goliath, und zwar mit anderer Leute Geld. Und schon bald begann dieser neue Goliath ein Auge auf Canton zu werfen, eine heruntergekommene Industrieanlage die mitten in einem goldenen Immobilienmarkt lag. Wahrscheinlich war jedem klar, wie das enden würde. Aber funktionierte es?

Im März 1985 trafen sich bei der jährlichen *Drexel High-Yield Bond Conference* [etwa: Drexel Konferenz hochverzinslicher Anlagen; Anm. d. Ü.] in Beverly Hills rund 1.500 „Junkies", um Michael Milken und der Welt, die er für die kreiert hatte, ihre Ehrerbietung zu erweisen. Uns interessiert daran nur eine bemerkenswerte Begebenheit: das Treffen Michael Milkens mit einem Mann namens Nelson Peltz. Peltz und sein Partner Peter May waren zu diesem Zeitpunkt die weitgehend unbekannten Chefs von *Triangle Industries*, einer $50 Mio. Kabel- und Leitungsfabrik. Milken und Peltz verstanden sich sofort gut und ihre Verbindung brachte Peltz schon bald ganz groß raus. Einen Monat später bereits war er Teil von Milkens Aktivitäten. Für $465 Mio. übernahm *Triangle Industries* die *National Can Company*, einen der größten Dosenproduzenten des Landes. Und das fast vollständig finanziert durch Drexels Junk Bonds.

Wie zu hören war, hatte Peltz schon lang das Gefühl, dass *National Can die* Gelegenheit seines Lebens sein könnte. Er gab zu Protokoll, dass er „über den Kauf der Verpackungssparte von *American Can* schon [sprach], lange bevor wir 1985 den *National Can* deal abschlossen" (*Business Week* 15.09.1986). Selbst für Drexel, den Freund der Außenseiterkonzerne, waren Peltz und May Statisten. *Triangle* hatte 1984 Einnahmen von $281 Mio., die von *National Can* beliefen sich auf $1,9 Mrd. Gleichwohl kann es am 5. April 1985 zum Abschluss zwischen *Triangle* und der „widerwilligen" *National Can Company*, in dem erstere letztere für $465 Mio. aufkaufte. $365 davon kamen aus Drexels Junk Bonds. Kurz darauf brachte Drexel weitere $200 Mio. auf, um die Bankschulden von *National Can* zu begleichen. Der Aufkauf von *National Can* durch *Triangle* war eine der ersten feindlichen Übernahmen, die extrem fremdkapitalfinanziert waren. Das Verhältnis von Schulden zu Eigenkapital in der Kaufsumme lag bei 11:1. Zugleich beteuerte Peltz, dass er keine unrentablen Anlagen aufkaufen würde. Vielmehr verwies er auf die produktive Seite der Verschuldung: „Durch die Fremdkapitalaufnahme", so seine Argumentation, „wird das Management härter, zieht hinaus und macht Verkäufe und tut all die Dinge, die Amerika groß gemacht haben" (zit. nach *Business Week* 05.12.1988).

Im folgenden Jahr kontaktierte Peltz Gerald Tsai, den neuernannten Chef von *American Can*, und eröffnete ihm, dass er gedenke *American Can Packaging Inc.* zu kaufen, die global agierenden Verpackungssparte des Konzerns. Im November 1986 tat ihm Tsai pflichtgemäß den Gefallen und verkaufte sie für $560 Mio. an Peltz' *National Can* (ebd.). Das Geld dafür kam - Überraschung! - erneut von Michael Milken. Peltz' Neuerwerb lief nun unter dem Namen *American National Can Company*. Im Folgejahr fusionierte der Rest von Tsais *American Can* Imperium mit der Verbraucherkreditbank *Commercial Credit* aus Baltimore. Das neu entstandene Unternehmen nannte sich nunmehr *Primerica Corporation*. Es war offensichtlich, dass Tsais *American Can* in ernsthaften finanziellen Schwierigkeiten steckte. Und ebenso offensichtlich war Tasi als Chef von *American Can* äußerst umstritten: Während seiner kurzen Amtszeit verkaufte er 30 Geschäftsbereiche und kaufte 15 neue hinzu, um den ehemaligen Industriegiganten in einen Finanzkonzern zu verwandeln. Ein Konkurrent fasste seine Aktivitäten folgendermaßen zusammen: „Tsai hat den perfekten Finanzkonzern erschaffen, aber er hatte Schwierigkeiten, ihn zu leiten." (*Fortune* 24.10.1988)

Es zeigte sich bald, dass die Fusion keine Lösung war. Auch *Primerica* hatte Probleme beim Geldfluss. Auch mit ihr ging es bergab. Die langfristigen Schulden summierten sich 1988 auf zwei Mrd. Dollar, stolze 58 Prozent des Gesamtwerts der Firma. Diese Quote lag 1986 noch bei 31 Prozent. Tsai versuchte, die Schulden abzubauen. Hier verkaufte er Nebenbestände, dort kleinere Geschäftsbereiche - vergebens. Dem Ganzen setzte der Börsencrash von Oktober 1987 die Krone auf. Danach interessierte sich niemand mehr für *Primerica*. Nach dem Börsencrash galt *Primerica* nur mehr als eine „Geldvernichtungsmaschine". Der Betriebsgewinn sank um 40 Prozent (ebd.). Im Februar 1988 zog Tsai schließlich die Notbremse und verkaufte das gesamte Aktienkapital von *Primerica* für schlappe $124 Mio. an Peltz. Damit hatte Peltz, unterstützt von Michael Milken, die „Stratosphäre der Amerikanischen Industrie" erreicht. Dazu hatte er nicht jahrelang hart arbeiten, eine Firma aufbauen und Produkte auf den Markt bringen müssen. Vielmehr hatte er das Wenige, dass er hatte, aufs Spiel gesetzt, hoch gepokert und Berge an Schulden angehäuft.

Und doch erwiesen sich die Profite von Peltz' Dinosaurier als gleichermaßen flüchtig. Von $2,4 Mrd. Schulden gebeutelt machte *Triangle* 1988 $40 Mio. Verluste. Auf seine ebenfalls defizitären *American National Can* Geschäfte hatte die Schuldenlast ungünstige Auswirkungen. Ende 1988 verkaufte er *Triangles American National Can*-

Anteil für $3,5 Mrd. an den staatseigenen französischen Aluminiumgiganten *Pechiney*. Für *Business Week* stellte dieser Deal eine 180-Grad Wende dar. Peltz sackte für seinen 63%-igen Anteil bequeme $834 Mio. ein. Später bezeichnete er den Deal als „bittersüß" und klagte: „Ich hatte nicht vor, es zu tun, aber das Angebot war so hoch, dass es gegenüber den Shareholder/inne/n unfair gewesen wäre, ihn auszuschlagen." (*Business Week* 5.12.1988) Die Wertpapierinhaber/innen von *Triangle* waren nicht gerade begeistert. Sie mussten die Suppe auslöffeln. Sie warfen Peltz „Mogelei" vor. Er wäre den $748 Mio. aus Drexels Junk Bonds nicht gerecht geworden. Die Überschrift aus *Forbes* (23.01.1989) brachte es auf den Punkt: „Der Missbrauch der Anleger/innen". Andererseits war es ein „Bonanza für die Shareholder/innen", denn *Pechinex* zahlte für *Triangle's American National Can* erstaunliche $56 pro Aktie, was mehr als dem fünffachen Marktwert entsprach.

Für die Koda dieser verwickelten Geschichte müssen wir zurückgehen in den Sommer 1987. Im August diesen Jahres, als *American National Can* noch zu *Triangle* gehörte, kam eine unauffällige Pressemeldung heraus, in der es hieß: „Die *American National Can Company* plant, ihren Produktionsstandort in Canton im Laufe des ersten Quartals 1988 zu schließen. ... Das Zusammenkommen einer Reihe von Faktoren macht die Schließung der Fabrik in Maryland notwendig. Auf dem stark umkämpften Markt, auf dem wir uns bewegen, müssen wir billig produzieren. ... vermutlich 112 Personen, die in der Fabrik an der Boston und Hudson Street arbeiten, werden betroffen sein. Jedem/r Beschäftigten werden in einem individuellen Gespräch Fragen beantwortet und die Abfindung erläutert." (DeCarlo 1987)

Einige besonders wichtige Dinge, die hier vorgefallen sind, verdienen es hervorgehoben zu werden. Zunächst muss betont werden, dass es die leichtsinnige Verschuldung war, die die Schließung verursachte; und zwar durch den saloppen Abbau von Produktionskapazitäten und Arbeitsplätzen, um überhöhte Gebühren und lukrative Auszahlungen für Händler/innen und Shareholder/innen zu kassieren. Zweitens gibt es sogar eine direkte Verbindung zwischen der Geschichte der Mauscheleien und der Zerschlagung des Standorts Canton. Um das zu verstehen, muss man folgende Wende der Ereignisse betrachten: *Triangle* hatte den Standort bereits einen Monat *vor* der Presseerklärung von *American National Can* für $10,5 Mio. an einen Immobilienentwickler verkauft. Schließlich schloss nach fast einhundert Jahren Produktionsaktivität der Standort Canton im Mai 1988 für immer seine Tore und fiel an einen Washingtoner Immobilienentwickler namens Michael Swerdlow. Von nun an war *American Can* nicht mehr *American Can*. Von nun an war es *American National Plaza*.

Aber wer war dieser Michael Swerdlow überhaupt? Laut Unternehmensbroschüre hatte er seine Entwicklungsgesellschaft 1976 gegründet. Seitdem habe diese „eine beachtenswerte Kompetenz im Bereich der Immobilienentwicklung" erlangt. „Zur Zeit", so führt die Broschüre weiter aus, „konzentriert sich das Unternehmen auf große spekulative Entwicklungsprojekte". In jüngster Zeit hatte es kommerzielle

Entwicklungsprojekte am *University Center* in Washington und am *Triangle Plaza* in Chicago durchgeführt. Moment mal - *Triangle Plaza*? Kann das Zufall sein? Natürlich nicht. Denn Swerdlow war mit Peltz bekannt. Er hatte bereits geholfen, das neue *Trinangle Headquaters* von Peltz aufzubauen. Nun arbeitete er auch in Canton mit Peltz zusammen. Zudem bewarb sich Swerdlow für sein *American National Plaza* Projekt um staatliche Zuschüsse, und für diese Bewerbung benötigte er zwei Referenzen. Nelson Peltz stellte die eine, die andere kam von, Moment ... Michael Milken[5].

In einem aufschlussreichen Artikel in *Forbes* mit dem Titel „Der Alchimist des *Chapter 11*"[6] aus dem Jahr 1982 wird Micheal Swerdlow als „kluger New Yorker Immobilienunternehmer" mit weitreichenden Geschäftsbeziehungen bezeichnet. „Derzeit", so heißt es im *Forbes*, „steht er in Verbindung mit Drexel Burnham Lambert". Das Schicksal von Canton schien damit besiegelt: Swerdlow hatte seine dortigen Geschäfte perfekt abgestimmt - mit Micheal Milken einerseits und Nelson Peltz von *Triangle* andererseits. Und wie seine beiden Geschäftspartner hatte Swerlow ein gutes Auge für „günstige Gelegenheiten in Zusammenhang mit unterbewerteten Vermögenswerten" (*Forbes* 23.01.1989). Und nun, so schien es, war das unterbewertete Vermögen, das reif zur Spekulation war, das alte *American Can* an der *Gold Coast* in Canton. Das ursprüngliche „Phase 1"-Konzept für den *American National Plaza* sah zu diesem Zeitpunkt ein ehrgeiziges Neubauprojekt mit Wohn- und Geschäftsbauten vor. Geplant war eine Kombination aus einem 22-geschossigen Hochhaus mit Eigentumswohnungen, einem Supermarkt, einem Kino, verschiedenen Restaurants, Einzelhandel und Büros, alles verbunden mit unterirdischen Parkmöglichkeiten. Spätere Phasen umfassten weitere Wohnhochhäuser, zusätzliche Bürofläche sowie ein Hotel. Die Kosten der ersten Phase des Projekts: $52 Mio. Doch zunächst war ein Abriss notwendig. Alles sollte dem Erdboden gleich gemacht werden. Obgleich die Stadt Baltimore das Projekt befürwortete - schließlich wurden Steuereinnahmen benötigt - waren Größe und Dichte der geplanten Hochhäuser umstritten: „Wir waren der Meinung, dass die Häuser zu hoch waren", gab Marion Pines mir gegenüber zu. Sowohl die Stadt als auch die lokale *Community* wussten, dass ein Supermarkt ebenso benötigt wurde wie die geplanten Unterhaltungs- und Dienstleistungseinrichtungen. Doch zugleich bereiteten ihnen eben diese Notwendigkeit, sowie der Umfang des Projektes und die Art der Pläne großes Unbehagen. Nichts desto trotz gewährte das Bundesministerium für Wohnen und städtische Entwicklung (*Department of Housing and Urban Development*, HUD) der Stadt Baltimore im September 1987 Fördermittel in Höhe von $8,5 Mio. als *Urban Development Action Grant* (UDAG) - eigens für Swerdlows *American National Plaza*.

---

5   Diese Informationen erhielt die *Southeast Community Organization* (SECO) aufgrund des Informationsfreiheitsgesetzes.

6   Anm. d. Übers.: Chapter 11 = Verfahren zur Konkursabwendung

Das HUD vergab die UDAG-Gelder normalerweise zinsfrei an Investor/inn/en. Auf diese Weise sollte Privatkapital mit Bundesmitteln in Gebiete und Projekte gelenkt werden, in die andernfalls von privater Seite nicht investiert würde. Die Regierung unter Präsident Jimmy Carter hatte die UDAGs im Jahr 1978 einführt, also zu einem Zeitpunkt, als die Zinsraten besonders hoch waren. Während der 80er Jahre rangierte Baltimore an dritter Stelle in der nationalen Liga der UDAG-Empfänger (nach New York und Detroit). Das Geld wurde genutzt, um zahlreiche Hotels zu bauen. Doch einige dieser Projekte, wie das Hyatt Hotel nahe des Inner Harbor, waren stark umstritten. Der $11 Mio. schwere UDAG für das Hyatt Hotel zog allgemeine Entrüstung auf sich, zumal er zu einem Zeitpunkt vergeben wurde, als 210 der 277 Nachbarschaften in Baltimore einen Zuwachs an Personen verzeichneten, die unterhalb der Armutsgrenze leben (Levine 1987: 122). Insgesamt trugen die UDAGs dazu bei einen stabilen Markt für Immobilienentwickler/innen zu schaffen. Wie andere finanzielle Anreizsysteme wurden sie schnell zum Objekt zunehmender Manipulation und Korruption.

Öffentliche Gelder subventionierten auf effektive Weise privates Kapital. Das Geld stammte ursprünglich aus Finanztöpfen des Bundes. Doch letztlich wurde es ohne weitere Beteiligung der Bundesebene von dem/der Investor/in direkt an die Stadt zurückgezahlt. Die UDAGs stellten damit de facto eine Einnahmequelle für die finanzschwachen Kommunen dar. Jede/r wollte ein Stück vom UDAG-Kuchen abhaben, und entsprechend viele Leute sprangen auf den fahrenden Zug auf. Nur wenige Klauseln regelten, wofür das Geld verwendet werden konnte. Schon bald finanzierten die USAGs weniger preiswerten Wohnraum oder sonstige soziale Infrastruktur als vielmehr Tagungszentren, Hotels und Wohnungen für höhere Einkommensschichten. Dementsprechend riefen sie in vielen strukturschwachen Städten eine Ghettoisierung von Yuppies hervor. Für die unteren Schichten fiel selten etwas vom Gewinn ab. Jedenfalls nicht in Baltimore. Vor diesem Hintergrund nannten viele Kritiker/innen UDAG das größte Hotelneubau-Programm der Geschichte.

Die Gewährung des UDAG von insgesamt $8,5 Mio. an *American Can* war mit einer Rückzahlungsfrist von 20 Jahren für den Investor verbunden. Unter diesen Umständen florierten sowohl die Stadt Baltimore als auch die Geschäfte von Swerdlow. Nicht nur würde erstere letztendlich die Rückzahlung der $8,5 Mio. erhalten, sondern sie hatten zudem eine Abgabe des Investors an die Stadt in Höhe von 15% des Nettojahresumsatzes ausgehandelt. Selbstverständlich spurte die Stadt angesichts eines solch starken Eigeninteresses. Derweil ging es auch Swerdlow nicht schlecht. Das zinsfreie Darlehen von $8,5 Mio. kurbelte seinen Kapitalumsatz außerordentlich stark an. Ausgaben konnten nun schneller wieder eingespielt werden. Bemerkenswert ist dabei, wie wenig Swerdlow letztendlich aus eigener Tasche zahlen musste. Neben dem $8,5 Mio. UDAG erhielt er beispielsweise weitere $30 Mio. durch ein Hypothekendarlehen, für das die Citibank die Sicherheit stellte[7]. Diese Strategie war damals durchaus üblich. Während der 80er Jahre nutzten nahezu alle Investor/inn/en „fiktives Kapital"; und Grundstücksspekulation ebenso wie Verschuldung gediehen prächtig im deregulierten Klima unter Reagan. In gewisser Weise verlieh dies Investor/inn/en wie Micheal Swerdlow große Beweglichkeit dabei, Raum wahrzunehmen und sich in ihm auf der Suche nach zukünftigen Grundrenten zu bewegen. Diese Beweglichkeit förderte das Entstehen von Räumen, die eine größtmögliche kommerzielle Ausnutzung zuließen. Doch die Leichtigkeit zog auch periodische Spekulationswellen nach sich und machte damit viele städtische Gebiete leicht verwundbar durch Veränderungen der Zinsrate und abhängig von Kapitalangebot und -nachfrage.

Doch die Geschichte in Canton nahm schließlich noch eine ironische Wendung. Da Swerdlow für sein Projekt nun Bundeszuschüsse nutzte, griff der Paragraph 106 des Bundesdenkmalpflegegesetzes. Dies besagte, dass bestimmte Gebäude von historischem Wert vor dem Abriss geschützt werden konnten, sofern die Denkmalpflegebehörde einen entsprechenden Beschluss fasste. Dieses Gesetz gab dem Prostest der lokalen *Community* gegen den Abriss einen Schimmer Hoffnung. Sie unterstützten nun voller Inbrunst die „angepasste Umnutzung" der alten Industriebauten, insbesondere des „Wahrzeichens" von 1924 – jenes Gebäudes, das ich so faszinierend fand. Es war dieses historisch bedeutende Bauwerk, das besonders stark an die Arbeiter/innen/vergangenheit des Viertels erinnerte. Es verkündete der Welt, dass dies Canton war, die Heimat der amerikanischen Konservenindustrie, und dass es stolz darauf war. Die Anwohner/innen forderten keine befristete Einstellung der Bauarbeiten, auch waren sie nicht grundsätzlich gegen „Entwicklung". Der springende Punkt für sie war: welche Entwicklung und zu wessen Bedingungen? Diese Frage sollte die Gemüter bald noch stärker erhitzen.

Der Kampf um *American Can*

Viele Bewohner/innen von Canton begannen eine Menge Wind um die Angelegenheit zu machen: Sie glaubten, dass ihre Meinung über die Zukunft des Viertels ignoriert und möglicherweise gar regelrecht missachtet wurde. Sie sorgten sich um *ihren Ort,* und sie wollten diesen Ort nicht in eine sterile Wildnis aus in den Himmel getürmten Luxusappartements oder in ähnlich künstliche Räume bar jeder Geschichte verwandelt wissen. Eine Person, die damals im Gebiet wohnte, formulierte dies folgendermaßen: „Wenn du dir ankuckst, was sie da hochziehen, wo wir mal gewohnt haben, das ist, als ob dir jemand ein Messer ins Herz sticht." (*Baltimore Sun* 19.06.1988)

Crenson schrieb in *Neighbourhood Politics,* dass die Sicht vieler Anwohner/innen auf ihr Viertel „von dessen einmaliger Geschichte geprägt ist und sie in Zeiten sozi-

---

7 Diese Informationen stellte mir SECO zur Verfügung, die die UDAG- und Finanzauskünfte ihrerseits aufgrund des Informationsfreiheitsgesetzes erhielt.

alen Wandels am Gewohnten und der Erinnerung festhalten." Die daraus folgende „Homogenität der Nachbarschaft und Solidarität", so Crenson, „bilden die Basis für politische Organisation und Integration". Dies bestätigte sich in den späten 1960er Jahren als lokale Initiativen gegen die Verlängerung der Bundesautobahn 83, die Canton zu durchqueren drohte, mobil machten. Der Erfolg dieser *Southeast Council Against the Road* Kampagne (SCAR) stattete die Bevölkerung von Canton mit politischem Vokabular aus. Vor allem aber überzeugte er sie von der Notwendigkeit, sich auf der Quartiersebene zu organisieren, um die Probleme des Viertels zu lösen. Daraus entstand 1971 SECO, jene bereits erwähnte Nachbarschaftsorganisation, die sich dem Quartiersleben in Southeast Baltimore verschrieb. Doch ironischerweise rief der Erfolg zugleich einige unvorhergesehene Widersprüche und Paradoxien hervor. Ein Widerspruch war, dass der wirksame Protest von SCAR gegen die Verlängerung der Autobahn letztlich den Weg für die späteren Neubauprojekte ebnete. Denn wer hätte wohl an einer Autobahn wohnen wollen? Wahrscheinlich nicht viele Leute; sicherlich nicht viele *reiche* Leute.

So suchte denn auch in den 1980er Jahren ein weiterer Gegner das Viertel heim: Gentrifizierung. Nicht Planierraupen sondern Weinlokale, schicke Restaurants und aufgepeppte Reihenhäuser. Nichts desto trotz war der Effekt letztlich in etwa der gleiche: Verdrängung. Im Oktober 1987 entstand in Reaktion auf die „schmarotzerhaften Investoren", die als gemeinsamer Feind ausgemacht worden waren, eine weitere Initiative: eine Organisation namens *Waterfront Coalition* mit derbem Wachhund-artigem Auftreten. Gemeinsam mit SECO galt sie nun als Stimme des Südostens. Sie umfasste elf Nachbarschaftsinitiativen sowie enthusiastische Einzelmitglieder. Die *Coalition* versuchte, die Bedürfnisse von Anwohner/innen in den Planungsprozess für *Fells Point/Canton Waterfront* einzubringen. Ein Sprecher, John Cain, erzählte mir: „Wir waren der Meinung, dass Leute aus der *Community* zu dem, was in der *Community* passiert, etwas beitragen sollten ... [und] wir glaubten, dass wir uns anstrengen müssten, um Einfluss zu gewinnen: wir brauchten einen Namen und wir mussten uns organisieren." Die *Coalition* organisierte zweimal monatlich ein Nachbarschaftstreffen und drängte sich der Stadt auf, „einfach durch Anwesenheit: zu Treffen gehen, zu Planungstreffen gehen und Stellungnahmen abgeben".

Eine der zahlreichen Dinge, die von der *Waterfront Coalition* angeregt wurden, war die *Harborwatch*-Kampagne, eine lokale Initiative von progressiven Architekt/inn/en, die die Umstrukturierung des Hafengebiets beobachten und Dossiers über dort aktive Investor/inn/en anlegen. Auch hier enthüllten sie die oftmals geheimen Verbindungen zwischen Investor/inn/en und den Politiker/inne/n der Stadt[8]. Seit

---

8   Die bezüglich der Entwicklung des Hafengebiets aktivsten Investoren – John Paterakis, Louis Grasmick und Robert Agus – sind zum Beispiel Geschäftsmänner mit guten Beziehungen zum politischen Apparat unter dem ehemaligen Bürgermeister Donald Schaefer.

ihrer Gründung hat sich die *Coalition* Themen wie der Höhe und Dichte der Neubauprojekte in Canton angenommen und Aufmerksamkeit auf den öffentlichen Zugang
zum zunehmend privatisierten Ufer gelenkt. Ihren Aktivitäten lag immer die Sorge
über die Auswirkungen des Stadtumbaus auf den Bestand an bezahlbarem Wohnraum zugrunde und, wie Cain es ausdrückt, die Besorgnis „darüber, dass die Arbeiterklasse entbehrlich ist. Wir werden von allen Seiten angegriffen, und in Canton geht
es nur um ökonomischen Druck." Die *Coalition* warnte, dass der *Anchorage Tower*
– in lokalen Kreisen bekannt als „Das Ding" – nur eine Vorahnung auf die zukünftigen Projekte gebe. Er sei ein Affront gegenüber den Bewohner/inne/n der nahe
gelegenen Reihenhäuser. Die *Coalition* ist also ein Sprachrohr des Protests; sie hat
das Ziel, irgendeine Art von Konsens am „Boston Street"-Ufer zu finden.

Doch wen meint Cain, wenn er von „wir" redet? Wen repräsentiert die *Waterfront
Coalition*? Das Gleiche kann in Hinblick auf SECO gefragt werden. In diesem Sinne
muss betont werden, dass die Nachbarschaftsinitiativen in Südost-Baltimore keine
interne Homogenität aufweisen. Vielmehr setzen sie sich aus einem breit gefächerten
Spektrum sozialer Kräfte zusammen, die ein diffuses Klassenbewusstsein und eine
diffuse Klassenideologie eint. Ein Großteil der Erfahrungen und des Handelns in
Canton sind uneinheitlicher und widersprüchlicher als es auf dem ersten Blick erscheinen mag – und dies in zunehmendem Maße. Das heißt, eine nostalgische Vorstellung von *Community* – mit großem C und im Singular – ist aller Wahrscheinlich-
keit nach völlig irreführend. Während sowohl die *Waterfront Coalition* als auch SECO
im Grunde genommen Brücken bildende Organisationen sind und die geringverdie-
nende Bevölkerung widerspiegeln, so ist ihre Führung und Organisationsstruktur doch
in hohem Maße von professioneller Intelligenz und Kleinbürgertum abhängig. Ihre
Politik ist daher ambivalent und kann diese Ambivalenz niemals überwinden; sie
bewegt sich zwischen antikapitalistischen Bekundungen und konservativen oder
denkmalpflegerischen Idealen.

In jüngster Zeit tendierte die Politik in Canton dazu, besserverdienende, erst kürzlich
zugezogene Bildungsschichten einzubeziehen – die erste Generation an Gentrifizierer/
inne/n, die nun versucht, jene Nachbarschaft zu schließen, zu deren Öffnung sie
einst selbst beitrug. In ihren Augen wird der Ort über die Maße hinaus bebaut, und
sie wollen nun die Leiter wegziehen, um weitere Umstrukturierungen zu verhindern.
Diese Gruppe hat typischerweise Werthaltungen sowohl höherer als auch niedrigerer
Klassen verinnerlicht, und kann je nach Thema politisch einen Ruck in die eine oder
andere Richtung auslösen. Und doch hat diese komplexe Mischung an Leuten – auf
unterschiedliche Art und Weise – ihre Unzufriedenheit über die geplante Zerstörung
von *American Can* zum Ausdruck gebracht. Was man hier beobachten kann, ist
eine sehr merkwürdige Klassenformation, die sich temporär zusammenschloss und
zur Mobilisierung in Hinblick auf die Entwicklung des Cantoner Hafengebiets bereit war. Inzwischen ist das alte *American Can* Gelände zur *cause célèbre* geworden

und hat erfolgreich die Emotionen nahezu aller Bewohner/innen und Nachbarschaftsorganisationen von Canton geweckt.

Im Juli 1987 trafen sich Nachbarschaftsorganisationen mit Michael Swerdlow und
Behördenvertreter/inne/n der Stadt Baltimore, um ihren Protest zum Ausdruck zu
bringen. Mit Pappschildern bewaffnet machten die Anwohner/innen ihrem Ärger
gegenüber dem Investor lautstark Luft. Sie kritisierten den Umfang des Projekts und
prangerten den Abriss der Gebäude an. Der Abriss, sagten sie, sei eine „Bedrohung
für das städtische Gewebe im Industriegebiet Canton". Dementsprechend würden
sie „entschieden gegen die fehlgeleitete Zerstörung unseres Erbes vorgehen".

Wenig später, im Februar 1988, sah sich das Planungsamt von Baltimore vor dem
Hintergrund zunehmender öffentlicher Aufmerksamkeit und wachsender Auseinandersetzungen gezwungen, das in Swerdlows Plänen vorgesehene Hochhaus nicht zu
genehmigen. Dieses Nachgeben wurde als großer Sieg für die Bewohner/innen der
East Side gewertet (*East Baltimore Guide* 31.03.1988). Doch obgleich Swerdlow einer hochhauslosen Bebauung zustimmte, bestand er zugleich noch immer auf dem
kompletten Schleifen der Fläche. Darin wurde er von einem Bericht der Architekt/
inn/envereinigung RTKL bestärkt. Der Bericht war unnachgiebig: Die Zerstörung
wurde einstimmig befürwortet. RKTL argumentierte, dass aufgrund der ungünstig
geschnittenen Innenräume, der mangelnden Ausrichtung auf das Ufer und der un-
glücklichen Fenstergestaltung ein Umbau im Sinne einer angepassten Umnutzung
„umfangreich und kostenintensiv" sei. „Angenommen die praktischen Schwierigkeiten bei der Vermarktung der Läden und Appartements in schlechter Lage bei hohen
Verkaufspreisen und/oder Mieten können überwunden werden", schließt der Bericht,
„so würde das Projekt doch noch immer keinen Profit oder eine angemessene Rendite einbringen. Daher ist die Instandsetzung der bestehenden Gebäude keine ren-
table Alternative."

Zugleich glaubte die *Waterfront Coalition*, das Zugeständnis des Investors zur
angepassten Umnutzung sei nur ein Lippenbekenntnis. Denn schließlich bedrohte
dies die „ökonomische Machbarkeit". Währenddessen führte der Beirat für Denkmalschutz (*Advisory Council for Historic Preservation*, ACHP) in Washington entsprechend Paragraph 106 eine eigene Untersuchung durch. Der ACHP befand „die
Änderung des Entwurfs zwecks Erhalt und Umnutzung verschiedener historischer
Gebäude auf dem Gelände der *American Can Company* verdient mehr Beachtung"[9].
Das Gebäude aus dem Jahr 1924, so argumentierten sie, setze „mit seiner Platzierung
an der von Boston und Hudson Street geformten Spitze einen deutlichen städtebau-
lichen Akzent und die großen Buchstaben des 'American Can Company'-Logos
kündigten weithin sichtbar den Eingang von Canton an". Der ACHP war von den
„bisher gegen Erhalt und Instandsetzung hervorgebrachten Argumenten nicht über-

---

9   Brief an Baltimores *Neighborhood Progress Association* (NPA), Mai 1988

zeugt". Die Einschätzung der RTKL hielt der ACHP für „inadäquat". Zudem brachte der ACHP ein weiteres Thema auf: die allgemeinere Frage nach Bürger/innen/beteiligung im Planungsprozess für die Hafenneugestaltung. Er sprach sich für einen partizipatorischeren Ansatz in Canton aus. Die *Waterfront Coalition* erwiderte, sie habe dies bereits mehrfach eingefordert. Sie hätten irgendeine Art ganzheitlicher Planung für das Gebiet gefordert – eine, die eine Beteiligung der Öffentlichkeit vorsieht. Sie hatten sogar einen eigenen, basisnahen *Canton & Fells Point Urban Renewal Plan* entwickelt und im Rathaus vorgestellt. Doch bis dato waren sie damit auf taube Ohren gestoßen.

Angesichts des wachsenden öffentlichen Drucks und um Sorgen über Immobilienspekulation im Hafengebiet zu beschwichtigen, kündigte die Stadtregierung unter Bürgermeister Kurt Schmoke eine städtebauliche Untersuchung für das Gebiet der *Gold Coast* an. Nun wurde endlich eine „städtische Vision" formuliert, die einen Kompromiss zwischen den ehrgeizigen Plänen des Investors und den eher beschränkten Wünschen der Ortsansässigen suchte (vgl. *Baltimore Sun* 23.02.1988). Die Stadt beauftragte das in Washington ansässige Architekturbüro *Notter Finegold and Alexander* mit einer Reihe von Entwürfen für das Hafengebiet. Gleichzeitig richtete die Stadt eine eigene Arbeitsgruppe ein, die mit Planer/inne/n und einer zehnköpfigen Betroffenenvertretung zusammenarbeiten sollte. Geleitet wurde sie vom Vorsitzenden der *Charles Center-Inner Harbor Management Corporation* Walter Sondheim, einem Bewohner Cantons.

Anfängliche große Hoffnungen in den Prozess wurden bald enttäuscht. Als die Pläne der Stadt der Öffentlichkeit bekannt gemacht wurden, stießen sie auf wenig Begeisterung. Die Bewohner/innen von Canton waren der Meinung, dass die Entwürfe zu stark den Plänen der Investor/inn/en entsprachen. „Ich bin nicht zufrieden mit dem, was uns präsentiert wurde", sagte John Cain. „Es macht nicht den Eindruck, als hätte das beauftragte Architekturbüro verstanden, was das Viertel und die Stadt ausmacht." (*Baltimore Sun* 31.07.1988) Viele Investor/inn/en dagegen hielten die Pläne für „einfallslos". Andere hingegen waren ein bisschen optimistischer: Edward Gut von der *Baltimore Sun* zum Beispiel weist darauf hin, dass der Prozess „zumindest beide Seiten dazu gezwungen hat ..., darüber nachzudenken, für wen das Hafengebiet da sein soll, und welche Nutzungen dort am besten hinpassen: Soll das Hafengebiet vornehmlich den lokalen *Communities* dienen? Oder sollte es als stadtweite oder gar regionale Ressource verstanden werden?"

Nach diesem Aufruhr um den Plan für das Hafengebiet war das *American National Plaza*-Projekt stark im öffentlichen Bewusstsein verankert. In nahezu jeder Hinsicht verkörperte das Projekt die Schwierigkeiten an der Waterfront, die in dieser Zeit aufkamen. Darüber hinaus wurden im August 1988 die Ergebnisse der ACHP veröffentlicht. Auf der Basis der Untersuchungen vor Ort, der Projektunterlagen und der Treffen mit Bewohner/inne/n behielt dieser seine Meinung bei: „Der Abriss des

American Can Company-Komplex wäre ein großer Verlust für den *Canton Historic District*". „Der Investor hat die Umnutzung ... der Gebäude als Teil seines Entwicklungsprojektes nicht offensiv verfolgt." „An einer erneuten Untersuchung des Entwurfs sollten ... der Stadtrat, die Bewohner/innen des *Canton Historic District* und Vertreter/innen lokaler Nachbarschaftsinitiativen intensiv mitarbeiten." „Der Bürgermeister sollte unter Berücksichtigung der Vorschläge der Bewohner/innen die endgültige Entscheidung darüber treffen, welcher Entwicklungsweg einzuschlagen ist."

Leider Gottes hatte der ACHP nicht die Kompetenzen, um diese Vorschläge umzusetzen. Seine Position war eher die einer Lobbygruppe. Er konnte Entscheidungen über den Denkmalschutz beeinflussen, doch letztendlich hatte nur die Stadt die Befugnis ein Gebäude unter Denkmalschutz zu stellen. Angesicht seiner finanziellen Situation war der AHCP nicht Willens (oder in der Lage) gegenüber dem Investor die dafür nötigen Verpflichtungen einzugehen. Doch von diesem Zeitpunkt an gab die *Waterfront Coalition* Gas. Sie führte ihre Lobby-Arbeit in den Treffen der Planungskommission fort, war zwischen 1988 und 1989 auf allen öffentlichen Anhörungen präsent und organisierte Nachbarschaftsversammlungen. Die anhaltenden Auseinandersetzungen bremsten die Arbeiten auf der Baustelle. Im Juli 1989 berichteten schließlich die Arbeiter/innen, die in den Gebäuden von *American Can* Asbest beseitigten, von einer Kontaminierung des Geländes mit hoch toxischem Polychlorbiphenyl (PCB). Offensichtlich waren zahlreiche Tonnen Kupfer aus Transformatoren gestohlen worden und dabei 80 Gallonen Chemikalien ausgetreten. Swerdlow vermutete Sabotage. Im darauf folgenden Monat brach in einem der Treppenhäuser ein Feuer aus, was die Angelegenheit zusätzlich verkomplizierte. Gerüchten zufolge hatten Vandalen Petroleum getränkte Lappen angezündet. Die für Brandstiftung zuständige Einheit der Polizei von Baltimore war anderer Auffassung: „Es gibt keinen Grund für die Annahme, dass die Lappen mit Benzin begossen und angezündet wurden." (*East Baltimore Guide* 14.09.1989) Doch Swerdlow war alarmiert. Die zweimalige Sachbeschädigung schien die Durchführbarkeit des Projekts zu gefährden. Steve Bunker von der *Waterfront Coalition* sagte Swerdlow, er solle auf dem Boden der Tatsachen bleiben: „Wer würde davon profitieren, wenn das Gebäude abbrennen würde?" Nicht die lokale *Community*. Denn ihre Kampagnen zielten auf die Rettung der Gebäude!

Dennoch waren diese Vorfälle der Tropfen, der für Swerdlow das Fass zum Überlaufen brachte. Im September 1989 verkündete die *Michael Swerdlow Company*, dass sie sich aus dem *American National Plaza*-Projekt zurückziehen würde. Der Vandalismus, so hieß es, habe die Finanzierung gefährdet. Doch wieso sollte eine Bank das Geld für ein zerstörtes Gebäude verweigern, wenn dieses ohnehin für den Abriss vorgesehen war? Dies war ein schwerer Schlag für Baltimore, denn damit war der Stadt eine Finanzquelle abhanden gekommen. Marion Pines, ein ehemaliges Kommissionsmitglied der NPA, glaubte, dass „dem Investor schlicht die Geduld ausgegangen ist [...] er hatte den ganzen Prozess einfach satt. Vielleicht war er einfach der Meinung, dass es bessere Möglichkeiten gibt, sein Geld und seine Zeit zu investieren." John Cains Urteil fiel noch vernichtender aus. Er nahm an, dass „die mangelnde Wirtschaftlichkeit das Projekt zu Fall gebracht hat. Die unglaubliche Blödheit des Projekts hat das Projekt zu Fall gebracht ... [Swerdlow] hätte tief in der Scheiße gesessen, wenn er das wirklich begonnen hätte."

Die Geschichte, die ich hier erzählt habe, umfasst eine Zeitspanne von über zwei Jahren. Während dieser Zeit hatte der Immobilienmarkt in Baltimore (ebenso wie in anderen Gebieten der USA) einen dramatischen Einbruch erlebt. Die *Communities* in Canton hatten zusätzlich die Rolle des Stachels im Fleisch gespielt. Sie hatten den Prozess in Canton erfolgreich gestört und verzögert. Zwei Jahre sind eine lange Zeit im unbeständigen Auf und Ab des Immobilienmarkts. Als Swerdlow in Canton begann, sahen die Dinge noch rosig aus und die Geschäfte florierten. Doch während der langwierigen Auseinandersetzungen, Verzögerungen und Unannehmlichkeiten mit nervigen Anwohner/inne/n war der Immobilienmarkt in der Region Baltimore-Washington eingebrochen. Swerdlow wusste vermutlich, was die Zukunft bringen würde, und er versuchte, weitere Verluste zu vermeiden. *Sowohl* die Proteste der *Community als auch* die Flaute auf dem Immobilienmarkt waren für diese Entscheidung verantwortlich.

Wie sehr sich das Blatt gewendet hatte, beschreibt ein Bericht der *Baltimore Sun* vom 24. Oktober 1999: „Vor zwei Jahren", so heißt es da, „konnten sie nicht schnell genug verkaufen. Zu einem Sektfrühstück am *Boston Street* Ufer kamen dutzende begieriger Käufer/innen, die bereit waren, die Finanzierung für noch nicht gebaute Eigentumswohnungen und Reihenhäusern vorzustrecken." Doch in einem extrem unsicheren Immobilienmarkt, „glauben nun viele, dies hier sei doch kein Ort für Eigentumswohnungen. Dies führt dazu, dass Investor/inn/en im Hafengebiet die Preise senken und ihre Vorhaben einschränken oder den Bau aufschieben, bis sich der Markt erholt hat und die Finanzierung wieder gesichert ist." Die Untätigkeit auf vielen der bereits geräumten Grundstücke der *Boston Street*, die Änderung der Projektpläne zugunsten von Reihenhäusern seitens einiger Investor/inn/en und die große Zahl von Eigentumswohnungen, die auf Auktionen versteigert wurden, verdeutlichen die Rezession auf dem Immobilienmarkt auf dramatische Weise. Was schwerer wog, war, dass sich auch die Banken die Finger verbrannt hatten. Viele sahen sich nun mit Krediten konfrontiert, die sich nicht rechneten (*Baltimore Sun* 24.09.1990). Dieses Schicksal hätte wohl auch Swerdlows *American National Plaza* ereilt, was zudem sein ursprüngliches Projekt in Frage stellte.

Doch hatte sich Swerdlow – ganz nebenbei bemerkt – längst in sonnigere Klimate geflüchtet. Genau genommen hatte Swerdlow den Sonnengürtel in Florida bereits *vor* dem Rückzug aus Canton ins Visier genommen. So erschien bereits am 4. August 1988 ein Artikel mit dem Titel „Großer Immobilienverkauf in Florida" in der *New*

York Times. Er enthüllte, dass ein gewisser Michael Swerdlow von *Triangle Industries* und die Investmentfirma *Shearson Lehman Hutton Inc.* ein *Joint Venture* ausgehandelt hatten, um das Vermögen einer der größten Investorinnen im Süden Floridas, der *Hollywood* Kapitalgesellschaft, aufzukaufen. Diese Geschäftsverbindung knüpfte ein weiteres Band zwischen Swerdlow und *Triangle* von Peltz. Gemeinsam sollten sie bald 3.300 Hektar Land nahe des *Lauderdale International Airport* in ein zwei Millionen Quadratmeter großes Gewerbegebiet verwandeln. Dieses Geschäft veranlasste Swerdlow zu einem großen Zugeständnis an Floridas Immobiliengewerbe: Hierhin wollte er nun seinen Firmensitz verlagern.

Wir können hier sehen, wie jene, die über Macht über das notwendigerweise abstrakte Finanzkapital verfügen, eine absolute Herrschaft über den Raum ausüben können. Und Swerdlows Taktik des Reißausnehmens durch Standortverlagerung unterstreicht die Schwierigkeiten lokaler, „ortsgebundener" Nachbarschaftsinitiativen im Ringen mit hoch mobilen Kapitalist/inn/en. Auf der anderen Seite haben lokale *Communities* die Zeit, sich an den langwierigen Kämpfen um die Definition von Orten zu beteiligen, und die Form ihrer „gelebten Zeit" kann sich oftmals als Vorteil erweisen. Häufig ist Zeit eine wesentliche Waffe in der Konfrontation mit Kapitalist/inn/en, deren Prinzip letztlich „Zeit ist Geld" lautet. Unter gewissen Umständen eröffnet dies, wie in Canton geschehen, Spielräume für das Handeln sozialer Bewegungen. Nichts desto trotz bleibt es wahrscheinlich ein defensives Manöver: Die Möglichkeiten des Kapitalisten, Raum zu kontrollieren, lässt ihn normalerweise die Zügel in der Hand halten. Der Grad, in dem dies tatsächlich der Fall ist, hängt natürlich von den Kräfteverhältnissen zwischen widerstreitenden sozialen Kräften ab, und diese verändern sich, wie wir gesehen haben, mit der Zeit und dem Raum, und zwar auf unterschiedliche Weise. Die *American Can*-Fabrik steht noch. Swerdlow war gegangen. Nun mussten die Anwohner/innen die Bruchstücke seines facettenreichen Vermächtnisses aufnehmen.

Eine „Vision der *Community*"?

Die Anwohner/innen waren versucht, den Abzug von Swerdlow als Sieg anzusehen, wenn auch als symbolischen. Vielleicht war es ein Pyrrhussieg. Vielleicht würden sie gar auf doppelter Linie verlieren. Denn Swerdlow mochte gegangen sein, aber als er verschwand, ließ er die Stadt noch wissen, dass er sich geschworen habe, die Gebäude abzureißen und das Land zu verkaufen. Die Anwohner/innen und die *Waterfront Coalition* sahen über all dies hinweg, um zu feiern. Sie verdoppelten ihre Anstrengungen, um den Gebäudekomplex zu erhalten. Ihre Energien richteten sich nun darauf, für „finanziell tragfähige Alternativen zur Umnutzung von *American Can*" zu werben. Sie entwickelten alternative Entwürfe und baten das *Neighborhood Design Center* (NDC), ein nicht-kommerzielles lokales Architekturbüro, um Rat. Und dennoch geschah zunächst nicht viel auf dem Gelände von *American Can*. Vielmehr wurde die Eigentumssituation immer verworrener. Trotz Swerdlows Drohung, das Gebäude abzureißen, war die *Coalition* nicht ganz sicher, ob ihm das Gelände überhaupt noch gehörte. Doch ohne sich davon aus dem Konzept bringen zu lassen, entwarfen die *Waterfront Coalition* und der NDC ein alternatives, finanziell machbares Entwicklungsszenario für das Grundstück. Währenddessen überzeugten sie die Stadt von der Machbarkeit des Vorhabens und versuchten, mit Investor/inn/en zu verhandeln und zukünftige Mieter/innen zu gewinnen. Dieser Ansatz der Planung 'von unten' wurde in Baltimore zum ersten Mal ausprobiert und war ein ungewöhnlich basisdemokratischer Prozess.

An einem kalten Novemberabend im Jahr 1990 wurde die daraus resultierende „Vision der *Community*" der Öffentlichkeit vorgestellt. Die Publikumsreihen waren gefüllt an diesem Abend. Mit mehreren Hundert Personen aus allen sozialen Schichten war der alte Gemeindesaal einer Kirche im Herzen von Canton brechend voll. Zahlreiche Projektalternativen wurden diskutiert. Die meisten bestanden aus Variationen ein und derselben Vier-Punkte-Strategie: (1) Erhalt der historischen Gebäude, (2) ein an die umgebenden Reihenhäuser und historischen Gebäude angepasstes Design, das die größtmögliche Fläche für öffentlichen (nachbarschaftlichen) Raum zulässt, (3) Flächen für ein Kino, ein Nachbarschaftszentrum, einen Supermarkt, sowie Einkaufsmöglichkeiten für den lokalen Bedarf, (4) bezahlbarer Mietwohnraum, insbesondere in dem Gebäude von 1924, um den Bedarf der älteren Bewohner/innen von Canton zu decken.

Viele Leute lobten die Pläne an diesem Abend. Alle konnten einen von der *Waterfront Coalition* erstellten Fragebogen ausfüllen. Darin gaben sie ihre Meinung darüber ab, welche Elemente sie an diesem Ort wünschten und welche nicht. Die *Waterfront Coalition* machte sich jedoch keine Illusionen bezüglich der Aufgabe, die vor ihnen lag. Zum einen war der Graben zwischen der Formulierung der alternativen Entwürfe und der Umsetzung tief. Insbesondere in einem gesättigten Immobilienmarkt. Investor/inn/en zu finden, würde nicht leicht werden, so glaubte man (und lag damit richtig). Aus unternehmerischer Perspektive war die angepasste Umnutzung einer alten Konservenfabrik teuer und kompliziert und würde zunächst hohe Ausgaben erfordern – angenommen die Investor/inn/en fänden überhaupt eine Finanzierung, was angesichts der Rezession fraglich war. Auf jeden Fall würden sie für ihre Mühen entschädigt werden wollen. Jede/r Investor/in wäre mit den gleichen Zwängen konfrontiert, die auch Swerdlow zu schaffen machten. Bei einer Nutzung des Komplexes für Wohnraum zu Festmieten war es nur schwer vorstellbar, dass ein/e Investor/in dabei ein profitables Geschäft machen könnte. Staatliche Unterstützung von erheblichem Umfang wäre vonnöten. Doch woher sollte diese kommen? Sicherlich nicht aus dem Staatssäckel, jedenfalls nicht solange Reagan oder Bush Senior an der Regierung waren. Auch die Flächenbereitstellung für kleine Unternehmen birgt große Risiken. Denn jene Unternehmen, die nur das Einzugsgebiet Canton belieferten, würden keinen hohen Umsatz machen. Kleine Unternehmen wären dort stark unter Druck jedwede Marktmiete zu zahlen, insbesondere eine, die dem/der Investor/in ausreichende Gewinne einbrächte. Jede niedrigere Miete oder Festmiete würde demgegenüber einen umgekehrten Effekt auf die finanziellen Erwartungen des/der Investors/in haben. Die Alternative, die die Bewohner/innen von Canton daraufhin vorschlugen, entspricht ungefähr dem, was auch David Harvey unterstützt. Harvey meint, wohlgesonnene Stadtregierungen können Denkmalpflege und *Community Reinvestment* unterstützen. Er glaubt, Planer/innen könnten „versuchen sicherzustellen, dass die Umwandlung der Nachbarschaft kollektive Erinnerung eher erhält als zerstört. Es ist weitaus besser, wenn eine verlassene Fabrik in ein kommunales Zentrum verwandelt würde, wo die kollektive Erinnerung derer, die dort gelebt und gearbeitet haben, erhalten wird, anstatt sie in Boutiquen und Apartmenthäuser zu verwandeln, die die Aneignung der Geschichte eines Bevölkerungsanteils durch einen anderen erlauben" (Harvey 1987 : 127). Dennoch, auch so ein bescheidenes Ziel wie der Erhalt ist problematisch. Wie das Beispiel Southeast Baltimore zeigte, müssen sich ortsgebundene *Communities*, die um eine alternative Entwicklung kämpfen, den Beschränkungen eines profitgetriebenen Immobilien- und Bodenmarktes stellen – der selbst wiederum den übergeordneten Wertgesetzen folgt. Diese Gesetze bestimmen auch die staatlichen Eingriffe auf lokaler wie bundesweiter Ebene. Es muss wohl nicht gesagt werden, dass dies ein ernsthaftes Hindernis darstellt. Doch vielleicht ist es nicht unüberwindbar und kann, zumindest kurzfristig, durch lokale Kämpfe, Organisierung und stabile Koalitionen beeinflusst werden.

Wie bei jeder Strategie des *Community Reinvestments* gab es auch hier Schwierigkeiten. Im September 1989 zum Beispiel hatten die Bewohner/innen von Southeast Baltimore begonnen, die Stadtplanungskommission dazu zu drängen, eine Strategie des *Community Reinvestments* zu unterstützen, oder die einer Sozialverträglichkeitsprüfung [*linkage policy*], die die Entwicklung des Hafengebiets mit einer Abgabe belegen würde. Damit würden Gelder für die Bedürfnisse der lokalen Bevölkerung frei, insbesondere für den Bedarf an Wohnraum. Auf Antrieb der von SECO unterstützten *Southeast Linkage Group* versuchten sie, die Stadt dazu zu drängen, den Entwickler/inne/n des Hafengebiets in Canton und Fells Point eine Sozialverträglichkeitsabgabe [*impact fee*] aufzuerlegen. Die Abgabe war mit $18,60 pro Quadratmeter bei jedem Projekt von über 6.000 m² bescheiden (*Baltimore Sun* 15.09.1989). Es wurde geschätzt, dass auf diese Weise innerhalb von fünf Jahren etwa $4,5 Mio. eingenommen werden könnten und damit Wohnraum für untere Einkommensschichten, Infrastrukturerneuerung und die Unterstützung von kleinen umsatzschwachen Unternehmen finanziert werden könnte. Bob Giloth meinte, „eine solche ‚Sozialverträglichkeitsgesetzgebung' [*impact legislation*] ist eine weitere Möglichkeit für die *Communities* am Entwicklungsprozess zu partizipieren". Andere waren der gleichen

Meinung. *Community Reinvestment* legitimiert laut Dennis Keating (1986) „die Vorstellung, dass lokale Regierungen das Recht haben, von privaten Investor/inn/en einen Beitrag zu einer besser geplanten und gerechteren Revitalisierung der Innenstädte zu verlangen, (und dass sie dies auch tun sollten)." Doch die Idee des *Community Reinvestment* fand wenig Zustimmung bei den Vertreter/inne/n der Stadt Baltimore, und nur ein einziges Ratsmitglied befürwortete die Strategie. Obgleich die Planungskommission zugestand, dass die Gesetzgebung „wichtige Fragen bezüglich der Beteiligung aufwirft", war sie zugleich „entschlossen nichts zu tun, was private Investitionen – also die wichtigen Steuerzahler/innen – abschrecken könnte". Die Stadt stimmte daher einstimmig gegen die Maßnahme. Der stellvertretende Planungsamtsleiter Al Barry meinte dazu: „die vorgeschlagene Sozialverträglichkeitsabgabe würde Investor/inn/en abschrecken und Bauherr/inn/en ins Umland abdrängen." (*Baltimore Sun* 02.11.1990) Die Vertreter/innen der Stadt Baltimore glaubten, dass eine Sozialverträglichkeitsabgabe Investor/inn/en dazu zwingen würde, an anderen Orten zu investieren, wo sie nicht bestraft würden. Baltimore könnte nicht ohne das für die Finanzierung öffentlicher Einrichtungen unerlässliche Steuereinkommen überleben[10]. Natürlich war das, worauf sie sich hier, ebenso wie in anderen amerikanischen Städten, beriefen ein typisches „nicht im Interesse der Allgemeinheit"-Argument. Die Orientierung auf Wachstum und seinen angeblichen Nutzen für *alle* ist eine mächtige ideologische Waffe und kann mit Leichtigkeit eine Sozialverträglichkeitsgesetzgebung oder jegliche andere *Community Reinvestment*-Initiative abblocken. Angesichts all dessen könnten wir auch fragen wen die Stadtregierung eigentlich repräsentiert.

Das Paradox der Macht lokaler *Communities*

Die Ereignisse in Canton legen nahe, dass jene Leute, die für den Erhalt wertvoller Gebrauchswerte in ihrer Nachbarschaft kämpfen, einer ernüchternden Realität ins Auge blicken müssen. Hier in Canton sahen die Anwohner/innen, wie diejenigen mit der Macht über spekulatives Finanzkapital zugleich über große Mobilität in Hinblick auf den Raum verfügen, und damit über eine Quelle großen gesellschaftlichen Einflusses, kurz gesagt: über Macht über Geographie. Die *Community* von Canton leistete erbitterten Widerstand. Sie wehrte sich dagegen, dass ihre Geschichte und ihr Ort durch die Planierraupen eines Investors in Vergessenheit geraten würden. Doch das Paradoxe daran ist, dass das, was die Bewohner/innen von Canton zu

---

10 Doch selbst wenn irgendeine Art der Sozialverträglichkeitsprüfung implementiert wird, können raffinierte Investor/inn/en wie Robert Agus eine solche Gesetzgebung zweifelsohne umgehen. Auf dem Seminar „Quartierspartnerschaften für angemessene Investitionen", das am 15.11.1990 an der Universität von Maryland gehalten wurde, legte Agus nahe, dass man vermutlich viele kleine Projekte von knapp 6.000m² aus dem Boden sprießen sehen würde.

einer relativ politisierten Kraft werden ließ, zugleich dafür sorgte, dass sie Veränderungen ablehnend gegenüber standen.

Wie Crenson bemerkte, waren ihre Perspektiven auf die Nachbarschaft von der einzigartigen Geschichte des Ortes geprägt und sie sehnten sich angesichts des Wandels danach, an Gewohntem und der Erinnerung festhalten zu können. Aus diesen Gründen war ihr Vorgehen das, was Raymond Williams „militant partikularistisch" nennt. Sie verteidigten sich gegen raffgierige Investor/inn/en und deren Geldgeber/innen. Sie forderten Beteiligung der bis dato Entmachteten. Sie wollten sowohl Subjekte wie Objekte im Prozess des städtischen Wandels in Southeast Baltimore sein. Bisweilen trachteten sie danach Wandel zu verhindern und ihre Tradition zu erhalten, das reiche industrielle Erbe der hart arbeitenden Southeast Side. Und um dies zu erreichen musste ihre Nachbarschaftspolitik ausnahmslos (unweigerlich?) selbstbezogen und nach innen gewandt sein. Oftmals mussten Andere abgewehrt werden – Freunde wie Feinde. Dadurch wurde der Kampf der Bewohner/innen von Canton *partikularistisch*: sie verteidigten militant ihre Eigenständigkeit.

Doch während die Linken, ich eingeschlossen, den Mut und das Engagement vieler Bewohner/innen von Canton nur bewundern können, müssen wir auch die dunklen Seiten sehen. Es ist wahr, die Protagonist/inn/en waren im Großen und Ganzen „gewöhnliche Leute". Sie waren tatsächlich der Fleischer, die Bäckerin, der Hersteller von Kerzenleuchtern. Sie waren auch Stahlarbeiter/innen und Arbeiter/innen aus der Konservenfabrik. Doch überwiegend waren sie Ex-Stahlarbeiter/innen und Ex-Arbeiter/innen aus der Konservenfabrik, die normalen hart arbeitenden Griechen, Polinnen, Italiener, Irinnen und ukrainischen Amerikaner, die dazu beige tragen hatten, Amerika aufzubauen, die Amerika groß gemacht hatten, und die Amerika nun nicht mehr brauchte. Wahr ist auch, dass diese gewöhnlichen, hart arbeitenden Patriot/inn/en für eine kurze Zeit zu Radikalen wurden und sich im Kampf gegen die Immobilienspekulant/inn/en zusammenschlossen. Sie prangerten Vieles an, bekämpften Investor/inn/en und Yuppies, organisierten sich, um die Reichen und Mächtigen fernzuhalten. Doch dieselben Leute, dieselben Radikalen, waren es auch, die 1990/91 die Operation *Desert Storm* im Golfkrieg unterstützten. Es waren dieselben Leute, die ihr Land aufforderten, „diese" Araber und Sadam Hussein in Grund und Boden zu bomben. Die Karten der Operation *Desert Storm* zierten Anfang 1991 die Wände zahlreicher Eckkneipen in Canton. Ich sah etliche und auch diese Bildunterschrift unter einer von ihnen: „Falls Du *Desert Storm* nicht unterstützt, achte darauf, dass Du einen Ausweis dabei hast, damit wir Deine Angehörigen informieren können."

Gleichzeitig wollten diese gewöhnlichen Leute aus Canton nicht, dass parasitäre Investoren ihren Ort übernehmen. Genauer gesagt wollten sie nicht, dass *jüdische* parasitäre Investoren ihren Ort übernehmen. Ihr Antisemitismus war ganz offen. Die Bewohner/innen von Canton sind damit genau jene Leute, die Raymond Williams in seinen Romanen zu verstehen versucht. Es sind genau diese Leute mit widersprüchlichen und mehrdeutigen politischen Meinungen, mit verworrenen Loyalitätsgefühlen, Bigotte und Rassist/inn/en. Diese Leute haben Vorurteile – vielleicht wie Du und ich und jede/r andere – und sprechen in dieser gebrochenen Sprache von ihren Alltagserfahrungen. Es sind normale Leute, stimmt schon; genau die Leute, die für jede Nachbarschaftspolitik die Grundlage bilden, wahrscheinlich überall. Auch wenn sie andere Sprachen sprechen und anderswo leben, ihre Loyalitätsgefühle und Verpflichtungen, ihre Vorurteile und Widersprüche sind wahrscheinlich ähnlich. Dies ist eine Tatsache des städtischen Lebens in der wirklichen Welt und auf alle Zeiten ein politisches Dilemma.

Es ist unschwer zu erkennen, dass dies ein weiteres Problem darstellt, eines, das die Art und Weise betrifft, in der Veränderungen vonstatten gehen. Wie zum Beispiel können einstmals stabile *Communities* auf den städtischen Wandel reagieren? Städte sind stets in Veränderung begriffen – das ist es, was Städte ausmacht, so sind sie. Wenn sie sich nicht verändern, dann sind es keine Städte, sondern Kleinstädte oder Dörfer. Überall in Städten werden alte Orte abgerissen und neue aufgebaut. Plötzlich tauchen neue Orte auf, werden weniger provinziell, weniger stabil, kosmopolitaner, internationaler, erhalten eine dynamischere Umgebung. Plötzlich sprießen neue Bars und Restaurants aus dem Boden. Plötzlich sind die Orte extrovertierter, sie kollidieren mit den schon länger etablierten Leuten und Traditionen, und alte und stabile *Communities* werden zerstört – lösen sich auf. Neue Leute kommen; die Nachbarschaft verändert sich. Dann kommen noch mehr Leute, mehr als erwartet, und es beginnt, sich eng anzufühlen. Dann werden die Veränderungen zu viel, und einige rufen halt: GENUG! Viele, die einstmals hier lebten, können nun nicht mehr hier wohnen. Die Verbindung mit ihrer Vergangenheit ist bedroht; reichere Personen übernehmen. Kurze Zeit später wird die Nachbarschaft, die sich gerade geöffnet hatte, plötzlich wieder geschlossen. Exklusion wird ausgehebelt und durch Inklusion abgelöst. Bald jedoch wird diese Inklusion zur Plattform neuer Formen der Exklusion, struktureller Exklusion. Und so geht das immer weiter, scheinbar unaufhaltsam.

Dass dieser Wandel die Leute betrifft – dass er wirklich die Leute betrifft –, ist es meist, was die Empörung hervorruft, aufgrund derer die Leute beginnen sich in ihrer Nachbarschaft zu engagieren. Die Veränderungen kommen zu ihnen nach Hause, das Private wird politisch, dies wirkt sich auf das Alltagsleben aus. Um auf der Welle des Wandels zu reiten, um ihn sich zu Eigen zu machen, ihn zu kanalisieren, um Veränderung sogar manchmal zu stoppen, bedarf es beiderlei: konservativer und progressiver politischer Manöver. Es geht nicht anders. Es kann immer nur militant partikularistisch sein, insbesondere militant. Aber Spannungen bleiben, weil zu einer Nachbarschaft zu gehören notwendigerweise auch bedeutet, zu einer größeren Stadt zu gehören. Metropolitane Größe hat jedoch manchmal Auswirkungen auf nachbarschaftliche Beschaulichkeit; in gewissem Sinne muss sie das, und tut es, Gott sei Dank!

Nichts desto trotz wird es immer schmerzhaft sein und immer Leute auseinander bringen. Es wird Eltern, die ehemalige Stahlarbeiter/innen sind, zwingen, darüber nachzudenken, wo ihr Anwaltssohn, der als junger Mann so schnell es ging aus ihrer Nachbarschaft flüchtete, der inzwischen nach oben gekommen ist, und auf den sie stolz sind, heute wohnen würde.

Übersetzung: Bernd Belina und Jenny Künkel

Eugene J. McCann

Rasse, Protest und öffentlicher Raum. Lefebvre in der US-amerikanischen Stadt[1]

Einleitung

Am Morgen des 25. Oktober 1994 wurden vier Polizeibeamte, zwei Weiße und zwei Schwarze, in der Stadt Lexington, Kentucky, damit beauftragt drei Haftbefehle gegen den 18jährigen Afroamerikaner Tony Sullivan zu vollstrecken. Die Beamten suchten Sullivan in Bluegrass-Aspendale, einem vorwiegend von Afroamerikaner/inne/n bewohnten Sozialwohnungs-Viertel nördlich der Innenstadt von Lexington. Nachdem sie Sullivan, der sich in einem Zimmer im Haus seiner Ex-Freundin aufhielt, gefunden hatten, forderten ihn die Beamten mit gezogenen Waffen auf, sich zu ergeben. Als er mit erhobenen Händen aus dem Wandschrank auftauchte, löste sich eine Kugel aus der Waffe eines der weißen Polizeibeamten und traf Sullivan in den Kopf. Sullivan starb wenig später in einem örtlichen Krankenhaus, und der Beamte, Sergeant Phil Vogel, wurde umgehend seiner Pflichten entbunden. Eine Untersuchung wurde eingeleitet. Als sich die Nachricht von der Schießerei verbreitete, bezeichnete die Polizei diese als einen Unfall – eine Erklärung, die von einer Vielzahl der Bewohner/innen von Bluegrass-Aspendale mit Hohn und Argwohn aufgenommen wurde.

Ich fühle mich sehr unwohl dabei, aus dem Tod eines Teenagers eine akademische Übung zu machen. Ich gehe nicht davon aus, dass ich der Empörung und dem Schmerz, den Tony Sullivans Familie, seine Freund/inn/e/n und Bekannten fühlten, auf diese Weise gerecht werden kann. Doch stellt seine Erschießung in den Debatten darüber, was *Community* in Lexington bedeutet, und in den Auseinandersetzungen über den kontinuierlichen Prozess von Produktion und Begrenzung der Räume der Stadt einem Wendepunkt dar. Genauer gesagt waren dies die Ereignisse, die dem Tod Sullivans folgten. Insbesondere eine Phase von Straßenprotesten in und um Bluegrass-Aspendale und im angrenzenden innerstädtischen Geschäftsviertel schockierte die weiße Bevölkerung. Und sie betonten die Frustration vieler Afroamerikaner/innen der Stadt über ihre Lebensqualität und ihren Ausschluss von Entscheidungsprozessen. Die Nachwirkungen von Sullivans Tod und die Art und Weise, wie dieser von Einzelnen und Gruppen in der Stadt benutzt wurde, um auf Lexingtons rassisch gespaltene Landschaft aufmerksam zu machen, sind eine Untersuchung wert. Denn sie werfen ein viel allgemeineres Licht auf Produktion und Repräsentation rassifizierter Geographien in US-amerikanischen Städten.

---

1 Anm. d. Hrsg.: Dieser Beitrag erschien 1999 unter dem Titel *Race, Protest, and Public Space: Contextualizing Lefebvre in the U.S. City* in der Zeitschrift *Antipode* 31(2).

Meinen Beitrag besteht aus zwei zusammenhängenden Teilen. Erstens gehe ich davon aus, dass Gesellschaftstheorien, wie Henri Lefebvres Diskussion zur sozialen Produktion des Raumes, sowohl über die materiellen Bedingungen des Alltagslebens Auskunft geben als auch von diesen ermöglicht werden. Aus diesem Grund müssen sie mit Vorsicht und Sensibilität von einem Kontext in einen anderen übertragen werden. Ich gehe deshalb davon aus, dass Lefebvres in *La Production de l'Espace* (1974a) entworfene Theorie den rassifizierten Geographien US-amerikanischer Städte angepasst werden muss, wenn damit unser Verständnis von sozialräumlichen urbanen Prozessen vertieft werden soll. Dass Lefebvre offensichtlich jegliche direkte Thematisierung der Rolle von rassischen Identitäten vermieden hat, bedeutet, dass seine Theorie nicht unverändert zur Analyse US-amerikanischer Urbanität herangezogen werden kann[2]. Zweitens möchte ich das Kind nicht mit dem Bade ausschütten. Ich will nicht nahe legen, dass Lefebvres konzeptioneller Rahmen im US-amerikanischen Kontext nicht angewandt werden kann. Ich meine vielmehr, dass sich Lefebvres Arbeiten zu einer gründlichen Diskussion von Rasse und rassischer Identitäten im Rahmen der Verhältnisse in US-amerikanischen Städten anbieten, insbesondere wegen der zentralen Rolle, die Vorstellungen und Repräsentationen für die Produktion des Raums in ihnen spielen. Ich behaupte, dass Lefebvres konzeptioneller Rahmen besonders aufschlussreich ist, um das Verhältnis zwischen der Produktion und Aufrechterhaltung von „sicheren" öffentlichen Räumen in US-amerikanischen Städten sowie den Repräsentationen von rassischen Identitäten und dem Prozess, in dem subjektive Identität und materielle städtische Räume in einer sich gegenseitig konstituierenden Beziehung stehen, zu begreifen[3]. Unter diesem Aspekt eignet sich Lefebvres Konzept des „abstrakten Raums" – Raum, der von den Eliten als homogen, instrumentell und ahistorisch repräsentiert wird, um die Ausübung staatlicher Macht und freien Kapitalfluss zu ermöglichen – für eine Diskussion der Art und Weise, in der innerstädtische Geschäftsviertel in den Städten der USA ausschließende Territorien sind, die von weißen Männern der Mittelschicht dominiert werden.

Um diese Behauptung zu untermauern, beginne ich im Folgenden mit einer Darstellung der Proteste in der Innenstadt von Lexington nach dem Tod von Tony

---

2   „Rasse" wird hier als eine problematische soziale Konstruktion verstanden, die Verhaltensweisen auf Grundlage physischer Erscheinung zuschreibt. Als solche ist sie also falsch. Gleichwohl ist sie ein wichtiger Signifikant von Statusunterschieden in US-amerikanischen Städten und deshalb eine wichtige politisch-ökonomische Kraft und ein bedeutsames Untersuchungsobjekt.

3   Ich möchte betonen, dass ich den essentialistischen Blick des US-amerikanischen *New Urbanism* nicht teile. Angelegenheiten des öffentlichen Raums und sozialer Gerechtigkeit in US-amerikanischen Städten sind überdeterminierte Prozesse und können nicht auf eine einzige Ursache zurückgeführt werden. Ich glaube jedoch, dass eine Auseinandersetzung mit rassischen Identitäten im gegenwärtigen US-amerikanischen Denken über Städte nötig ist.

Sullivan; es folgt eine kurze Diskussion des Einflusses von Lefebvre auf die angloamerikanische Geographie und auf das aktuelle Denken über die Bedeutung von urbanem öffentlichem Raum und den Praktiken, die ihn umgeben. Ich werde dann genauer darauf eingehen, wie öffentlicher Raum – besonders innerstädtische Straßen – in US-amerikanischen Städten in Lefebvres Begriffen als Inbegriff des *abstrakten Raums* verstanden werden kann (auch wenn ich nicht nahe zu legen beabsichtige, dass abstrakter Raum auf Straßen begrenzt ist – sie repräsentieren einen Teil eines breiteren Prozesses, der sowohl die materielle Umwelt als auch subjektive Identitäten konstruiert). Die Beziehung zwischen abstraktem öffentlichen Raum, politischem Protest und rassischer Identität wird dann mittels Lefebvres begrifflicher Triade von *Repräsentationen des Raums, Räume der Repräsentation* und *räumliche Praktiken* entwickelt. Im abschließenden Teil benutze ich die Diskussion über Rasse, Protest und öffentlichen Raum in Lexington, um zu zeigen, wie sich eine gründliche Anwendung der Kategorien von Lefebvre mit aktuellen Diskussionen über Identität und Protest in US-amerikanischen Städten verbindet und zu diesen beiträgt.

Die Reaktion auf Tony Sullivans Tod

Tony Sullivan wurde von Phil Vogel kurz von 10 Uhr morgens erschossen. Bis zum Mittag hatte sich die Nachricht von seinem Tod in Bluegrass-Aspendale verbreitet, und eine wütende Gruppe Schaulustiger hatte begonnen, sich am Ort der Schießerei zu versammeln. Innerhalb einer Stunde begannen Gruppen von meist jungen afroamerikanischen Männern damit Polizeiautos zu beschädigen, Steine zu werfen und Polizeibeamte und Journalist/inn/en anzugreifen. Zur selben Zeit ertönten von benachbarten Straßen Schüsse. Die Reaktion der Polizei auf diese ersten gewalttätigen Zwischenfälle war prompt, massiv und folgte eindeutig einem vorher festgelegten Plan. Um 13 Uhr waren alle Straßen nach Bluegrass-Aspendale blockiert (eine Aufgabe, die durch die jüngsten Veränderungen des Straßennetzes des Viertels erleichtert wurde, das Durchfahrtsverkehr unmöglich machte). Am westlichen Haupteingang des Viertels wurde ein Polizeiposten errichtet, an der östlichen Zufahrt existierte bereits ein permanenter Posten. Nach Abschluss dieser Einschließung reihten sich zwanzig Polizist/inn/en in voller Kampfmontur auf der Hauptstraße auf, um auf das Eintreffen der Demonstrant/inn/en zu warten (*Lexington Herald-Leader* 26., 27., 28.10.94).

In der Zeit wischen 13 und 15 Uhr wuchs die Zahl der Protestierenden auf über einhundert. Kleinere Gewaltausbrüche und gelegentliche Schießereien setzen sich im Viertel fort. Gegen 15 Uhr verließen dreißig Protestierer/innen die Hauptgruppe, um zum Regierungsviertel der Stadt zu gehen, wo sie eine kurze Unterredung mit Lexingtons weißem Polizeichef hatten. Auf diesem Treffen wiederholte dieser seine Ansicht, dass es sich bei Sullivans Tod um einen Unfall gehandelt habe. Diese Erklärung stellte weder die Protestierer/innen im Rathaus noch die größere Gruppe von rund einhundert Demonstrant/innen zufrieden, die in der Zwischenzeit von Bluegrass-Aspendale in die Innenstadt aufgebrochen waren. Diese zweite Gruppe war eindrucksvoller als die erste, skandierte „Wir wollen Gerechtigkeit!" und „Los, bringt wen anders um!" und traf am nördlichen Rand der Innenstadt auf die Polizei. Als Kämpfe ausbrachen, setzte die Polizei Pfefferspray gegen die Protestierenden ein. Die meisten, denen es nach der Zerstreuung der Gruppe gelang, die Polizeisperre über Parkplätze zu umgehen, setzen ihren Weg ins Zentrum der Innenstadt fort. Nach einer kurzen Zeit im Geschäftsviertel, wo viele Zuschauer/innen angezogen wurden, ein beträchtlicher Sachschaden entstand und die Polizei sich mit den Demonstrant/inn/en Straßenschlachten lieferte (alles im grellen Scheinwerferlicht landesweiter Nachrichtensender), wurde den Protestiererenden erlaubt, im Versammlungssaal der Gemeindeverwaltung schwarze Politiker/innen und *Community* Vertreter/innen zu treffen.

Diese appellierten bei dem Treffen für Ruhe und schlugen einen friedlichen Protest an den folgenden Tagen vor. Die Demonstrierenden ihrerseits nutzten das Forum, um ihrer Frustration über die Behandlung von Afroamerikaner/inne/n durch die Polizei von Lexington Luft zu machen und Geschichten von Polizeischikanen zu erzählen. Diese Frustrationen wurden in Beziehung zu zahlreichen Aspekten von Ungleichheit und räumlichen Einschließungen gesetzt, die in Lexington in den letzten Jahrzehnten als die wichtigsten Probleme für arme Afroamerikaner/innen betrachtet wurden. Beispielsweise ist die Qualität der Lebensmittelgeschäfte in den Gebieten nördlich der Innenstadt deutlich schlechter als in anderen Teilen der Stadt. Auch sind die Produkte weniger frisch und umfangreich, und die Preise sind höher als in suburbanen Supermärkten (*Lexington Herald-Leader* 1991a, 1991b; Miewald 1997). Außerdem ging in der Vergangenheit die staatliche Unterstützung für den öffentlichen Personennahverkehr stetig zurück, was armen Menschen den Zugang zu erschwinglichem und gutem Essen verwehrte. Stadtteilaktivist/inn/en führen diese und andere, lange bestehenden sozialen und ökonomischen Ungleichheiten als weitere Gründe für die Unruhen nach Sullivans Tod an.

Viele der Protestierenden blieben nach Beendigung des Treffens wütend, aber die meisten machten sich auf den Weg nach Bluegrass-Aspendale und in andere Viertel. Im Laufe der Nacht kam es allerdings noch zu einigen gewaltsamen Zwischenfällen auf den Straßen in der und um die Innenstadt von Lexington. Während der Unruhen wurden insgesamt fünfzehn Menschen verletzt, die meisten durch fliegende Steine und Flaschen. Vier Menschen wurden verhaftet und unter Anklage gestellt. Diese reichten von Ruhestörung bis zur Anstiftung zum Aufruhr, und es gab mehr als ein Dutzend Berichte von Sachbeschädigungen. Die weiteren Auswirkungen der Proteste waren weniger greifbar und wurden erst in den Wochen nach Sullivans Tod offensichtlich. Wenn die Rolle von *Rasse* bei der Produktion von Raum ernst genommen wird, erleichtert es eine an Lefebvre angelehnte Analyse sowohl die Proteste als auch die längerfristigen Versuche ihrer Bewältigung zu verstehen (Lexington Citizen Summit 1995).

Lefebvre in der angloamerikanischen Geographie

Bis in die frühen 1990er Jahre blieb die Auseinandersetzung angloamerikanischer Geograph/inn/en mit den Arbeiten von Henri Lefebvre recht eingeschränkt. Bis zur Übersetzung seines Meilensteins *La Production de l'Espace* (1974a, engl. 1991) wurde das Verständnis dieses Korpus von einer Handvoll Übersetzer/innen vermittelt, die über die sprachlichen und theoretischen Fähigkeiten verfügten, sich durch die französischen Originaltexte zu arbeiten. Die Autorität früher Diskussionen von Lefebvre durch Harvey (1973) und Castells (1977) wurde Gottdiener (1993) zufolge untergraben, weil sie nicht auf die ausgearbeitete Argumentation von *La Production de l'Espace* zurückgreifen konnten. Gottdieners Arbeiten in den 1980er Jahren über städtischen Raum (Gottdiener 1985) und Sojas (1980) Beitrag zur sozialräumlichen Dialektik – der komplexen Beziehung zwischen Gesellschaft und Raum – überwanden diese frühen Schwierigkeiten und brachten Lefebvres Überlegungen zur sozialen Produktion des Raums einem breiteren Publikum nahe (dazu auch Martins 1982).

Zentral wurden Lefebvres Arbeiten zu Raum und Urbanität in zahlreichen Diskussionen der angloamerikanischen Geographie aber erst in den 1990er Jahren. Die erleichterte Zugänglichkeit seines Werkes – die Übersetzung von *La Production de l'Espace* und die jüngste Sammlung *Writings on Cities* (1996), die eine Übersetzung von *Le droit à la ville* (1968b) enthält – wurde vervollständigt durch ausgiebige und fundierte Diskussionen seiner theoretischen Beschäftigung mit Raum durch Geograph/inn/en und andere (Gregory 1994: Kap. 6/z.T. in diesem Band; Harvey 1989a: Kap. 13; Merrifield 1993; 1995; Soja 1989). In der jüngeren geographischen und verwandten Literatur finden sich bemerkenswerte Versuche, sich durch Lefebvres Gedanken zum Raum zu arbeiten, insbesondere durch seine begriffliche Triade von erdachten, erfahrenen und gelebten Räumen (Allen/Pryke 1994; Liggett 1995). Dieses Unternehmen befindet sich noch in einer recht frühen Phase. Dank Lefebvres „quälend vagem Schreibstil" (Merrifield 1995: 295) bestehen unzählige Möglichkeiten anhand von Beispielen näher auf seine Raumtheorie einzugehen und Aufschluss über zahlreiche soziale (räumliche) Praktiken zu gewinnen. Beispielsweise wurden die Repräsentationen von Räumen Glasgows, wie sie in städtischen Planungen zu finden sind, mit denen kontrastiert, die in der reichen literarischen Geschichte der Stadt gefunden werden, um zu zeigen, wie Lefebvres begriffliche Triade das Verständnis moderner städtischer Umwelt erleichtert (Fyfe 1996). Diese Triade wurde z.B. auch bei der Diskussion der Frage genutzt, in welcher Weise GIS Technologien „Formen des Wissens, Sehens, Ordnens und Reproduzierens der materiellen gelebten Welt und der sozialen Verhältnisse sind" (Roberts/Schein 1995: 192). Heidi Nast und Mabel Wilson (1994) haben zentrale Annahmen von *La Production de l'Espace* kritisiert und ein architektonisches Design entworfen, das die Art und Weise problematisiert, in der Lefebvre das Haus als einen geschlossenen, *femininen* und *privaten* Raum betrachtet.

Städtischer öffentlicher Raum und Lefebvre

Lefebvres kontinuierliche Beschäftigung mit Praktiken des Alltagslebens macht seine Arbeit für Diskussionen zu städtischen öffentlichen Räumen interessant. Damit sind diejenigen Räume in Städten gemeint, in denen eine große Zahl tagtäglicher Praktiken stattfindet, etwa Straßen, Parkplätze, Shopping Malls und Parks. Das Konzept des öffentlichen Raums durchzieht zahlreiche Diskussionen in Geographie, Planung und verwandten Disziplinen. Tatsächlich hat in den letzten Jahren das gestiegene akademischen Interesse an „militarisierten" und halb-öffentlichen Räumen von *Global Cities* wie Los Angeles, New York und London die Diskussionen darüber, was „öffentlicher Raum" genau bedeutet, wiederbelebt. Auch in planerischen und architektonischen Praktiken hat es parallel dazu, wenngleich oft weniger kritisch, ein Interesse an öffentlichem Raum gegeben. Beispielsweise haben aktuelle Trends versucht eine idealisierte Version von öffentlichem Raum in neuen Wohnsiedlungen zu kopieren, insbesondere der so genannte *New Urbanism* oder Neotraditionalismus (Duany/Plater-Zyberk 1992; Falconer Al-Hindi/Staddon 1997; McCann 1995; Till 1993). Als ein Resultat dieser zunehmenden Beachtung des öffentlichen Raums haben sich kritische Geograph/inn/en vorgenommen „die Frage nach beidem zu stellen, der Politik im öffentlichen Raum und die Politik des öffentlichen Raums", indem sie untersuchten „wie die Grenzen zwischen privat und öffentlich sowie zwischen materiell und metaphorisch konstruiert, herausgefordert und ständig rekonstruiert werden" (Mitchell 1995; 1996: 128; Goss 1993).

Die „sadistischen Straßenumwelten" (Davis 1994) von Los Angeles und anderen US-amerikanischen Städten scheinen wenig Ähnlichkeiten mit der liberalen Vorstellung von öffentlichem Raum zu haben, wie er von vielen Architekt/inn/en und Politiker/inne/n getragen wird. Auch wenn Mike Davis' Schilderung von Los Angeles oft wenig Raum für das Handeln derjeniger lässt, die tagtäglich in der Stadt agieren (Duncan 1994), legen seine und anderer Diskussionen zum öffentlichen Raum in westlichen Weltstädten nahe, dass die halböffentlichen Räume, die von gegenwärtigen Architekt/inn/en und Planer/inne/n geschaffen werden, zunehmend exkludierend sind. Die geregelte und konsumorientierte Gestaltung dieser Räume zielen darauf ab die meisten Formen freier Äußerung zu verbieten, und obgleich sie darin nie vollständig erfolgreich sind, erscheinen die meisten städtischen öffentlichen Räume doch nur als fahle Imitationen der mythischen Agora. Natürlich ist dieser Zustand zu einem bedeutenden Teil das Ergebnis der Zustimmung großer Teile der Gesellschaft. Insbesondere diejenigen, die häufig „Erlebnismärkte" besuchen oder sich wünschen an der steifen Vielfältigkeit neotraditioneller Wohnsiedlungen teilzuhaben, können einem dabei einfallen. Doch auch wenn der öffentliche Raum zunehmend warenförmig ist, befindet er sich zugleich auch immer in einem Prozess der Gestaltung und Neugestaltung. Er wird von den räumlichen Praktiken verschiedener Gruppen und Individuen herausgefordert, deren Identitäten und Aktivitäten die Homogenität gegenwärtiger Städte untergraben.

Die sich ständig ändernde Natur des öffentlichen Raums und der Rechte von Menschen, sich auf bestimmte Weisen zu verhalten, wurden als unterschiedliche Ebenen von Widerstand begriffen, von Graffitis bis zu Straßenschlachten (vgl. Cresswell 1996). Während weitgehend anerkannt wird, dass öffentlicher Raum das Handeln von Frauen oft einschränkt (Wilson 1991; 1995), hat kulturwissenschaftlich orientierte Literatur zudem zu zeigen begonnen, wie bürgerlicher öffentlicher Raum ähnliche Effekte auf farbige Menschen, Schwule und Lesben, Obdachlose, Junge und Alte hat (z.B. Ruddick 1996, Valentine 1996). Der Widerstand gegenüber dem dominanten öffentlichen Raum, in dem jede dieser Gruppen beteiligt ist, wird durch unterschiedliche Faktoren beschränkt, u.a. durch Gesetze. Als ein Resultat bewegt sich Widerstand oftmals außerhalb des Gesetzes und gebraucht Gewalt, um sich Raum, im wörtlichen Sinne, zu *nehmen*. Wie Mitchell (1995) deutlich macht, erlauben diese räumlichen Praktiken es marginalisierten Gruppen, Räume der Repräsentation zu schaffen, durch die sie sich selbst gegenüber einem breiteren Publikum repräsentieren und in den Diskurs der bürgerlichen öffentlichen Sphäre einbringen können.

Es ist Lefebvres Leistung, Repräsentationen und Vorstellungen mit dem physischen Raum von Städten verbunden und die dialektische Beziehung zwischen Identität und urbanem Raum betont zu haben, die seine Arbeit für viele gegenwärtige Stadtforscher/innen so attraktiv macht. Seine Arbeit bietet einen begrifflichen Rahmen, mittels dessen räumliche Praktiken des Alltagslebens (einschließlich Gewalt und Prostest) als zentral für die Produktion und den Erhalt von physischem Raum verstanden werden können. Wie das Beispiel von Lexington nahe legt, und wie ich später ausführen werde, sind diese vorgestellten Geographien und städtischen öffentlichen Räume in US-amerikanischen Städten durch und durch rassifiziert.

Die Innenstadt als abstrakter Raum

Ein Teil von Lefebvres Projekt war es, eine Geschichte des Raums zu schreiben, in der bestimmte Repräsentationen des Raums an bestimmte Produktionsweisen rückgebunden sind. Diese Geschichte gipfelte darin, dass der moderne abstrakte (warenförmige und bürokratisierte) Raum dem konkreten Raum (des Alltagslebens und der Erfahrung) übergestülpt wird. Mit den Begriffen „abstrakter" und „konkreter" Raum bezieht sich Lefebvre auf Marx' Unterscheidung zwischen abstrakter Arbeit, die Tauschwert schafft, und konkreter Arbeit, die Gebrauchswert schafft (Gregory 1994/z.T. in diesem Band). Für Lefebvre ist abstrakter Raum

ein Raum von Quantifizierung und wachsender Homogenität, ein warenförmiger Raum, in dem alle Elemente tauschbar und deshalb austauschbar sind; ein kontrollierter Raum, in dem der Staat keinen Widerstand und keine Hindernisse toleriert. Wirtschaftlicher Raum und politischer Raum nähern sich in Richtung einer Auflösung von Differenzen immer weiter an. (Lefebvre 1979: 293)

Damit ein solcher Raum dominant werden kann, sind zwei zentrale Prozesse notwendig. Erstens muss es einen arrangierten Versuch geben, die angemessene Bedeutung von abstraktem Raum und die darin zulässigen Aktivitäten zu definieren. An einer Stelle, in der er genau den Punkt dessen trifft, warum die Proteste in der Innenstadt von Lexington für die meisten Bewohner/innen der Stadt so schockierend waren, formuliert Lefebvre:

[Abstrakter Raum] impliziert eine unausgesprochene Übereinkunft, einen Pakt der Nicht-Aggressivität, einen Vertrag der Gewaltlosigkeit sozusagen. Dieser erlegt Gegenseitigkeit und allgemeine Nutzung auf. Auf der Straße wird von jedem Individuum erwartet, diejenigen, die es dort trifft, nicht anzugreifen. Wer dieses Gesetz übertritt, macht sich eines kriminellen Aktes schuldig. Ein solcher Raum setzt die Existenz einer „räumlichen Ökonomie" voraus, die mit einer Ökonomie der Sprache eng verbunden ist, auch wenn sie nicht mit dieser identisch ist. Diese Ökonomie wertet bestimmte Beziehungen zwischen Leuten an bestimmten Orten auf (in Geschäften, Cafés, Kinos etc.) und verursacht damit zusammenhängende Diskurse über diese Orte; diese wiederum bringen „Konsense" und Gewohnheiten hervor, nach denen z.B. dieser oder jener Ort frei von Ärger ist, so-dass Leute sich dort in Frieden amüsieren können, etc. (1991: 56)

Diese Konstruktion von Konsens ist zentral für die Diskussionen des öffentlichen Raums, wie sie weiter oben beschrieben wurden.

Ein zweites Element der Produktion abstrakten Raums besteht darin, ihn als ahistorisch darzustellen, als frei von allen Anzeichen sozialer Kämpfe um seine Produktion und als frei von allen Spuren des konkreten Raums, den er ersetzt. Abstrakter Raum muss „ein Raum sein, aus dem alle vorherigen Geschichten getilgt wurden" (Gregory 1994: 366). Zentral für diese Tilgung ist die Macht des Staates, den materiellen Raum der Stadt umzugestalten. Drei miteinander verbundene Beispiele der jüngeren Planungsgeschichte Lexingtons decken die Praktiken auf, durch welche Kapital und Staat den undifferenzierten abstrakten Raum der Innenstadt im Sinne des Funktionierens des Kapitalismus gesichert haben, indem versucht wurde die Spuren einer rassifizierten Geographie und Geschichte der Stadt zu überpinseln und zu marginalisieren. Sie weisen auch auf bestimmte soziale und ökonomische Bedingungen im Lexington der letzten Jahrzehnten hin, die, wie viele glauben, daran beteiligt waren, dass sich die Gewalt nach Sullivans Erschießung entzündete.

Erstens wurde mit einer die letzen drei Jahrzehnte andauernden Politik der Innenstadtsanierung das Zentrum neu gestaltet, wobei traditionell afroamerikanische „Cluster" (Kellogg 1982) von Wohnhäusern niedergerissen und durch Sportarenen, Ausstellungsräumen und Parkplätze ersetzt wurden. Gleichzeitig wurde die Skyline der Innenstadt umgeformt. Drei- und vierstöckige Geschäftshäuser, in denen sich einst Läden, Imbissbuden und Kinos (ihrerseits Überreste einer noch eklatanteren Form der Rassentrennung, aber ebenso Symbole von Siegen über gesetzlich sanktionieren Rassismus) befanden, wurden in den 1980ern durch Bürogebäude aus Glas und Beton ersetzt. In Folge der von lokalen Unternehmen durchgeführten und teilweise durch den Staat finanzierten Sanierung präsentiert sich die Skyline der Innenstadt heute als ein Geschäftzentrum mit einem speziellen Bluegrass Wohlfühlambiente (Raitz/VanDommelen 1990; Popke 1995).

Dieser anhaltende Prozess der Homogenisierung des Erscheinungsbildes der Innenstadt ist direkt mit einem zweiten Beispiel dafür verbunden, wie der abstrakte Raum Unterschiede verleugnet. Zwischen den 1830er und den 1850er Jahren war der Platz vor dem Gerichtsgebäude im Herzen des gegenwärtigen Finanzdistrikts in der Innenstadt ein wichtiger regionaler Sklavenmarkt. Wie zahlreiche andere solcher Plätze in den USA ist auch dieser ein anschauliches Beispiel für die Konstruktion und Aufwertung der offiziellen Stadtgeschichte durch die strategische Platzierung historischer Symbole, Statuen und Denkmäler. Auffällig ist hingegen die Abwesenheit jeglicher Spuren des Handels mit menschlichen Körpern, der für die Ökonomie der Stadt in der Mitte des 19. Jahrhunderts so zentral war. Trotz der Beschwerden vieler Bewohner/innen der Stadt findet sich unter den Kriegsdenkmälern, Symbolen und Statuen, die unter anderem lokaler konföderierter Befehlshaber gedenken, weder Wahrzeichen des Leidens und der Unterwerfung zahlloser schwarzer Sklaven in den Händen der städtischen Händlerelite, noch ein Denkmal des Mutes jener, die an der Fluchthilfe per Eisenbahn beteiligt waren, mittels derer Sklaven über den Ohio in den Norden gebracht wurden.

Ein drittes Beispiel des anhaltenden Prozesses den abstrakten Raum der Geschäftswelt in der Innenstadt von Lexington durch die Auslöschung afroamerikanischer Geschichte und anderer Differenzen, die Reibungen verursachen könnten, zu sichern, ist ein Projekt die räumliche Ausdehnung des Geschäftsviertels durch die Anlage von Parks zu begrenzen. Insbesondere gilt dies für einen dieser Parks, Thoroughbred Park im Osten der Innenstadt, bestehend aus einem großen Grashügel, einer Steinmauer, einem Brunnen und zahlreichen lebensgroßen Statuen von Rennpferden und ihren Jockeys, die auf eine imaginäre Ziellinie zustreben. Die Ausrichtung der Elemente des Parks macht ihn zu einer günstig gelegenen Abschirmung, die die öffentlichen Räume der Innenstadt, symbolisiert durch das reflektierende Glas und die leeren Betonplätze, von den öffentlichen Räumen der Straßen im Norden und Osten abtrennt. Letztere werden von den etablierten Medien der Stadt oft so repräsentiert als bestünden sie einzig aus aufsässigen schwarzen Jugendlichen, asphaltierten Basketballfeldern, *shotgun homes*[4] und Sozialwohnungen (Jones 1995, 1996; Schein 1996).

Während diese Beispiele es nahe legen, dass abstrakter Raum als Ebenbild des Kapitalismus produziert wird, um das Fortbestehen der Produktionsweise zu erleich-

---

4 Anm. d. Hrsg.: einfache, schmale Holzhäuser, entstanden im Süden der USA und traditionell v.a. von armen Afroamerikaner/inne/n bewohnt.

tern, wäre es falsch zu behaupten, dass der öffentliche Raum der Innenstadt von Lexington oder irgendeiner anderen Stadt ausschließlich von dieser Repräsentation des Raum dominiert würde. Lefebvre (1991: 52) wies eindringlich darauf hin, dass abstrakter Raum fundamental widersprüchlich ist, weil er, während er Homogenität betont, nur durch das Hervorheben von Unterschied bestehen kann. Das Bild von Homogenität und Einheit, das ein zentraler Bestandteil des abstrakten Raums ist, kann nach Lefebvre nur durch einen fortlaufenden, staatlich geförderten Prozess von Fragmentierung und Marginalisierung erreicht und erhalten werden, der Unterschiede ignoriert und damit versucht, Konflikt zu vermeiden. Diese Widersprüche produzieren, in extremen Fällen, gewalttätigen Protest:

> Städte werden in eine Ansammlung von Ghettos transformiert, in denen Individuen gleichzeitig 'vergesellschaftet', integriert, einer Reihe von künstlichem Druck und Zwängen unterworfen [...] und getrennt, isoliert und desintegriert werden. Ein Widerspruch, der sich in Qualen, Frustrationen und Revolten überträgt. (Lefebvre 1972b: 168; siehe auch Allen/Pryke 1994: 466)

In diesem Sinne schafft der Staat normative Definitionen von Raum und setzt sie durch, um die Trennung von Menschen in „funktionale und hierarchische Ghettos" (Martins 1982: 179) aufrecht zu erhalten. Gruppen, die nicht in dieses Bild einer Welt eingeschlossen sind, das die wohlhabenden weißen Vororte und weißen Geschäftsviertel der Innenstädte aufwertet, wird beständig deutlich gemacht, dass sie sich fehl am Platz zu fühlen haben, während ihnen gleichzeitig gesagt wird, dass sie sich assimilieren müssen, wenn sie Erfolg haben wollen.

Die Widersprüche, die dem abstrakten Raum inhärent sind, bieten die Möglichkeit für oppositionelle Gruppen, kontinuierlich an der Produktion und Reproduktion von sozialem Raum teilzunehmen. Durch ihre Alltagspraktiken und durch ungewöhnlichere und dramatischere Ereignisse, wie die Proteste in Lexington, können Gruppen, z.B. Afroamerikaner/innen, deren Leben, Geschichten und Räume oft vom kapitalistischen abstrakten Raum marginalisiert werden, die für diesen Raum zentralen dominanten Repräsentationen herausfordern. Lefebvre bietet eine begriffliche Triade an, die es uns erlaubt darüber nachzudenken, wie dieser Prozess entstehen kann, wenn wir sie auf die Verhältnisse der rassifizierten Geographien US-amerikanischer Städte anwenden.

Lefebvres begriffliche Triade

Lefebvres Model besteht aus drei Momenten: zwei Aspekte des sozialen Raums sowie die Praktiken, die sozialen Raum vermitteln und durch diesen vermittelt werden (Abbildung 1).

Repräsentationen des Raums – der durch Diskurse konstruierte Raum von Planer/inne/n und Bürokrat/inn/en. Dieser Raum bleibt immer abstrakt da er *erdacht* statt gelebt ist. Auf ihn stößt man nur in Form der Verständnisse und Abstraktionen, die in Plänen, Codes und Designs enthalten sind, welche die Art und Weise formen, wie wir uns geordneten Raum vorstellen. Diese Form des sozialen Raums ist die dominante Form, und sie ist zentral für die Produktion von abstraktem Raum.

Räume der Repräsentation – der Raum der Vorstellungen, durch welche das Leben unmittelbar *gelebt* wird. „Es ist ein Raum, der durch die komplexen Symbole und Bilder seiner 'Bewohner/innen' und 'Benutzer/innen' erfahren wird." (Lefebvre 1991: 33) Er bezieht sich oftmals auf physische Objekte, die im Raum geschaffen werden, um gelebte Erfahrungen zu symbolisieren und Bedeutung zu produzieren. Die Arbeiten von Künstler/inne/n, Fotograph/inn/en, Filmemacher/inne/n und Dichter/inne/n können auf diese Weise Räume der Repräsentation sein, indem durch ihre Symbole Gegen-Diskurse geschaffen werden, die Möglichkeiten, anders über Raum zu denken, eröffnen.

Räumliche Praktiken – die alltäglichen Routinen und Erfahrungen, die ihre eigenen sozialen Räume „absondern". Diese Praktiken – die Praktiken des alltäglichen Lebens – vermitteln beständig zwischen den zwei Formen von sozialem Raum. Sie bewegen sich innerhalb der Grenzen des erdachten, abstrakten Raums der Planer/innen und Architekt/inn/en, während sie gleichzeitig die individuelle Wahrnehmung und den Gebrauch von Raum formen, wie sie auch von diesem geformt werden.

Abbildung 1: Drei Momente der Produktion von Raum

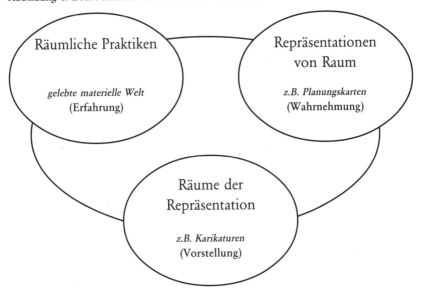

Quelle: nach Lefebvre 1991; Roberts/Schein 1995

Während Planer/innen die Straßen der Innenstadt als öffentlich bezeichnen mögen, kann die Wahrnehmung des Individuums dieses veranlassen, sie in anderer Weise zu nutzen, etwa sich in manchen Teilen der Innenstadt fehl am Platze zu fühlen oder in anderen unsicher. Das kontinuierliche Wechselspiel der zwei Typen von sozialem Raum steht in einer gegenseitig konstitutiven Beziehung zu den räumlichen Praktiken der *Nutzer/innen* des Raums (Lefebvre 1991: 38-40; Merrifield 1993: 522-527; Roberts/Schein 1995).

Rasse, *Protest und die Produktion von Raum*

Die Demonstrationen nach der Erschießung von Tony Sullivan sind ein aufschlussreiches Beispiel dafür, wie Lefebvres Triade operationalisiert werden kann. Zudem zeigt das Beispiel, wie sehr die Anwendung der Triade auf die Verhältnisse in den USA die zentrale Bedeutung von rassischen Identitäten beachten muss. Die Demonstrationen und die Reaktionen darauf – insbesondere zwei redaktionelle Karikaturen und ein Leitartikel, die am folgenden Tag veröffentlicht wurden – zeigen, wie Raum in US-amerikanischen Städten kontinuierlich durch Vorstellungen und in Bezug auf Fragen von Rasse produziert und reproduziert wird. Die Karikaturen sind bedeutsame Beispiele für die Art und Weise, in der bildliche Darstellungen für die Produktion von rassifizierten Geographien bedeutsam sind.

In den folgenden Abschnitten werde ich diese Beiträge als Momente begreifen, um die herum eine Diskussion der Beziehungen zwischen Repräsentationen von Raum, Räumen der Repräsentation und räumlichen Praktiken bei der Produktion von öffentlichem Raum gruppiert wird. Dies wird meine Behauptung stützen, dass, obwohl das Fehlen einer expliziten Diskussion von *Rasse* bei Lefebvre problematisch ist, seine begriffliche Triade die Möglichkeit bietet, rassische Identitäten ins Zentrum unseres Verständnisses von städtischem Leben in den USA zu stellen. Die Räume der Repräsentation der Karikaturen und der Leitartikel, so die These, haben einen sichtbaren Einfluss auf die räumlichen Praktiken der Bewohner/innen von Lexington, denn sie zeigen in einem rauen Licht die Rolle von Planer/inne/n und dem Alltagsleben der weißen Mittelschicht bei der Produktion von ausschließenden abstrakten öffentlichen Räumen in der Stadt.

Im Gegensatz zu diesen rassifizierten Bildern der Stadt sah der dominante Blick auf Lexington vor den Demonstrationen diese als eine einzige glückliche *Community*, in der alle zusammen an einer gemeinsamen Zukunft arbeiten. In Folge der Demonstrationen wurden zwei Dinge klar: Erstens fühlt sich eine große Zahl der Bevölkerung nicht als Teil dieser vorgestellten Gemeinschaft [*imagined community*], und zweitens können die physischen und sozialen Barrieren, welche die Grenzen von „sicherem" öffentlichem Raum definieren, leicht von jenen Gruppen von Menschen überschritten werden, die normalerweise von diesen Orten ausgeschlossen sind. Die lokale Tageszeitung, der *Lexington Herald-Leader*, beeilte sich die in den dominanten Vorstellungen von *Community* und der Durchlässigkeit physischer Grenzen in der Stadt entstandenen Brüche anzuerkennen. Angesichts des Interesses lokaler Tageszeitungen am Erhalt bestimmter Muster sozialer Beziehungen in ihrer Stadt ist es aber nicht überraschend, dass die Leitartikeler/innen auch schnell betonten, dass diese *Community* durch gemeinsames Handeln gerettet und wiederhergestellt werden könnte.

Der (weiße) Karikaturist des *Herald Leader*, Joel Pett, war hingegen weniger optimistisch bezüglich des Zustands und der Zukunft der Beziehungen zwischen Schwarzen und Weißen. In Lefebvres Begriffen sind Petts Karikaturen Räume der Repräsentation – Räume von „'Subjekten', statt von Berechnungen" –, die im Reich der Vorstellungen und durch Systeme nonverbaler Symbole und Zeichen funktionieren, und die sich aus den materiellen Praktiken und geordneten Räumen des Alltagslebens speisen (Lefebvre 1991: 362). Als solche haben sie einen tiefgründigen Effekt darauf, wie Menschen in Lexington den öffentlichen Raum der Innenstadt nach der Demonstration wahrnahmen, und sie lieferten einen unbehaglichen Kommentar zu den *rassisch* segregierten Vororten der Stadt.

Abbildung 2: Eine geteilte Stadt: Petts erste Karikatur vom 26.10.94.

Mit freundlicher Genehmigung von Joel W. Pett.

Die Repräsentation von Rasse und Raum

Am Tag nach den Demonstrationen veröffentlichte Pett eine Karikatur, die Lexington als eine Stadt darstellt, die zwischen Schwarzen im Osten und Weißen im Westen absolut gespalten ist (Abbildung 2). In diese rassifizierten Karte der Stadt fügte er ein Zitat von Martin Luther King ein, das Gewalt und Vorurteile verdammt. Für Kartographen ist dieses Bild von Lexington nicht viel mehr als der Eindruck eines Künstlers. Lexingtons Bevölkerung ist nur zu 13,4% afroamerikanisch, wovon eine Mehrheit im Nordosten der Stadt lebt – in Bluegrass-Aspendale und anderen Vierteln. Eine Karte der Stadt, welche die rassische Verteilung der Bevölkerung darstellt, würde zeigen, dass Petts Ost-West Teilung mindestens vereinfachend ist. Die schwarze Bevölkerung konzentriert sich zwar im Nordosten, aber im Südosten (von Pett schwarz gefärbt) befinden sich einige der weißesten Viertel von Lexington. Diese „Ungenauigkeit" beeinträchtigt aber *nicht* die Kraft des Bildes als einem Raum der Repräsentation, das entgegen der dominanten Diskurse läuft, indem es die sozialen Spaltungen aufdeckt, die jene erhalten.

Tatsächlich hatte das Bild diese Macht gerade weil es verdeutlichte, was den Bewohner/inne/n der Stadt bereits klar war: die Stadt *ist* geteilt, und sie leidet unter Gewalt und Vorurteilen. Außerdem benutzte Petts Bild als Grundlage eine bekannte städtische Zensuskarte. Petts Eindruck von der Stadt als rassisch segregiert legt in Verbindung mit der staatlichen Karte nahe, dass der lokale Staat durch und durch in den Erhalt der räumlichen Grenzen in der Stadt verwickelt ist, und zwar als Teil seines Projekts den abstrakten Raum zu erhalten. Diese Feststellung verlieh den Protesten vor den Büros der Stadtverwaltungen am Tag zuvor eine noch stärkere symbolische Kraft (Lefebvre 1991: 374-385).

Petts Karikatur brachte den anhaltenden Kampf um Raum an den Rändern der Innenstadt ins Bewusstsein der ganzen Stadt. Die *rassische* Geographie der Stadt spielte außerdem eine zentrale Rolle im Leitartikel auf der Titelseite des *Community Voice Newsjournal*, einer zweimonatlichen, weitgehend afroamerikanischen Zeitung. Der Leitartikel unter dem Titel *Real Fear* ist es wert ausführlicher zitiert zu werden, weil er den Kern des Themas dieses Aufsatzes trifft: die Rolle von rassifizierten Erfahrungen, Wahrnehmungen und Vorstellungen für die Produktion des öffentlichen Raumes in US-amerikanischen Städten (Harvey 1989a: 220-221).

Es war ein Tag wirklicher Angst, ein Tag an dem Lexingtons schlimmster Alptraum wahr wurde [...] Eine große Gruppe wütender Afroamerikaner machte sich auf den Weg ins Herz der Innenstadt von Lexington.
    Lexington erhielt einen Eindruck davon, was es für eine wütende Gruppe junger männlicher Afroamerikaner bedeutet, wenn sie sich *irgendwo anders* als ihrem eigenen Viertel aufhalten. Solange Zwischenfälle wie dieser in Charlotte Court, in Bluegrass-Aspendale oder in anderen Gebieten stattfinden, die weit weg sind von Lexingtons möchtegernweißer Existenz, dann ist das in Ordnung [...] Aber die Dinge nahmen einen unerwarteten Ver-

lauf, als Wut und Frustration nicht im eigenen Viertel, sondern am helllichten Tag in der Innenstadt und sichtbar für die ganze Nation ausgetragen wurden. (Henry 1994: 1, Herv. E.M).

Die Proteste in Folge der Erschießung von Tony Sullivan brachen die vergegenständlichten sozialen und institutionellen Barrieren innerhalb der Stadt nieder. Die Protestierenden waren sprichwörtlich *fehl am Platz*. Ihre massenhafte Überschreitung in Richtung Innenstadt schuf kurzfristig neue materielle Räume und trug mittel- und langfristig zu einem Prozess räumlicher Restrukturierung bei.

Am folgenden Tag veröffentlichte Pett eine zweite Karikatur, die das ansprach, was er anscheinend als Ursache der rassischen Trennung in Lexington ansah: Diejenigen, die in den segregierten Vororten im Südosten der Stadt leben, wo die große Mehrheit der Bewohner/innen wohlhabende Weiße sind. Diese Karikatur (Abbildung 3) zeigt eine suburbane Familie mit zwei Autos, die Whitebreads, glücklich lächelnd in ihrem Vorgarten. Mr. Whitebread antwortet: „Bluegrass-Aspendale? ... Ich glaube das liegt ungefähr eine Million Meilen von hier."

Abbildung 3:
Die Whitebreads: Petts zweite Karikatur vom 27.10.94.

Mit freundlicher Genehmigung von Joel W. Pett.

Die Bilder der *Community* und der Geographie der Stadt, wie sie Pett in dieser Karikatur portraitiert hat, geistern in den Überlegungen vieler Politiker/innen, Planer/innen, Geschäftsleute und Aktivist/inn/en der Stadt herum. Das eindringliche Bild des Reichtums der *Weißbrote*, der charakteristisch ist für die südlichen Vororte von Lexington, war in einer Zeitungsseite voller Geschichten über die Frustration schwarzer Jugendlicher in der Stadt platziert, die wenig Anzeichen für ökonomischen

---

5 In dem Bild lassen sich auch andere Bedeutungen finden. Es unterstreicht den „Reichtum der Weißbrote" in Lexington, aber weist ebenso darauf hin, dass Diskussionen über „Lebensqualität" in Lexington an „traditionellen", heteronormativen Familienvorstellungen ausgerichtet sind.

Fortschritt sehen. Das sanfte, fast leere Lächeln in den Gesichtern der Familie Whitebread erlaubte es vielen aus der weißen Bevölkerung der Stadt, sich so zu sehen, wie andere (in diesem Fall viele Afroamerikaner/innen) sie sehen. (Vielleicht eine strategische Umkehrung der alten rassistischen Behauptung, dass alle Menschen aus nicht-weißen Gruppen gleich aussähen.)[5]

In den Räumen der Repräsentation von Lexingtons weißer Vorstellungswelt *schien* Bluegrass-Aspendale oft eine Millionen Meilen weit weg zu sein, auch wenn das Viertel nur ein paar Meilen von den südlichen Vororten entfernt liegt. Viele in der Stadt, die nach dem Tod Sullivans Fragen von Ausgrenzung und Rassismus diskutierten, haben angemerkt, dass die Alltagsleben und die sozialen Räume von weißen Geschäftsleuten aus der Mittelschicht und von weitgehend afroamerikanischen Dienstleistungsarbeitskräften, die die Büros reinigen und bewachen, sich in der Innenstadt in widersprüchlicher Weise überschneiden, dass sie sich aber fast nie auf gleicher Ebene verbinden (vgl. Allen/Pryke 1994). Sie werden durch den sozial produzierten, abstrakten Raum der Innenstadt auseinander gehalten, um den Anschein der „Weißbrot"-Homogenität zu erhalten. Die Ereignisse nach Sullivans Tod waren ein Anlass, an dem verschiedene Lebenswege (oder räumliche Praktiken, um Lefebvres Worte zu benutzen) aufeinander trafen und damit die im abstrakten Raum enthaltenen Widersprüche enthüllten. Die Ergebnisse waren Proteste und Feindseligkeiten, die die Wahrnehmung der Bewohner/innen Lexingtons von ihrer Stadt tief veränderten (Lefebvre 1991: 365).

In den Jahren seit dem Tod Sullivans haben die Geschäftswelt von Lexington, Politiker/innen, Planer/innen und Aktivist/inn/en bei ihren Auseinandersetzungen über die Zukunft der Stadt von den Erfahrungen der Demonstrationen gezehrt. Sie haben versucht eine bürgerliche, ausschließende Vorstellung von *Community* zu rekonstruieren und die Dominanz eines homogenisierten, abstrakten Raumes wiederherzustellen. Ein von der Handelskammer beauftragter Berater, der den Planungsprozess erleichtern sollte, beschrieb die Stadt als den am stärksten gespaltenen Ort, an dem er je gearbeitet hätte. Trotz all dieser Versuche legt ein Leitartikel in der *Community Voice* vom September 1996 nahe, dass die *rassisch*/räumliche Segregation in Lexington heute noch genauso ausgeprägt ist wie zu dem Zeitpunkt, an dem Sullivan erschossen wurde.

Lexington besteht tatsächlich aus zwei getrennten Städten. Der gefürchtete Norden, wo all das Böse geschieht, und der Süden, wo nur gelegentlich Böses passiert. [...] Gelegentlich fahren Menschen aus dem Norden in die Viertel des Südens, um die neu entstehenden Häuser und *Gated Communities* zu sehen. Menschen aus dem Süden werden wahrscheinlich etwas seltener das Risiko auf sich nehmen in den Norden zu fahren. Jedenfalls gibt es dort keine Läden, in denen sie ihr Geld ausgeben, und keine Restaurants, in denen sie essen gehen können, und es gibt auch keine neuen Bauwerke – so zumindest wurde es ihnen so beschrieben (Cordray 1996: 1).

Diese vorgestellten Geographien der Stadt waren zentral für die weitere Produktion von öffentlichen Räumen und den Kampf um diese. Diese Geographien spielten eine zentrale Rolle in Diskussionen um *Rasse*, Protest und die Politik des öffentlichen Raums im gegenwärtigen Lexington (Abbildung 4). In Lefebvres Konzept der Produktion des Raums können Räume der Repräsentation von räumlichen Praktiken und Repräsentationen des Raumes aus heuristischen Gründen getrennt werden; letztlich sind sie aber sich gegenseitig konstituierende Momente eines einzigen Prozesses. Sie sind Teil der Produktion der sozialen/physischen Räume, die wir tagtäglich erfahren, wahrnehmen und vorstellen. Diese Räume sind immer schon *rassifiziert*. Die räumlichen Praktiken des Alltagslebens in Lexingtons Siedlungen des sozialen Wohnungsbaus, wie in jedem anderen Teil der Stadt, beeinflussen die Planungsentscheidungen, sind aber ebenso durch die von Planer/inne/n und anderen konstruierten Repräsentationen *geordnet*. Planungskarten ordnen die Räume der Stadt, indem sie sowohl Landnutzung als auch Menschen *an ihrem Platz* halten, und zwar durch ihre Verbindung zur Macht des Staates und ihre Fähigkeit abstrakten Raum durch die Marginalisierung von Differenz zu schaffen. Räume der Repräsentation – die Arbeiten von Künstler/inne/n wie Pett – sind ein drittes und gleichermaßen wichtiges Moment dieses Prozesses. Petts Karikaturen an den Tagen nach den Demonstrationen stellten räumliche Praktiken (den Hund spazieren führen) und Räume der Repräsentation (die Zensuskarte) dar, um die rassifizierten Geographien der Stadt hervorzuheben und weißen Vorstädtern zu zeigen, wie sie von anderen Bewohner/inne/n Lexingtons wahrgenommen werden könnten.

Abbildung 4: Lefebvre in der US-amerikanischen Stadt

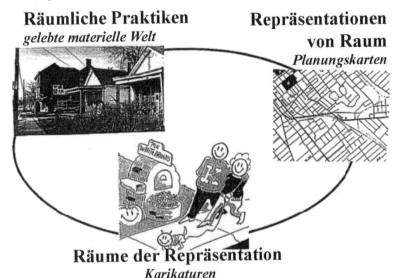

Räumliche Praktiken
gelebte materielle Welt

Repräsentationen von Raum
Planungskarten

Räume der Repräsentation
Karikaturen

Schlussfolgerung: Lefebvre in der US-amerikanischen Stadt

„Markierte" Körper und die Produktion von öffentlichem Raum

Das Beispiel der Demonstrationen in Folge der Erschießung von Tony Sullivan wird in diesem Artikel herangezogen, um die These zu unterstützen, dass Henri Lefebvres theoretischer Rahmen für das Verstehen der Produktion von Raum an die jeweiligen Kontexte angepasst werden muss. Für US-amerikanische Städte muss seine Analyse der Produktion und des Erhalts von abstraktem, ausschließendem öffentlichem Raum durch Kapital und Staat hinsichtlich dessen rassischer Codierung kontextualisiert werden. Dieser Raum erstreckt sich über die Umgebung der Straßen hinaus in jeden Bereich des Lebens und spielt eine Rolle bei der Schaffung von Identität. Lefebvres drei Momente – das Wahrgenommene, das Gelebte und das Vorgestellte – fangen körperliche Erfahrungen in Bezug auf Raum ein. Deswegen legen sie nahe, dass rassisch „markierte" Körper eine bestimmte Beziehung zur und eine konstitutive Rolle in der Produktion des abstrakten Raums haben, der stets bemüht ist, Differenzen zu überstreichen. Wie Merrifield schreibt:

Lefebvre misst dem *Körper* beim Verständnis der Beziehung zwischen [den verschiedenen Momenten seiner Triade] eine zentrale Rolle bei. [...] Die Beziehung zum Raum impliziert für ein 'Subjekt', das Mitglied einer Gruppe oder Gesellschaft ist, eine bestimmte Beziehung zu dessen Körper und umgekehrt. (Merrifield 1993: 524, seine Hervorhebung; siehe auch Lefebvre 1991: 40)

Jüngere Diskussionen über Körper und öffentlichen Raum haben die geschlechtlich „markierte" und ausschließende Natur der städtischen Straßen sowie die Art und Weise, in der Obdachlose zunehmend aus öffentlichen Räumen verbannt werden, betont. Das in gleicher Weise wichtige Verständnis der Rolle des rassisch „markierten" Körpers im öffentlichen Raum hingegen ist verhältnismäßig wenig entfaltet worden. Susan Ruddicks jüngster Beitrag zur Konstruktion von Differenz in öffentlichen Räumen zeigt, dass Rasse eine gleichermaßen wesentliche Kategorie bei der Produktion von Raum ist. Afroamerikanische Geschichten von Begegnungen „mit Weißen im öffentlichen Raum illustrieren deutlich die Rolle, die Rassismus bei der Formation subjektiver Identitäten spielt, und straft, von wenigen Ausnahmen abgesehen, jede Hoffnung auf einen offenen öffentlichen Raum Lügen" (Ruddick, 1996: 136). Öffentliche Räume sind gegenwärtig in einer Weise gestaltet, dass sie die Häufigkeit unbehaglicher Begegnungen auf ein Minimum reduzieren und die strikten Machtverhältnisse zwischen weißen und farbigen Menschen im Falle solcher Begegnungen erhalten, während sie gleichzeitig den Anschein von Einheit und Homogenität bewahren. Um die Stabilität dieser Räume zu produzieren und zu erhalten „sehen zeitgenössische Gestalter/innen von 'öffentlichem' städtischem Raum Zeichen und Bilder von [sozialem] Kontakt zunehmend als natürlicher und erstrebenswerter an als den Kontakt selbst" (Mitchell 1995: 120). Aus diesem Grund sind reale Kon-

takte zwischen normalerweise getrennten sozialen Gruppen – wie jungen Afro-
amerikaner/inne/n und weißen Geschäftsleuten – in Situationen, in denen rassische
Hierarchien zusammengebrochen sind, für die suburbanen Mittelschichten um so
Aufsehen erregender und schockierender.

　　In diesem Sinne liegt der Nutzen von Lefebvres Theoretisierung von Raum in
seinem Beharren auf der Bedeutung von Repräsentationen körperlicher und gelebter
Erfahrungen von Raum, insbesondere wenn man beachtet, dass diese Repräsentatio-
nen durch die Arbeit von Journalist/inn/en massenhafte Verbreitung finden. Wie
Ruddick (1996: 139) feststellt, sind die Medien ein bedeutender Ort der Produktion
von Identität und Raum. „Sie sind ein diskursives Medium durch das [...] Bilder [von
Subjekt und Objekt] geschaffen und erhalten werden, die für die Öffentlichkeit die
Interaktion repräsentieren." Joel Petts Karikaturen und die Artikel der *Community
Voice* haben eine wichtige Rolle dabei gespielt, der Öffentlichkeit Lexingtons bestehende Bilder von Identität und rassischen Geographien vorzuführen. Diese Erzählungen von rassischen Beziehungen und rassifizierten Räumen in Lexington widersprechen den traditionelleren Bildern rassischer Kategorien, wie sie von den etablierten Journalist/inn/en der Stadt dargestellt werden. Während etablierte Journalist/
inn/en sich weiterhin an die homogenisierte Vorstellung der Stadt als einer *Community*
klammerten, haben Pett und die Herausgeber/innen der *Community Voice* eine andere
Geographie des öffentlichen Raums in der Stadt gezeichnet und in der Öffentlichkeit
zu Geltung gebracht.

　　Die Produktion von öffentlichem Raum kann als ein fortwährender Kampf verstanden werden. Auf der einen Seite stehen Staat und Kapital, die versuchen einen
anscheinend homogenen aber grundsätzlich widersprüchliche abstrakten Raum zu
produzieren und zu erhalten, auf der anderen Seite stehen subalterne Gruppen, die
oft durch widerständige Elemente in den Medien ihre „Gegen-Räume" geltend machen und ihre „Gegen-Öffentlichkeiten" schaffen (Lefebvre 1991: 381-385). In der
US-amerikanischen Stadt ist dieser Prozess von Anfechtung und Kampf fundamental
und unentrinnbar rassifiziert. Er zieht nicht nur die Schaffung bestimmter Straßen
als „schwarze" oder „weiße" Räume nach sich, sondern gleichzeitig die soziale Konstruktion subjektiver Identitäten und politischer Handlung durch Räumlichkeit. Dies
zu erkennen wirft ein wichtiges Licht auf Lefebvres Worte. Folgendes Zitat aus *La
Production de l'Espace*, das Lefebvres Blick auf die anhaltenden Bemühungen des
Staates Differenzen zu überstreichen verdeutlicht, wird meiner Meinung nach noch
deutlicher, wenn es innerhalb der rassifizierten Geographien US-amerikanischer Städte
verstanden wird:

Differenzen bestehen oder entstehen an den Rändern des homogenen Feldes, entweder
in Form von Widerstand oder in Form von externen Effekten (lateral, heterotopisch,
heterologisch). Was different ist, um damit zu beginnen, ist das, was *ausgeschlossen* ist:
Die Ränder der Stadt, die Slums, die Räume verbotener Spiele, des Guerillakampfes und

des Krieges. Früher oder später müssen das bestehende Zentrum und müssen die Kräfte der Homogenisierung sich jedoch bemühen all diese Differenzen zu absorbieren, und sie werden darin Erfolg haben, wenn diese in einer defensiven Haltung verharren und kein Gegenschlag von ihrer Seite entsteht. (Lefebvre 1991: 373, Herv. im Orig.)[6]

Protest und die Politik des öffentlichen Raums

Die Bedeutung von *Rasse* für die Produktion von Raum in US-amerikanischen Städten zu verstehen ist allerdings nur ein erster Schritt. Wie Lefebvre anmerkt, müssen die Möglichkeiten und Formen von „Gegenschlägen" der marginalisierten Bevölkerungen gegen die Produktion von abstraktem Raum ebenso im Kontext untersucht werden. Lefebvres Theoretisierung von Raum und die Arbeit von zahlreichen Geograph/inn/en mit einem Interesse an öffentlichem Raum sind bemüht „den Weg in Richtung eines anderen Raums zu weisen, in Richtung eines Raums eines anderen (gesellschaftlichen) Lebens und einer anderen Produktionsweise" (Lefebvre 1991: 60). Wie Mitchell (1995) und andere gezeigt haben, können die räumlichen Praktiken von marginalisierten sozialen Gruppen zeigen, wie eine Politik der Problematisierung von für allgemeingültig gehaltenen Vorstellungen von öffentlichem Raum erreicht werden kann. Diskussionen darüber wie öffentlicher Raum produziert wird und wie er in der Zukunft aussehen könnte, müssen mit einer Politik in Verbindung stehen, die städtischen öffentlichen Raum umgestaltet und umdenkt, und sie unterstreichen das, was Lefebvre als zwei miteinander verbundene Rechte ansah: das Recht auf die Stadt und das Recht auf Differenz.

Das Recht auf die Stadt hat für Lefebvre einen positiven und einen negativen Aspekt. Es ist das Recht aller sozialer Gruppen an allen Ebenen von Entscheidungsprozessen teilzuhaben, die die Kontrolle und Organisation von sozialem Raum angehen. Es ist gleichermaßen das Recht darauf, nicht aus den Räumen der Innenstadt ausgeschlossen und in getrennte Viertel ausgegrenzt zu werden. Das Recht auf die Stadt ist logisch erweitert durch das Recht auf Differenz: Das Recht frei zu sein von Formen externer, auferlegter, vorgefertigter Identitätskategorien. Lefebvres Betonung der Bedeutung von Rechten findet seinen Nachhall in aktuellen Arbeiten zu Identitätspolitiken, öffentlichem Raum und öffentlicher Sphäre. In diesen Arbeiten sind räumliche Praktiken für die Geltendmachung differenter Blicke und politischer Projekte zentral. Mitchell (1995) beispielsweise geht davon aus, dass öffentliche Räume poli-

---

6   Auch hier ist eine Kontextualisierung wichtig. Als Lefebvre im Frankreich der frühen 1970er schrieb, tendierte er dazu, sich auf die Ränder der Stadt zu beziehen, wenn er von marginalisierten Gruppen sprach. Natürlich leben die marginalisierten Gruppen in US-amerikanischen Städten, anders als in Europa mit seinen großen staatlichen Sozialwohnungssiedlungen in der Peripherie, in der Nähe des Zentrums, sind aber trotzdem von den Räumen des Geschäftsviertels ausgeschlossen.

tische Bedeutung erlangen, wenn sie von marginalisierten Gruppen *genommen* und in „Räume *für* Repräsentation" verwandelt werden. In dieser Vorstellung sind öffentliche Räume materielle Orte; Stellen, von denen politisches Handeln kommt. In den homogenisierten und ausschließenden öffentlichen Räumen gegenwärtiger Städte in den USA fühlen marginalisierte Gruppen oft, dass sie gewaltsame Taktiken anwenden müssen, um Räume zu erhalten, von denen aus sie sich selbst repräsentieren können (Mitchell 1995; Smith 1992).

In Lefebvres Worten ist dieser heftige Kampf notwendig, um „abweichende Räume" oder „Gegen-Räume" zu schaffen, in denen das Recht auf Stadt und das Recht auf Differenz artikuliert werden können. Diese Gegen-Räume und die räumlichen Praktiken, die mit ihnen verwoben sind, decken die Widersprüche des abstrakten Raums von Staat und Kapital auf und stiften in den seltenen und kurzlebigen Fällen, in denen sie tatsächlich geschaffen werden, Hoffnung auf die Produktion von wirklich offenen und inklusiven öffentlichen Räumen, in denen „markierte" Körper die Zukunft auf gleicher und freier Basis aushandeln können.

Übersetzung: Boris Michel

Don Mitchell

Die Vernichtung des Raums per Gesetz: Ursachen und Folgen der Anti-Obdachlosen-Gesetzgebung in den USA[1]

„Globalisierung" ist eine mächtige Ideologie. Die populären Medien sind schier verzaubert von dieser Idee. Folgt man diesen Zeitungen und Nachrichten, hat Raum aufgehört zu existieren. Allerdings wird dieser Raumkollaps, wie er vom Pressesprecher des Weißen Hauses bis hin zu den Kommentator/inn/en der Wochenend-Politshows herausposaunt wird, vor allem von derjenigen Klasse repräsentiert, die auch am meisten von dieser Ideologie profitiert: von den Managereliten, die in Sekundenbruchteilen mit Devisen-, Termin- und Aktienmärkten spielen können und diese beherrschen; von den westlichen und verwestlichten Mittel- und Oberschichten, die sich sowohl das Equipment als auch die Zeit leisten können zu jedem Augenblick per Internet mit jeder Ecke des Globus verbunden zu sein; von den wohlhabenden Student/inn/en, die über Kontinente düsen, um für ein verlängertes Wochenende Verwandte und Freund/inn/e/n zu besuchen. In diesen Vorstellungen spielt Raum wirklich keine Rolle mehr. Oder besser, er ist einfach nicht mehr greifbar: Er ist eher ein äther-ähnliches Medium, das durch elektronische Netzwerke, Fiberglaskabel, elektronische und asphaltierte Superhighways, Düsenflugzeuge und Geld zunehmend irrelevant wird. Reporter/innen für Wirtschaftssendungen wie *Marketplace* oder Journalist/inn/en für Magazine wie *Business Week* feiern die Tatsache, dass nicht wenige Menschen auf der Welt befreit (und sicherlich auch verunsichert) wurden durch den Prozess, den Harvey (1989a; 1990/in diesem Band) als „Raum-Zeit-Verdichtung" bezeichnet hat. Weitaus wichtiger ist allerdings, dass das Kapital selbst von räumlichen Fesseln befreit wurde. Um eine der bekanntesten Formulierungen zu verwenden, die Harvey von Marx übernommen hat: es scheint zu einer weiteren und unglaublichen „Vernichtung des Raums durch die Zeit" (MEW 42: 430) gekommen zu sein[2]. Selbst Kritiker/innen der Globalisierung (wie Harvey), die gleichwohl die Vernichtung des Raums durch die Zeit als den entscheidenden ökonomischen Zwang unserer Zeit betrachten, schreiben wie Smith (1990) darüber, wie das Kapital dazu in der Lage sei, sich wie eine um den Globus zirkulierende

---

1 Anm. d. Hrsg.: Dieser Beitrag erschien 1997 unter dem Titel *The Annihilation of Space by Law: The Roots and Implications of Anti-Homeless Laws in the United States* in der Zeitschrift *Antipode* 29(3).

2 Anm. d. Hrsg.: Mitchell wandelt dieses Marx-Zitat im Folgenden – bzw. auch schon in der Überschrift – mehrfach ab und bezieht es auf die „Vernichtung" [*annihilation*] des Raums und von Obdachlosen. Da uns zumindest letztere Verwendung im Deutschen untragbar erscheint, wurde *annihilation* häufig mit „Verschwindenlassen" übersetzt.

Heuschreckenplage zu verhalten, die mal hier landet und mal dort, um ganze Orte zu verschlingen, immer auf der Suche nach einem komparativen Kostenvorteil[3].

Jedoch hat eine ganze Reihe von Geograph/inn/en gezeigt, dass das Phänomen der Globalisierung tatsächlich keine Vernichtung des Raums durch die Zeit – wie sinnträchtig diese Metapher auch immer sein mag –, sondern eine fortlaufende Produktion und Reproduktion von gewissen Arten von Räumen darstellt (Harvey 1982; Storper/Walker 1989; Smith 1990; 1996; Walker 1996). Damit Kapital frei sein kann, muss es auch immer an bestimmten Orten gebunden sein. Und, wie diese Autor/inn/en betonen, ist die sich intensivierende Globalisierung weniger ein Ergebnis eines technologischen Imperatives, sondern vielmehr das Resultat einer tendenziell fallenden, allgemeinen Profitrate. *Going global* beschreibt daher einzig den Versuch dieser Tendenz entgegenzuwirken. Nicht nur im globalen Maßstab, sondern überall, wo das Kapital Geschäfte machen will, führt der permanente Versuch dieser Tendenz durch eine Beschleunigung des Umschlags entgegenzuwirken zu einer ständigen Umgestaltung der Produktionsverhältnisse (und der Produktionsräume). Diese Trends zusammengenommen – in Richtung Umschlagzeitverkürzung und damit einhergehender Globalisierung – erzeugen eine große Unsicherheit für diejenigen, deren Investitionen in fixem Kapital räumlich gebunden sind, insbesondere in der gebauten Umwelt. Während das Kapital niemals ohne einen gewissen Grad an räumlicher Fixiertheit auskommt – Fixiertheit in Maschinen und Gebäuden, Straßen und Parks –, beschert die ungleiche Kapitalmobilität einzelnen Orten einen zunehmenden Grad an Unsicherheit. Investitionen in Eigentum können in rasanter Geschwindigkeit entwertet werden, so dass lokale Investor/inn/en, Eigentumsbesitzer/innen und Finanzbeamt/inn/e/n im Regen stehen. Oder auch nicht. Gemeinsam oder getrennt können sie versuchen ihre Situation zu stabilisieren, indem sie umherschweifendes Kapital anlocken, wozu sie Investitionen in fixes Kapital durch Anreiz schaffende Steuer-, Arbeits- und Umweltpolitiken schützen. Dieser Prozess kann zu einer ungebändigten „Ortsversteigerung" führen, in der Stadtverwaltungen und Staaten um attraktive, neue Investitionen oder um die Erhaltung des lokalen, „heimischen" Kapitals konkurrieren.

Eben an diesem Punkt wird die Ideologie der Globalisierung so mächtig: Durch die sehr effektive Verschleierung des Ausmaßes, in dem das Kapital sehr wohl lokal gebunden ist, ermöglicht sie es lokalen Politiker/inne/n zusammen mit örtlichen Geschäftsleuten und Grundstücksbesitzer/inne/n zu argumentieren, dass sie keine

---

3 Ein besonders erschütterndes Beispiel für das Ausmaß, in dem diese Ideologie zumindest teilweise eine reale Basis hat, liefert der kürzlich in *Harper´s* erschienene Essay von Bowden (1996), in dem er die grässliche Verwüstung von Juarez, Mexiko, durch den „Freihandel" untersucht. Browden hebt die Arbeit von einer jungen Gruppe von „Straßenphotograph/inn/en" hervor, deren grausige Fotos die Gewalt des Freihandels dokumentieren.

andere Wahl haben als sich dem Gott Kapital zu unterwerfen. Ihm müssen sie opfern: neben Steuersenkungen und Deregulierungen auch extravagante Kongresszentren,
innenstadtnahe Tourist/inn/enattraktionen, gehobene Restaurants und Kneipenviertel,
sowie gelegentlich auch öffentliche Investitionen in Annehmlichkeiten wie Museen,
Theater oder Konzerthallen (Molotch 1976; Cox/Mair 1988; Zukin 1995). Image ist
alles. Wenn angenommen wird, dass das Kapital keinen bestimmten Ort braucht,
dann unternehmen Städte alles, um möglichst attraktiv zu erscheinen, so dass sich
das Kapital – in Form von neuen Geschäften, mehr Tourist/inn/en oder einem größeren Anteil an suburbanen Investitionen – vor Ort niederlässt. Wenn ein Kollaps
des Raums stattfindet, dann muss simultan auch eine neue und bedeutende Reinvestition in Orte getätigt werden, eine Investition sowohl in fixes (und oft kollekti-
ves) Kapital, als auch in Imageproduktion. Für Kirsch (1995: 529) führt eine so strukturierte Welt zu der Frage: „Was geschieht mit dem Raum nach seinem Kollaps; in-
wiefern betrifft diese raumzeitliche Transformation unser Alltagsleben [...]?"

Für viele Städte in den Vereinigten Staaten[4] war die Antwort auf diese Frage per-
verser Weise die *weitere* „Vernichtung von Raum" – diesmal nicht auf globaler Ebene, bedingt durch einen technologischen Wandel, sondern vor Ort und per Gesetz.
In den späten 1980er und frühen 1990er Jahren beschäftigte sich Stadt nach Stadt
mit der Frage der „Lebensqualität", d.h. damit, wie die Stadtzentren möglichst attraktiv für ungebundenes Kapital und ungebundene Mittelschichtler/innen werden können. Politiker/innen und Manager/innen der *New Economy* wendeten sich dem zu,
was man „Vernichtung des Raums per Gesetz" nennen kann. Das heißt, dass legale
Lösungen gefunden werden, die es erlauben die Straßen von denjenigen zu säubern,
die von der Globalisierung oder anderen ökonomischen Entwicklungen zurückgelas-
sen worden sind. Der Raum, den diese Menschen zum Leben brauchen, wird ausradiert, indem die Rechte der Wohlhabenden und Erfolgreichen der globalen Ökonomie als hinreichend für den Rest definiert werden. Neil Smith (1996: 45) nennt dies
die „Revanchistische Stadt", weil er hier die grausame „Rachsucht" der Bourgeoisie
gegen die Armen erkennt, die zum „Drehbuch der zukünftigen Stadtentwicklung"
wird. Auch wenn diese Zukunftsprognose sehr düster klingt, mir erscheint sie als
treffende Beschreibung. Auf jeden Fall kann festgehalten werden, dass in den Städten
Anatole France beim Wort genommen wird, wobei die deutliche Ironie in seiner
Aussage, dass das Gesetz in seiner majestätischen Unparteilichkeit es ja schließlich
den Reichen genauso verbiete unter Brücken zu schlafen wie den Armen, überhört
wird. Diese Ironie kann man aber nur überhören, wenn man in der gleichen „unpar-

---

4 Und dies nicht nur dort. Keith Halfacree erinnerte mich daran, dass ähnliche Prozesse auch
   in Großbritannien stattfinden, und dass Premierminister John Major zum Beispiel ziemlich
   lautstark „Bettler" und „Hausbesetzer" attackiert. Aus Gründen der Stringenz beziehe ich
   mich in meiner Analyse aber dennoch nur auf Fälle in den USA.

teilichen" Art des Gesetzes auch der Überzeugung ist, dass Arme kein erhöhtes Bedürfnis haben, unter Brücken zu schlafen, in Gassen zu urinieren, auf Straßen zu betteln oder längere Zeit auf Parkbänken zu verbringen. Aber genau dies verbieten die neuen Verordnungen in amerikanischen Städten: exakt die Tätigkeiten, denen arme Menschen im Allgemeinen und Obdachlose im Besonderen in öffentlichen Räumen nachgehen müssen. Diese Ordnung zerstört gesetzlich (wenn auch nur im übertragenen Sinne) genau die Räume, die den Obdachlosen einzig bleiben. Die in den USA Stadt für Stadt eingeführten Anti-Obdachlosen-Gesetze funktionieren auf eine schäbige Art und Weise: Durch Neudefinition der akzeptierten Verhaltensweisen im öffentlichen Raum lässt man nicht nur diese Räume verschwinden, sondern auch die Obdachlosen selbst, da sie auf das Leben in ihnen *angewiesen* sind. Und all dies geschieht im Namen der Wiederbelebung der Stadt als Spielwiese für das angeblich globale Kapital, welches jeder Zeit dazu bereits sei, seine Raumvernichtung noch viel besser zu erledigen[5].

Ziel dieses Artikels ist es, die Beschaffenheit und die Folgen der Anti-Obdachlosen-Gesetze – und ihr Verhältnis zur Ideologie der Globalisierung und der „Lebensqualität" – in vier Hauptgebieten aufzuzeigen. Zuerst werde ich die Gesetzesänderungen bezüglich des öffentlichen Raums in amerikanischen Städten untersuchen. Der Fokus liegt dabei auf der Flut von Gesetzen, die in den 1980er und 1990er Jahren mit dem Ziel erlassen wurden, den Handlungsspielraum obdachloser Menschen einzuschränken. Der Abschnitt beginnt mit einer Auseinandersetzung mit den Folgen dieser Gesetze, in dem aber nicht nur die diesbezüglichen Diskurse analysiert werden, sondern auch der Effekt, den diese Gesetze auf die Freiheit von obdachlosen Menschen haben. Ich möchte dabei zeigen, dass diese Verschärfungen nicht nur ein Verschwindenlassen des Raums beinhalten, sondern auch ein Verschwindenlassen der Menschen, die in ihm leben. Im zweiten Teil möchte ich darlegen, dass diese Gesetzesänderungen bezüglich des öffentlichen Raums einer zunehmend nervöser werdenden Bourgeoisie dienen, welche versucht mit der systemimmanenten, ökonomischen Unsicherheit zurecht zu kommen. Dieser Abschnitt untersucht folglich die ökonomischen Ursachen der Anti-Obdachlosen-Gesetzgebung. Im dritten Abschnitt geht es um die Art und Weise, in der die ökonomische Logik verknüpft mit einer moralisierenden Sprache versucht, den öffentlichen Raum nach einem Image der Exklusivität neu zu schaffen. Mein Hauptargument ist hierbei, dass die Anti-Obdachlosen-Gesetze eine höchst exklusive Bedeutung von Bürgerschaft [*citizenship*] sowohl widerspiegeln als auch verstärken. Dies bedeutet, dass die selektive Entziehung nicht nur von bürgerlichen

---

5 Diesbezüglich ist die Vernichtung des Raums durch das Gesetz nur eine weitere Auseinandersetzung im fortlaufenden Krieg gegen die Armen, welcher sich zwar in den letzten Jahrzehnten verschärft hat, aber keineswegs neu ist. Zu diesem Punkt werde ich später noch zurückkommen.

Rechten, sondern auch von dem Recht, als denkender und handelnder Mensch zu existieren, als gut und gerecht empfunden wird. Insbesondere an dieser Stelle möchte ich auch auf die Bedeutung eingehen, die diese Gesetze für das Verhältnis von Bürgerschaft und Öffentlichkeit haben; ich werde auch die in vorangegangenen Abschnitten erläuterte ökonomische Untersuchung vertiefen, indem ich aufzeige, dass diese Gesetze tiefgehende Wurzeln in dem ideologischen und kulturellen Ausdruck des Verhältnisses zwischen abweichenden Armen und erhabener Bourgeoisie haben. Im letzten Kapitel möchte ich schließlich einen Aspekt aufzeigen, der in dem Diskurs der Anti-Obdachlosen-Gesetze angelegt ist, und der die städtische – oder allgemeiner landschaftliche – Ästhetik betrifft. Die letzte Anti-Obdachlosen-Welle und die diesbezüglichen Gesetze haben eine Reihe wichtiger und zusammenhängender Fragen bezüglich des Verhältnisses von Ökonomie und Ästhetik sowie von öffentlichem Raum und Landschaft aufgeworfen. Auf die Gefahr hin zu stark zu vereinfachen möchte ich die These aufstellen, dass öffentlicher Raum und Landschaft zwei Gegensätze sind, die viel über die gesellschaftliche Konstruktion und Bedeutung von Öffentlichkeit aussagen.

Anti-Obdachlosen-Gesetze und das Verschwindenlassen der Obdachlosen

> Niemand kann frei eine Handlung ausführen, wenn er nicht über einen Ort verfügt, an dem er sie ausführen kann [...].
> Eine der Funktionen der Regelung von Eigentumsrechten – insbesondere bezüglich des Grundeigentums – besteht darin eine Basis zu schaffen, um festzulegen, wem es erlaubt ist wo zu sein.
> *(Waldron 1991: 296)*

Betrachtet man folgende unvollständige, aber ziemlich typische Litanei, so wird deutlich, wie das Verschwindenlassen von Raum per Gesetz verfährt:
- In San Francisco wurde Gesetzen gegen kampieren in der Öffentlichkeit, herumlungern, urinieren und defäzieren mit einer bisher unbekannten Härte zur Geltung verholfen (MacDonald 1995), während sich die Stadt gleichzeitig hartnäckig weigert, öffentliche Toiletten zu installieren;
- in Santa Crux, Phoenix, St. Petersburg und unzähligen anderen Städten ist es illegal in der Öffentlichkeit zu schlafen;
- in Atlanta und Jacksonville ist es eine Straftat durch ein Parkhaus zu schlendern bzw. dort herumzuhängen (im Mai 1993 wurden in Atlanta mindestens 226 Personen wegen „Bettelei, Hausfriedensbruch, unordentlichem Verhalten unter Alko-

holeinfluss, Blockieren eines öffentlichen Durchgangs oder Herumlungern in Parkhäusern" in Gewahrsam genommen; *Atlanta Journal and Constitution* 12.07.1993);

- in New York ist es illegal in oder in der Nähe von U-Bahnstationen zu schlafen und auf der Straße die Windschutzscheiben von Autos zu waschen (Howland 1994);
- im Februar 1994 wurde in Santa Crux diskutiert nach dem Vorbild von Eugene, Oregon oder Memphis Bettler/innen dazu zu verpflichten eine Bettellizenz zu beantragen, welche Fingerabdrücke und ein Lichtbild enthalten soll und jederzeit mitzuführen wäre (*San Francisco Chronicle* 10.02.94);
- in Baltimore wurde die Polizei dazu ermächtigt Bettler/innen zu vertreiben, obwohl das Gesetz gegen aggressive Bettelei durch einen Bundesrichter aufgehoben worden war (*Baltimore Sun* 22.09.94)[6];
- im Mai 1995 wurde es in Cincinnati verboten nach 20 Uhr in der Nähe von Geldautomaten oder innerhalb von sechs Fuß um ein Schaufenster herum zu betteln; ebenso wurde sitzen oder liegen auf Bürgersteigen zwischen 7 und 21 Uhr verboten (*Cincinnati Enquirer* 03.05., 04.05., 24.05.95); Seattle und Dutzende anderer Städte haben ähnliche Gesetze.

Die Intention ist klar: Man will das Verhalten und den Raum von obdachlosen Menschen kontrollieren, so dass diese einfach nicht den Tätigkeiten nachgehen können, denen sie nachgehen müssen, um zu überleben, ohne dass sie dabei Gesetze verletzen. Überleben selbst wird kriminalisiert. Zusätzlich, wie David Smith (1994: 495) schreibt, ist das „angenommene öffentliche Interesse, dem diese Kriminalisierung angeblich dienen soll" – wie z.B. die Kriminalprävention – „bestenfalls dubios". Stattdessen existieren, wie wir noch sehen werden, zahlreiche andere Gründe, warum Obdachlose kriminalisiert werden sollen, Gründe, die sich um die Unsicherheit von globalen, instabilen Märkten und um die ziemlich verkürzten ästhetischen Ansprüche des Kapitals drehen. Wie das Beispiel von Seattle weiter unten zeigen wird, sind die Akteure der Anti-Obdachlosen-Gesetze zuweilen auch recht ehrlich in ihrer Argumentation, auch wenn sie versuchen, diese mit einem Mantel der Kriminalprävention zu verhüllen. Die Hoffnung besteht dann einfach darin, dass, wenn erst einmal die Obdachlosen verschwunden sind, auch nichts anderes mehr ihrem Traum von Wohlstand, sozialer Harmonie und ewigem Wirtschaftswachstum im Weg steht. Bei der Anti-Obdachlosen-Gesetzgebung handelt es sich nicht um Kriminalprävention, sondern vielmehr um eine Erfindung von Kriminalität[7].

---

6 Der Streitpunkt „Bettelei" wird im Gegensatz zu anderen Tätigkeiten von obdachlosen Menschen ein wenig differenzierter betrachtet. Anders als z.B. pinkeln in der Öffentlichkeit kann betteln eindeutig mit der Meinungsfreiheit in Verbindung gebracht werden, weshalb Anti-Bettel-Gesetze im ganzen Land auf Grund von Verfassungsbeschwerden aufgehoben werden mussten (Rose 1989; Herskoff/Cohen 1991).

7 Vielen Dank an Mike Longan für diesen Hinweis.

Die vielleicht strengste neue Anti-Obdachlosen-Gesetzgebung findet in den stereo-
typisch „liberalsten" Städten der Westküste Anwendung[8]. Nach der jüngsten Studie
des *National Law Center on Homelessness and Poverty* befinden sich vier von fünf
Städten mit den „grausamsten Straßen" im Westen[9]. Die Gewinner dieser zweifelhaf-
ten Auszeichnung waren: Atlanta, Seattle, San Francisco, Santa Monica und Santa
Ana (*The Nation* 29.01.96: 7). Obwohl nicht unter den Gewinnern, ist auch Berkeley
ein interessanter Fall. Die Stadt war lange Zeit ein Zentrum für obdachlose Jugendli-
che und Erwachsene, die in den Parks und Straßen der Stadt verbleiben konnten –
auch wenn dies stets umstritten war (Mitchell 1992; 1995). 1994 wurden im Stadtparlament Anti-Obdachlosen-Gesetze debattiert, die die Stadt zu den „strengsten des Landes" (*San Francisco Chronicle* 15.02.94) machen würden. Diskutiert wurden Gesetze
in zwei Teilbereichen: erstens solche mit Bezug auf Bettelei, Schlafen in der Öffentlichkeit
und ähnlichen mit Obdachlosigkeit assoziierten Verhaltensweisen, und zweitens solche, die sich auf einer allgemeineren Ebene mit Herumlungern befassen. Betteln wurde in ähnlicher Weise verboten wie es Cincinnati – wie oben erwähnt – vorgemacht
hatte. Ergänzt wurde dies nur noch dadurch, dass das Anbetteln von Personen unter-
sagt wurde, die auf einer Bank sitzen, eine Telefonzelle benutzen, in einer Warteschlange
vor einem Kino stehen, auf einen Bus warten oder am Kiosk eine Zeitung kaufen
wollen. Auf der Straße sitzen oder schlafen ist schlicht verboten (*San Francisco Chronicle*
15.02.94). Durch die vorläufige Zustimmung zu einem weitaus schärferen „Anti-
Rumlunger-Gesetz", welches das längere Aufhalten „in Parks, auf Schulhöfen, vor
Erholungszentren, Alkoholgeschäften und ungenutzten Gebäuden sowie Waschsalons,
die länger als 16 Stunden am Tag geöffnet haben" (*San Francisco Chronicle* 12.05.94),
illegal macht, wollte das Stadtparlament angeblich den Drogenhandel abschrecken[10].

---

8 Allerdings sollte man auch nicht überrascht sein, da die Städte Kaliforniens und der restlichen
   Westküste in ihrer Geschichte bei neuen Entwicklungen immer schon eine Vorreiterrolle eingenommen haben. Henry George schrieb bereits in den 1870er Jahren über das Schicksal der
   „Landstreicher" in Kalifornien, und die Effektivität der *Industrial Workers of the World* sowie
   anderer Obdachlosenbewegungen wie der *Coxey´s Army* führten zu weit reichenden Versuchen eines humaneren Umgangs (für eine zeitgenössische Diskussion siehe Parker, 1920).
   Während der großen Wirtschaftskrise griffen aber auch diese Staaten der Westküste wieder zu
   den alten Methoden der Kriminalisierung von Obdachlosen, der Deportierung von Unerwünschten, den regelmäßigen Razzien in besetzten Siedlungen und der Etablierung von „Grenz-
   patrouillen", die unerwünschte Amerikaner/innen fernhalten sollte, zurück.

9 Und es war ebenfalls der Westen, der auch die jüngste Runde der Raumvernichtung per
   Gesetz angestoßen hat. Bereits im Juli 1981 wurde in Phoenix verboten sich auf öffentlichem Eigentum hinzulegen oder dort zu schlafen – natürlich war dies Teil eines Revitalisierungs-
   programms für die Innenstadt (Cayo Seyton 1986).

10 Parlamentsmitglied Mary Wainwright ließ dazu wissen: „Wir reden hier nicht über obdachlose
   Menschen. Wir reden hier über Personen, die rumhängen um Drogen zu verkaufen. Wenn man
   nur so irgendwo rumsteht, betrifft einen das Gesetz nicht" (*San Francisco Chronicle* 12.05.94).

Das Gesetz verbietet aber genauso effektiv das bloße Herumstehen in von Obdachlosen frequentierten Stadtteilen. Wie ein Anwalt der ACLU[11] feststellte „ist dies Strafverfolgung nach Aussehen [...], und deshalb ist dieses Gesetz zwangsläufig selektiv und sicherlich ungerecht. Außerdem wird es nur einen minimalen Beitrag zur Bekämpfung des wirklichen Drogenproblems leisten" (*San Francisco Chronicle* 12.05.94).

Das „Anti-Rumlunger-Gesetz" wurde mit der Einschränkung erlassen, dass es nach einem Jahr auf Effektivität und Missbrauch untersucht werden sollte. Das „Anti-Bettelei-Gesetz" musste auf Grund von lautstarkem Widerstand durch eine stadtweite Abstimmung bestätigt werden. Im November 1994 entschieden sich die Wähler/innen mit einem hauchdünnen Vorsprung für das Gesetz, so dass es einen Monat später vom Stadtparlament in Kraft gesetzt wurde, verbunden mit der Auflage $525.000 für soziale Obdachlosenprojekte bereitzustellen (*San Francisco Chronicle* 09.12.94). Mit Verweis auf das Recht auf freie Meinungsäußerung reichte die ACLU im Februar 1995 eine Klage ein, um das „Anti-Bettelei-Gesetz" zu blockieren. Die Stadt garantierte daraufhin, dass das Gesetz nicht durchgesetzt wird, bis ein Gericht den Fall geprüft hätte (*San Francisco Chronicle* 28.02.94). Im Mai brachte dann schließlich ein Bundesrichter das Gesetz zu Fall; einzige Ausnahmen: die Klauseln, die das Sitzen und Schlafen auf dem Gehweg betreffen (*San Francisco Chronicle* 09.05.95; *The Reporter* 09.05.95). Im Wesentlichen begründete der Richter dies damit, dass ein Betteleiverbot verfassungswidrig ist, da es die freie Meinungsäußerung einschränkt. Demgegenüber sind aber andere Aktivitäten – wie sitzen oder schlafen –, die die meisten von uns für selbstverständlich halten, weiterhin verboten.

Schlaflos in Seattle

Wenn Berkeley auch ein lehrreiches Beispiel ist, so liegt die Vorreiterrolle für diese Art von Restriktionen doch bei Seattle. Einen Artikel über die gescheiterten Bestrebungen der *Disney Corporation* sich in Seattle in der Stadtplanung zu versuchen schloss Stacy Warren (1994) kürzlich mit dem Hinweis darauf, dass Obdachlose aktiv in den Planungsprozess einbezogen wurden, der nach dem Scheitern von Disney einsetzte. Sie zitiert einen obdachlosen Mann aus einem damals ausgefüllten Fragebogen: „Danke, dass ihr mir und anderen die Chance gegeben habt, Teil des [Seattle] Centers zu sein – warmherzig, etc. gegenüber einer obdachlosen Person." Warren (1994: 104) folgert daraus, „dass, wenn eine obdachlose Person, obwohl wahrscheinlich das aussagekräftigste Symbol für Ausgrenzung in der Stadt, konkreter Teil des Planungsprozesses für das neue Seattle Center wird, dies für die Kraft der wahrhaftigen Bürgerschaft spricht."

---

11 Anm. d. Übers.: ACLU = *American Civil Liberties Union*; nichtstaatliche Bürgerrechtsorganisation seit 1920

Dieser Optimismus im Hinblick auf Seattles Gutmütigkeit gegenüber obdachlosen Menschen ist aber nur schwer aufrechtzuerhalten[12]. Schon 1986 verabschiedete Seattle ein „aggressives Anti-Bettelei-Gesetz" (*Los Angeles Times* 24.03.87; *New York Times* 19.11.87; Blau 1992), welches aber später für verfassungswidrig erklärt wurde. Auf jeden Fall war der Anwalt der Stadt nicht mit dessen Effizienz zufrieden und sorgte dafür, dass 1993 eine Neuauflage des Gesetzes erlassen wurde, welches alles verbot, vom Urinieren in der Öffentlichkeit bis hin zum Sitzen auf dem Gehweg. Zusätzlich ermöglichte es der Polizei sämtliche Straßen für die Öffentlichkeit zu sperren wenn eine Bedrohung für die öffentliche Sicherheit vorliegt. Sidrin argumentierte, dass diese weitere Repression gegenüber Obdachlosen (insbesondere die Sperrung der Räume, auf die diese so dringend angewiesen sind) nötig sei, damit Seattle nicht den gleichen Weg wie ehemals „lebenswerte Städte" in Kalifornien geht. Die Gefahr sei zwar greifbar, aber dennoch auch subtil:

Offensichtlich kann die gravierende Gewaltkriminalität des Drogenhandels und der Gangs ein Gemeinwesen zerreißen. Wir dürfen aber auch nicht den Schaden unterschätzen, der von weniger Dramatischem ausgeht, da auch dieses die soziale Ordnung auflöst. Auch für hartgesottene Stadtbewohner kommt der Punkt, an dem auch „kleinere" Vergehen – wie Graffiti, Müll, Uringestank in Treppenhäusern, öffentlicher Alkoholkonsum, aggressives Betteln und das Herumliegen auf Gehwegen – zusammen genommen nicht mehr zu tolerieren sind. Insgesamt und im Zusammenhang mit schwererer Kriminalität führt dies zu einem Gefühl der Angst, welches schon andere ehemals großartige Städte zerstört hat, weil die Menschen in einer solchen Umgebung nicht einkaufen, arbeiten, spielen und leben wollen. (Sidrin 1993)

Diese Logik ist faszinierend. Es ist ja nicht so, dass „kleinere Vergehen" an sich ein Problem sind. Aber im Zusammenhang mit diesen entstehen andere Verhaltensweisen („schwerere Kriminalität"), die die „kleineren Vergehen" zu einem Problem machen[13].

---

12 Auch in einem erst 1992 erschienenen Buch (Blau 1992: 127) wurde Seattles „Ruf der Freundlichkeit" diskutiert und das Zutrauen in „die Zivilcourage seiner Bewohner/innen, diesen Ruf zu erhalten" untersucht. Blau kommt zu dem Schluss, dass dieses Interesse an sozialer Gutmütigkeit trotz gegenläufiger Anzeichen (wie etwa dem „Anti-Bettelei-Gesetz" von 1986, das allerdings 1991 für verfassungswidrig erklärt wurde) „einen entscheidenden Hinweis auf die Politik gegenüber Obdachlosen gibt". Der Autor schließt, dass Seattles Verhalten gegenüber obdachlosen Menschen (eine *public-private* Initiative zur Schaffung von günstigem Wohnraum und sozialen Dienstleistungen) im Gegensatz zu den meisten anderen Städten sehr „scharfsinnig" sei.

13 Dies ist natürlich nur eine Variation der *Broken Windows* Theorie von James Q. Wilson (1994). Wilson argumentiert, dass der beste Weg zur Bekämpfung von schwerer Kriminalität die Bekämpfung von harmloseren Delikten wie Graffiti oder Vandalismus ist, da diese Signale aussenden, dass es sich wohl um einen unkontrollierten Stadtteil handelt. Wilsons Ideen haben größere öffentliche Aufmerksamkeit erhalten und wurden das Rückgrat von Rudolph Giulianis „Lebensqualität"-Kampagne in New York (für eine parteiische Evaluation dieser Kampagne und einer implizierten Werbung für Wilsons Thesen vgl. Leo 1996).

Folglich lautet die Antwort, dass man nicht so sehr den Kontext betrachten soll, sondern „vielmehr die Gesetze verschärfen muss, um das schlechte Betragen in unseren Straßen zu beseitigen. Wir müssen also wiederholtes Trinken und Urinieren in der Öffentlichkeit strafbar machen, da sonst die bestehenden Gesetze ungestraft ignoriert werden können [...]" (Sidrin 1993). Sidrin hat auch bemerkt, dass „Strafverfolgung alleine keine Antwort ist", und dass daher verstärkt soziale Angebote für Obdachlose geschaffen werden müssen. „Gleichzeitig ist aber eine Ausweitung der Angebote alleine auch keine Lösung. Manche Menschen treffen einfach die falschen Entscheidungen" – wie zum Beispiel die „Wahl" in der Öffentlichkeit zu urinieren oder auf Gehwegen zu sitzen. „Wir müssen auch diejenigen erreichen, die Tag für Tag vor unseren Geschäften hocken. Dieses Verhalten bedroht die öffentliche Sicherheit. Ältere, schwache und sehbehinderte Menschen sollten sich nicht in ständig verstopften Straßen zwischen herumliegenden Menschen durchkämpfen müssen."

Aber vielleicht geht ja eine noch größere Gefahr von herumsitzenden und -liegenden Menschen aus: „Viele Menschen meiden solche Gegenden, entweder weil sie erwarten angebettelt zu werden, oder weil sie andersartig besorgt sind. Dies schreckt sie natürlich vom Einkaufen in anliegenden Geschäften ab, so dass das Fehlverhalten Einzelner Andere schädigt. Dies kostet Seattle Jobs und Steuergelder." (Sidrin 1993) Am Ende argumentiert Sidrin sogar, dass obdachlose Menschen in den Straßen und Parkanlagen „die öffentliche Sicherheit zwar weniger direkt, dafür um so beträchtlicher schädigen. Der entscheidende Faktor zur Aufrechterhaltung der Sicherheit in den Straßen ist der, diese lebhaft und aktiv zu halten, um Menschen anzuziehen und ein Gefühl von Sicherheit und Wohlbefinden zu schaffen." Und genau um diese Sicherheit geht es:

Wenn man heute eine Geschichte über Seattle schreiben sollte, könnte man sich den unvergesslichen Beginn von Dickens *A Tale of Two Cities* vor Augen führen: „Es war die schönste aller Zeiten, es war die schlimmste aller Zeiten." Vom ersten Platz im Geschäftsindex des *Fortune Magazine* bis zur Hauptstadt des *Grunge*, vom Hightech Standort am Pazifik bis hin zur Espressobar an der Ecke, es ist die schönste Zeit in Seattle. Bei uns kann man sogar gut schlaflos sein.[14]

Insbesondere wenn man obdachlos ist. Gemäß einem Vorschlag von Sidrin soll es bezüglich der „Sitzverbot"-Klausel Ausnahmen geben für „medizinische Notfälle, Kundgebungen, Paraden, beim Warten auf den Bus und beim Sitzen an Kaffee-Ständen" (*Seattle Times* 28.08.93). Das Ziel dieser Gesetze ist offensichtlich[15]. Und es ist

---

14 Dieser Hinweis bezieht sich auf den Film *Schlaflos in Seattle* mit Meg Ryan und Tom Hanks über ein Verhältnis, das in einer Art von Cyberspace entstanden ist: in einer late-night coast-to-coast Radioshow.

15 Dieser Artikel, in dem von „Satzungen" die Rede war, die „Bettlern das Sitzen auf Gehwegen verbieten" würden, führte zu Widerspruch durch einen städtischen Anwalt. Dieser wurde wenig später veröffentlicht: „Korrektur: Die Gehweg Anordnung betrifft laut Assistant City

wichtig sowohl ihre Effekte - nachdem nämlich die Repression in der Innenstadt verstärkt wurde, zogen viele Obdachlose in die äußeren Geschäftsviertel, was dort umgehend zu Protesten der ansässigen Kaufleute führte (Balter 1994) - als auch ihre Bedeutung zu verstehen. Durch das Ausmaß des Verschwindenlassens von Raum für Obdachlose führen diese Gesetze zum Verschwinden der obdachlosen Menschen selbst. Wenn solche Anti-Obdachlosen-Gesetze auf den gesamten öffentlichen Raum ausgedehnt werden, so anscheinend die Logik, dann werden die Obdachlosen ganz einfach verschwinden.

Das Verschwindenlassen von Menschen per Gesetz

In einem brillanten Essay zeigt Waldron (1991), dass Obdachlose unter kapitalistischen Bedingungen keinen Ort für sich haben. „Diese Zwangslage kann man unter anderem dadurch verdeutlichen, dass es keinen Privatbesitz gibt, auf dem es diesen Menschen erlaubt ist zu *sein*" (ebd.: 299). Obdachlose können privaten Grundbesitz - wie etwa irgendein Haus oder eine Restauranttoilette - nur mit ausdrücklicher Erlaubnis der Eigentümer/innen betreten. Dies gilt natürlich auch für den Rest von uns, aber wir haben gleichwohl zumindest einen Ort, an dem wir (weitgehend) unabhängig sind. Wir müssen nicht um Erlaubnis fragen, wenn wir die Toilette oder die Dusche benutzen oder in einem Bett schlafen wollen. Umgekehrt haben Obdachlose nur in Gemeinschafts- oder öffentlichen Räumen die Möglichkeit, eine gewisse Unabhängigkeit zu erleben. Wie Waldron erläutert, könnte eine obdachlose Person in einem „liberalen Paradies", in dem *alles* Eigentum privat ist, nicht existieren. „Unsere Gesellschaft bewahrt Obdachlose vor dieser Katastrophe nur durch die Tatsache, dass sich Teilbereiche in kollektivem Eigentum befindet und daher von allen genutzt werden können. Es wird den Obdachlosen erlaubt zu *sein* - vorausgesetzt sie befinden sich auf Straßen, in Parkanlagen oder unter Brücken." (Waldron 1991: 300)[16]

Dennoch erlässt Stadt für Stadt spezielle Gesetze, die alltägliche Handlungen (urinieren, seine Notdurft verrichten, herumstehen, sitzen, schlafen) auf öffentlichem Eigentum verbieten:

Dadurch entsteht eine Situation - und dies ist nicht übertrieben - in der über eine Millionen Bürger/innen keinen Platz mehr für ihre elementarsten Bedürfnisse haben wie urinieren, waschen, schlafen, kochen und essen. Die Gesetzgeber, die von Menschen

---

Attorney Laurie Mayfield nur das Sitzen und Liegen auf Gehwegen in Geschäftsvierteln und verbietet keineswegs das Betteln." Das Gesetz betraf sicherlich keine Espressotrinker.

16 Waldrons Essay befasst sich speziell mit Fragen der Freiheit, nicht mit Ursachen oder Lösungen bezüglich der Obdachlosigkeit. Seine Analyse des Freiraums von Obdachlosen sollte daher auch nicht als Entbindung von der gesellschaftlichen Verantwortung für die Entstehung von Obdachlosigkeit verstanden werden.

gewählt werden, die über private Orte verfügen, in denen sie diese Dinge verrichten können, entscheiden zunehmend, öffentliche Orte nur für nicht-elementare Bedürfnisse zu nutzen. Die Straßen und U-Bahnen, so meinen sie, seien zum Pendeln zwischen Arbeitsplatz und Wohnung gebaut worden. Sie sind nicht zum Schlafen gedacht; schlafen tut man zu Hause. Die Parks sind zur Erholung da, zum Spazieren und Ballspielen, für Aktivitäten eben, für die der eigene Garten zu klein ist. Parkanlagen sind nicht zum Kochen oder Urinieren gedacht; dies sind ebenfalls Dinge, die man zu Hause tut. Da die öffentliche Sphäre von der privaten getrennt ist, sind auch die Tätigkeiten in öffentlichen und privaten Räumen komplementär. Diese Ergänzungen funktionieren prima für diejenigen, die über beide Arten von Orten verfügen. Hingegen sind sie verheerend für diejenigen, die ihr ganzes Leben in öffentlichen Räumen verbringen müssen. Wenn ich richtig liege, ist dies in der Neuzeit eine der härtesten und tyrannischsten Anwendungen von Macht einer (relativ) wohlhabenden und selbstgefälligen Mehrheit gegenüber einer Minderheit von weniger glücklichen Mitmenschen. (Waldron 1991: 301f.)

Mit anderen Worten erschaffen wir uns eine Welt, in der eine ganze Klasse von Menschen einfach deshalb nicht leben kann, weil sie gänzlich keinen Raum zum Existieren hat. Wie schwer es auch sein mag sich die Notwendigkeit eines „sicheren Hafens" für Obdachlose im öffentlichen Raum vorzustellen[17], um so schwerer ist es doch, eine Welt ohne sie in Erwägung zu ziehen. Die Tätigkeiten, die verboten werden – wie das Sitzen auf Gehwegen oder Bänken, das Schlafen in Parks, das Pinkeln oder das Erbeten von Spenden –, sind selbst nicht Objekt der gesellschaftlichen Sanktionierung. Stattdessen sind es alles Tätigkeiten, die wir alle regelmäßig und notwendigerweise ausüben. Die Frage ist, wo diese verrichtet werden. Die meisten von uns betrifft das Bettelei-Verbot nicht; wir können zu Hause sitzen und Spendenaufrufe für karitative Zwecke verfassen. Genauso erscheinen auch Urinier-Verbote vernünftig. Wenn sich einer von uns Wohnungsbesitzer/inne/n z.B. unerwartet in den Fängen einer Diarrhöe wieder findet, ist dies nur ein zeitliches Problem, kein generelles, welches auf dem nicht Vorhandensein von entsprechenden Räumen beruht. Nicht so für obdachlose Menschen: ein Obdachloser mit Diarrhöe ist gänzlich auf das Wohlwollen von Eigentumsbesitzer/inne/n angewiesen; oder er muss einen öffentlichen Ort finden, um sich zu erleichtern[18]. Ähnlich verhält es sich (für mich) mit dem Vergnügen in einem öffentlichen Park in der Sonne zu dösen. Ich kann im

---

17 1988 wurde die Stadt Miami von einem Richter angewiesen in der Stadt Gebiete zu schaffen, in denen obdachlose Menschen ohne Polizeischikanen ihre alltäglichen Grundbedürfnisse wie Essen, Schlafen, Urinieren und Verweilen befriedigen dürften. Seit damals wurden unzählige Debatten über die Schaffung von „sicheren Häfen" als einer vernünftigen Reaktion auf Obdachlosigkeit geführt. Während einige Vertreter/innen von Obdachlosen argumentieren, dass dadurch das Problem der Obdachlosigkeit nicht gelöst würde, geben Vertreter/innen der öffentlichen Ordnung zu bedenken, dass dadurch die Qualität des urbanen Lebens zerstört würde.

18 Genau dies ist die Situation in (den meisten) amerikanischen Städten, die sich weigern öffentliche Toiletten zu bauen bzw. zu erhalten.

wahrsten Sinne des Wortes ohne diese Tätigkeit *leben*, weil ich, wann immer ich will, über einen Ort zum Schlafen verfüge. Wir reden hier auch nicht über Mord oder Körperverletzung, die gesellschaftlich (fast) vollständig geächtet sind. Vielmehr sprechen wir hier über Geographie im grundlegendsten Sinne; einer Geographie also, die durch räumlich begrenzte Verbote (sagen wir z.b. Schlafen in der Öffentlichkeit) Totalverbote für bestimmte Menschengruppen schafft. Daher betrachtet Jeremy Waldron (1991) die Verhängung von „Anti-Obdachlosen-Gesetzen" als eine fundamentale Frage der Freiheit: sie richten nicht nur jegliche Freiheit zugrunde, die obdachlosen Menschen geblieben ist – nämlich zumindest teilweise frei entscheiden zu können, wie sie leben möchten –, sondern auch deren Leben selbst. Deswegen ist die Gestaltung und Regulation des öffentlichen Raums so essentiell für unseren Typus von Gesellschaft. Das Verschwindenlassen von Raum durch das Gesetz ist daher unvermeidbar (wenn bisher auch nur potentiell) auch ein Verschwindenlassen von *Menschen.*

Das Ausmaß, in dem die Anti-Obdachlosen-Gesetzgebung die Freiheit und die Rechte von obdachlosen Menschen einschränkt, ist natürlich eine wichtige Angelegenheit für diejenigen, die diese Gesetze voranbringen. Diese Personen sehen sich aber nicht als Anstifter/innen eines Pogroms, sondern eher als Retter/innen: Als Retter/innen der Städte, als Retter/innen der „einfachen Leute", die so gerne den städtischen Raum nutzen würden, wäre dieser nicht überfüllt mit Obdachlosen, die auf Gehwegen herumliegen, in Parks schlafen und sie an jeder Ecke anbetteln. Und dies ist anscheinend nicht nur ein guter und gerechter Grund, sondern auch ein notwendiger. „Die Zustände auf unseren Straßen sind zusehends intolerabel und bedrohen direkt die Sicherheit aller Bürger/innen und die ökonomische Überlebensfähigkeit unserer Innenstadt und der umliegenden Viertel", so Sigrin (*Seattle Times* 01.10.93). Oder, wie es die Kolumnistin Joni Balter ausdrückte: „Seattles hartnäckige Gesetze gegen Bettelei, Urinieren, Trinken in der Öffentlichkeit und Rumhängen auf Gehwegen sind innovative Vorreiter. Jeder, der nicht akzeptieren will, dass diese robusten Schritte die Innenstadt gastfreundlicher für Konsument/inn/en und Arbeitnehmer/innen machen, gewinnt zwei One-Way-Tickets nach Detroit oder in irgendein anderes, totes Stadtzentrum seiner Wahl" (Balter 1994)[19]. Genau hier liegt die Krux dieser Frage. Städtischer Niedergang wird als Resultat der Obdachlosigkeit gesehen. Detroit ist „tot", weil Menschen „die falschen Entscheidungen getroffen haben" und nun

---

19 Balter forderte in dieser Kolumne des Weiteren den Einsatz von Uniformierten zur Durchsetzung der Anti-Obdachlosen-Gesetze. In einem früheren Artikel (Balter 1993) lobte sie einen von einer lokalen Geschäftslobby gesponserten Plan für Portland, Oregon. Dieser führte zur Aufstellung einer kleinen Armee von jungen, uniformierten Truppen, deren Job darin bestand Bettler/innen aufzuspüren, diese zum weggehen zu drängen und solange bei ihnen zu bleiben, bis sie dem Folge leisteten. Sie scheint genau Waldrons Kritik bestätigen zu wollen.

auf der Straße betteln, in der Öffentlichkeit urinieren oder auf Gehwegen sitzen, wodurch voraussichtlich neben Konsument/inn/en, Arbeitnehmer/inne/n und Bewohner/inne/n auch das Kapital abgeschreckt wird. Seattle wird demnach, obgleich in „der Blüte seines Lebens", das gleiche Schicksal treffen, wenn es nicht hart gegen obdachlose Menschen und ihre Angewohnheiten durchgreift. Kapital wird die Stadt meiden, die Innenstadt wird verfallen und Seattle wird ein ebenso ausgebombtes Gerippe sein wie Detroit oder Newark. Daher müssen die Obdachlosen eliminiert werde.

Die vernichtende Ökonomie und das Problem der Regulation

Die Art der Regulation von obdachlosen Menschen ist vielleicht neu, der Wunsch sie zu regulieren – und ihre Kriminalisierung – sicherlich nicht. Es wäre daher viel angemessener von der *Re*kriminalisierung von Obdachlosen zu sprechen. Ob wir nun die Geschichte der Obdachlosen-Repression durch die Landstreichereigesetze im elisabethanischen England, die verelendeten Reservearmeen, die Marx als notwendige Erscheinung des industriellen Kapitalismus beschreibt, und deren Regulierung oder die Übernahme der englischen Armengesetze durch die Vereinigten Staaten und deren Wiederbelebung während der Wirtschaftskrisen in den 1870ern, den 1890ern und im frühen 20. Jahrhundert betrachten: die Kriminalisierung von Armut war immer schon ein essentieller Bestandteil der räumlich ungleichen Entwicklung des Kapitalismus. In einer bemerkenswerten Passage im *Kapital* beschreibt Marx die Zunahme von Armut sowohl als eine notwendige Voraussetzung der Kapitalakkumulation als auch als deren Ergebnis. Aber er betont auch die Widersprüchlichkeit dieses doppelten Wachstums:

Je größer der gesellschaftliche Reichtum, das funktionierende Kapital, Umfang und Energie seines Wachstums, also auch die absolute Größe des Proletariats und die Produktivkraft seiner Arbeit, desto größer die industrielle Reservearmee. Die disponible Arbeitskraft wird durch dieselben Ursachen entwickelt wie die Expansivkraft des Kapitals. Die verhältnismäßige Größe der industriellen Reservearmee wächst also mit den Potenzen des Reichtums. Je größer aber diese Reservearmee im Verhältnis zur aktiven Arbeiterarmee, desto massenhafter die konsolidierte Übervölkerung, deren Elend im umgekehrten Verhältnis zu ihrer Arbeitsqual steht. Je größer endlich die Lazarusschichte der Arbeiterklasse und die industrielle Reservearmee, desto größer der offizielle Pauperismus. *Dies ist das absolute, allgemeine Gesetz der kapitalistischen Akkumulation. Es wird gleich allen andren Gesetzen in seiner Verwirklichung durch mannigfache Umstände modifiziert.* (MEW 23: 673f.)

Hauptsächlich auf Grund dieser Gegebenheiten wollen die „Armen" ihren zugewiesenen Status einfach nicht akzeptieren und werden daher zu einem Problem der sozialen Regulation, die selbst wiederum teilweise Teil einer historischen Logik ist. Die reine Existenz einer solchen Armee der Armen, welche so notwendig für die

Expansion des Kapitals ist, bedeutet auch, dass eine Armee von Menschen entsteht, die streng kontrolliert werden müssen, wenn sie nicht den Akkumulationsprozess untergraben sollen. Was heutzutage geschieht, die neue Welle von Anti-Obdachlosen-Gesetzen, ist eine ständige Begleiterscheinung der kapitalistischen Entwicklung. Neu ist nur das Ausmaß, in dem diese Art von Regulierung nicht nur als wichtiges Mittel der Kapitalexpansion eingesetzt wird, sondern auch als Mittel, um überhaupt erst Kapital anzulocken und es dann in seiner, in bestimmten Orten fixierten, Form zu schützen. Genau dies beabsichtigen die neuen Anti-Obdachlosen-Initiativen.

Schon vor einem Jahrzehnt kam Andrew Mair (1986) anhand des Falls von Columbus, Ohio, zu einer ähnlichen Aussage. Auch hier mussten obdachlose Menschen aus dem damaligen Stadtzentrum verdrängt werden, um dessen dauerhafte Überlebensfähigkeit als Ort der Kapitalakkumulation zu sichern. Mair stellte fest, dass „obwohl die Verdrängung in Bezug zur Stadtsanierung lediglich beiläufig geschah, diese dennoch unerlässlich für die postindustrielle Entwicklung war" (ebd.: 351). Auch stellte sich heraus, dass die notwendige Verlagerung von Hilfseinrichtungen für Obdachlose (wie sie von Mair 1986 dargestellt wird, vgl. Dear/Wolch 1987; Wolch/ Dear 1993), nicht ausreichte. Die Schließung und Umsiedlung von Suppenküchen und Unterkünften in vielen Städten oder die Schaffung von Einrichtungen in marginalisierten Stadtvierteln (Dear/Wolch 1987) erwies sich bestenfalls als vorübergehende „Lösung", da immer mehr Obdachlose die Straßen der Innenstädte und die Geschäftsviertel bevölkerten. Ausgeschlossen vom Wohnungsmarkt durch die Zerstörung von billigem Wohnraum (Hopper/Hamberg 1984; Kasinitz 1986; Hartman 1987; Blau 1992: 75; Baum/Burnes 1993: 139), im Stich gelassen durch Einsparungen des Zentralstaates bei Mietzuschüssen für Arme – begonnen unter Carter und mit Volldampf gekürzt von der Reagan Administration (Leonard/Dolbeare/Lazere 1989) – überflüssig und arbeitslos gemacht durch den rasanten Strukturwandel, durch den Reallöhne stagnierten und Industriearbeitsplätze abgebaut wurden, auf die Straße geworfen durch den Prozess der Deindustrialisierung, bei gleichzeitigem Fehlen von sozialem Halt durch gesellschaftliche Unterstützung (Wolch 1980; Dear/Wolch 1987), blieb den obdachlosen Menschen nichts anderes übrig als auf eben den Straßen zu betteln, zu schlafen und abzuhängen, von denen sie eigentlich verdrängt werden sollten. Gleichzeitig erlebte diese Zeit eine neue soziale Bewegung von obdachlosen Menschen, die gegen ihren beabsichtigten Ausschluss aus dem öffentlichen Raum protestierten. Als z.B. 1993 das Stadtparlament in Santa Monica in Erwägung zog die öffentlichen Parks von Mitternacht bis fünf Uhr morgens zu schließen, forderten organisierte Obdachlose von einem Parlamentsmitglied die Beantwortung der Frage, wo sie denn nun schlafen könnten. Dieser erwiderte „Warum nicht vor dem Rathaus." Daraufhin zogen über 100 obdachlose Menschen – Männer, Frauen, Familien und Senioren – für zweieinhalb Monate vor das Rathaus, bis die Stadt schließlich das Schlafverbot aufhob, weil sie einsehen musste, dass die legale Kontrolle des öffentlichen Raums das Leben von obdachlosen Menschen unmöglich macht (Howland 1994: 34f.)[20].

Trotz oder gerade wegen der Proteste obdachloser Menschen und ihrer Vertreter/innen hat der legale Ausschluss von Obdachlosen aus öffentlichen Räumen (oder zumindest der legale Ausschluss derjeniger Verhaltensweisen, die Obdachlosen ein Überleben ermöglichen) während der späten 1980er und frühen 1990er Jahre massiv zugenommen. So wird die von Mike Davis (1991) bezogen auf Los Angeles als „teuflisch" bezeichnet Logik erzeugt und verstärkt. Diese teuflische Logik ist selbstverständlich die Reaktion auf eine andere, ebenso teuflische: Es ist die Logik einer globalisierten Ökonomie, die so lange erfolgreich ist, so lange Menschen daran glauben, dass ihre Orte nicht mehr sind als reine Produktionsfaktoren. Faktoren, die einander im Streben nach fortwährendenden *spatial fixes* (Harvey 1982) in der allgegenwärtigen Krise der Akkumulation ausspielen. Diese „teuflische Logik" ist also eine Reaktion, die versucht die städtischen Räume so zu re-regulieren, dass jene Menschen aus ihnen verschwinden, die genau durch das Kapital überflüssig gemacht wurden, das diese Städte so verzweifelt anzuziehen versuchen.

Es mag absurd erscheinen zu behaupten, dass die Verbreitung der Anti-Obdachlosen-Gesetzgebung Teil eines kontinuierlichen Experimentierens bei der Entwicklung einer neuen „Regulationsweise" für die Wirklichkeit postfordistischer Akkumulation ist (vgl. Lipietz 1986). Tatsächlich scheint die Unordnung auf städtischen Straßen genau auf das Unvermögen hinzuweisen, die gegenwärtige politische Ökonomie regulieren zu können. Lipietz (1986: 19) argumentiert aber, dass ein „Akkumulationsregime" sich in den „Ausprägungen von Normen, Verhaltensweisen, Gesetzen, regulierenden Netzwerken usw." materialisiert, „die die Einheitlichkeit des Prozesses, bspw. die Vereinbarkeit des individuellen Verhaltens mit dem Reproduktionsschema, gewährleisten." Harvey (1989a: 122) führt weiter aus, dass die Rede von der Regulation „unsere Aufmerksamkeit auf komplexe Zusammenhänge, Verhaltensweisen, politische Praxen und kulturelle Formen lenkt, die es einem hochdynamischen und dementsprechend labilen kapitalistischen System ermöglichen, den hinreichenden Anschein einer Ordnung zu wahren, um zumindest für eine gewisse Zeitspanne kohärent zu funktionieren". So setzen sich Städte mit zwei Prozessen auseinander, die möglicherweise widersprüchlich sind. Einerseits müssen sie Kapital anziehen, für das die klassischen fordistischen Standortvorteile scheinbar unwichtig sind. Das heißt sie müssen sich für große und kleine Kapitale attraktiv machen, die sich aussuchen können, sich dort niederzulassen oder nicht. Andererseits müssen sie (zusammen mit anderen administrativen Ebenen des Staates) ein Set von „Normen, Verhaltensweisen, Gesetzen, regulierenden Netzwerken" schaffen, die die neuen Gesetze der Kapitalakkumu-

---

20 Auch obdachlose Menschen in Santa Cruz, Kalifornien, besetzten in einem ähnlichen Protest ihr Rathaus (Johnson/Norse 1996).

lation legitimieren. Gesetze, welche es dem Kapitel nicht nur ermöglichen, sich die Orte unter den Nagel zu reißen, sondern auch einen größeren relativen Mehrwert zu realisieren, indem sie etwa zehntausend Beschäftige auf einmal entlassen, die Produktion auslagern, sich bei Zeitarbeitsfirmen bedienen etc.

Diese Prozesse werden kontinuierlich in der urbanen Landschaft ausgehandelt[21]. In kapitalistischen Systemen dient die gebaute Umwelt als Abflussmöglichkeit für Investitionen in Zeiten der Überakkumulation im „primären Kreislauf" des Kapitals, dem Produktionssystem (Harvey 1982: Kap. 8). Diese Darstellung sollte allerdings nicht so gelesen werden, als seien die derart produzierten Landschaften für das Kapital „wertlos", oder als hätten nicht auch lokale Eliten, Wachstumskoalitionen oder eine nebulöse „lokale Kultur" einen direkten Einfluss auf Form und Position dieser Investitionen (vgl. Wilson, D. 1991). Investitionen in die gebaute Umwelt werden eher zyklisch und in einer bereits entwickelten gebauten Umwelt getätigt. „In jedem Augenblick erscheint die gebaute Umwelt als ein Palimpsest von Landschaften, welche unter den Zwängen der unterschiedlichen Produktionsformen in den unterschiedlichen Stadien ihrer historischen Entwicklung produziert werden." (Harvey 1982: 233) Der springende Punkt ist, dass die gebaute Umwelt im Kapitalismus „Warenform annehmen" muss (ebd.). Während also die Gebrauchswerte, die in jeder Landschaft enthalten sind, nach wie vor wichtig bleiben (für unterschiedliche Teile der Bevölkerung unterschiedlich), bestimmt den tatsächlichen Nutzen einer Landschaft der Tauschwert. Gebäude, Wohnviertel, Nachbarschaften und Stadtteile können einer rapiden Entwertung unterworfen werden, wenn sich die Marktbedingungen ändern, wenn das Kapital bei seiner Suche nach räumlicher Lösungen weiterzieht, oder wenn andere Regionen attraktiver werden. Marx (MEW 42: 594) zitierend schreibt Harvey (1982: 237): „Das Kapital im allgemeinen ist ‚gleichgültig gegen jede bestimmte Form des Gebrauchswerts' und bestrebt ‚jede derselben [Formen; die Übers.] als gleichgültige Inkarnation annehmen oder abstreifen' zu können." Die Menschen fühlen dies in ihrem Innersten; sie verstehen die unglaublich instabile und unsichere Natur der Investitionen, die in unbeweglichen Gebäuden, Straßen, Parks, Geschäften und Fabriken gebunden sind. Wenn daher die gebaute Umwelt als „Herrschaft der vergangenen, ‚toten' Arbeit (gebundenes Kapital) über die lebende Arbeit im Arbeitsprozess" (Harvey 1982: 237) erscheint, dann muss das Ziel derer, deren Investitionen

---

21 Für die Ziele dieses Abschnitts verwende ich den Begriff „Landschaft" synonym mit „gebauter Umwelt" oder Morphologie. Weiter unten werde ich auf die Bedeutung der Landschaft als pittoreskes Bild eingehen, als Methode, wie unsere Beziehungen zum konkreten Ort strukturiert werden, um so zu erforschen, wie Anti-Obdachlosen-Gesetze anstreben, eine landschaftliche Art des Sehens direkt in das Herz der Stadt einzupflanzen. Diese beiden Wege des Verstehens sind durch Investitionsprozesse und die Kapitalakkumulation, die im Abschnitt weiter diskutiert werden, klar miteinander verbunden.

fest an das Tote gebunden sind, darin bestehen eine lebendig Erinnerung von dieser Landschaft zu erhalten, eine Erinnerung, die neues lebendiges Kapital anzieht. Getätigte Investitionen – tote Arbeit – müssen daher um jeden Preis geschützt werden. Wenn die gebaute Umwelt für obdachlose Menschen Gebrauchswert besitzt (zum Schlafen, zur Körperpflege, zum Betteln), deren Inanspruchnahme aber den existierenden oder zukünftig zu schaffenden Tauschwert gefährdet, dann müssen diese Gebrauchswerte zerstört werden. In den 1990er Jahren haben die Städte fast schon verzweifelt mit neuen Regulationsformen experimentiert, mittels derer die Körper und Aktivitäten von Obdachlosen beeinflusst werden sollten, um die Tauschbarkeit der urbanen Landschaft in einer globalen Ökonomie weitestgehend gleichwertiger Orte aufrechtzuerhalten oder sogar zu verbessern. Das Verschwindenlassen des Raums per Gesetz ist daher eigentlich das Bestreben zu verhindern, dass diese Räume durch die sich wiederholenden und ewig umwälzenden Kreisläufe des Kapitals „schöpferisch zerstört" werden[22].

Also stellen die Bestrebungen der Städte kein bewährtes Set regulatorischer Praktiken dar, sondern eines von Experimenten mittels dessen die unsicheren Räume der Akkumulation und der Legitimierung am Ende des zwanzigsten Jahrhunderts ausgehandelt werden. Das Ziel besteht in der Konstruktion eines legitimierten Halts gegen die Unsicherheit der flexiblen Kapitalakkumulation. Dazu dienen eine Reihe von Gesetzen und ideologischen Konstruktionen (bspw. derer, die fragt, wer die Obdachlosen „wirklich" sind). Das heißt, dass sich die Städte mit Hilfe dieser Gesetze und anderer Mittel bemühen, eine scheinbar stabile, geordnete urbane Landschaft als positiven Anreiz für weitere Investitionen zu schaffen und die Rentabilität der gegenwärtigen Investitionen in den Kerngebieten der Stadt aufrechtzuerhalten (indem sie bspw. Kaufleuten zeigen, dass sie etwas tun, damit die Käufer/innen in die Innenstadt kommen). In diesem Sinn ist die Anti-Obdachlosen Gesetzgebung im wahrsten Sinn des Wortes reaktionär. Als eine Reaktion auf die veränderten Bedingungen der Kapitalakkumulation, welche aktiv (wenn auch nicht ausschließlich) Obdachlosigkeit produzieren (vgl.

---

22 Ich vertrete hier keineswegs die Ansicht, dass die Globalisierung des Kapitals eine Art *deus ex machina* ist, über die wir keinerlei Kontrolle haben. Es besteht vielmehr ein Widerspruch zwischen dem Bedürfnis nach einerseits immer schnelleren Umschlagszeiten des Kapitals im allgemeinen und andererseits dem Bedürfnis eines Teils des Kapitals, sich räumlich zu binden. Kapital braucht Orte, daran besteht kein Zweifel. Allerdings lässt sich die Frage, welche Orte das genau sind und wie sie ausgestattet sein sollen, nur in der Praxis beantworten. Daher stellen Menschen, die in bestimmte Orte investiert haben, fest, dass ihre Investitionen hochgradig unsicher sind. Grundbesitz, eine notwendige Bedingung der Kapitalakkumulation, kann rapide entwertet werden, wenn der Erfolg einiger Investitionen gegen die Verluste anderer verpfändet wird. Kapital ist nicht homogen. Es sind die komplexen Trennungen und Gegensätze, die jene Verwerfungen erzeugen, die zu dem eingebildeten Gefühl der Unsicherheit führen, das die meisten amerikanischen Städte beherrscht.

Marcuse 1988), zielt die Gesetzgebung darauf ab, die gebaute Umwelt gegen das jederzeit drohende Schreckgespenst des Niedergangs und der Entwertung zu schützen.

Es geht eigentlich nicht so sehr darum, ob das Kapital „wirklich" so funktioniert; es reicht vollkommen aus, dass diejenigen in den machtvollen Positionen denken, dass es so funktioniert. So berichtete der städtische Anwalt von Seattle, Mark Sidrin, dem Stadtrat, dass der Zweck der erhöhten Kontrolle des Verhaltens von obdachlosen Menschen darin liege „die ökonomische Leistungsfähigkeit von Seattles Einkaufsgegenden zu erhalten" (*Seattle Times* 03.08.93); oder, wie er etwas anschaulicher in einem *Opposite Editorial* geschrieben hat, „wir *Seattelites* haben diese Angst, diesen bohrenden Verdacht, dass wir trotz der Berge und der Meerenge und der Selbstgefälligkeit über all unsere Vorzüge vielleicht doch genauso wie die anderen großen amerikanischen Städte sind, diejenigen '*back east*', wie wir zu sagen pflegten, als ich ein Kind war und bevor auch Kalifornien zur Liste der 'ehemals großartigen Ort' kam" (Sidrin 1993). Der Zweck liegt dann sicher nicht darin, die Kontrolle über die Bedingungen zu erlangen, die so viel Angst produzieren, sondern vielmehr darin die Menschen auf diese Bedingungen zu konditionieren, ihnen deren Unvermeidbarkeit aufzuzeigen, und von ihnen wenn schon nicht zu profitieren, so doch wenigstens keinen Schade zu nehmen. Die Regulation ist nicht dazu konzipiert, die Ökonomie zu regulieren, sondern diejenigen, die deren Opfer sind.

In der Regulation geht es also um Ideologie. Und in der Tat ist die Regulation der Armen (Piven/Cloward 1971) schon seit langer Zeit eine vorrangige ideologische Funktion des Staates, sowohl auf lokaler als auch auf nationaler Ebene. Eine derartige Regulation ist notwendig, wie Piven und Cloward (1971) zeigen, da mittels ihrer die Löhne und andere „Abflüsse" der Kapitalakkumulation gesenkt werden können: Der Staat versucht auf diese Weise die Akkumulation sicherzustellen. Dass wir inmitten eines hässlichen Klassenkampfes sind, der auf der „Strukturanpassung" des Sozialstaats und der Kriminalisierung von Armut basiert, ist nichts Neues – für keinen von uns. Was aber neuartig erscheint, zumindest seit dem Anbrechen der Rezession der frühen 1980er Jahre, ist die Grausamkeit, mit der dieses Ziel verfolgt wird: Der Aufstieg des Revanchismus, den Smith (1996) erkannt hat. Ein derartiger Revanchismus ist bezüglich der Obdachlosen in zwei Schritten abgelaufen. Erstens hat das Wiederaufleben einer Sprache des abweichenden Verhaltens und der individuellen Störung zu einer Vernachlässigung von strukturellen Erklärungen für Obdachlosigkeit geführt. Als dies vollbracht war, lag der zweite Schritt darin, die Mittel zu finden – die Gesetze –, mit welchen das abweichende Verhalten und die Störung reguliert werden können. Damit ist die vollständige Kehrtwende weg von der Vorstellung, dass Obdachlosigkeit über-individuelle Ursachen hat, vollzogen. Die Geschichte dieser Verschiebung im Denken über Obdachlosigkeit ist einen kurzen Exkurs wert.

Während der relativ langen, stabilen Blütezeit vom Ende des Zweiten Weltkrieges bis zu den frühen 1970er Jahren wurde Obdachlosigkeit in amerikanischen Städten recht klar über Diskurse rund um abweichendes Verhalten, Ausschluss und Alkoholismus beschrieben. Der stereotype Obdachlose war der alleinstehende, männliche *skidrow*-Penner, der sich von christlicher Nächstenliebe und verstärktem Wein ernährte[23]. Er galt als akzeptierter Außenseiter, als gescheiterter Mensch, der aufgrund persönlicher Probleme nicht in der Lage war, seinen Platz im Überfluss der Nachkriegszeit zu finden, der all jenen, die ihn wollten, garantiert war. Vielleicht wurde er bemitleidet. Sicher wurde er aus der Innenstadt vertrieben und sorgsam in traditionellen *skidrows* oder anderen Stadtteilen eingesperrt, in denen sich in der ersten Hälfte des 20. Jahrhunderts die Gelegenheitsarbeitmärkten fanden.

Die Explosion der Obdachlosigkeit und insbesondere die „Entdeckung", dass Frauen, Kinder und ganze Familien Teil der obdachlosen Bevölkerung waren, bedeutete in den 1970er und 80er Jahren den Beginn eines Wandels im Diskurs über Obdachlosigkeit. Auch wenn die Sprache von Ausschluss und abweichendem Verhalten blieb und die Diskussionen um Alkoholismus und Drogenabhängigkeit ihre Prominenz behaupteten, arbeiteten die Vertreter/innen der Obdachlosen hart daran die strukturellen Determinanten der Obdachlosigkeit zu betonen (ökonomischer Niedergang, Demontage des Sozialstaats, Deinstitutionalisierung, die als Teil des Sozialstaatsabbaus angesehen werden kann[24], Gentrifizierung und Sanierung kostengünstiger Wohngebiete etc.; vgl. Hombs/Snyder 1982; Hopper/Hamberg 1984; Kasinitz 1986; Mair 1986; Dear/Wolch 1987; Hartman 1987; Marcuse 1988; Deutsche 1990; Blau 1992; Vaness 1992; Wolch/Dear 1993). Dieser Wandel in der Debatte traf jedoch schnell auf gegenteilige Behauptungen, denen zu Folge Obdachlosigkeit ein individuelles Problem sei. Mit diesen Behauptungen wurde explizit versucht die Diskussion von den ökonomischen Ursachen wegzulenken. Das wahrscheinlich deutlichste Beispiel für diesen Typus der Sprache der individuellen Abweichung als Hauptursache der Obdachlosigkeit liefern Baum und Burne (1993). Demnach leben wir in einer Nation von Verleugner/inne/n, die nicht anerkennen wollen, dass das Problem der Obdachlosigkeit in unselbstständigen und geistig kranken Individuen zu verorten ist, und dass strukturelle Erklärungen viel mehr schaden als sie Gutes bewirken können. In vielen Medien mit einem großen Seufzer der Erleichterung begrüßt (vgl. Raspberry 1992; Hamill 1993; Leo 1993) kann die Argumentation von Baum und

---

23 Für Kritiken und Beispiele dieses Diskurses über Obdachlosigkeit, vgl. Sollenberger (1911); Anderson (1923); Dees (1948); Bahr (1970, 1973); Spradely (1970); Blumberg/Shipley/Barsky (1978); Hopper/Hamberg (1984); Schneider (1986); Hoch/Slayton (1989); Rossi (1989); Baum/Burnes (1993).

24 Damit will ich nicht behaupten, dass dies die einzige Ursache der Deinstitutionalisierung gewesen wäre. Die Geschichte ist sehr viel komplexer und beinhaltet auch viel Gutes, etwa das Bestreben, die „totalitären Institutionen" der Behandlung physischer und psychischer Erkrankungen aufzubrechen.

Brunes als bedeutendster Eckpfeiler in der Legitimierung der (Re)Kriminalisierung des Verhaltens obdachloser Menschen angesehen werden (selbst wenn das nicht die Absicht der Autor/inn/en war). Hamill (1993) beispielsweise benutzt ihr Buch als Legitimation seiner Forderung Obdachlose auf geschlossenen Militärstützpunkten unter „Quarantäne zu stellen".

Sollte sich die Anti-Obdachlosen-Gesetzgebung durchsetzen, wird Hamills „Lösung" überflüssig sein. Die Ausbreitung der Anti-Obdachlosen-Gesetzgebung zeigt deutlich, dass der Kampf von jenen gewonnen wurde, die Obdachlosigkeit zu repersonalisieren versuchen. Eine derartige Gesetzgebung ist nur möglich, wenn jedes Verständnis davon fehlt, dass Obdachlosigkeit außer-persönliche, strukturelle Determinanten aufweist. Die Gründe der lästigen Obdachlosigkeit werden stattdessen in jenen verortet, die die zahlreichen sozialen Dienstleistungen nicht in Anspruch nehmen wollen, die ihnen zur Lösung ihrer strukturellen und persönlichen Probleme angeboten werden. Ganz gleich ob Obdachlosigkeit strukturell produziert wird oder nicht, dass Menschen obdachlos bleiben, wird als ihre Entscheidung angesehen.

So schreibt beispielsweise MacDonald (1995: 80) in einem Artikel, der das San Franciscos Matrix Programm (zur Durchsetzung der „öffentlichen Ordnung") lobpreist, dass sich „die Bemühungen der Stadt, die obdachlosen Menschen in Unterkünfte zu bringen, als enttäuschend herausgestellt haben". Über zwei Monate lang haben Matrix-Beamte[25] versucht, 3.820 Gutscheine für einen nächtlichen Aufenthalt in einer kirchlichen Unterkunft für Männer zu verteilen. Aber „weniger als die Hälfte der Gutscheine wurden angenommen und nur 678 tatsächlich benutzt". Noch schlimmer findet MacDonald die Tatsache, dass von 3.000 Empfänger/inne/n von _general assistance_ (GA), die angaben obdachlos zu sein (und $345 im Monat erhalten), nur 700 an einem freiwilligen Programm teilnahmen, „in dem GA Empfänger ihren Scheck einer gemeinnützigen Gruppierung aushändigen können, die ihnen ein günstiges Einzelzimmer in einem sauberen und von der Stadt kontrollierten Hotel organisiert". Im Gegenzug erhält die obdachlose Person eine Zuwendung von $65 im Monat für ihre sonstigen Ausgaben (MacDonald 1995: 80). Als zahlreiche Kontakte mit obdachlosen GA Empfänger/inne/n die Teilnehmer/innen/zahlen an diesem Projekt nicht erhöhen konnten, machten San Franciscos Wähler/innen den Empfang der GA vom

---

25 Das Programm besteht aus zwei Komponenten. Erstens eine Politik, die sich einer Art „militärischen Kampagne" verpflichtet fühlt, „in welcher die Stadt Stück für Stück zurückerobert wird. Ungefähr alle zehn Tage geben die Matrix Teams die Säuberung eines weiteren Stadtteils bekannt, der anhand der Klagen von Bürger/inne/n ausgewählt wird". Zweitens „enthält Matrix eine erweiterte Fürsorgearbeit. Ein Team von zwei Sozialarbeiter/innne/n, zwei Psycholog/inn/en, einem Spezialisten für Drogenmissbrauch und zwei Polizist/inn/en durchstreifen die Stadt und versucht die Obdachlosen zu überreden Unterkünfte, Wohnungsprogramme oder eine Behandlung gegen Sucht und psychische Krankheit anzunehmen." (MacDonald 1995: 79)

Nachweis einer Unterkunft abhängig. Wenn kein Mietbeleg vorgewiesen werden kann, wird dem GA Empfänger ein Zimmer mit Einzelbelegung des „freiwilligen" Programms zur Verfügung gestellt. Wenn der Empfänger ablehnt, dann wird er von der Vergünstigungsliste gestrichen. MacDonalds Schlussfolgerung?

Indem sie diese Maßnahme Revue passieren ließen, erkannten die Bewohner/innen San Franciscos, dass die Bereitstellung von mehr Unterkünften und anderen Dienstleistungen solange vergeblich sein würde, bis die Gesellschaft nicht weiter erlaubt, dass die Inanspruchnahme dieser Ressourcen freiwillig ist. Die Finanzierung derartiger Maßnahmen trägt jedenfalls üblicherweise nichts dazu bei, den Anstand in den Straßen zu erhöhen. Matrix hat San Francisco gewaltig verändert, obwohl es nur wenige Menschen in permanente Unterkünfte gebracht hat. Dies bedeutet, dass das der reine Zwang zur Einhaltung etablierter Normen des öffentlichen Benehmens eine weitaus größere Auswirkung auf die Reduzierung der Unordnung hat als alle Sozialprogramme. (MacDonald 1995: 80)

Man beachte hier die veränderte Logik. Ganz egal, was die Ursache der Obdachlosigkeit ist, die Obdachlosen selbst verweigern sich all den Vorzügen, welche die Gesellschaft ihnen anbietet. In diesem Sinne sind sie alle freiwillig obdachlos, und daher ist ihre Disziplinierung nicht nur erstrebenswert, sondern notwendig. Indem er Obdachlosigkeit erfolgreich auf eine „Wahl des Lebensstils" reduziert, legitimiert MacDonald alle Formen bestrafender Maßnahmen gegen die, die diesen „wählen". „San Francisco ist sowohl ein Symbol der Vergangenheit als auch ein Impuls für die Zukunft. Auf der Suche nach Freiheit hat die Stadt Chaos gefunden. Nun entdeckt sie wieder, dass Freiheit nicht nur auf dem Übertreten sozialer Regeln beruht, sondern auch auf der allseitigen Achtung derselben." (MacDonald 1995: 80)

Die Regulierung der Obdachlosen nimmt eine gewisse Dringlichkeit an. Durch ihre Weigerung, sich den Zwängen der neuen urbanen Realitäten anzupassen, erinnern uns die obdachlosen Menschen täglich an die Launen der zeitgenössischen politischen Ökonomie. Indem sie uns auf den Bürgersteigen im Weg herumliegen, zwängen sie uns die Konfrontation mit der Möglichkeit auf, dass der in den lobenden Artikeln der neuen Wirtschaftspresse so gefeierte Kollaps von Raum und Zeit sicher nicht den Kollaps des materiellen Raums nach sich zieht: die Räume der Stadt existieren nach wie vor in all ihrer Komplexität. Kirschs Frage ist es wert erneut gestellt zu werden: „Was geschieht mit dem Raum nach seinem Kollaps?" (1995: 529) Allem Anschein nach wird er von Obdachlosen gefüllt. Für die Gesetzgeber ist der scheinbare Verlust der Kontrolle über den Raum in den Städten das, was nach dem Zusammensturz des Raums geschieht; die langfristige Lösung besteht deshalb darin, diese Räume erneut zu regulieren, die Obdachlosen verschwinden zu lassen und der Stadt wieder zu erlauben, ein Ort der Ordnung, der Freude, des Konsums und der Akkumulation zu werden. Die Folgen dieser Strategien - dieser Mittel der Regulation - gegen Obdachlose scheinen all zu offensichtlich zu sein. Wie Waldron (1991: 324) mehr als deutlich macht „haben wir es hier nicht nur mit dem 'Problem der Obdachlosigkeit' zu tun, sondern mit einer Million oder mehr *Menschen*, deren Leben, Würde und Freiheit auf dem Spiel stehen". Darüber hinaus erschaffen wir durch diese Gesetze und die sie umgebenden Diskurse eine öffentliche Sphäre, die genauso grausam ist wie die Ökonomie, durch die sie geschaffen wird.

Bürgerschaft in den Räumen der Stadt –
Eine grausame öffentliche Sphäre

> Wir müssen uns als Gesellschaft mit der Frage auseinandersetzen – eine weitgefasste Frage der Gerechtigkeit und Sozialpolitik – ob wir willens sind, ein ökonomisches System zu tolerieren, in dem eine große Anzahl von Menschen obdachlos ist. Da die Antwort augenscheinlich „Ja" lautet, verbleibt die Frage, ob wir willens sind, denjenigen, die sich in dieser Zwickmühle befinden, zu erlauben, als freie Menschen zu handeln und sich um ihre eigenen Bedürfnisse an öffentlichen Orten zu kümmern – die für sie einzig verfügbaren Räume. Es ist eine sehr beängstigende Tatsache, dass in den modernen Vereinigten Staaten diejenigen, die Häuser und Arbeit haben, willens sind, die erste Frage mit „Ja" und die zweite mit „Nein" zu beantworten.
>
> *(Waldron 1991: 304)*

Die Auswirkungen der Anti-Obdachlosen-Gesetze scheinen für die Freiheit der Obdachlosen offensichtlich – und bedeutend – zu sein. Darüber hinaus haben diese Gesetze den Effekt, die Produktion und Reproduktion einer grausamen öffentlichen Sphäre zu unterstützen, in der es entschuldbar ist das Leben von Obdachlosen zu zerstören; und in der es nur geringe Möglichkeiten gibt, einen politischen Diskurs über die Art der Städte zu führen, in denen wir leben wollen. Diese Gesetze spiegeln eine sich verändernde Vorstellung von Bürgerschaft [*citizenship*] wider. In dieser Vorstellung wird eine exkludierende Bürgerschaft als gerecht und gut behauptet, die zu der von Bürgerrechts-, Frauen- und anderen Bewegungen hart erkämpften Inklusionen der öffentlichen Sphäre im Gegensatz steht.

Craig Calhoun (1992: 40) hat argumentiert, dass der wertvollste Aspekt von Habermas' *Strukturwandel der Öffentlichkeit* (1962) darin besteht aufgezeigt zu haben, „wie ein bestimmtes Set an sozio-historischen Bedingungen Ideale hervorbrachte, denen sie nicht gerecht werden konnten", und wie dieser Raum zwischen Ideal und Realität hoffentlich die „Motivation für die fortschreitende Transformation dieser Bedingungen liefern" könnte. In seinen späteren Arbeiten wandte Habermas sich von derart spezifisch-historischer Kritik ab, um sein Hauptaugenmerk auf die „universellen Charakteristika von Kommunikation" (ebd.: 40) zu richten. Andere haben allerdings am Ideal einer kritischen öffentlichen Sphäre festgehalten, in der durch kontinuierliche Auseinandersetzung versucht wird, die materiellen Bedingungen des öffentlichen Lebens immer näher an das normative Ideal der Integration zu zwingen. Calhoun (1992: 37) weist darauf hin, dass soziale Bewegungen, und nicht nur leidenschaftslose Individuen, eine zentrale Bedeutung bei der „Reorientierung der Agenda des öffentlichen Diskurses" haben „und neue Themen auf die Tagesordnung setzten" (vgl. Fraser 1990; Mitchell 1995). Calhoun (1992: 37) führt weiter aus: „Der routinemäßige, rational-kritische Diskurs der Öffentlichkeit kann nicht alle Themen gleichzeitig behandeln. Einige Strukturierungen der Wahrnehmung liegen immer vor, die von der dominanten Ideologie, hegemonialen Mächten oder sozialen Bewegungen herrühren". Theorien der Öffentlichkeit – und der in ihr stattfindenden Praktiken – müssen daher notwendigerweise mit den Theorien des öffentlichen Raums verknüpft sein. Denn soziale Bewegungen benötigen einen „Raum *für* Repräsentation" (Mitchell 1995: 124). Die Regulation des öffentlichen Raums reguliert daher notwendigerweise das Wesen der öffentlichen Debatte: die verschiedenen Handlungen und Praktiken, die als rechtmäßig betrachtet werden können, die Rolle unterschiedlicher Gruppen als Mitglieder einer legitimen Öffentlichkeit etc. (Mitchell 1996). Die Regulierung des öffentlichen Raums (und der in ihm lebenden Menschen) „strukturiert die Wahrnehmung" daher zugunsten einiger Sachverhalte und zu Ungunsten anderer.

In ähnlicher Weise lenken die rudimentären Interventionen von Obdachlosen in die öffentliche Debatte die Aufmerksamkeit allein durch ihre Präsenz in der Öffentlichkeit auf den öffentlichen Charakter des Problems Obdachlosigkeit, das auf diese Weise nicht als Privatproblem der Obdachlosen selbst erscheint. Dies ist die entscheidende Frage des *Wo*, auf die uns Cresswell (1996) unlängst hingewiesen hat. Er argumentiert, dass die Regulierung von Menschen oftmals eine Regulierung der Reinheit des Raums beinhaltet. Durch diese wird ein Set an festgelegten Bedeutungen hergestellt, die aussagen, was der Ordnung entspricht. Diese räumlichen Ordnungen werden fortwährend übertreten; und diese Verstöße werden ebenso fortwährend durch dominante Diskurse beseitigt, die versuchen das „Netzwerk oder Netz der Bedeutungen" des Ortes derart durchzusetzen, dass das Geordnete und Angemessene gegenüber dem Verstoß gestärkt wird. Der Gegenstand eines derartigen Diskurses, so führt Cresswell (1996: 59) aus, „ist ein unterstellter Verstoß, eine Aktivität, die als 'fehl am Platz' angesehen wird" – also etwa genau jene Art von „privaten" Aktivitäten, die die Obdachlosen im öffentlichen Raum durchführen, die derzeit das Thema solch intensiver gesetzlicher Regulation sind. Indem sie fehl am Platze sind, bedrohen Obdachlose die „ordnungsgemäße" Bedeutung des Ortes.

Das ist aber noch nicht alles. Indem sie fehl am Platz sind, indem sie private Tätigkeiten im öffentlichen Raum durchführen, bedrohen Obdachlose nicht nur den Raum selbst, sondern auch die Ideale, auf die wir unsere eher zerbrechlichen Vorstellungen einer rechtmäßigen Bürgerschaft gründen. Obdachlose Menschen jagen uns Angst ein: Sie bedrohen die ideologische Konstruktion, die verkündet, dass Öffentlichkeit – und Handlung im öffentlichen Raum – freiwillig sein muss. Bürgerschaft basiert in zeitgenössischen Demokratien auf der Vorstellung der Freiwilligkeit. Private Bürger treffen sich (wenn auch nur idealer Weise) in der Öffentlichkeit, um eine (oder die) Öffentlichkeit zu bilden (Habermas 1962; Fraser 1990; Marston 1990; Mitchell 1995). Sie haben aber immer die Möglichkeit, sich in das Private zurückzuziehen, in ihre Häuser, an jene Orte, über die sie voraussichtlich vollständige Kontrolle haben[26]. Die öffentliche Sphäre ist daher eine freiwillige, und die unfreiwillige Öffentlichkeit der Obdachlosen ist deshalb zutiefst beunruhigend (Mitchell 1995). Bemühungen wie die von Heather MacDonald (1995), die freiwillige Natur der Obdachlosigkeit aufzuzeigen, sind folglich noch aus einem weiteren Grund bedeutend, als dem oben umrissenen. Derartige Bemühungen liefern ein ideologisches Fundament, um den Privilegien der Bürgerschaft neue Geltung zu verleihen, und um uns zu beruhigen, dass unsere Demokratie noch funktioniert, trotz der verunsichernden Verschiebungen der räumlichen Maßstabsebenen, die mit der zum Verschwinden bringenden Ökonomie assoziiert werden. Auch wenn Obdachlosigkeit und Globalisierung der Ökonomie parallel zunehmen (erodierende Grenzen, beunruhigende Orte, das Durcheinanderwerfen geordneter Vorstellungen von zu Hause, Gemeinschaft, Nation und Bürgerschaft), ängstigen uns obdachlose Menschen, die in der Öffentlichkeit ausgesetzt sind, weitaus mehr. Und doch ist ihre Anwesenheit nicht gottgegeben, sondern eine Folge von Arbeitsplatzabbau und der Verlagerung von Unternehmensteilen. Es wird also entscheidend, dass die Städte neu geordnet werden, dass Obdachlosigkeit „neutralisiert" (Marcuse 1988) wird, und dass die Legitimität des Staates – und damit unser Bewusstsein von der eigenen Handlungsfähigkeit – aufrechterhalten wird. Die Rechte obdachloser Menschen sind (in Konkurrenz zu „unseren" Rechten auf Ordnung, Komfort

---

26 Meine Sprache ist hier deutlich eine der normativen Ideale. Es geht nicht um die Beschreibung einer allgemeingültigen Praxis. Die Kritik an derart normativen öffentlich/privat Dichotomien ist umfangreich. Sie spricht aber meiner Meinung nach nicht ausreichend an, in welchem Maße diese Ideale noch immer vorherrschend sind, wenn man an Bürgerschaft denkt – v.a. unter normalen Bürger/inne/n, die die Freiwilligkeit der Meinungsäußerung in der Öffentlichkeit ebenso preisen wie das Ideal eines sicheren Rückzugs ins Private.

Gleichwohl beziehe ich mich in meiner Argumentation auf das Eigentum. Die Ideologie der Freiwilligkeit ist in den Ideologien des Privateigentums verwurzelt, die der amerikanischen Demokratie zugrundeliegen. Die bemerkenswerte Entwicklung von *suburbia* in den Vereinigten Staaten spiegelt recht deutlich die Art und Weise wider, in der ordentliche Bürger als private Bürger betrachtet werden: Das gute Leben ist kein öffentliches, sondern ein privates (vgl. Fishman 1987). Zur Beziehung zwischen öffentlichen und privaten Landschaften in der San Francisco Bay Area, siehe Walker (1995).

und Orten der Entspannung, Erholung und uneingeschränktem *shopping*) nicht von Bedeutung, einfach weil wir hart daran arbeiten, uns davon zu überzeugen, dass Obdachlose keine richtigen Bürger/innen im Sinne von frei und souverän Handelnden sind[27]. Die Anti-Obdachlosen-Gesetzgebung verhilft dieser Überzeugung zur Institutionalisierung, indem sie den Obdachlosen klar macht, dass sie an keinem Ort in der Öffentlichkeit souverän sind. Die Anti-Obdachlosen-Gesetzgebung gestaltet die öffentliche Sphäre neu, indem sie anstrebt, die Räume zu vernichten, in denen obdachlose Menschen leben müssen – indem sie den öffentlichen Raum der Stadt derart zu regulieren versucht, dass dort buchstäblich kein Platz für die Obdachlosen ist. Sie gestaltet die öffentliche Sphäre als eine, in der die rechtmäßige Öffentlichkeit nur diejenigen einschließt, die (wie es Waldron ausdrücken würde) einen Ort ihr eigen nennen können, der von den Gesetzmäßigkeiten des Privateigentums beherrscht wird. Privateigentum wird daher wieder zu einer Voraussetzung tatsächlicher Bürgerschaft. Indem ihnen die Souveränität abgesprochen wird, werden Obdachlose auf den Status von Kindern reduziert: „Die obdachlose Person ist vollständig und zu jeder Zeit anderen ausgeliefert" (Waldron 1991: 299)[28]. Einigen Mitgliedern der Gesellschaft zu unterstellen, sie seien von kindlicher Natur, um sie zu entmächtigen, ist natürlich ein alter Schachzug, der gegen Frauen, Afroamerikaner/innen, Asiat/inn/en, einige europäische Immigrant/inn/en und besitzlose linke Arbeiter/innen während des gesamten Laufs der amerikanischen Geschichte erprobt wurde. Solche Schachzüge fügen nicht nur jenen Schaden zu, auf die sie gerichtet sind. „Wenn wir Autonomie wertschätzen," argumentiert Waldron (1991: 320),

dann sollte es uns wichtig sein ihre Voraussetzungen zu schaffen. Anderenfalls wirken unsere Wertvorstellungen geradezu heuchlerisch sobald echte Menschen ins Spiel kommen. [...] Obwohl wir schlafen oder urinieren nicht als würdevoll ansehen, ist es sicherlich würdelos, wenn man an diesen Tätigkeiten gehindert wird. Jeder Folterknecht weiß das: Um den menschlichen Geist zu brechen, muss man den Verstand des Opfers durch erbarmungslos verhängte kleinliche Restriktionen der gewöhnlichen Bedürfnisse des Lebens anvisieren. Wir sollten uns schämen, dass wir unseren Gesetzen des öffentlichen und

---

27 Um es klarer auszudrücken: Die verschiedenen Ideologien, durch welche wir Obdachlose wahrnehmen, sind widersprüchlich. Einerseits müssen wir aufzeigen, dass Obdachlosigkeit eher ein freiwilliger denn ein struktureller Zustand ist. Trotzdem müssen wir auch aufzeigen, dass Obdachlose keine bürgerlichen, „frei handelnden" Wesen sind, und dadurch scheinbar die Ideologie der Freiwilligkeit untergraben. Der Widerspruch wird dennoch recht einfach gelöst: Da ja die Obdachlosen es sich selbst ausgesucht haben, obdachlos zu sein (oder zu bleiben), sind sie folglich für unsere Maßstäbe von Rechtmäßigkeit ungeeignet.

28 Angesichts der Tatsache, dass die Teilnahme an Wahlen eine amtliche Registrierung, und die Registrierung in den meisten Fällen einen festen Wohnsitz erfordert, sind die Obdachlosen doppelt als kindlich gebrandmarkt. Ihnen wird nicht nur Souveränität und Autonomie verwehrt, sondern auch eine Wähler/innen/stimme verweigert, solange sie sich nicht bereit erklären in ein eigenes Haus zu ziehen.

privaten Eigentums ermöglicht haben, eine Million oder mehr Bürger/innen auf ein derartiges Niveau zu erniedrigen.

Wir gestalten die Gesellschaft – und das öffentliche Leben – nach dem Vorbild des Folterknechts neu, wild schwankend zwischen paternalistischen Interessen für die Leben unserer Mitmenschen und deren strukturierter Erniedrigung. Im Wesentlichen erschaffen wir eine öffentliche Sphäre, die aus Unfreiheit und Folter besteht. Oder, wie es Mike Davis (1994: 274) in einer beängstigend zutreffenden Metapher ausdrückt: „Der kalte Krieg auf den Straßen Downtowns eskaliert immer mehr." In dem Maße, in dem wir die Obdachlosen als die Kommunist/inn/en unseres Zeitalters betrachten, erscheint uns diese öffentliche Sphäre als gerecht. Damit legitimieren wir nicht nur unsere Einschränkungen der Autonomie Anderer, sondern auch die ungeheuerliche politische Ökonomie, die die Bedingungen produziert, in denen wir derartige Entscheidungen treffen.

Landschaft oder öffentlicher Raum?

> Der Bau einer Stadt hängt davon ab, in welcher Weise Menschen die traditionellen Produktionsfaktoren Boden, Arbeit und Kapital miteinander verbinden. Er hängt aber auch davon ab, wie sie die symbolische Sprache des Ausschlusses und des Anrechts benutzen. Wie Städte aussehen und sich anfühlen spiegelt Entscheidungen wider: Was – und wer – soll sichtbar sein und was nicht? Welche Vorstellungen von Ordnung und Unordnung gelten und wie wird ästhetische Macht gebraucht?
> *(Zukin 1995: 7)*

Die Beziehung zwischen der vernichtenden Ökonomie und der Vernichtung des Raums per Gesetz, die durch die Anti-Obdachlosen-Gesetzgebung sichtbar wurde, wird am deutlichsten in den Diskursen rund um das, was im weitesten Sinne unter „Ästhetik" verstanden werden könnte. Senatorin Patty Murray (Demokratin, Staat Washington) war schockiert von dem was sie sah, als sie 1993 nach Washington DC zog, um ihre Amtszeit anzutreten. „Ich sehe mich um und sehe eine Stadt in Trümmern. [...] Ich sehe Menschen in den Straßen mit Tassen in den Händen, die mich um Geld anbetteln, wenn ich an Stopschildern anhalte." (*Washington Post* 09.05.93)[29] Nachdem er

---

29 Für eine Analyse derartiger „Diskurse des Niedergangs", die Art in der diese mit den „Widersprüchen der Gesellschaft" verbunden sind und „unsere allgemeinen Sorgen und Ängste mit den Bedingungen in Städten" in der langen Geschichte des Schreibens über amerikanische Städte verknüpfen, vgl. Beauregard (1993).

Senatorin Murray zitiert, fährt der Reporter der *Washington Post* fort: „Die Bettler/innen, von denen viele, aber nicht alle, obdachlos sind, befinden sich auch inmitten der Sehenswürdigkeiten in der Hauptstadt der Nation, so dass Tourist/inn/en diese nicht genießen können." Der Vizepräsident der *DC Convention and Visitors Association*, Dan Mobley, fügte hinzu: „Bettler sind kein schöner Anblick." Er fügte allerdings auch hinzu, dass „wir nie Besucher/innen haben sagen hören, dass sie aufgrund der Bettler/innen nicht mehr herkommen würden" (*Washington Post* 09.05.93). Allerdings wird in zahlreichen Städten des Landes die Entfernung von Obdachlosen betrieben, als habe die Wiederherstellung des „schönen Anblicks" oberste Priorität[30].

Der Geschäftsführer der privaten Vereinigung *Downtown Cincinnati* beispielsweise behauptet, dass „betteln heutzutage sehr viele Besucher/innen abschreckt und davon abhält unsere schöne Innenstadt zu erleben und genießen – sowohl aus Cincinnatis Vororten als auch von außerhalb der Stadt" (*Cincinnati Enquirer* 25.04.95). In Akron unterstützte der Bürgermeister ein Gesetz, dass jede Form von Bettelei (nicht nur „aggressiver") kriminalisiert, weil „die Stadt versuchte, das Image ihrer Innenstadt mit der Eröffnung des neuen [...] *Convention Center* und der bevorstehenden Öffnung des *Inventure Place* mit der *Inventors Hall of Fame* aufzupolieren" (*Cleveland Plain Dealer* 07.07.94). Und der Interimspräsident der *Atlanta Convention of the Visitors Bureau* (ACVB) befürwortete eine umfassende „Razzia gegen Landstreicher, Strolche und allgemeinen Hausfriedensbruch: Ich bitte die ACVB und die *Community* inständigst, zuerst unsere Straßen aufzuräumen; anderenfalls würde alles Marketing der Welt Atlanta nichts nützen" (*Atlanta Journal and Constitution* 15.07.91). Und ganz in diesem Sinne führt auch San Diegos Polizeichef George Saldamando aus: „Wir wollen so viele Hilfsmittel haben wie irgend möglich um unsere Stadt sauber zu halten." (*San Diego Union-Tribune* 17.03.92)

Jedes dieser Beispiele bezieht sich, obwohl nicht immer genau angegeben, auf die gebaute Umwelt der Stadt, auf die Erschaffung einer Landschaft, die keinen „schlechten Eindruck bei Besucher/inne/n hinterlässt, der die Vermutung wecken könnte, dass unsere Innenstadt unsicher sei" (*Cincinnati Enquirer* 25.04.95). Die bevorzugte Methode einer solchen Vorgehensweise – die Verbreitung der Anti-Obdachlosen-Gesetze – zielt darauf ab, die Straßen der Innenstadt als Landschaft neu zu konstruieren. Meine Argumentation bezieht sich hier auf eine ganz bestimmte Definition von „Landschaft". Wie Denis Cosgrove (1984; 1985; 1993), Stephen Daniels (1993) und andere so deutlich gezeigt haben, impliziert „Landschaft" eine bestimmte Weltanschauung, nämlich eine, in der Ordnung und Kontrolle über die Umgebung den Vorrang über die chaotischen Wirklichkeiten des Alltagslebens haben. Eine Land-

---

30 Diese paradigmatische Beschreibung entspricht Davis' (1994) Darstellung der „Festung L.A.". Ähnliche Themen, die die Beziehung zwischen Landschaft, öffentlichem Raum und Geographien der Kontrolle behandeln, finden sich in Sorkin (1992).

schaft ist eine „Bühne", auf der die besitzenden Klassen ihren „Besitz" des Landes und die Kontrolle über die sozialen Beziehungen beanspruchen. Eine Landschaft ist in diesem Sinn ein Ort der Behaglichkeit, vielleicht der Entspannung, des bedächtigen Konsums, unbefleckt von Bildern der Arbeit, Armut oder sozialen Konflikten[31]. Cosgrove (1985: 49) zeigt, dass Landschaft aus einer „bürgerlichen und rationalistischen Konzeption der Welt" entwickelt wurde und diese verstärkt. Erst kürzlich untersuchten Daniels und Cosgrove (1993; vgl. auch Cosgrove 1990; 1993) die Art und Weise, in der Landschaften nicht nur als Text oder visuelle Repräsentation funktionieren, sondern als „Theater" oder „Bühne", auf der sich die „Dramen" des Lebens vollziehen.

Die Art der Bühne, die durch die Neugestaltung der Innenstädte und deren Schutz durch die Anti-Obdachlosen-Gesetze konstruiert wird, ist wie bei einem *festival marketplace* oder einer *mega-mall*, die als Modelle dienen, ein „Theater, in dem sich ein befriedetes Publikum in der Herrlichkeit eines sorgfältig inszenierten gesellschaftlichen Spektakels sonnt", wie Crilley (1993: 153) es ausgedrückt hat[32]. Und dies ist ein Spektakel, in welchem die Armen eine kleine oder gar keine Rolle zu spielen haben, wie die Anti-Obdachlosen Gesetze mehr als deutlich machen. Deren beständiges Eindringen auf die Bühnen der Stadt scheint die Verdrängung des Zweifels zu bedrohen, den alle Theateraufführungen seitens des „Publikums" erfordern, weshalb sich das Publikum anderen Unterhaltungen zuwendet: Der suburbanen Mall oder dem sicheren Raum des Vergnügungsparks (vgl. Sorkin 1992). Die Anti-Obdachlosen-Gesetze sind daher eine Intervention in die urbane Ästhetik, in Debatten über das Aussehen und die Gestalt der Stadt. „Ästhetische Urteile" so Harvey (1990: 429/ 54) „werden häufig als machtvolle Kriterien politischen und gesellschaftlichen Handelns in Anschlag gebracht". Wenn diese ästhetischen Urteile den Effekt haben, dass die Räume der Stadt eher als Landschaft denn als öffentlicher Raum wertgeschätzt werden, dann dienen sie in doppelter Hinsicht einer „Verdrängung des Zweifels":

Die Macht einer Landschaft entspringt nicht der Tatsache, dass sie sich selbst als Spektakel anbietet, sondern vielmehr der Tatsache, dass sie, als Spiegel und Trugbild, jedem empfänglichen Betrachter ein Abbild präsentiert, das in seiner schöpferischen Leistungsfähigkeit gleichzeitig wahr und falsch ist, und welches das Subjekt (oder Ego) in einem fabelhaften Augenblick der Selbsttäuschung als sein eigenes beansprucht. Eine Landschaft

---

31 Ich sollte betonen, dass ich mich auf archetypische Ideologien von Landschaft beziehe, die der Landschaftsmalerei, der Landschaftsgestaltung und dem Gartenbau entstammen, und die in Europa und den Vereinigten Staaten entwickelt wurden. Daniels (1992, 1993) hat in seinen eingehenden Untersuchungen von Turners Gemälden der Industrielandschaft eine detailliertere Lesart der Beziehungen zwischen Produktion und Konsumtion geliefert (Anm. d. Übers.: Gemeint ist Joseph Mallord William Turner).

32 Für eine Analyse inwieweit *market festivals* eine Möglichkeit für einfache Leute bilden können, das „Drehbuch" des öffentlichen Spektakels neu zu schreiben, siehe Goss (1996).

hat demnach die verführerische Macht aller *Bilder,* und dies gilt besonders für eine urbane Landschaft - Venedig beispielsweise -, die sich selbst unmittelbar als *Werk* inszenieren kann. Daher entstammt der archetypisch touristische Irrglauben an einem solchen Werk beteiligt zu sein und es vollständig zu verstehen, obwohl der Tourist lediglich ein Land oder eine Landschaft durchquert und deren Abbild in ziemlich passiver Art und Weise wahrnimmt. Das Werk ist in seinen fassbaren Realitäten, seinen Produkten und der involvierten produktiven Aktivität daher nicht zu erkennen und der Vergessenheit überantwortet. (Lefebvre 1991: 189; Herv. im Orig.)

Eine Stadt als Landschaft zu erzeugen ist wichtig, da dies den Betrachter/inne/n (Tourist/inn/en, suburbanen Besucher/inne/n oder sogar den ansässigen Bewohner/inne/n) ein unentbehrliches Gefühl der Kontrolle der gebauten Umwelt zurückgibt. Und das, obwohl diese in Wirklichkeit durch die schöpferische, scheinbar anarchische Zerstörung einer Ökonomie (die auf allen Ebenen operiert) „kontrolliert" wird, die genauso einfach die Karrieren und Lebensentwürfe der Besucher/innen zerstören kann, wie sie bereits die Menschen „wegrationalisiert" hat. „Selbst in Zeiten des Wohlstandes war die Innenstadt von Dallas kein Reich der Träume. In den frühen 1980er Jahren wurde sie von Immobilienunternehmen errichtet - Glas, Stahl und Mauerwerk stetig himmelwärts türmend -, aber die Menschen kamen nicht. [...] Allzu schnell war der Boom vorbei. Die Phase der Firmenzusammenschlüsse und Übernahmen, die folgte, war durch Rationalisierung und Konsolidierung gekennzeichnet, die die Zahl der leerstehenden Büros in die Höhe schießen ließ. Die Innenstadt von *Big D* wurde *the Big Empty.* Es folgte der Verfall." (*Houston Chronicle* 19.03.95). Mit den Anti-Obdachlosen-Gesetzen „dehnt der absolute politische Raum seinen Einfluss" im Namen der Absicherung der städtischen Akkumulation aus, und der der Landschaft innewohnende „Eindruck der Transparenz [...] wird stärker und stärker" (Lefebvre 1991: 189).

Wenn die Illusion der Kontrolle ein Aspekt der Neugestaltung der Stadt als Landschaft ist (durch die „Privatisierung" des öffentlichen Raums, die mit Gesetzen einhergeht, die sich bspw. gegen Obdachlose richten), dann besteht ein zweiter Aspekt darin, eine Ideologie der Bequemlichkeit zu verfestigen, die Sennett (1997: 25) als „Widerstandsfreiheit" bezeichnet hat. Die urbane Landschaft wird nicht nur zunehmend konstruiert, um die Bewegungsfreiheit des Kapitals zu fördern, sondern auch dergestalt, dass Menschen sich „ohne Hindernis, Anstrengung oder Teilnahme" bewegen können. Sennett (1997: 25) verdeutlicht: „dieser Wunsch, den Körper von Widerstand zu befreien, ist verbunden mit der Angst vor Berührung - einer Angst die deutlich in der modernen Stadtplanung zum Vorschein kommt". Diese Angst wird in den Debatten um die Gesetze gegen „aggressives Betteln" sogar noch offensichtlicher. Die Bettel-Verordnungen, die Washington DC im Jahr 1993 verhängte, unterbinden ein „sich Annähern, Ansprechen und Folgen [...] in einer Art und Weise, die bei einer vernünftigen Person die Angst vor Körperverletzung hervorrufen würde" (*Washington Post* 03.06. 93; *Roll Call* 17.06. 93). Überfälle verstoßen natürlich gegen das Gesetz, genauso das Androhen von Körperverletzungen. Dieses Gesetz kriminalisiert jedoch, wie zahlreiche andere im Land, nicht den Überfall oder die Drohung, sondern das Hervorrufen eines unbehaglichen Gefühls bei anderen. Und Betteln, Schlafen in öffentlichen Parks oder Urinieren in Gassen bewirken nun einmal, dass wir uns – mich eingeschlossen – unbehaglich fühlen. Und so soll das auch sein. Das Erwecken von Unbehagen ist jedoch meilenweit davon entfernt, „falsch" oder „gefährlich" zu sein, selbst wenn wir uns häufig dagegen sträuben, diese Unterscheidungen anzuerkennen[33]. Eine ältere Frau in Memphis berichtet: „Er sagte, 'Ich will, dass sie mir einen Gefallen tun.' Ich sagte, 'Ich habe kein Geld.' Ich merkte, dass es das war, was er wollte. Es hat mich zutiefst erschreckt. [...] Ich habe keine Schusswaffe, aber dieses eine Mal [habe ich mir gewünscht ich hätte eine]" (*The Commercial Appeal* (Memphis) 24.07.94). Die Angst vor körperlichem Kontakt ist häufig weniger greifbar als die von der Frau geäußerte[34], aber sie weist auf den Wunsch hin, eine Straße entlanglaufen oder ein Geschäft betreten zu können, ohne einer obdachlosen Person zu begegnen. „Der Spießrutenlauf durch die Straßen der Stadt umfasst etwa sechs Bettler je Block. Einige sitzen still auf einer Bank oder in der Hocke gegen Gebäude gelehnt und drängen Plastiktassen in Richtung der Fremden, die an ihnen vorbeihetzen. Die meisten äußern eine deutlichere Aufforderung, durch Schilder oder Bitten, ihnen Geld zu geben." (*Washington Post* 09.05.93) Selbst die passivsten Bettler/innen wirken bedrohlich: Die Straße wird zu einem „Spießrutenlauf" und die stillen Bettler/innen „drängen" fortwährend ihre Becher in Richtung der Passant/inn/en. Sennett verdeutlicht, dass „die Fähigkeit überall hinzugelangen, sich ohne Behinderungen zu bewegen und frei umhergehen zu können – eine Freiheit, die in einem leeren Raum am größten ist" – in der „westlichen Zivilisation" zur Definition der Freiheit an sich wurde.

---

33 In dieser Hinsicht erinnert der rechtliche Diskurs um Bettelei (oder anderer Verhaltensweisen von Obdachlosen) auffallend an gerichtliche Bestrebungen in der ersten Hälfte des 20. Jahrhunderts, Streikposten zu regulieren oder zu verbieten. Der Vorsitzende des Obersten Gerichtshofes, William Howard Taft, entschied beispielsweise im Jahr 1921, dass Streikposten per Definition gewalttätig und einschüchternd agieren und deren Tätigkeit notwendigerweise das „Hetzen" und „Jagen" von Menschen auf städtischen Straßen einschließt. Seine Sprache wurde in den Anti-Streikposten-Verordnungen während der Weltwirtschaftskrise im ganzen Land reproduziert (vgl. Mitchell 1996). Wie die meisten anderen Anti-Bettelei-Verordnungen, die in den 1980er und 1990er Jahren verhängt wurden, kriminalisiert Sacramento „das Nötigen, Bedrohen, Hetzen oder Einschüchtern einer anderen Person mit dem Ziel milde Gaben zu erbitten" (*Sacramento Bee* 02.12.93) und kopiert so die Sprache von Taft, der 70 Jahre zuvor Pionierarbeit leistete in der Hoffnung, eine widerspenstige und unbequeme Gruppe von Menschen kontrollieren zu können.

34 Ich will damit nicht zu unterstellen, dass die Angst dieser Frau nicht auf irgendeine Art real war. Die Frage ist vielmehr, ob es unserer Angst oder unserem Unbehagen erlaubt sein sollte, die Zerstörung der Überlebensbedingungen von anderen Menschen zu legitimieren.

Diese Bewegungsmechanik hat einen Großteil der modernen Erfahrung durchdrungen – sie lehnt soziale, örtliche oder persönliche Widerstände mit ihren unvermeidlichen Frustrationen als lästig und unberechtigt ab. Bequemlichkeit, Komfort, 'Verbraucherfreundlichkeit' erscheinen auch in menschlichen Beziehungen unter diesen Umständen als Garantien individueller Handlungsfreiheit. (Sennett 1997: 384)

Hier gibt es zwei bedeutende Aspekte. Erstens ist eine solche Bewegungsfreiheit nur möglich, wenn anderen das selbe Recht aberkannt wird (vgl. Blomley 1994a, 1994b). Anti-Obdachlosen Gesetze sind mit der Begründung angefochten worden, dass sie einen Verfassungsanspruch auf Mobilität erzeugen, indem einige Menschen erfolgreich aus öffentlichen Orten verbannt werden (Ades 1989). Damit basiert *unsere* Mobilität auf der Immobilität der Obdachlosen. Die Obdachlosen liefern den „Widerstand" zu unserer uneingeschränkten Bewegung, verursachen Unbehagen, während wir versuchen, die Stadt zu kontrollieren. Und diese obdachlosen Menschen sind alles andere als „benutzerfreundlich", indem sie weiterhin darauf beharren, unser Recht in Frage zu stellen, einfach an ihnen vorbeigehen zu können, ohne ihnen beim Überleben zu helfen.

Zweitens verstärkt diese Ideologie der Bequemlichkeit und der individuellen Bewegungsfreiheit die „Impression der Transparenz", die darauf abzielt die urbane Landschaft durchschaubar zu machen, indem sie deren „Produkte und produktive Aktivitäten" auslöscht. „Widerstand ist jedoch eine grundlegende und notwendige Erfahrung menschlicher Körper", folgert Sennett (1997: 384), „durch das Empfinden von Widerstand wird der Körper angeregt von der Welt Notiz zu nehmen, in der er lebt. Dies ist die säkulare Version der Lehre der Vertreibung aus dem Garten Eden. Der Körper erwacht zum Leben, wenn er sich mit Schwierigkeiten auseinandersetzt." Sennett (1997: 425) argumentiert weiter, indem er die obigen Erkenntnisse auf eine Stadt bezieht, die im 19. Jahrhundert nach dem Ideal des Flanierens errichtet wurde, dass ein „öffentlicher Bereich aus sich bewegenden und zuschauenden Individuen [...] nicht länger eine politische Domäne" war. Und an Orten wie dem zeitgenössischen Greenwich Village ist „unsere Agora [...] rein visuell"; „die politischen Gelegenheiten jedoch übersetzen sich nicht in die alltägliche Praxis der Straße; zudem tragen sie wenig dazu bei, die vielen Kulturen der Stadt auf gemeinsame Ziele einzuschwören" (Sennett 1997: 442f). Dies wird natürlich umso deutlicher, wenn Stadtregierungen sich zunehmend bemühen, die Images der Städte durch Lebensqualität-Kampagnen zu verbessern, wie es der New Yorker Bürgermeister Rudolph Giuliani ausdrückt (der allgemeine Name verschleiert hier nicht, wessen Qualitäten geschützt werden sollen – und auf wessen Kosten).

Kurz gesagt stellen Lebensqualität-Initiativen wie Anti-Obdachlosen-Gesetze eine Politik der Ästhetik über die Politik des Überlebens. Sie ersetzen eine grundlegende Politik, die entworfen wurde, um die Lebensbedingungen der Menschen in der Stadt zu verbessern, durch ein Image der urbanen Landschaft. Crilley (1993: 157) kontras-

tiert die „traditionelle Stadt" mit „Megastrukturen" wie die *Canary Wharf* in London
oder das *World Financial Center* in New York, Strukturen, die derart vollständig
kontrolliert werden, dass sie das Leben der Stadt als Nostalgie reproduzieren. „Traditionelle Städte", schreibt er, „können mit ihren Konnotationen von Vitalität, sozialer Interaktion und Heterogenität weder 'programmiert' noch 'animiert' werden; in
der Stadt besitzen Geschichte und Gedächtnis keine 'Essenzen', die auf visuelle Ab-
bilder reduziert werden könnten; und eine authentische öffentliche Präsenz lässt sich
nicht durch den Einsatz korrekter Formen, von grellem Spektakel oder den Verlo-
ckungen von Brot und Spielen arrangieren." Und doch ist es eben dies, was die Städte mit dem harten Durchgreifen gegenüber obdachlosen Menschen erzielen wollen.
Sie versuchen die öffentlichen Räume der Stadt durch Landschaften zu ersetzen, indem
sie die (oftmals unbehaglichen und mühseligen) heterogenen Interaktionen des öffentlichen Lebens durch das Visuelle substituieren.

Wenn Malls und *festival marketplaces* eine Seite der Medaille repräsentieren, die
Michael Walzer (1986) als „engstirnige" Räume bezeichnet hat (jene Räume, die für
eine einzige Funktion konstruiert wurden; die danach streben, die Bewegungsfreiheit
auf Kosten der Interaktion zu erleichtern), dann repräsentieren die Anti-Obdachlosen Gesetze die andere Seite. „Im Jahr 1994", stellte der Kolumnist Colman McCarthy
(1994) fest, „lautete die Botschaft, die an die Leute auf der Straße in vielen U.S. Städten gerichtet war, entweder 'Verzieht euch' oder 'Lasst euch einsperren'." Konstruiert, um die offenen (und möglicherweise aufgeschlossenen) Räume der Stadt für jene
zu verschließen, die es sich nicht leisten können anderswo zu leben, dienen die Anti-
Obdachlosen-Gesetze - indem sie urbanen Raum als Landschaft erzeugen - dazu,
eine Antithese zu dem zu schaffen, was der öffentliche Raum sein könnte. Aber dies
ist natürlich der springende Punkt.

Schlussfolgerung

Der öffentliche Raum ist ein Ergebnis kontinuierlicher Auseinandersetzungen (Goheen
1993). Er ist sowohl ein Schauplatz für die fortwährenden Kämpfe um die Natur „der
Öffentlichkeit" und der Demokratie (Mitchell 1995), als auch gleichzeitig deren
Produkt (Zukin 1995). Die Verbreitung der Anti-Obdachlosen-Gesetze erhöht den
Einsatz in diesen Auseinandersetzungen, indem sie danach streben - mit den Mitteln
des Gesetzes - einige Menschen aus diesen Auseinandersetzungen zu entfernen. Diese Gesetze verfolgen das Ziel - vielleicht nicht explizit, aber nichtsdestoweniger offensichtlich - die öffentlichen Rechte derart neu zu definieren, dass nur Menschen
mit festem Wohnsitz Zugang zu ihnen haben. Sie streben weiterhin das Ziel an, den
öffentlichen Raum der Stadt als Landschaft neu zu konstruieren, als ein privatisiertes
Bild, das allein zum passiven Anblick durch Privilegierte taugt, die das, was sie sehen,
schlichtweg für natürlich halten.

Die Entstehung dieser Gesetze aus der Unsicherheit des zeitgenössischen Bürgertums in der sich vermeintlich globalisierenden Ökonomie scheint offensichtlich zu sein. In einer Ära, in der die „symbolische Ökonomie" an Bedeutung gewinnt und eine scheinbar stabilere, industriell geprägte Ökonomie ersetzt, ist die „Kultur der Städte" alles, was ihnen bleibt (Zukin 1995). Diese „Kultur" - diese Landschaft - ist ihrerseits sehr flüchtig und unsicher, und damit ganz und gar kein zuverlässiger oder permanenter Anreiz, um ungebundenes Kapital anzuziehen. Der Aufstieg der, wie es Zukin ausdrückt, „Ästhetisierung der Angst" erscheint daher nachvollziehbar, wenn auch nach wie vor erschreckend. Indem wir oberflächlich ansprechende Landschaften errichten, hoffen wir das Unvermeidbare abzuwenden und der Geschichte einige wenige Monate oder Jahre des Wachstums abringen zu können. Wenn diese Entstehung der Gesetze offensichtlich ist, so ist es ihr Preis ebenfalls. Die Anti-Obdachlosen-Gesetze sind vielleicht das anschaulichste Kennzeichen des faustischen Paktes, den wir täglich schließen, um unseren eigenen relativen Wohlstand zu sichern. Der Preis, den die obdachlosen Menschen zahlen, die wir mit Freuden zu opfern bereit sind, ist sicherlich der höchste. Doch auch die eigentlich unvorstellbare Konstruktion einer grausamen öffentlichen Sphäre ist ein hoher Preis, den wir für eine attraktive Innenstadt zu zahlen bereit sind. Mike Davis (1994: 262) zitiert William Whytes Einsicht, dass „Angst sich selbst [bestätigt]" - und fügt hinzu: „Die gesellschaftlich empfundene Bedrohung hat mehr mit dem Ruf nach Sicherheit zu tun als mit der Kriminalstatistik."

Tatsächlich zeigen die Anti-Obdachlosen-Gesetze den Grad an, zu dem die öffentliche Sphäre, die nach den spürbaren Ängsten der Bourgeoisie geformt ist, immer weniger ein Ort der Kritik, der Diskussion und des Kampfes ist und immer mehr eine Arena, in der eine politische Ökonomie - und eine Landschaft - legitimiert wird, die so grausam ist, dass sie uns davon überzeugt, dass die organisierte Verfolgung von Obdachlosen gerecht ist.

Übersetzung: Michael Keizers und Sebastian Schipper

Literatur

Ades, Paul (1989): The unconstitutionality of 'antihomeless' laws: ordinances prohibiting sleeping in outdoor public areas as a violation of the right to travel. In: *California Law Review* 77, 595-628.

Allen, John/Pryke, Michael (1994): The production of service space. In: *Environment and Planning D: Society and Space* 12, 453-475.

Amin, Samir (1976): *Unequal Development*. New York.

Anderson, James (1980): Towards a Materialist Conception of Geography. In: *Geoforum* 11, 171-178.

Anderson, N. (1923): The Hobo: The Sociology of the Homeless Man. Chicago.

Anderson, Perry (1990): A Culture in Contraflow. In: *New Left Review* 180, 41-78 & *New Left Review* 182, 85-137.

Aronowitz, S. (1990): Writing labor's history. In: *Social Text* 8/9, 171-195.

Bahr, H. (1970): *Disaffiliated Man: Essays and Bibliography on Skid Row, Vagrancy and Outsiders*. Toronto.

- (1973): *Skid Row: An Introduction to Disaffiliation*. New York.

Ball, Edward (1987): The Great Sideshow of the Situationist International. In: *Yale French Studies* 73, 21-37.

Balter, J. (1993): Panhandler law works in Portland. In: *The Seattle Times* 25.11.93.

- (1994): City's panhandling law becoming a big problem for small neighbors. In: *The Seattle Times* 05.06.94.

Baltimore Magazin (1986): *The Yuppies Move Downtown*. August.

Baltimore Sun (02.11.1990): *Planners Reject Impact Fees*.

- (15.09.1989): *East Baltimore Group Urges Fees on Waterfront Growth*.

- (19.06.1988): *New Canton Rises in Painful Memories*.

- (23.02.1988): *Smoke Seeks Fells Point. Canton Shoreline Plan*.

- (24.09.1990): *Bank Strain with Low Growth*.

- (31.07.1988): *Consultant's Scenarios for Waterfront Draw Fire form Developers, Residents*.

Barry, T./D. Preusch (1990): *AIFLD in Central America: Agents as Organizers*. Albuquerque.

Baudelaire, Carles (1981): *Selected Writings on Art and Artists*. Cambridge.

Baum, A./D. Burnes (1993): *A Nation in Denial: The Truth About Homelessness*. Boulder.

Bauregard, Robert (1993): *Voices of Decline: The Postwar Fate of US Cities*. Oxford.

Beauvoir, Simone de (1968): *Das andere Geschlecht*. Reinbek bei Hamburg.

Bell, Daniel (1976): *Die Zukunft der westlichen Welt*. Frankfurt.

Berger, John (1974): *The Look of Things*. New York.

Berman, Marshal (1982): *All that is solid melts into air*. New York.

Bhabha, Homi K. (1990): The Third Space: Interview with Homi Bhabha. In: Rutherford, Jonathan (Hrsg.): *Identity: Community, Difference*. London, 207-221.

Bhaskar, Roy (1975): *A Realist Theory of Science*. Leeds.

- (1979): *The Possibility of Naturalusm*. Brighton.

Birringer, Johannes (1989): Invisible cities/transcultural ages. In: *Performing Arts Journal* 12: 33-34 & 120-138.

Blau, Joel (1992): *The Visible Poor: Homelessness in the United States*. New York.

Blitz, Mark (1981): *Heidegger's being and time: The possibility of political philosophy*. Ithaca.

Blomley, N. (1994a): *Law, Space, and the Geographies of Power*. New York.

- (1994b): Mobility, empowerment, and the rights revolution. In: *Political Geography* 13, 407 22.

Blumberg, L./Shipley, T./Barsky, S. (1978): *Liquor and Poverty: Skid Row as a Human Condition*. New Brunswick

Bode, Carl (1986): *Mencken*. Baltimore.

Bourdieu, Pierre (1972) : *Esquisse d'une théorie de la pratique*. Paris.

- (1977): *Outline of a Theory of Practice*, Cambridge.

- (1979): *Entwurf einer Theorie der Praxis*. Frankfurt.

- (1987): *Die feinen Unterschiede. Kritik der gesellschaftlichen Urteilskraft*. Frankfurt.

- (1993): *Der Soziale Sinn, Kritik der theoretischen Vernunft*. Frankfurt.

Bowden, C. (1996): While you were sleeping: in Juarez, Mexico, photographers expose the violent realities of free trade. In: *Harper's Magazine* Dec., 44-52.

Brenner, Robert (1977): The Origins of Capitalist Development: A Critique of Neo-Smithian Marxism. In: *New Left Review* 104, 25-92.

Brookfield, Harold (1975): *Interdependent Development*. London.

Brubaker, Rogers (1985): Rethinking classical theory: The sociological vision of Pierre Bourdieu. In: *Theory and Society* 14, 145-775.

Bruck, Connie (1989): The Predators' Ball: The Inside Story of Drexel Burnham and the Rise of the Junk Bond Raiders. New York.

Bunge, William (1966): *Theoretical Geography*. 2. Aufl. Lund.

Burgel, Gallia/Burgel, Guy/Dezes, M.G. (1987): An interview with Henri Lefebvre. In: *Environment and Planning D* 5, 27-38.

Burton, Ian (1963): The Quantitative Revolution and Theoretical Geography. In: *Canadian Geographer* 7: 151-162.

Business Week (05.12.1988): *A 180-Degree-Turnaround for Triangle*.

- (15.09.1986): *The New Aces of Low Tech*.

Calhoun, Craig (1992): Introduction: Habermas and the public sphere. In: ders (Hrsg.) *Habermas and the Public Sphere*. Cambridge, 1-48.

Carney, John/Hudson, Ray/Lewis, Jim (Hrsg.) (1980): *Regions in Crisis New. Perspectives in Regional Theory*. London.

Carr, M. (1983): A contribution to the review and critique of behavioural industrial location theory. In: *Progress in Human Geography* 7, 386-401.

Castells, Manuel (1977): *The Urban Question*. London.

- (1983): *The City and the Grasroots*. Los Angeles.

- (1985): High Technology, Economic Restructuring, and the Urban-regional Process in the United States. In: ders. (Hrsg.): *High Technology, Space, and Society*, Beverly Hills, 11-40.

-/Francis Godard (1974): *Monopolville*. Paris.

Cayo Sexton, P. (1986): The life of the homeless. In: J. Erickson and C. Wilhelm (Hrsg.) *Housing the Homeless*. New Brunswick, 73-81

Chytry, Josef (1989): *The aesthetic state: A quest in modern German thought*. Cambridge.

City of Baltimore (ohne Jahr): *Report: East Baltimore Real Estate*. Baltimore.

Clark, G.L. (1985): Restructuring the U.S. economy: The National Labor Relations Board, the Saturn Projekt, and economic justice. In: *Economic Geography* 61, 289-306.

– (1988): A Question of Integrity: The National Labor Relations Board, Collective bargaining, and the Relocation of Work. In: *Political Geography Quarterly* 7, 209-227.

– (1989): *Unions and Communities Under Siege: American Communities and the Crisis of Organised Labour*. Cambridge.

Claude Lévi-Strauss (1967): *Strukturale Anthropologie*. Frankfurt a.M. [1958]

Cochrane, Allan (1987): What a Difference the Place Makes: The New Structuralism of Locality. In: *Antipode* 19, 354-363.

Cohen, Gerald A. (1978): *Karl Marx's Theory of History*. Oxford.

Cooke, Philip (1985): Class practices as regional markers: A contribution to labour geography. In: Gregory, Derek & Urry, John (Hrsg.): *Social Relations and Spatial Structures*. New York, 213-241.

– (1987): Clinical Inference and Geographic Theory. In: *Antipode 19, 69-78*.

Cordray, D. (1996): City–community ... you decide. In: *Community Voice Newsjournal* 6.10.1996, 1.

Cosgrove, Denis (1984): *Social Formation and Symbolic Landscape*. London.

– (1985): Prospect, perspective and the evolution of the landscape idea. In: *Transactions of the Institute of British Geographers* NS 10, 45-62.

– (1990): Spectacle and society: landscape as theater in pre-modern and post-modern cities. In: P. Groth (Hrsg.) *Vision, Culture, and Landscape*. Berkeley, 221-39.

– (1993): *The Palladian Landscape: Geographical Change and its Cultural Representations in Sixteenth-Century Italy*. University Park.

Cox, K./A. Mair (1988): Locality and community in the politics of local economic development. In: *Annals of the Association of American Geographers* 78, 307-325.

Crenson, Matthew (1983) *Neighborhood Politics*. Cambridge.

Cresswell, Tim (1996): *In Place/Out of Place: Geography, Ideology and Transgression*. Minneapolis.

Crilley, D. (1993): Megastructures and urban change: aesthetics, ideology and de-sign. In: P. Knox (Hrsg.) *The Restless Urban Landscape:* Englewood Cliffs, 127-64.

Crowe, Sybil Eyre (1942): *The Berlin West African Conference 1884-1885*. London.

Cyert, R.M./March, J.G. (1963): *A Behavioral Theory of the Firm*. Englewood Cliffs.

Daniels, S./Cosgrove, Denis (1993): Spectacle and text: landscape metaphors in cultural geography. In: Duncan, J. & Ley, D. (Hrsg.) *Place/Culture/Representation*. London,57-77.

Daniels, S. (1992): The implications of industry: Turner and Leeds. In: Barnes, T. & Duncan, J. (Hrsg.) *Writing Worlds: Discourse, Text and Metaphor in the Representation of Landscape*. London, 38-49.

– (1993): *Fields of Vision: Landscape Imagery and National Identity in England and the United States*. Princeton.

Darby, Henry C. (1962): The Problem of Geographical Description. In: *British Geographers* 30, 1-14.

Davis, Mike (1991): Afterword – a logic like hell's: being homeless in Los Angeles. In: *UCLA Law Review* 39, 325-32.

- (1994): *City of Quartz. Ausgrabungen der Zukunft in Los Angeles.* Berlin/Göttingen.

Dear, Michael/J. Wolch (1987): *Landscapes of Despair: From Deinstitutionalization to Homelessness.* Princeton.

Dear, Michael/Scott, Allen (Hrsg.) (1981): *Urbanization and Urban Planning in Capitalist Society.* New York.

Debord, Guy (1978): *Die Gesellschaft des Spektakels.* Hamburg [1967].

DeCarlo, Richard J. (1987): *Information Release.* 5.08.1987.

Dees, J. W. (1948): *Flophouse.* Francestown

Dematteis, Giuseppe (2001): Shifting Cities. In: Minca, Claudio (Hrsg.): *Postmodern Geography. Theory and Praxis.* Oxford 113-128.

Deutsche, Rosalyn (1988): Uneven Development: Public Art in New York City. In: *October* 47, 3-52.

Deutsche, Rosalyn (1990): Architecture of the evicted. In: *Strategies: A Journal of Theory, Culture, and Politics* 3, 159-83.

- (1991): Alternative space. In: Wallis, Brian (Hrsg.): *If you lived here: The City in Art, Theory and Social Activism (A Project by Martha Rosler).* Seattle, 45-66.

Dicken, P. (1971): Some aspects of decision-making behaviour of business organizations. In: *Economic Geography* 47, 426-437.

Dinnerstein, Dorothy (1987): *The Rocking of the Cradle and the Ruling of the World.* London.

Duany, Andres/Plater-Zyberk, Elizabeth (1992): The second coming of the American small town. In: *Wilson Quarterly* 16, 19-50.

Duncan, James (1994): Me(trope)olis: or, Hayden White among the Urbanists. In: King, Anthony (Hrsg.): *Representing the City.* New York, 253-268.

-/Ley, David (1982): Structural Marxism and Human Geography: A Critical Assessment. In: *Annals Association of American Geographers* 72, 30-58.

Durkheim, Émile (1981): *Die elementaren Formen des religiösen Lebens.* Frankfurt [1912].

Eagleton, Terry (1986): *Against the Grain: Essays 1975-(1985).* London.

- (1994): *Ästhetik. Die Geschichte ihrer Ideologie.* Stuttgart [1990].

East Baltimore Guide (14.09.1989): *Vandalism and Toxic Spills Blamed By Developer.*

- (31.03.1988): *In Answer to Neighborhood Concerns, Designer of American Can Site Submit New Plans for Shopping Center with No High Rises.*

Eliot Hurst, Michael (1980): Geography, Social Science and Society: Towards a De-definition. *Australian Geographical Studies* 18: 3-21.

England, K. (1991): Gender relations and the spatial structure of the city. In: *Geoforum* 22, 135-147.

Eyles, John (1981): Why Geography Cannot be Marxist: Towards an Understanding of Lived Experience. In: *Environment and Planning A* 12, 1371-1388.

Falconer Al-Hindi, Karen & Staddon, Caedmon 1997, The hidden histories and geographie of neotraditional town planning: the case of Seaside, Florida. In: *Environment and Planning D: Society and Space* 15, 349-372.

Fishman, Robert (1987): *Bourgeois Utopias: The Rise and Fall of Suburbia*. New York.

Fitch, R. (1993): *The Assasssination of New York*. London.

Flax, Jane (1983): Political Philosophy and the Patriarchal Unconscious: A Psychoanalytic Perspective on Epistemology and Metaphysics. In: Harding, S. & Hintikka, Merrill (Hrsg.): *Discovering Reality: Feminist Perspectives on Epistemology, Metaphysics,Methodology, and Philosophy of Science*. Dordrecht 245-81.

– (1990): Postmodernism and Gender Relations in Feminist Theory. In: Nicholson, Linda (Hrsg.): *Feminism/Postmodernism*. London,39-62.

Forbes (23.01.1989): *The Rape of the Bondholder*.

Forman, Frieda mit Caoran Sowton (1989)(Hrsg.): *Taking our time: Feminist perspectives on temporality*. Oxford.

Fortune (24.10.1988): *The Return of Second-Hand Rose*.

Foucault, Michel (2005a): Raum, Wissen und Macht. In: ders. (Hrsg.), *Schriften in vier Bänden. Dits et Ecrits IV*, Frankfurt, 324-341 [1982].

– (2005b): Von anderen Räumen. In: ders. (Hrsg.), *Schriften in vier Bänden. Dits et Ecrits IV*, Frankfurt, 931-941 [1967].

– (2002): Über die Natur des Menschen: Gerechtigkeit versus Macht. In: ders: *Schriften in vier Bänden. Dits et Ecrits II*. Frankfurt, 586-637 [1974].

– (2003): Das Auge der Macht. In: ders: *Schriften in vier Bänden. Dits et Ecrits III*. Frankfurt, 250-271.

Fox, Kenneth (1978): Uneven Regional Development in the United States. In: *Review of Radical Political Economics* 10, 68-86.

Frank, D. (1994): *Purchasing Power: Consumer Organizing, Gender, and the Seattle Labor Movement, 1919-1929*. New York.

Fraser, Nancy (1990): Rethinking the public sphere: a contribution to actually existing democracy. In: *Social Text* 25/26, 56-79.

Fyfe, Nick (1996): Contested visions of a modern city: planning and poetry in postwar Glasgow. In: *Environment and Planning A* 14, 387-403.

Garland, Eric (1980): The End of Baltimore as a Blue-Collar Town. In: *Baltimore Magazine*. Dezember.

Giddens, Anthony (1988): *Die Konstitution der Gesellschaft*. Frankfurt & New York [1984].

Gleason, T. (1955): *Testimony by Thomas Gleason*, General Organizer of the Longshoremen's Association, before the U.S. House Committee on Merchant Marine and Fisheries, hearing on HR 5734, a bill to amend Section 301(a) of 1936 Merchant Marine Act, 84th Cong., 1st Sess.

Goheen, P. (1993): Negotiating access to public space in mid-nineteenth century Toronto. In: *Journal of Historical Geography* 20, 430-49.

Goss, Jon (1993): The „Magic of the Mall": An Analysis of Form, Function, and Meaning in the Contemporary Retail Built Environment. In: *Annals of the Association of American Geographers* 83/1, 18-47.

– (1996): Disquiet on the waterfront: reflections on nostalgia and Utopia in the urban archetypes of festival marketplaces. In: *Urban Geography 17*, 221-47.

Gottdiener, Mark (1985): *The Social Production of Urban Space*. Austin.

– (1993): A Marx for our time: Henri Lefebvre and *The Production of Space*. In: *Sociological Theory* 11, 129-134.

Greenhut, M. (1956): *Plant Location in Theory and Practice*. Chapel Hill.

–/Hwang, M. J. (1979): Estimates of fixed costs and the sizes of market areas in the United States. In: *Environment and Planning A* 11, 993-1009.

Gregory, Derek (1978): *Ideology, Science and Human Geography*. London.

– (1981): Human Agency and Human Geography. In: *Transactions of the IBG* 6, 1-18.

– (1990): Chinatown, Part Three? Soja and the Missing Spaces of Social Theory. In: *Strategies* 3, 40-104.

– (1994): *Geographical Imaginations*. Cambirdge.

–/Urry, John (1985)(Hrsg.): *Social Relations and Spatial Structures*. Basingstoke.

Gregson Nicky (1987): The CURS Initiative: Some Further Comments. In: *Antipode* 19, 364-670.

Habermas, Jürgen (1962): *Strukturwandel der Öffentlichkeit*. Darmstadt.

– (1973): *Legitimationsprobleme im Spätkapitalismus*. Frankfurt.

– (1981): *Die Theorie des kommunikativen Handelns. 2. Bd. Zur Kritik der funktionalistischen Vernunft*. Frankfurt.

– (1985): Die Kulturkritik der Neokonservativen in den USA und in der Bundesrepublik. In: *Die Neue Unübersichtlichkeit*. Frankfurt, 30-56.

Haggett, Peter (1965): *Locational Analysis*. London.

Hall, Edward (1966): *The Hidden Dimension*. New York.

Hallowell, Al (1955): *Culture and experience*. Philadelphia.

Hamill, P. (1993): How to save the homeless – and ourselves. In: *New York* 26 (20.09.1993): 34-39.

Harding, S./Hintikka, Merrill (1983): Indroduction. In: dies. (Hrsg.): Discovering Reality: Feminist Perspectives on Epistemology, Metaphysics, Methodology, and Philosophy of Science. Dordrecht ix-xix.

Hareven, Tamara K. (1982): *Family time and industrial time*. Cambridge.

Harre, Rom (1970): *The Principles of Scientific Thinking*. London.

–/Madden, Edward (1975): *Causal Powers*. Oxford.

Harries, Karsten (1982): Building and the terror of time. In: *Perspecta: The Yale Architectural Journal* 19: 59-69.

Hartman, C. (1987): The housing part of the homelessness problem. In: Kneerim, J. (Hrsg.): *Homelessness: Critical Issues for Policy and Practice*. Boston.

Hartshorne, Richard (1939): *The nature of geography*. Lancaster.

Hartsock, Nancy (1990): Foucault on Power: A Theory for Women? In: Nicholson, Linda (Hrsg.): *Feminism/Postmodernism*. London, 157-75.

Harvey, David (1969): *Explanation in Geography*. Oxford.

– (1972): Revolutionary and counter revolutionary theory in geography and the problem of ghetto formation. In: *Antipode* 4, 1-13.

- (1973): *Social Justice and the City*. Oxford.
- (1975): Class Structure in a Capitalist Society and the Theory of Residential Differentiation. In: Peet, Richard & Chrisholmm Michael & Haggett, Peter (Hrsg.): *Processes in Physical and Human Geography*. Edinburgh.
- (1977): Labor, Capital and Class Struggles Around the Built Environment in Advanced Capitalist Societies. In *Politics and Society* 6, 265-295.
- (1978): The urban process under capitalism: A framework for analysis. In: *International Journal of Urban and Regional Research* 2, 101-131.
- (1982): *The Limits to Capital*. Oxford.
- (1984): On the history and present condition of geography: An historical materialist manifesto. *Professional Geographer* 36, 1-11.
- (1985a): *The Urbanization of Capital*. Oxford.
- (1985b): *Consciousness and the Urban Experience*. Oxford.
- (1985c): Geopolitics of Capitalism. In: Gregory, Derek & Urry, John (Hrsg.): *Social Relations and Spatial Strucutres*, 126-163.
- (1987): Flexible Akkumulation durch Urbanisierung: Reflexionen über „Postmodernismus" in amerikanischen Städten. In: *Prokla* 17, 109-131.
- (1989a): *The Condition of Postmodernity*. Oxford.
- (1989b): From Managerialism to Enterpreneurialism: The Transformation in Urban Governance in Late Capitalism. In: *Geografiska Annaler B* 71: 3-17.
- (1990): Between space and time: Reflections on the geographical imagination. In: *Annals of the Association of American Geographers* 80, 418-434.
- u.a. (1987): Recondsidering Social Theory: A Debate. In: *Environment and Planning D* 5, 367-434.

Hayden, Dolores (1995): *The Power of Place. Urban Landscape as Public History*. Cambridge.

Hayter, R./Watts, H.D. (1983): The geography of enterprise: A reappraisal. In: *Progress in Human Geography* 7, 157-181.

Heidegger, Martin (1953): *Einführung in die Metaphysik*. Tübingen [1935].

Helgerson, Richard (1986): The Land Speaks: Cartography, Chorography, and Subversion in Renaissance England. In: *Representations* 16: 50-85.

Henry, W. (1994): Real fear. In: *Community Voice Newsjournal* 28.10.1994, 1.

Herod, Andrew (1994): On workers' theoretical (in)visibility in the writing of critical urban geography: A comradely critique. In: *Urban Geography* 15, 681-693.
- (1995): The practice of international labor solidarity and the geography of the global economy. In: *Economic Geography* 71, 341-363.
- (1997a): Labor as an agent of globalization and as a global agent. In: Cox, K. (Hrsg.): *Putting Space in its Place: Contesting Geographies of Globalization*. New York.
- (1997b): Labor's spatial praxis and the geography of contract bargaining in the US east coast longshore industry, 1953-1989. In: *Political Geography* 16, 145-169.

Hershkoff, H./Cohen, A. (1991): Begging to differ: The First Amendment and the right to beg. In: *Harvard Law Review* 104, 896-972.

Hirsch, A (1981): *The Frech New Left: An Intellectual History from Sartre to Gorz*. Boston.

Hoch, C./R. Slayton (1989): *New Homeless and Old: Community and the Skid Row Hotel.* Philadelphia.

Holcomb, B. (1981): Women's roles in distressing and revitalizing cities. In: *Transaction* 11, 1-6.

Holland, Stuart (1976): *Capital Versus the Region.* London.

Holmes, J./Rusonik A. (1991): The break-up of an international labour union: Uneven development in the North American auto industry and schism in the UAW. In: *Environment and Planning A* 23, 9-35.

Hombs, M.E./Snyder, M. (1982): *Homelessness in America: A Forced March to Nowhere,* Washington

Honneth, Axel (1986): The fragmented world of symbolic forms: Reflections on Pierre Bourdieu's sociology of culture. In: *Theory, Culture and Society* 3, 55-56.

Hopper, K./Hamberg, J. (1984): *The Making of America's Homeless: From Skid Row to New Poor.* New York.

Hotelling, H. (1929): Stability in competition. In: *Economic Journal* 39, 41-57.

Howland, G. (1994): The new outlaws: cities make homelessness a crime. In: *The Progressive* 58, 33-35.

Hudson, B. (1977): The new geography and the new imperialism: 1870-1918. In: *Antipode* 9, 12-19.

Hurd, Richard (1926): *Principles of City Land Value.* New York.

Huyssen, Andreas (1988): *After the Great Divide: Modernism, Mass Culture and Postmodernism.* London.

Isard, W. (1956): *Location and Space-Economy: A General Theory Relating to Industrial Location, Market Areas, Land Use, Trade, and Urban Structure.* Cambridge.

Jameson, Fredric (1984): Postmodernism, or the cultural logic of late capitalism. In: *New Left Review* 146: 53-92.

– (1986): Zur Logik der Kultur im Spätkapitalismus. In: Huyssen, Andeas & Scherpe, Klaus, *Postmoderne. Teichen eines kulturellen Wandels,* Frankfurt 45-102.

– (1991): *Postmodernism, or, the Cultural Logic of Late Capitalism.* London.

Jay, Martin (1984): *Marxism and Totality: The Adventures of a Concept from Lukacs to Habermas.* Berkeley und Los Angeles.

Jay, Nancy (1981): Gender and Dichotomy. In: *Feminist Studies* 7/1, 38–56.

Johns, R. (1994): *International Solidarity: Space and Class in the U.S. Labor Movement.* Unveröffentlichte Ph.D. Promotion, Department of Geography, Rutgers University, New Brunswick.

Johnson, B./Norse, R. (1996): Marathon protest defies Santa Cruz sleeping ban. In: *Street Spirit* 2, 1-11.

Jones, K. (1995): *Habitat for Humanity and the construction of urban space in Lexington, Kentucky.* Paper presented at the AAG meetings, Chicago, März 1995.

– (1996): *View of a changing downtown: the spatial legibility of Lexington, Kentucky.* Paper presented at the AAG meetings, Charlotte, April 1996.

Jung, Carl (1964): *Man and His Symbols.* London.

Karnoouh, Claude (1986): The lost Paradise of Regionalism: The Crisis of Post-modernity in France. In: *Telos* 67, 11-26.

Kasinitz, P. (1986): Gentrification and homelessness: the single room occupant and the inner city revival. In: Erickson, J./Wilhelm, C. (Hrsg): *Housing the Homeless*. New Brunswick, 241-52.

Katz, Cindi (1995): *Power, Space and Terror: Social Reproduction and the Public Environement*. Paper presented at the Landscape Architecture, Social Ideology and Change Conference, Harvard University.

– (1997): Disintegrating Developments: Global Economic Restructuring and the Eroding Ecologies of Youth. In: Skelton, T./Valentine, G. (Hrsg.): *Cool Places: Geographies of Youth Cultures*. New York, 130-144.

– (1998): Whose Nature, Whose Culture? Private Production of SPace and the „Preservation of Nature." In: Braun, B./Castree, Noel (Hrsg.): *Remaking Reality: Nature at the Millenium*. New York, 46-63.

Keat, Russell/Urry, John (1982): *Social Theory as Science*. London.

Keating, Dennis (1986): Linking Downtown Development to Broader Community Goals. In: *Journal of American Planning Association* 52, 133-141.

Keeble, D. (1968): Industrial decentralization and the metropolis: The north-west London case. In: *Transactions, Institute of British Geographers* 44, 1-54.

Kellogg, John (1982): The formation of Black residential areas in Lexington, Kentucky, 1865-1887. In: *Journal of Southern History* 67(3), 21-52.

Kelly, Michael (1982): *Modern French Marxism*. Baltimore.

Keltie, John Scott (1893): *The Partition of Africa*. London.

Kern, Stephen (1983): *The culture of time and space, 1880-1914*. London.

Kerouac, Jack (1950): *The Town and the City*. New York.

Kirsch, S. (1995): The incredible shrinking world: technology and the production of spacc. In: *Environment and Planning D: Society and Space* 13, 529-55.

Koptiuch, K. (1991): Third-Worlding at Home. In: *Social Text 32*, 87-99.

Krumme, G./Hayter, R. (1975): Implications of corporate strategies and product cycle adjustments for regional employment changes. In: Collins, L./Walker, D.D. (Hrsg.): *Locational Dynamics of Manufacturing Activity*. New York, 325-356.

Krumme, G. (1969): Towards a geography of enterprise. In: *Economic Geography* 45, 30-40.

Laclau, Ernesto (1990): *New Reflections on the Revolution of Our Time*. London.

Landes, David (1983): *Revolution in time: Clocks and the making of the modern world*. Cambridge.

Lange, Lynda (1983): Woman is Not a Rational Animal: On Aristotle's Biology of Reproduction. In: Harding, S./Hintikka, Merrill (Hrsg.): *Discovering Reality: Feminist Perspectives on Epistemology, Metaphysics,Methodology, and Philosophy of Science*. Dordrecht, 1-15.

Lash, Scott (1990): *Sociology of Postmodernism*. London.

Latham, W.R. III. (1978): Measures of locational orientation for 199 manufacturing industries. In: *Economic Geography* 54, 53-65.

Le Doeuff Michèle (1991): *Hipparchia's Choice: An Essay Concerning Women, Philosophy, Etc*. Oxford.

Le Goff, Jacques (1970): *Kultur des europäischen Mittelalters*. München & Zürich [1964].

- (1980): *Time, work and culture in the middle ages.* Chicago.

Leacock, Eleanor (1972): Introduction. In: Engels, Friedrich: *The Origin of the Family, Private Property and the State.* New York.

Lefebvre, Henri (1974b): *Die Zukunft des Kapitalismus.* München [1973].

-/Norbert Guterman (1936): *La conscience mystifiée.* Paris

- (1946): *Critique de la vie quotidienne.* Paris.

- (1961): *Fondements d'une sociologie de quotidienneté.* Paris.

- (1967): *Der dialektische Materialismus.* Frankfurt [1939].

- (1968a): *La vie quotidienne dans le monde moderne.* Paris.

- (1968b): *Le droit á la ville.* Paris.

- (1969): *The Explosion: Marxism and the French Revolution.* New York.

- (1970): *Manifeste différentialiste.* Paris.

- (1971a): *Au-delà du structuralisme.* Paris.

- (1971b): *Everyday Life in the Modern World,* New York

- (1972a): *Die Revolution der Städte.* München [1970].

- (1972b): *La Pensee Marxiste et la Ville,* Paris.

- (1974a): *La Production de l'Espace.* Paris.

- (1974b): *Die Zukunft des Kapitalismus.* München [1973]

- (1975): *Le Temps des méprises.* Paris.

- (1976-78): *De l'etat, 4 Bd..* Paris.

- (1979): Space: Social Product and Use Value. In: Freiburg, J.W. (Hrsg.): *Critical Sociology: European Perspectives.* New York 285-95.

- (1980): *Une pensée devenue monde: faut-il abandonner Marx?* Paris.

- (1981): *De la modernité au modernisme (Pour une métaphilosophie du quotidien).* Paris.

- (1991): *The Production of Space.* Oxford [1974].

- (1996): *Writings on Cities.* Cambridge.

Lenin, Wladimir Iljitsch (1965): *Der Imperialismus als höchstes Stadium des Kapitalismus* [1917]. In: Ausgewählte Werke I. Berlin, 763-873.

Leo, J. (1993): Distorting the homeless debate. In: U.S. *News and World Report* 115, 08.11.1993, 27.

- (1996): You might even want to live there. In: U.S. *News and World Report* 121, 04.11.1996, 19.

Leonard, P./Dolbeare, A./Lazere, E. (1989): *A Place to Call Home: The Crisis in Housing for the Poor.* Washington.

Lever, W.F. (1975): Manufacturing decentralization and shifts in factor costs and external economies. In: Collins, L./Walker, D.F. (Hrsg.): *Locational Dynamics of Manufactoring Activities.* New York. 295-324.

Levine, Marc (1987): Downtown Redevelopment as an Urban Growth Strategy: A Critical Appraisal of the Baltimore Renaissance. In: *Journal of Urban Affairs* 9(2): 103-123.

Lévi-Strauss, Claude (1967): *Strukturale Anthropologie.* Frankfurt.

Lexington Citizen Summit (1995): *Strategies, Plans, Dreams and Schemes.* Lexington.

Lexington Herald-Leader (1991a): *Food quality at stores in inner city questioned,* 19.06.1991, A1, A8.

- (1991b): *North side shops for grocery answers*, 23.06.1991, A1, A12.

Liggett, Helen (1995): City sights/sites of memories and dreams. In: Liggett, Helen/Perry, David (Hrsg.): *Spatial Practices*. Thousand Oaks, 243-273.

Lipietz, Alain (1986): New tendencies in the international division of labour: regimes of accumulation and modes of regulation, in Scott, A. and Storper, M. (Htsg.): *Produc-tion, Work, Territory: The Geographical Anatomy of Industrial Capitalism*. London.

Lloyd, Genevieve (1984): *The Man of Reason: 'Male' and 'Female' in Western Philosophy*. London.

Lösch, A. (1940): *Die räumliche Ordnung der Wirtschaft*. Jena.

Lowe, Donald (1982): *History of Bourgeois Perception*. Chicago.

Luxemburg, Rosa (1923): *Die Akkumulation des Kapitals*. Berlin.

Lynch, Kevin (1960): *The Image of the City*. Cambridge.

MacDonald, H. (1995): San Francisco's Matrix Program for the Homeless. In: *Criminal Justice Ethics* 14:2, 79-80.

MacKanzie, S. (1986): Women's response to economic restructuring: Changing gender, changing space. In: Hamilton, R./Barrett, M. (Hrsg.): *The Politics of Diversity: Feminism, Marxism and Nationalism*. London.

Magdoff, Harry/Sweezy, Paul (1987): *Stagnation and the Financial Explosion*. New York.

Mair, A. (1986): The homeless and the post-industrial city. In: *Political Geography Quarterly* 5: 351-68.

Mandel, Ernest (1972): *Der Spätkapitalismus*. Frankfurt.

Marcus, Greil (1989): *Lipstick Traces: A secret History of the Twentieth Centure*. Cambridge.

Marcuse, Peter (1988): Neutralizing homelessness. In: *Socialist Review* 18:69-86.

Markusen, Ann (1978): Regionalism and the Capitalist State: The Case of the United States. *Kapitalistate* 7: 39-62.

Marston, Sallie (1990): Who are „the people"? gender, citizenship, and the making of the American nation. In: *Environment and Planning D: Society and Space* 8, 449-58.

Martin, R./Sunley, P./Wills, J. (1993): The geography of trade union decline: Spatial dispersal or regional resilience? In: *Transactions of the Institute of British Geographers* 18, 36-62.

-/-/- (1994): Labouring difference: Method, measurement and purpose in geographical research on trade unions. In: *Transactions of the Institute of British Geographers* 19, 102-110.

Martins, Mario (1982): The theory of social space in the work of Henri Lefebvre. In: Forrest, Rey/Henderson, Jeff/Williams, Peter (Hrsg.): *Urban Political Economy and Social Theory*. Aldershot, 160-185.

Marx, Karl/Engels, Friedrich (1969ff.): *Werke*. Berlin, zit. als MEW.

Massey, Doreen (1973): Towards a critique of industrial location theory. In: *Antipode* 5, 33-39.

- (1978): Regionalism: Some Current Issues. In: *Capital and Class* 6, 106-135.

- (1984): *Spatial Divisions of Labour: Social Structures and the Geography of Production*. Basingstoke.

- (1993): Power-Geometry and a Progressive Sense of Place. In: Bird, Jon u.a. (Hrsg.): *Mapping the Futures*. London.

- (1994): The geography of trade unions: Some issues. In: *Transactions of the Institute of British Geographers* 19, 95-98.

- (1995): *Spatial Divisions of Labour: Social Structures and the Geography of Production (2. Auflage; Erstauflage 1984)*. London.

-/Painter, Joe (1989): The changing geography of trade unions. In: Mohan, J. (Hrsg.): *The Political Geography of Contemporary Britain*. London, 130-150.

McCann, Eugene (1995): Neotraditional developments: the anatomy of a new urban form. In: *Urban Geography* 16, 210-233.

McCarthy, C. (1994): Law vs. the homeless. In: *Washington Post* Dec. 27, 17.

McLuhan, Marshall (1968): *Die magischen Kanäle*. Düsseldorf [1964].

McNee, R.B. (1960): Towards a more humanistic economic geography: The geography of enterprise. In: *Tijdschrift voor Economische en Sociale Geographie* 51, 201-206.

Merrifield, Andy (1993): The scales of justice: Anti-picketing legislation, localism, and agricultural labor's geography of resistance in 1930s California. In: Herod, Aandrew (Hrsg.): *Organizing the Landscape: Labor Unionism in Geographical Perspective*. Minneapolis.

- (1993): Place and space: A Lefebvrian reconciliation. In: *Transactions of the Institute of British Geographers* NS 18, 516-531.

- (1995): Lefebvre, anti-Logos and Nietzsche: an alternative reading of *The Production of Space*. In: *Antipode* 27, 294-303.

Miewald, Christiana (1997): Is awareness enough? The contradictions of self-care in a chronic disease clinic. In: *Human Organization* 56, 353-363.

Mitchell, Don (1992): Iconography and locational conflict from the underside: free speech, People's Park, and the politics of homelessness in Berkeley, California. In: *Political Geography* 11, 152-69.

- (1995): The end of public space? People's Park, definitions of public, and Democracy. In: *Annals of the Association of American Geographers* 85, 108-133.

- (1996): Political violence, order, and the legal construction of public space: power and the public forum doctrine. In: *Urban Geography* 17, 152-78

- (1998): The Scales of Justice: Anti-picketing Legislation. Localism, and Agricultural Labor's Geography of Resistance in 1930s California. In: Herod, Andrew (Hrsg.): *Organizing the Landcape: Labor Unionism in Geographical Perspective*. Minneapolis.

Mitchell, Timothy (1988): *Colonising Egypt*. Cambridge.

Molotch, H. (1976): The city as growth machine. In: *American Journal of Sociology* 82, 309-323.

Moore, Henrietta (1986): *Space, text and gender*. Cambridge.

Morris, G. (1967): *CIA and American Labor: The Subversion of the AFL-CIO's Foreign Policy*. New York.

Morris, Meghan (1992): The Man in the Mirror. David Harvey's Condition of Postmodernity. In: *Theory, Culture and Society* 9/1, 253-79.

Nast, Heidi & Wilson, Mabel (1994): Lawful transgressions: this is the house that Jackie built ... In: *Assemblage* 24, 48-55.

Olson, Sherry H. (1980): *Baltimore*. Baltimore.

Osborne, Peter (1992): Modernity is a Qualitative, Not a Chronological, Category. In: *New Left Review* 192, 65-84.

Painter, Joe (1994): Trade union geography - Alternative framework for analysis. In: *Transactions of the Institute of British Geographers* 19, 99-101.

Parker, C. (1920): *The Casual Laborer and Other Essays*. New York.

Pearce, David/Markandya, Anil/Barbier, Edward B. (1989): *Blueprint for a green economy*. London.

Peet, Richard (1977)(Hrsg.): *Radical Geography*. Chicago.

– (1981): Spacial dialectics and Marxist geography. In: *Progress in Human Geography* 5, 105-110.

– (1985): The social origins of environmental determinism. In: *Annals of the Association of American Geographers* 75, 309-333.

– (1983): Relations of production and the relocation of United States manufacturing industry since 1960. In: *Economic Geography* 59, 112-143.

Piaget, Jean (1973): *Einführung in die genetische Erkenntnistheorie*. Frankfurt.

Piven, Frances/Cloward, R. (1971): *Regulating the Poor: The Functions of Public Welfare*. New York.

Piven, Frances (1999) Welfare Reform and the Economic and Cultural Reconstruction of Low Wage Labor Markets. In: *City & Society. Annual Review,* 21-36.

Popke, Jeffrey (1995): *(De)constructing urban space: capital restructuring and the construction of meaning in downtown Lexington*. Paper presented at the AAG meetings, Chicago, März 1995.

Poster, Mark (1975): *Existential Marxism in post-war France: From Sartre to Althusser*. Princeton.

Rabinow, Paul (1984)(Hrsg.): *The Foucault Reader*. New York.

Radosh, R. (1969): *American Labor and United States Foreign Policy*. New York.

Raitz, Karl/VanDommelen, Dorm (1990): Creating the landscape symbol vocabulary for a regional image: the case of the Kentucky bluegrass. In: *Landscape* 9(2), 109-121.

Raspberry, W. (1992): Telling the truth about homelessness. In: *Washington Post*, 29.12.1992.

Rees, J. (1974): Decision-making, the growth of the firm and the business environment. In: Hamilton, F.E.I. (Hrsg.): *Spatial Perspective on Industrial Organization and Decision-Making*. London, 189-211.

Relph, Edward (1976): *Place and placelessness*. London.

Roberts, Susan/Schein, Richard (1995): Earth shattering: global imagery and GIS. In: Pickles, John (Hrsg.): *Ground Truth*. New York.

Rose, A. (1989): The beggar's free speech claim. In: *Indiana Law Journal* 65, 191-228.

Rose, D. (1993): Local Childcare Strategies in Montréal, Quebec: The Mediations of State Policies, Class and Ethnicity in the Life Courses of Families with Young Children. In: Katz, Cindi & Monk, J. (Hrsg.): *Full Circles: Geographies of Women over the Live Course,* New York, 188-207.

Rosler, Martha (1991): Fragments of a Metropolitan Viewpoint. In: Wallis, Brian (Hrsg.): *If you lived here: The City in Art, Theory and Social Activism (A Project by Martha Rosler)*. Seattle 15-43.

Ross, Kristin (1988): *The emergence of social space: Rimbaud and the Commune*. Minneapolis.

Rossi, P. (1989): *Down and Out in America: The Origins of Homelessness*. Chicago.

Ruddick, Susan (1996): Constructing difference in public spaces: race, class, and gender as interlocking systems. In: *Urban Geography*. 17, 132-151.

Rukert, Norman (1978): *Historic Canton*. Baltimore.

Rustin, Michael (1987): Place and Time in Socialist Theory. In: *Radical Philosophy* 47, 30-36.

Sack, Robert (1980): *Conceptions of Space in Social Thought*. Minneapolis.

- (1986): *Human territoriality: Its theory and history*. Cambridge.

Said, Edward W. (1981): *Orientalismus*. Frankfurt a.M. [1978].

Saunders, Peter (1981): *Social Theory and the Urban Question*. London

- (1986): *Social Theory and the Urban Question. Second Edition*. London.

-/Williams, Peter (1986): The new conservatism: Some thoughts on recent and future developments in urban studies. *Environment and Planning D: Society and Space* 4: 393-399.

Sayer, Andrew (1982): Explanation in Economic Geography: Abstraction versus Generalization. In: *Progress in Human Geography* 6, 68-88.

- (1984): *Method in Social Science: A Realistic Approach*. London.

- (1985): The Difference that Space Makes. In: Gregory, Derek/Urry, John (Hrsg.): *Social Relations and Spacial Structures*. London.

Schaefer, Fred (1953): Exceptionalism in Geography: A Methodological Examination. In: *Annals of the Association of American Geographers* 43, 226-240.

Schein, Richard (1996): *Controlling landscape in a southern city*. Paper presented at the AAG meetings, Charlotte.

Schivelbusch, Wolfgang (2000): *Geschichte der Eisenbahnreise*. Frankfurt a.M. [1977].

Schneider, J. (1989): Skid Row as an urban neighborhood, 1880-1960. In: Erickson, J./Wilhelm, C. (Hrsg.) *Housing the Homeless*, New Brunswick, 67-189.

Scott, Allan (1980): *The Urban Land Nexus and the State*. London.

-/Michael Storper (1986)(Hrsg.): *Production, Work, Territory*. Boston, London & Sydney.

Scott, Jack (1978): *Yankee Unions, Go Home! How the AFL Helped the U.S. Build an Empire in Latin America*. Vancouver.

Scott, James. (1985): *Weapons of the Weak: Everyday Forms of Peasant Resistance*. New York.

Seamon, David/Mugerauer, Robert (1989)(Hrsg.): *Dwelling, place and environment*. New York.

Sennett, Richard (1997): *Fleisch und Stein*. Frankfurt.

Shields, Rob (1990): *Places on the margin: Alternative geographies of modernity*. London.

Shopes, Linda (1992): Fells Point: Community and Conflict in a Working-Class Neighborhood. In: Fee, Elizabeth; Shopes, Linda & Zeidman, Linda (Hrsg.): *The Baltimore Book*. Philadelphia, 121-150.

Sidrin, M. (1993): This is the best of times to keep this city livable. In: *The Seattle Times* 10.08.1993, B5.

Simms, B. (1992): *Workers of the World Undermined: American Labor's Role in U.S. Foreign Policy*. Boston.

Smith, D. (1994): A theoretical and legal challenge to homeless criminalization as public policy. In: *Yale Law and Policy Review* 12, 487-517.

Smith, D.M. (1966): A theoretical framework for geographical studies of industrial location. In: *Economic Geography* 42, 95-113.

- (1970): On throwing out Weber with the bathwater: A note on industrial location and linkage. In: *Area* 2, 15-18.

Smith, Michael Peter (1992): Postmodernism, Urban Ethnography, and the New Social Space of Ethnic Identity. In: *Theory and Society* 21/4, 493-531.

Smith, Neil (1979): Geography, science and post positivist modes of explanation. In: *Progress in Human Geography* 3, 356-383.

- (1980): Symptomatic Silence in Althusser: The Concept of Natur and the Unity of Science. In: *Science and Society* 44, 58-81.

- (1981): Degeneracy in Theory and Practice: Spatial Interactionism and Radical Eclecticism. In: *Progress in Human Geography* 5, 111-118.

- (1984): *Uneven Development*. Oxford.

- (1987): Dangers of the Empirical Turn: Some Comments on the CURS Initiative. In: *Antipode 19, 59-68.*

- (1990): Uneven Development: Nature, Capital and the Production of Space. (2. Auflage, Erstauflage 1984). Oxford.

- (1992): New City, New Frontier: The Lower East Side as Wild, Wild West. In: Sorkin, Michael (Hrsg.): *Variations on a Theme Park*. New York: 61-93.

- (1996): *The New Urban Frontier: Gentrification and the Revanchist City.* New York.

- (2001): Rescaling Politics: Geography, Globalism, and the New Urbanism. In: Minca, Claudio (Hrsg.): *Postmodern Geography. Theory and Praxis.* Oxford 147-168.

-/Godlewska, Anne (1994): *Geography and Empire: Critical Studies in the History of Geography.* Cambridge.

Soja, Edward (1991) Geschichte, Geographie, Modernität. In: Wentz, Martin (Hrsg.): *Stadt-Räume*, Frankfurt & New York, 73-90.

- (1968): *The Geography of Modernization in Kenya.* Syracuse.

- (1979): The Geography of Modernitzation: a Radical Reappraisal. In: Obudho, Robert A. & Taylor, Fraser (Hrsg.): *The Spatial Structure of Development*, Boulder, 28-45.

- (1980): The Socio-Spatial Dialectic. In: *Annals of the Association of American Geographers* 70, 207-225.

- (1989): *Postmodern Geographies. The Reassertion of Space in Critical Social Theory.* London.

-/Hadjimichalis, Costis (1979): Between Geographical Materialism and Spatial Fetishism: Some Observations on the Development of Marxist Spatial Analysis. In: *Antipode* 11/3, 3-11.

-/Clyde E. Weaver (1976): Urbanization and underdevelopment in East Africa. In: Berry, Brian J.L. (Hrsg.): *Urbanization and Counterurbanization.* Thousand Oaks: 233-266.

-/Tobin, Richard J. (1974): The Geography of Modernization: Paths, Patterns, and Processes of Spatial Change in Developing Countries. In: Brewer, G./Brunner, R. (Hrsg.): *Political Development and Change.* New York: 197-243.

Solenberger, A. (1911): *One Thousand Homeless Men.* New York.

Sorkin, Michael (1992) (Hrsg.): *Variations on a Theme Park: The new American City and the End of Public Space.* New York.

Spalding Jr., H.A: (1988): US labour intervention in Latin America: The case of the American Institute for Free Labor Development. In: Southall (Hrsg.): *Trade Unions and New Industrialization of the Third World.* London, 259-286.

Spradley, J. (1970): *You Owe Yourself a Drunk: An- Ethnography of Urban Nomads.* Boston.

Stafford, H. (1991): Manufacturing plant closure selections within firms. In: *Annals of the Association of American Geographers* 81, 51-65.

Stamp, J. (1980): Towards supportive neighborhoods: Women's role in changing the segregated city. In: Wekerle, G./Peterson, R./Morley, D. (Hrsg.): *New Space for Women*. Boulder, 189-198.

Stamp, L.D. (1937): *Chisholm's Handbook of Commercial Geography* (15. Auflage). London [Ursprünglich von George Chisholm verfasst und 1889 als *A Handbook of Commercial Geography* herausgegeben].

Stannard, Russell (1989) *Grounds for Reasonable Belief*, Edinburgh

Stolk, William (1960): *American Can Company*. New York.

Stone, Jeffrey (1988): Imperialism, colonialism and cartography. In: *Transactions of the Institute of British Geographers* 13: 57-64.

Storper, Michael/Walker, Richard (1983): The theory of labour and the theory of location. In: *International Journal of Urban and Regional Research* 7, 1-43.

-/Walker, Richard (1989): *The Capitalist Imperative: Territory, Technology, and Industrial Growth*. Oxford.

-/- (1984): The spatial division of labor: Labor and the location of industries. In: Tabb, W./Sawers, L. (Hrsg.): *Sunbelt/Snowbelt: Urban Development and Regional Restructuring*. Oxford, 19-47.

Swarns, R.L. (1998) Welfare As We Know It goes Incognito. In: *The New York Times, Week Review*, 5.7.1998, 1;5.

Swyngedouw, Eric (1997). The Mammon Quest: Glocalisation, Interspatial Competition and the Monetary Order: The Construction of New Scales. In: Dunford, M./Kafkalas, G. (Hrsg.): *Cities and Regions in the New Europe*, London, 39-67.

Szanton, Peter (1986): *Baltimore 2000*. Baltimore.

Tanner, Nancy (1981): *On Becoming Human*. New York.

Taylor, Peter (1982): A materialist framework for political geography. In: *Transactions of the Institute of British Geographers* 7, 15-34.

The Black Public Sphere Collective (1995): Preface. In: dies (Hrsg.): *The Black Public Sphere*. Chicago, 1-3.

Thompson, E.P. (1978): The Poverty of Theory and Other Essays. London.

Thrift, Nigel & Olds, Kris (1996): Refiguring the economic in economic geography. In: *Progress in Human Geography* 20, 311-337.

Till, Karen 1993, Neotraditional towns and urban villages: the cultural production of a geography of „otherness.". In: *Environment and Planning D* 11, 709-732.

Toffler, Alvin (1970): *Der Zukunftsschock*. München.

Townroe, P.M. (1975): Branch plants and regional development. In: *Town Planning Review* 46, 47-62.

Traugott, Mark (1983): The mid-nineteenth-century crisis in England and France. In: *Theory and Society* 12, 455-468.

Trump, Donald (1987): *The Art of the Deal*. New York.

Tuan, Yi-Fu (1977): *Space and place*. Minneapolis.

Valentine, Gill (1996): Children should be seen and not heard: the production and transgression of adults' public space. In: *Urban Geography* 17, 205-220.

Van Holthoon, F./van der Linden, M. (Hrsg.) (1988): *Internationalism in the Labour Movement 1830-1940* (2 Bände). London.

Vaness, A. (1992): Home and homelessness in the United States: changing ideas and realities. In: *Environment and Planning D: Society and Space* 10, 445-68.

Waldron, J. (1991): Homelessness and the issue of freedom. In: *UCLA Law Review* 39, 295-324.

Walker, D.F. (1975): A behavioralist approach to industrial location. In: Collins, L. & Walker, D.F. (Hrsg.): *Location Dynamics of Manufacturing Activity*. New York, 153-158.

Walker, Richard (1978): Two sources of uneven development under advanced capitalism: Spatial differentiation and capital mobility. In: *Review of Radical Political Economics* 10, 28-37.

- (1995): Landscape and city life: four ecologies of residence in the San Francisco Bay Area. In: *Ecumene* 2, 33-64.

- (1996): Another round of globalization in San Francisco. In: *Urban Geography* 17, 60-94.

-/Storper, Michael (1981): Capital and industrial location. In: *Progress in Human Geography* 5, 473-509.

Walker, Robert (1978): Two sources of Uneven Development under Advanced Capitalism: Spatial Differentiation and Capital Mobility. *The Review of Radical Political Economics* 10: 28-37.

Walzer, Michael (1986): Public space: pleasures and costs of urbanity. In: *Dissent* 33, 470-75.

Warren, Bill (1980): *Imperialism: Pioneer of Capitalism*. London.

Warren, S. (1994): Disneyfication of the metropolis: popular resistance in Seattle. In: *Journal of Urban Affairs* 16, 89-107.

Weaver, Clyde E. (1984): *Regional Development and the Local Community: Planning, Politics and Social Context*. Chichester.

Webber, Malvin (1964): The Urban Place and the Non-Place Urban Realm. In: Webber, Malvin u.a. (Hrsg): *Explorations into Urban Structure*. Philadelphia 77-153.

Weber, Alfred (1909): *Über den Standort der Industrie. 1. Teil. Reine Theorie des Standorts*. Tübingen.

Wekerle, G./Peterson, R./Morley, D. (Hrsg.) (1980): *New Space for Women*. Boulder.

Wilson, D. (1991): Urban change, circuits of capital, and uneven development. In: *Professional Geographer* 43, 403-15.

Wilson, Elizabeth (1991): *The Sphinx in the City: Urban Life, the Control of Disorder, and Women*, London.

- (1995): The rhetoric of urban space. In: *New Left Review* 209, 146-160.

Wilson, J. (1994): What to do about crime. In: *Commentary* 98, 25-34.

Windmuller, J. (1980): *The International Trade Union Movement*. Deventer.

Wolch, Jennifer (1980): The residential location of the service-dependent poor. In: *Annals of the Association of American Geographers* 70, 330-41.

-/Dear, Michael (1993): *Malign Neglect: Homelessness in an American City*. San Francisco.

Zukin, Sharon (1991): *Landscapes of Power*. Berkeley.

- (1995): *The Cultures of Cities*. Oxford.

Die Autorinnen und Autoren

Derek Gregory, Professor für Geographie an der University of British Columbia, Vancouver, Kanada

David Harvey, Professor für Anthropologie am Graduate Center der City University New York, USA

Andrew Herod, Professor für Geographie an der University of Georgia, USA

Cindi Katz, Professorin für Umweltpsychologie am Graduate Center der City University of New York, USA

Doreen Massey, Professorin für Geographie an der Open University, Großbritannien

Eugene McCann, Assistant Professor für Geographie an der Simon Fraser University, Vancouver, Kanada

Andy Merrifield, lebt als freier Autor in Südfrankreich

Don Mitchell, Professor für Geographie an der Syracuse University, USA

Neil Smith, Professor für Anthropologie und Geographie am Graduate Center der City University of New York, USA

Edward W. Soja, Professor für Stadtplanung an der University of California at Los Angeles, USA

Drucknachweise

1) Harvey, David (1990): Between Space and Time: Reflections on the Geographical Imagination. In: *Annals of the Association of American Geographers* 80, 418-434.
2) Smith, Neil (1984): The Production of Space. In: ders.: *Uneven Development.* Oxford, 66-96.
3) Soja, Edward (1989): Spatializations: Marxist Geography and Critical Social Theory. In: ders.: *Postmodern Geographies.* Oxford, 43-75.
4) Massey, Doreen (1992): Politics and Space/Time. In: *New Left Review* 196, 65-84.
5) Gregory, Derek (1994): The Eye of Power. In ders.: *Geographical Imaginations.* Oxford, 395-414.
6) Katz, Cindi (2001): Hiding the Target: Social Reproduction in the Privatized Urban Environment. In: Minca, Claudio (Hg.): *Postmodern Geographical Praxis.* Oxford, 93-110.
7) Herod, Andrew (1997): From a geography of labor to a labor geography: labor's spatial fix and the geography of capitalism. In: *Antipode* 29/1, 1-31.
8) Merrifield, Andy (2002): Canned Heat: Class Struggle Around the Built Environment in Baltimore. In: ders.: *Dialectical Urbanism.* New York, 19-51.
9) McCann, Eugene (1999): Race, Protest, and Public Space: Contextualizing Lefebvre in the U.S. City. In: *Antipode* 31/2, 163-184.
10) Mitchell, Don (1997): The Annihilation of Space by Law: The Roots and Implications of Anti-Homeless Laws in the United States. In: *Antipode* 29/3, 303-335.

Die Recht an den Texten liegen bei *Verso* (3), *New Left Review* (4), *Monthly Review Press* (8), und *Blackwell* (1, 2, 5, 6, 7, 9, 10), Übersetzung mit freundlicher Genehmigung.